近代日本メディア議員列伝 5

中野正剛の民権

狂狷政治家の矜持

白戸健一郎

創元社

中野正剛の民権——狂狷政治家の矜持　目次

凡例

1 文中の表記で典拠が明らかな場合は、引用の文末にページ数のみ（**）と表記した。主要参考文献及び著作年譜にある文献では、（○○ yyyy : **）は○○が著者、yyyy が刊行年、**がページ数を示す。

2 中野正剛の単行本は著作年譜の①〜㊾の番号で示した。

3 文中で出典を明示する場合は、煩雑さを避けるため、出版社の表記を除いた。

4 議会における発言は特に断らない限り議事録からの引用であり、日時と会議名を示すことで出典表記にかえた。読み易さを考え、カタカナ表記は平仮名に改めた。

5 引用文中の省略についてのみ（略）と表記し、「前略」および「後略」は省いた。引用文の強調は、特記しない限り、引用者による。引用文中の補足、解説は［ ］で括った。原文は不統一であるが、引用文中の雑誌、書籍は『 』、論文、演題は「 」で統一した。

6 幅広い読者を対象とする本書の性格に鑑み、読み易さを優先して引用文に濁点と句読点、難字のルビを補った。逆に、原文が総ルビの文章ではルビの大半を省略した。歴史的かな遣いは原文のままとしたが、旧字体の漢字は新字体に改めた。また、極端な当て字、人名・地名などの明らかな誤字についても訂正を加えた。

7 今日の視点から見ると引用文中に差別などにかかわる不適切な語句があるが、史料に手を加えることはしなかった。ご理解を賜りたい。

中野正剛の民権——狂狷政治家の矜持

序章

狂狷たる政治家

鳥飼八幡宮における中野正剛の銅像
（筆者撮影）

「抑ゝ余大罪の餘、永く世の棄物となる。然れども此の道を負荷して天下後世に伝へんと欲するに至りては、敢へて辞せざる所なり。是の時に当りて中道の士の速かに得べからざるは古今一なり。故に此の道を興すには、狂者に非ざれば興すこと能はず。此の道を守るには、狷者に非ざれば守ること能はず。則ち其の狂狷を渇望すること、亦豈に孔孟と異らんや。」

(吉田松陰「講孟余話」山口県教育会編『吉田松陰全集』第三巻・一九三九年)

個人主義政治家・中野正剛

一九四三年一〇月二七日午前零時、中野正剛は自室で自刃した。五八年の生涯である。東條英機政権批判を繰り返していた中野は、戦時刑事特別法違反により中野が率いる東方会とともに一斉検挙されており、死の前日まで憲兵による取り調べを受けていた。第八三回帝国議会がまさに開会しようとする時であった。議会開会後も衆議院議員の身柄を拘束し続けるためには、強固な証拠が必要であったが、東條政権はそれを挙げることはできず、中野は釈放された。中野の自決はその解放直後のことである。理由は未だ定かではない。

華々しい言論活動と比類がない大衆扇動力を持った政治家の不可解な自決に、世間は大きな関心を寄せ、それは終戦後になっても終息することはなかった。連合国軍総司令部の民間情報教育局は一九四六年二月よりラジオ番組「真相箱」を開始していたが、これは新聞連載「太平洋戦争史」を元にしたラジオ番組「真相はこうだ」に引き続くコンテンツとして制作された。戦争の有罪性を日本国民に認識させるための情報教育政策、ウォー・ギルト・インフォメーション・プログラムの一環に位置づけられる（賀茂 2018：7）。「太平洋戦争史」と「真相はこうだ」が、アメリカの戦争観を反映して、あまりに露骨な戦時日本批判を展開して不評であったため、その後継となる「真相箱」では、日本人の国民感情に配慮するため、刺激的な表現や主張が改められ、リスナーからの質問に答えるという形式が採用された。リスナーからの質問としては東京大空襲の被害状況やミッドウェー海戦、硫黄島の戦闘に関するものがあり、一九四三年一〇月に中野正剛が自決した事件の真相もその一つであった。

「中野正剛氏の自決に関する真相をお話し下さい」とのリスナーからの質問への回答の中で「真相箱」は次のように述べる。

「中野正剛氏は近代日本の政界が生んだ最もすぐれた個人主義政治家の一人であり、明治初年以来日本の政界がはぐくみ育てゝ来た一聯の政治家の流れを汲む人でありました。中野氏は勇気ある人物であつたばかりでなく、断じて強権に屈しない、意志の人でもありました」（連合軍総司令部民間情報教育局編 1946：242f）。

中野正剛は右翼団体・玄洋社の後援を受け、日独伊三国軍事同盟を牽引して、南進論を主張した。戦後も健在であれば、公職追放は免れなかっただろう。にもかかわらず、「中野氏は勇気ある人物であつたばかりでなく、断じて強権に屈しない、意志の人でもありました」とかなり肯定的な評価を下している。

一方、対米戦争開戦時の内閣総理大臣にして陸軍大臣、参謀総長、軍需大臣を兼ねた東條英機については、「真相箱」は権力集中による「傍若無人な統制」（34）と「常に思想統制政策の蔭にをつた」（31）、「極端な軍国主義者」（36）と指摘している。軍国主義の象徴として戦争責任を東條に集中させようとする意図は明白で、中野への肯定的な評価も軍国主義者・東條英機への抵抗とその果ての自決によるものだと考えたのだろう。

とすると、「近代日本の政界が生んだ最もすぐれた個人主義政治家」との言説は、そうしたアメリカの戦争観の都合からみた過大評価と言うべきなのだろうか。「最もすぐれた」という表現はたしかに下駄を履かせたものであろう。とはいえ、中野が執筆した論稿や事績をみていくと、彼の「個人主義者」としての性格を否定することもまた難しい。

では、中野の「個人主義者」という性格は、あくまで中野自身の性格による、所与のものとみなしてよいのであろうか。それもまた誤りではないだろう。だが、中野の生涯とともに中野が生きた時代や社会を書こうと思うなら、それを歴史的社会的文脈に置き直すことでより大きなパースペクティブが得られると考える。

中野はあえて「個人主義者」であろうとした。もう少しいえば、中野が自己形成を遂げていく時期に、時代思潮の一つとして「個人主義」を強く駆動させる思想が生まれ、中野はそれを選択したと筆者は考えている。中野を「個人主義者」たらしめた思想的要因があったといってよい。

その思想的要因こそが「日本陽明学」である。陽明学とは、理気二元論から万物の形成を体系的に説明する朱子学に対抗して明代に王陽明によって成立された学問であり、「心即理」「知行合一」「致良知」の三つの観念を重視する。とはいえ、ここでいう日本陽明学とは、そうした哲学的で体系性を備えた儒学思想の一分派としての陽明学ではない。荻生茂博は『近代・アジア・陽明学』（二〇〇八年）において、日本陽明学を明治二〇年代以降に日本において隆盛し、「心の主観的純粋性」とそれに基づく「死生を超えた実践」を強調する思想であるとする（402f）。日本陽明学では、吉田松陰や西郷隆盛、高杉晋作、大塩平八郎といった儒学者とはいえない実践者をも陽明学者の系譜に積極的に位置づけることに特色がある。くわえて、明治維新という革命を成し遂げた志士たちの多くが陽明学を修めたとし、陽明学が

「明治維新の原動力」となったという歴史観を備えている。それゆえ、日本陽明学は人間や世界のあり方の説明体系というよりは、行動主義的エトスとして受容されることとなった。こうした日本陽明学を確立する上で重要な役割を果たした思想家の一人が、中野正剛の岳父・三宅雪嶺《せつれい》であった。

雪嶺は一八九三年に政教社より『王陽明』を出版している。王陽明（守仁）は中国の明代に活躍した行政官であり、有能な軍人であると同時に朱子学に対抗して陽明学を創始した学問と思想の人であった。『王陽明』は雪嶺にとっては珍しい書下ろしであり、改訂版を出すほど重要な著作であった。この著作は、明治以後の王陽明・明代史研究の原型と位置づけられ（山下 1989）、のちに陽明学会の設立や雑誌『陽明学』の刊行を促がしたとされる（山村 2019 : 7f）。

さて、雪嶺『王陽明』の特色の一つが、ヘーゲルやカント、ショーペンハウエルなどの西洋哲学を積極的に用いながら東洋思想、とりわけ陽明学を解説し、評価しようとしている点である。雪嶺は東京大学文学部にて哲学を専攻し、外山正一《とやままさかず》、フェノロサ、中村敬宇《けいう》（正直）、島田篁村《こうそん》、原坦山《たんざん》、吉谷覚寿らに西洋哲学から東洋哲学まで学んだ。明治一〇年代に哲学を専修したのは、他に後の東京帝国大学文科大学学長・井上哲次郎と仏教哲学者・井上円了《えんりょう》がいるばかりで、雪嶺は最先端の知的エリートコースを進んだといっていい。その後、明治二〇年代に志賀重昂《しげたか》らとともに政教社を拠点にして、雑誌『日本人』にて「国粋主義」を鼓吹する言論活動を展開した。雪嶺が『王陽明』を出版したのは、政教社が、徳富蘇峰の主宰する民友社と言論界の勢力を二分するほど影響力をもった頃であった。さらに、『王陽明』第二版において「社会主義」の項目を新たに設けており（中野目 : 2018）、「陽明は主として人心を開拓せんとせり、而も其の国家の組織に望む所は酷《はなは》だ社会主義に類するに似たり、近世の社会主義は歳月を追て益〻盛ならんとする者」（128）と、まさに最先端の「危険思想」とさえ陽明学を結びつけようとするのである。こうした最先端の西洋哲学を吸収した雪嶺ほど、東洋思想が西洋哲学に伍《ご》するものと位置づけつつ、それを統合させた著作を公刊するのにふさわしい人物はいなかったであろう。

『王陽明』のもう一つの特色が、王陽明の思想の解説とともに伝記を重視し、王陽明を政治的実践者として高く評価した点である。雪嶺は王陽明が「己れの力微にして、世の衰勢を挽回するを能《あた》はず、而《しか》も自らは身を退て優遊して人情の澆漓《ぎょうり》を冷視することを得ず、天下の人心は自己の心なり、天下の悪習に沈淪《ちんりん》するを見ては、之を坐視するに忍びず、世人の疾痛《しっつう》に苦しむは、己れ其の痛みを感ずるが如く、世人の饑餓に陥るゐは、已《ママ》れ亦《ま》た饑餓に頻《ママ》するが如く、之を救済せざるは、自己の心に堪へざる所なり」（122）と世に対する強い憐憫の情をもっていたことを記す。さらに「往古よりして久しく聖人と常人との交通を隔絶せる堅牢なる関門は、陽明赤手《せきしゅ》を以《もっ》て一撃打破し了《おわ》れる観あり、乃ち同志を率ゐ、民衆を靡《なび》き、突進して門に入る、入れば則《すなわ》ち又遥かに門を認む、随《したがい》て入れば随て門あり、屈せずして、而して斃《たお》る」（128）と不屈の意志で行動しつづけた人物であることを評価する。後に公刊され、日本陽明学を体系づけた井上哲次郎『日本陽明学派之哲学』（一九〇〇年）でも、「朱子は学理を重んじ、陽明は実行を尚ぶ」（4）と簡潔ながら朱子学と対比的に位置づけつつ、その行動主義的特質が強調される。

先述したように、日本陽明学では明治維新を成し遂げた志士たちに奉じられていたとする歴史観と不可分であり、雪嶺も同様に議論を展開する。「実に幕府藩制の衰頽《すいたい》せると共に、学術の拘制酷だ弛廃《しはい》し、維新前、身を挺して立てる者は、多く陽明良知の学を修めり」(148f)。こうした歴史観は未だ明確には論証されていない。だが、この歴史観は当時の世上に広く浸透し、「未完の明治維新」を現実化しようとする政治的実践の駆動力の一つとなったと考えられる。

雪嶺が『王陽明』第一版を公刊した一八九三年、この同年に政教社とともに言論界に一大勢力を築いていた民友社の徳富蘇峰も『吉田松陰』を公刊している。ここで蘇峰は、「革命家としての松蔭」を顕彰しつつ、「第二の維新」が求められる時節が迫っていると記す。蘇峰はここで松陰と陽明学との影響関係については言及していないが、井上哲次郎は西郷隆盛と並んで、明治維新に功績があり、かつ陽明学を修めた重要な人物として松陰を位置づける。なお、中野の死後、多磨霊園の中野家の墓地に中野正剛を顕彰する碑文が建てられるが、その文を草したのが蘇峰であった。明治二〇年代に華々しく言論界において活躍し、日本陽明学の確立に大きく寄与した二人の言論人が、中野を後援していたのである。

中野自身も、明治二〇年代に台頭した大記者たちが主張した明治維新観や日本陽明学の思想的影響を強く受けた。蘇峰の辛亥革命観を批判した「対岸の火災（五）」（『東京朝日新聞』一九一一年一二月二二日付）では、『吉田松陰』を読んで、「第二維新」を説いた一節に至り「年少の熱血」を沸かせたと記す。また、次の一節は、中野が「維新の三傑」の一人である西郷隆盛の没後五〇年式典に参加しての演説の一説である。「俗に南洲翁をして、活発発地、十方無礙《むげ》の英雄的行動を自在ならしめた思想的背景は王陽明学の修養に因《よ》ると説かれて居ります。私も少年時代南洲翁の読まれたと云ふ伝習録や、洗心洞箚記《せんしんどうさっき》や、言志〔四〕録やを半喫《かじ》りなりに味はうて見ましたが、伝習録は御承知の通り王陽明と門人との対話

左：図0-1　多磨霊園の中野家の墓（筆者撮影）
右：図0-2　徳富蘇峰草、緒方竹虎書による碑文（筆者撮影）

であり、洗心洞箚記は陽明学派の俠儒《きょうじゅ》大塩平八郎の著書であり、言志［四］録は縛られぬ程度に社会主義を講じて見やうと云ふ態度の佐藤一斎《いっさい》の語録であり、如何にも少年時代の私共を感憤《ママ》興起せしめたのであります」（⑬：324）。

中野は少年時代から西郷の伝記や書籍を読み、さらに、西郷が読んだとされる陽明学関連の書物を「感奮の書」として読み、日本陽明学へと接近していった。中野の西郷への崇拝は、自決に際して、同じく自決を選んだ楠木正成像と雑賀《さいが》博愛《ひろよし》著『大西郷全伝』を書斎から運んでくるほどであり、まさに生涯を通じてのものであった。なお、中野を自決に追い込んだ東條英機もピストルで自決を図ろうとするが、心臓を外し、失敗している。

中野正剛と陽明学

中野正剛は一九一三年、二八歳の時に、三宅雪嶺の長女多美子と結婚し、娘婿となる。こうした人的関係の他に雪嶺と中野を結びつけていた思想的要因がある。それが陽明学であり、陽明学にとって重要な概念となる「狂狷《きょうけん》」である。「狂狷」とは『論語』子路篇の「子曰、不得中行而与之、必也狂狷乎、狂者進取、狷者有所不為也（子曰く、中行を得て之れに与せざるときは、必ずや狂狷か、狂者は進みて取り、狷者はなさざる所あり）」に現れる語であり、わかりやすくいえば、「狂」は既存の常識にとらわれず理想を追い求めること、「狷」は自己の考えを頑《かたく》なに保持することを意味する。字面から「狂気」や「狂う」のイメージがあるかもしれないが、直接的にはその意味はない。

王陽明が用いる「狂」を網羅的に調べた八木章好は、王陽明にとっての「狂」を次のように評価する。「「狂」という言葉は、王陽明に対する誹謗《ひぼう》を込めた語であったと同時に、王陽明がそれを逆手に取って、自らの姿勢として標榜し宣揚した語でもあった。世の人々に「狂」と誹謗されることは、むしろ王陽明の望むところであった」(106)。王陽明にとっても「狂狷」、とりわけ「狂」は自らの姿勢を正す上で重要な概念であった。だが、雪嶺は、王陽明すらもまだ「狂」というには物足りなかった。雪嶺は一八九六年に出版された同郷の国府犀東《こくぶさいとう》『大塩平八郎』に序文を寄せている。そこに以下のような一文を記している。

「陽明も亦た人に狂を以て目せられ、己れ亦た狂を以て居らざるべからざる旨《むね》を述べり、然れども陽明の行動は寧《むし》ろ平穏なりき、これ陽明の器局《ききょく》宏大なりしにも由《よ》るべけれど、若し当時民を救ふに急なること一層甚《はなはだ》しきものあるに於ては、更に一歩を進めざるべからざりしなり、平八郎の行動は頗《すこぶ》る激にして、君子の風を欠く、陽明の大国的気風ありしに似ず、然れども其の忍びに忍びて一たび思ひ立ちては共倒れに倒れずんば止《や》まずと決し、獅子《しし》奮迅《ぶんじん》の勢《いきおい》を以て突進せし所、是れ大和男児の特色を示すものならずや」（5f）。

王陽明もまた人から「狂」をもってみられ、王陽明自身もまた「狂」でなければならないと述べているが、雪嶺にとって王陽明の行動さえもむしろ「平穏」なものだったのである。雪嶺にとって「狂」を最も体現した人物は、大塩平八郎であった。

では、雪嶺本人が「狂」とされる実践者であったか。戦後日本の政治学をリードした丸山眞男の父・丸山幹治（号・侃堂《かんどう》）は政教社社員の一人であったが、彼には中野正剛と雪嶺について記した「三宅雪嶺論」という文章がある。そのなかで、侃堂は次のように述べる。

「古島〔一雄〕氏が雪嶺翁の愛嬢に中野〔正剛〕氏を推薦したのは、翁を知り、中野氏を知るだけ、眼が高かつた。いや、古島氏はより多く花圃《かほ》女史を知つてゐたのである。中野氏の如く雪嶺翁夫妻の愛婿《あいせい》となる資格に富んだものは、めつたにあるものでない。まさに三国一である。中野氏の親分肌も、活動力も、突進性も、雪嶺翁の最も好む型である。翁は一見して、気に入つたらしい。（略）間もなく花圃女史が、目に入れても痛くないやうになつた。中野氏と何処か似てゐる野依秀市《のよりひでいち》氏も雪嶺翁に可愛がられた。翁は常に「面白い男だ」といつてゐる。何か取柄《とりえ》のある人間を翁は愛した。従つて、働き甲斐のない、意気地のない、消極的な人間を嫌つた。（略）翁はつまり自己の哲学的逃避、書斎的閑居を埋め合せるやうな人物に魅力を感ずるのである」（354f）。

侃堂から見て雪嶺は「哲学的逃避」や「書斎的閑居」にとどまる人物であった。ただ、雪嶺は大同団結運動の挫折までは政治運動に積極的に関与しており、高島炭鉱の鉱夫虐待問題に関わる論争で生じた決闘事件の介添え役になるほどの負けん気の強さを示している。丸山が記す「書斎的閑居」は大同団結運動以後を指すのであろうが、若き日の雪嶺は熱烈に政治に関与していく行動力と負けず嫌いな気質を備えていた。雪嶺が評価するのは、若き日の自分に似た人物、あるいはかくありたいと考えた行動的人物であった。侃堂がみるに、親分肌、活動力、突進性を備えた中野正剛は「雪嶺王の夫妻の愛婿」として「三国一」の資質をもっていた。

また、これから見るように、中野はしばしば西郷隆盛の「激派は国の宝なり」を引いて、自らの急進的で妥協を排斥する政治活動を正当化してきた。中野はその政治的生涯において常に「革新派」であった。また、中野の自決を導くことになる東條政権批判も、東條政権による戦争指導が亡国をもたらすと信じ、「倒れずんば止まず」の決意のもとに批判と打倒活動を推し進めたものである。こうした性格はまさに、雪嶺が求め、大塩平八郎に見出した陽明学における「狂」、ひいては「狂狷」の現実的様相ではないか。雪嶺は中野正剛の「狂狷」的性格を愛し、それに期待したのではないか。とすると、日本陽明学の嚆矢《こうし》となる雪嶺の「狂狷」は、中野正剛に託されたのではないか。

中野正剛の生涯の親友である緒方竹虎は、戦後の対談の中で、中野正剛は歴史上の人物として誰が似ているかを論じており、緒方は大塩平八郎であると答えている（伊豆 1952：1f）。緒方が雪嶺の「狂」について記した文章を目にしたかは定かではないが、雪嶺が王陽明以上の「狂」を見出した人物を、親友・緒方が中野に重ね合わせているのは実に示唆的である。さらに、本章エピグラフで示したように、蘇峰が評伝に取り上げた吉田松陰も「狂狷」を重視した思想家である。

中野正剛にとっても「狂」ひいては「狂狷」は規範的資質であった。中野が彼の前半生において理想的政治家と評価し続けてきた犬養毅に関する評論「木堂先生に与ふる書」において、次のように「狂狷」たれと託している。

「嗚呼《ああ》大正の伍子胥《ごししょ》が眼《まなこ》は、爛々として日比谷の東門《とうもん》に霊光を放ち、閥族偽党の全滅を見るを以て分とするなり。然れども先生をして伍子胥の惨死をなさしめざるは国民なり。先生断じて倫儈《りんかい》［筆者注：文意から秦檜《しんかい》か?］の徒と絶てよ、政友硬派の輿論は寧ろ先生に和せん、和せずと雖《いえど》も敢《あえ》て抗する能はざるべし。先生が寛海の量は既に証明せられたり。大義の為再び俗人の所謂《いわゆる》褊狭《へんきょう》と狷介《けんかい》とに帰れよ、野生は寧ろ狂狷の友たらん。真の民党合同は必ずや所謂狂狷を以て国民の上に実現せられん」（①：138f）。

この評論は第一次護憲運動の頃のものであり、犬養が尾崎行雄とともに護憲運動の旗手として台頭した時期であった。中野は犬養毅に「狂狷」により、妥協することなく自らの大義を固く保持することを求め、そうすることで大勢も犬養側につくはずだと激励したのである。こうした理想的政治家としての犬養毅は、後に政治家となる中野の理想像を投影したものでもあり、中野がかくありたいと願うものでもあった。それゆえ、犬養に求める「狂狷」は中野にとっても重要なものであった。

犬養に求めたように中野は妥協政治を「情意苟合《こうごう》」として徹底して批判していく。くわえて、中野は革新倶楽部、民政党、国民同盟、大政翼賛会など政党や組織からの脱退を繰り返す。それは入党当時に自らも関与して作り上げた政綱や期待と実態が乖離《かいり》していったがゆえである。中野は、自らの政治的信念や理想とかけ離れた組織に属することに我慢できない潔癖な性格の持ち主であった。これは中野の「狂狷」的性格だといってよい。

中野正剛とメディア

さて、中野正剛は早稲田大学を卒業した後、東京日日新聞社を経て、東京朝日新聞社の記者となった。その頃の朝日新聞社は、日清戦争、日露戦争という二つの戦争を通して企業化を進めていき、発行部数も読者数も飛躍的に拡大させていった。新聞が持つ社会的影響力も大きく伸長していた。

中野は桂園《けいえん》時代の最後となる第三次桂内閣成立に伴って生じた第一次護憲運動にて、その卓越した文筆能力と行動力とで『東京朝日新聞』を牽引し、頭角をあらわす。言論活動に率先して従事して、桂内閣打倒の輿論を形成するのに大いに寄与した。中野は言論を通じた輿論形成を尊重した。こうした信念を明瞭に記しているのが、憲政擁護運動から約一年後、政教社の『日本及日本人』一九一四年一月一日号に書かれた「憲政擁護一周年」である。

「明治維新は等族国家主義の組織を一変して、直《ただ》ちに公民国家主義に就《つ》きしものにて、此《この》大主義に基く立憲政治の大成は、実に明治年間を通じて絶大の事業なりき、然るに吾人《ごじん》の恐惶《きょうこう》に堪へざることは、此立憲政治なる者が未だ真の立憲政治なりと称するに至らずして明治を通過し終り、大正の劈頭《へきとう》に於て猶《なお》憲政の擁護を叫ばざるを得ざりし一事なり。広く会議を起し万機公論に決すべし、旧来の陋習《ろうしゅう》を破り、天地の公道に基くべし、官民一途庶民に至るまで、各〻其志を遂げしめ、人心をして倦《う》まざらしめんことを要す。是れ実に明治維新の大精神にして、我帝国が内外多難の際に当りて、能《よ》く国運の一転換期を劃《かく》し、世界の列強と馳騁《ちてい》するを得るに至りしもの実に我維新政府及び国民の識者間に、此大精神の充満せしを以てなり」(165)。

「等族国家主義」とは出自により選ばれた少数の有司《ゆうし》のみが政治に参加できるとするもので、「公民国家主義」とはそうした制限を取り除いたものであり、これは明治維新により立憲政治として表向きは達成された。引用の後段部分は、あえて言うまでもないが、五箇条の誓文からの文章である。中野にとって、明治維新によって実現した立憲政治とその表現である「五箇条の誓文」は、立ち返るべき原点にして理想であった。

これを現実化していく手段が言論であり、そのインフラともいうべきメディアであった。中野は東京朝日新聞社を退社後、雑誌『東方時論』を主宰し、三宅雪嶺とともに後継誌『我観』を発刊する。さらに、中野が東方会を組織して、政治運動を展開するに及んで、『我観』を『東大陸』と改称し、東方会の機関誌とした。中野は、新聞記者として世に出て以後、衆議院議員となってからも、こうした言論メディアと強い関係を持ちつづけた。中野は決して短くはない政治家生活の中で、精力的な言論活動を継続し、膨大な量の論稿を書き続けてきた。中野は文筆家が勢い余って政治家になるという経路を辿《たど》ったのではない。政治家である前から書き続け、政治家になってからも、多少勢いは落ち、口述筆記になることもあったにせよ、大量の文章を発表し続けた。その数は単行本化されたもののみでも、四〇冊を超える。このような旺盛な文筆力と政治活動を両立させ得た政治家はそう多くない。中野正剛は「書き続けた政治家」であった。

その原動力となったのが、言論を通じて輿論を作り上げ、輿論を背景とした政治を実践することが、明治維新以後の立憲政治の条件だとした信念である。中野にとって、権力者同士が密室に集まって政治的決定を下すことは批判すべき事柄であり、国民に政策や政治的動向を訴えかけ、広範な支持を背景に政治的決定を下していくことこそが理想であった。それゆえ、中野が新聞記者出身の政治家であることの意味は殊《こと》のほか大きい。中野にとって広範な国民に政治情報を伝達し、政論を展開して、広範な支持と広範な政治参加を得る、すなわち輿論を指導していくことは新聞記者としての使命であり、議員としての地位を得てもそれは変わらなかった。

それゆえ、藩閥のような一部の、それも国民の信託を得られていない勢力が、密室での妥協により政治的決定を下すことは明治維新後の立憲政治の時代において望ましいことではなかった。端的に言って、中野は公開の言論に基づく「輿論政治」を理想としていた。

広く会議を興し万機公論に決して、官民一途庶民に至るまで各々其志を遂げさせるために必要になるのが、「民権」である。中野は「明治民権史論」を『東京朝日新聞』に連載し、公刊している。中野は「民権」が国民全般に保証され、「民権」を運用することで、輿論政治が達成され、国威が発揚すると考えていた。中野は自由民権運動の展開について執筆した「明治民権史論」を、第一次護憲運動の最中に完成させたが、その意義は、中野が政治家として活躍する第一次世界大戦後にますます増してくる。

中野は第一次世界大戦中にイギリスに留学し、イギリスで総力戦を観察した。さらに、その後のパリ講和会議にも新聞記者として同行した。中野が総力戦と講和会議を通じてみたのが、戦争や外交、政治家を後押しする「民意の力」の大きさである。サイレントパートナーと揶揄《やゆ》された日本使節団の姿は、中野にとって外交や政治家を後押しする民意の弱さの帰結であった。その責任は、民意を積極的に調達しようとする努力を怠たり、かつ、民意と明らかに反する政策を展開した政治家にあった。中野は、第一次世界大戦後の世界において日本が各国と伍していくためには、「民意の力」を引き出すための「民権」を現実のものとし、国民が「民権」を使いこなせるよう覚醒させていく必要があると考えた。「明治維新の大精神」により勝ち得た立憲政治、すなわち輿論政治の高度な実現が一層必要となる時代が訪れたのである。

メディア出身議員の時代

中野は帰国後に改造同盟を組織し、また、『講和会議を目撃して』を公刊して大いに声望を高め、その勢いのまま、一九二〇年の第一四回衆議院議員総選挙にて初当選を遂げた。中野は初当選を果たした第一四回以後、第二一回総選挙まで連続八回当選する。佐藤卓己・河崎吉紀編『近代日本のメディア議員』（二〇一八）によれば、中野が政治家として活躍するこの期間は、新聞などのメディアでの経験を経て議員となった「メディア出身議員」が増加し、高原状態にあった時代と重なる（図0-3）。

メディア出身議員の中には議員の地位を獲得して以降、メディア活動と距離を取る議員もいたが、中

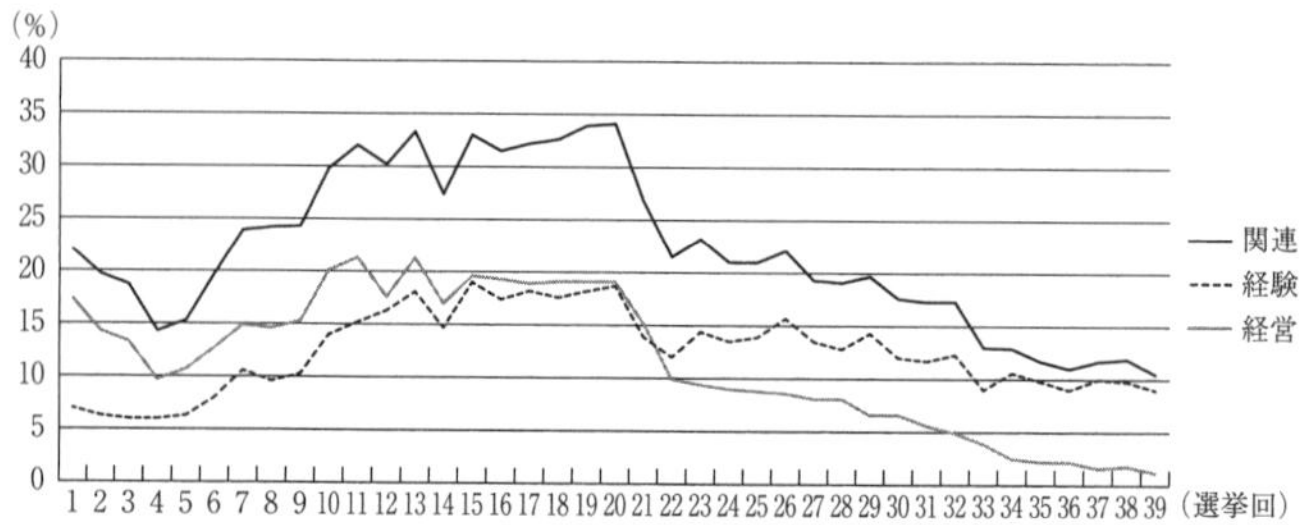

図 0-3　メディア出身議員数の推移
出典：河崎吉紀「メディアに関する議員の一〇〇年」佐藤卓己・河崎吉紀編『近代日本のメディア議員』創元社、2018 年、76 頁

野は議員になって以後も自ら筆を取る卓越した文筆家としても、壇上で声をあげる雄弁家としても活躍した。くわえて、中野の出身選挙区である福岡県の地方紙『九州日報』の経営者ともなる。中野は自らがメディアを駆使するメディア政治家であった。

だが、それだけではない。中野が政治家として活躍し始める一九二〇年代以降は、新聞や雑誌、出版物の発行部数が飛躍的に伸び、マス・メディアとしての実態を次第に確立し、メディアが都市部を中心として社会に浸透していく時期である。また、一九二五年にいわゆる普通選挙法が公布され、有権者数が一挙に九〇〇万人以上増加し、政治に関心を抱かねばならない層が拡大した。だが、そうした層が十分な政治知識を蓄え、複雑な政治動向を判断できるわけではない。大澤聡は『批評メディア論』（二〇一五年）のなかで、こうした条件に最適な記事様式として人物批評が生まれ、流行したことを指摘している。政治動向や政策についてはわからなくとも、政治家の人柄ならばわかるということである。

数多《あまた》ある人物評論において、中野正剛も当然ながら取り上げられる。大澤は固有の人物評論が量産される条件として、表現語法やポーズなどの「描写のテンプレート化」とそれを担保する「取柄」すなわち「個性」が必要となることも指摘しているが（大澤 2015：157）、中野においてそれは闘争性や情熱、行動性であった。いくつか例を挙げたい。

人物評論家としてしばしば登場する伊與部輝は「中野正剛の生命」（一九三二年）において次のように記す。

「彼は一面性急だ。問題に対して急ぐ。右か左かの態度を定め、説き伏せ運動を開始する。俊敏でもあるが、悍馬《かんば》の如くでもある。悍馬が目立つ如く、彼はいかなる問題にも登場する。問題を傍観することはない。真正面から嚙《か》みつく如く、突撃的に走り出す。そのため或る時は仲間さへ置いてきぼりにする。周囲の誤解、迷惑さへも顧みない時がある。思ふ通りに自身の発展路を驀進《ばくしん》する。邪魔する者を弾劾し、粉砕する。（略）彼の精悍は、攻撃力において政界に無双の人物だ。張作霖爆死事件で田中内閣の本塁を突き、完膚《かんぷ》なきまでに、その胴体を剔抉《てっけつ》した」（伊與部：336f）。

闘争性や情熱、性急さ、行動力といった中野の「個性」が配されている。また、他者との協調性や妥協を嫌う攻撃性は中野の個人主義的性格を示すものである。

さらに、松浦太郎「中野正剛論」（『革新』一九三九年五月号）において、中野正剛が「素晴らしい猪突猛進力」を備えていることを指摘しつつ、これに付された近藤日出造による挿絵では、杖を片手に、大股でさっそうと進む中野正剛が描かれている（図0-4）。これ以上は挙げないが、このような中野に対する定型的人物評論は多数ある。

図 0-4　松浦太郎「中野正剛論」（『革新』1939 年 5 月号）

　第一章でも述べるが、幾度も言及される中野正剛の「個性」は、中野自身がかくありたいとして自己形成してきた人格そのものであった。ただ、中野が作り上げた人格は、単に自己の修養の次元にとどまるものではなく、「個性」としてメディア空間を還流した。とりわけ、伊與部の評に「悍馬が目立つ如く」とあるように、中野の「個性」として言及される闘争性や情熱、行動性は政治や言論の場において目立つものであり、言及しやすいものであった。くわえて、中野正剛論が多く記される一九三〇年代は、「危機の時代」として社会不安が増しており、それを解決しうる指導者の一人として、中野正剛人気が高まることになった。

　中野正剛は文筆や演説、メディアを駆使する能力において卓越性を示しただけではなかった。大衆化するメディア環境の中で、言及しやすい「個性」を兼ね備えたことにより、メディア・パフォーマンスを補強し、人気を獲得した。中野にとって、メディアは自らの政治力の供給源であった。中野にとって陽明学と言論活動とメディア環境は、自己の政治力を補完する三位一体構造をなしているのである。

　さて、中野正剛については、これまで少なくはない研究が蓄積されている。評伝として本格的なものは、中野正剛の四男・泰雄による『政治家／中野正剛』（一九七一年）であり、これは上下巻ともに八〇〇頁を超える大部のものである。家庭人・中野正剛の私的領域と政治家・中野正剛の公的領域を総合的に明らかにしたものであり、特に中野や中野家の家庭生活に関する記述は、数多ある中野の評伝の中でも群を抜いたものである。この著作では、中野が官僚政治に対し民権論で一貫して抵抗してきた苦闘が描かれる。

他の中野正剛に関する重要な評伝として、中野の親友・緒方竹虎『人間中野正剛』（一九五一年）、東方会関係者である猪俣敬太郎『中野正剛の生涯』（一九六四年）がある。緒方のものは修猷館《しゅうゆうかん》時代からの親友として、中野正剛の性格や行動をいくつかのエピソードを中心に記述しつつ、満洲事変以降、中野と緒方自身の政治思想が乖離していったことを記している。猪俣敬太郎の重厚な評伝は満洲事変以降の中野正剛を「変節」として解釈している。

むしろこの「変節」の論理を課題としたのが、学術的な研究文献であり、木坂順一郎「中野正剛論」（一九七一・七三年）、住友陽文「大正デモクラシー期「議会主義」の隘路」（一九九七年）、有馬学「戦争期の東方会」（一九八一年）、同「改造運動の対外観」（一九七六年）、永井和「東方会の成立」（一九七八年）、同「東方会の展開」（一九七九年）、室潔『東條討つべし』（一九九九年）などがある。特に、住友陽文と室潔はこれを正面から扱っており、「議会主義」や「民意」という観点から内在的に解明している。本書もこうした先行研究の知見に大いに依拠している。

また、中野正剛の語り方の一つの典型となる評伝として、田々宮英太郎『中野正剛』（一九七五年）がある。これは東條英機と中野正剛との対立を中心的に記述するものであり、四部構成のうち、冒頭の三部を東條との対立に費やしている。戦後の中野正剛論はまとまった評伝以外にも数多あるが、それらの多くが東條英機に抵抗して自決したことを中心的に記述する。たとえば、宮崎吉政「政治家が決断するとき—中野正剛の自刃」『月刊新自由クラブ』一九八三年二月号、保阪正康「中野正剛はなぜ自殺に追いこまれたか?」『諸君!』一九八三年一〇月号、小田晋「〝事務屋総理〟に葬られた〝非常の人〟」『宝石』一九八三年四月号などである。これらは東條英機を軸とし、中野を「抵抗の人」として描く。

だが、こうした多くの先行研究があるにもかかわらず、これまで簡単に触れてきたように、中野正剛が言論メディアと強い関連をもった政治家として生きてきたことへの考察は、未だなしきれていない。繰り返すが、中野正剛は「書き続けてきた政治家」であり、明治維新を顕彰する近代陽明学の影響を存分に受けて、その卓越した文筆力と演説力により輿論政治を追求し、それを規範としたメディア出身議員であった。中野正剛の生涯を問うことは、近代日本における言論と政治を問うこと、すなわち輿論政治の一つのあり様を問うことにつながる。中野正剛は輿論政治を求め続け、そのための卓抜な能力を磨きつづけてきた。自らの政治実践の背景に輿論があると唱えてもきた。だが、その帰結はいかなるものであったか。中野正剛の生涯は、近代民主主義社会の存立に不可欠な言論や輿論政治の可能性と隘路《あいろ》について思索を巡らせるための一事例になると考えている。これよりそれを提示してみたい。

第一章
慷慨青年の自己形成

早稲田大学時代の中野正剛。左から中野正剛、緒方竹虎、阿部真言（中野泰雄『政治家／中野正剛』上巻、1971 年）

「たとへ一時は賊よ、朝敵よと、汚名をかうむつても、人々は次第々々に、ほんたうの隆盛先生の人間性を、偉大さを、知りなつかしむのであります。

諸君はまだ〳〵世の中へ出るには、遠い少年達です。しかし、どうか諸君、諸君は世の立身出世のみを目がけて学校にゆくやうな人とならぬやう、中江藤樹先生のやうに、西郷隆盛先生のやうに、ほんたうに心の正しい、人々から尊敬される人となられんことを、希望いたします。」（中野正剛「私の崇拝する偉人 西郷隆盛先生」『小学五年生』一九三七年一二月号）

1　甚太郎から正剛へ

幼少期の中野甚太郎

一八八六年二月一二日、中野正剛は福岡県福岡市西湊町に中野泰次郎とトラの長男として生まれた。幼名は甚太郎である。六人兄弟で三人の弟と二人の妹をもった。次男に福岡市会議員となった泰介、末弟に詩人として著名な秀人がいる。正剛は長じてから自ら付けた名である。中野家は黒田藩舟手組に属する士族であり、石高は七石一斗五升八合と低かった。ただ、家業は家庭用品を売買する荒物商を営んでおり、石高よりも裕福であった。泰次郎はその父・中野太四郎の次男であった。平民となるはずのところを、中野本家が士族株を買い入れて、泰次郎も士族としての名前と俸禄を手に入れることができた。泰次郎の兄・中野和四郎は初代博多商工会議所会員として選出され、福岡市議も後に務めた。玄洋社の名簿に名前を連ねたこともある。後年、甚太郎は士族であることを誇りとし、武士道を尊重するべきことを公言することが度々あったが、それは本家の資産により得られたものであった。ここに武家らしさはさほどない。甚太郎の母トラの父は党又九郎といい、福岡県糸島郡元岡で醤油醸造を営んでいた。

甚太郎が生まれた頃は、泰次郎夫婦はまだ分家せず、本家に同居し家業を手助けしていた。泰次郎が分家すると、本家の家業の暖簾分けをして、西町四六番地に新居を構えた。鳥飼八幡宮の裏手にあたり、現在はこの場所に「中野正剛先生旧家跡」の石碑が建てられている。鳥飼八幡宮の祭日はさぞかしにぎわったことだろう。

甚太郎は一八九一年に西街小学校に入学した。学校では官吏や軍人の子弟へのひいきが目立ち、甚太郎は幼心に反感をもったという。その後、入学した福岡県立師範附属小学校では、漢学に造詣が深い柴田文城《ふみき》が教鞭をとっていた。甚太郎に後年にわたって大きな影響を与える人物である。明治元年生まれの柴田文城はこの頃、まだ二〇代の青年であり、自宅から馬に乗って通勤していた。その颯爽《さっそう》とした姿から児童の人気は高かったようである（「幼けなき思ひ出」『雄弁』一九二二年一〇月号：62）。

柴田は受け持ちの児童を数名つれ、課外活動として遠足会をしばしば行っていた。ある年の冬休み、甚太郎をふくむ児童六、七人を連れて太宰府にある宝満山《ほうまんざん》への登山を試みた。深い雑木林の登山路の途中、甚太郎は「先生こんな林は伐り払わねば眺望のさまたげですね」と言ったところ、「そうかね」とだけその時柴田は答えた。山の中腹で眺望がひらけてところにたどり着くと、甚太郎は「先生、早くおいで下さい。とても景色がよいです」と喜んで眺めていた。そこで柴田は「これはほんとにいい眺めじゃ、ところで中野君、お前が伐り払いたいと言っていた林はあそこだが、やはり伐り払うかね」と尋ねた。甚太郎が「此処から眺めると、景色の一部分であった方がいい」と答えた。すかさず柴田は「中野君、それが大切なことだ。人間は自分が小であると、周囲のものが邪魔になる。芝居見物に行つても、相撲見に行つても人が自分の前に立ち塞がると困るものだ。しかし一段と高い台に上がると、前の人が邪魔にならずかえって一人で見るよりも良いものだ。要は人よりも一段高く（偉く）なることである」とさとし、王之渙《おうしかん》「登鸛鵲楼《かんじゃくろうにのぼる》」の漢詩「白日依山尽、黄河入海流、欲窮千里目、更上一層楼」（白日、山に依りて尽き、黄河海に入りて流れる、千里の目を窮《きわ》めんと欲し、更に上る一層の楼）を紹介し、「えらい人物になるためには人より一段と、高くなれ、人一倍勉強せよ、お前達は国家有為の人物になるんだ」と説いた。甚太郎は痛く感激し、この漢詩をノートに取り出し書きとめた（藤島 1966：150f）。後年、甚太郎は自決直前に、泰雄と達彦の二人の息子に自ら筆をとって書き与えたが、それがこの王之渙の一節、「欲窮千里目、更上一層楼」であった（図1-1）。

幼少時から「ワルソー（腕白小僧の意味）」として評判であった甚太郎は彼を取り巻く福岡の子どもたちとしばしば戦争ごっこをしていた。人気があったのは賊軍側の大将西郷隆盛である。甚太郎はいつも西郷役であった。五月には、西南戦争における官軍側戦死者を祀《まつ》る招魂祭が福岡でも行われており、学校の行事として出席させられたが、甚太郎の心の琴線に触れることはなかった。他方、官軍の招魂祭と対立するように開催された賊軍側の招魂祭があり、中野と友人たちは学校行事を欠席してでも、そちらの招魂祭に参加し、西郷側の陣没者と仲間であるような気持ちになっていたという（中野 1971 上：47f）。

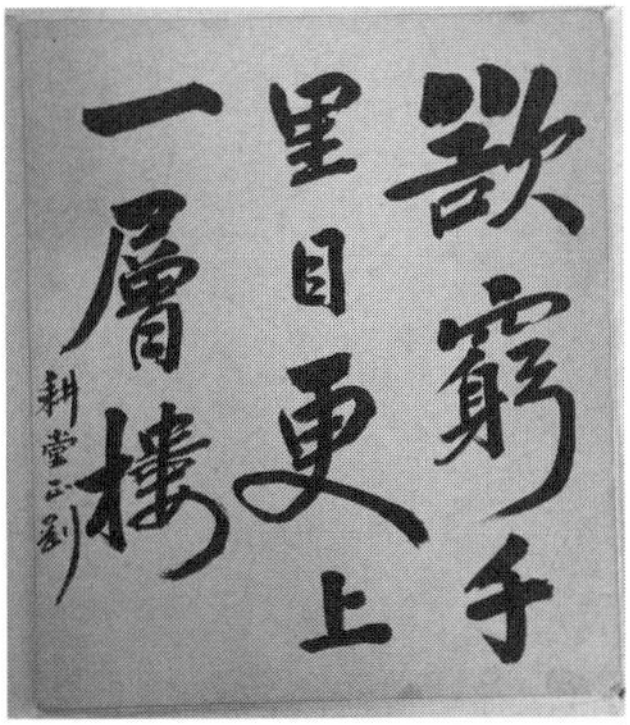

図 1-1　中野正剛の筆による「登鸛鵲楼」（中野家所蔵）

修猷館時代

中野甚太郎は一八九九年、高等小学校卒業後、福岡県立中学修猷館に入学した。修猷館は一七八三年、福岡藩主・黒田齋隆《なりたか》の時、

図 1-2　修猷館時代の中野正剛（前列右から２番目）。前列左から２番目が緒方竹虎。『政治家／中野正剛』上巻より。

藩儒・竹田定良《さだよし》により創建されたものである。現在も福岡屈指の名門校として知られている。福岡藩には朱子学を教える東学問稽古所・修猷館と亀井南冥が古文辞学を教授する西学問稽古所・甘棠《かんとう》館があった。寛政異学の禁以降、修猷館が福岡藩における正統的学問所として位置づけられた。ただ、修猷館は明治維新後の廃藩置県の際に廃校となった。さらに、一八七四年に福岡県会は、経費上の問題から中学不要論が出たことで、福岡県の中学をことごとく廃止した。これを危惧《きぐ》した地元有志が、一八八一年、修猷館を引き継ぐ藤雲館を開設し、さらに、一八八五年には伊藤博文内閣総理大臣秘書官であり、修猷館出身者でもある金子堅太郎が、旧藩主・黒田長溥《ながひろ》の命を受けて尽力し、修猷館の名を冠する学校を創設することに成功した。甚太郎が生まれる前年の話である。

　修猷館創設を後押しした黒田長溥の意思もあり、修猷館は第一に英語、第二に漢学と国文、第三に数学を重視した。それを体現したのが初代館長として抜擢《ばってき》された、この頃まだ二五歳の隈本有尚《くまもとありたか》である。隈本は数学を専門とし、東京予備門教諭時代に夏目漱石や正岡子規、南方熊楠《みなかたくまぐす》を教授した人物である。くわえて、英語で数学を教えるほど英語に堪能で、英語を苦手とした正岡子規などはそれを苦にして落第した（正岡 1902：126f）。とはいえ、英語や西欧一辺倒であったわけではない。隈本は新入生が入学すると、一同を講堂に集め勝海舟の『西郷隆盛を弔う長歌』を講義することを恒例としていた（緒方 1962：100）。隈本は初代館長として一八八五年から一八八九年まで、第四代館長として一八九四年から一九〇一年の二度、館長に就任しており、中野や中野の生涯を通じての畏友《いゆう》・緒方竹虎もわずかながらその謦咳《けいがい》に接していたといえよう（図1-2）。

隈本の後、五代修猷館館長は札幌農学校出身で農学士の小寺甲子二《こでらきねじ》が就任した。小寺もまた英語が堪能であった。中野が修猷館に在学していた頃、ある補講の時間に、小寺館長が中野の教室にやってきて黒板に英語を書いた。一人ずつ指名して意味を問うても誰も解《わか》らず、読めもしなかった。激怒した小寺は、「何だ、貴様達は九州男児ぢやないか。自分は九州男児には今少し根柢《こんてい》があると思つたが、今の素振りは、それは何だ。それが豪傑風なのか、それが玄洋社風なのか。玄洋社が一体何だ。勉強もしないで、君達の先輩は若い者に勉強も勧めないで一体何をして居る。貴様達の真似は時代遅れの馬鹿豪傑の真似だ」と、さらに続けて「今の世の中にはピストルも大砲もある。柔道で大砲の前に立てるか。其大砲は一体誰がどうして考へ出したと思ふか。それはみんな人間の頭が造るんだ。頭の腐つた奴が何になるか。中学に入つて三年も四年もたつて、英語が読めんとは何だ」と手厳しく叱りつけた（㉜：222）。この怒りに中野も悟り、以後は英語の勉強に熱心に励んだという。後年であるが、中野が東京朝日新聞社の京城特派員として朝鮮にいた頃、京城中学に赴任して退職後も現地にとどまっていた小寺と再会した。すでに洋行が決まっていたことを小寺に伝えた中野は書架にある洋書を読ませられ、細かい間違いを指摘された。教職を退いた後も学問に励んでいる小寺への敬意を持ちつつも、「新聞の記者になつても、中学の先生から英語の読み方から解釈迄聞かされてはやり切れない」と辟易《へきえき》したという（㉜：223）。

さて、この頃の修猷館では柔道は武断派、剣道は文治派という共通理解があり、体育でどちらを選ぶかにより、交友関係もある程度規定されていた。中野の二歳年下になる緒方竹虎は剣道を選んだ（緒方 1988：33）。なお、緒方と同年にこちらも中野の終生の友人となる安川第五郎が入学している。九州では柔道熱が非常に盛んだった頃であり、腕白で喧嘩好きであった中野は柔道に熱中して高等小学校時代から不仁会という柔道場に通い、稽古をはじめていた。当然のごとく修猷館でも柔道を選んだ。ただ、修猷館に入学して一年目の柔道の練習中に左足大腿部を痛めた。九州帝国大学附属病院において手術を受けるものの完治せず、一九〇三年の春休みに再度外科手術を受けて、ようやく治癒した。とはいえ、やはり完治とはいえず足の不自由さは残り、後年の隻脚《せききゃく》の原因となった。くわえて、この手術により学校を休学せざるをえず、進級も一年遅れてしまった。

修猷館の同期には柔道で著名な宮川一貫《みやかわいっかん》がいた。宮川は内田良平が開いた天真館で柔道を学び、在学中から中野と互いにライバル視していた。一九〇四年に決着をつけるための柔道勝負をしており、中野は敗北している。その観戦記は『同窓会雑誌』に掲載され、学生の注目を集めた一勝負であった。宮川との対抗は柔道にとどまらず、政治家になっても継続し、後年、一九二四年の衆議院議員総選挙で鎬《しのぎ》を削る激しい選挙戦を展開し、この時は中野が僅差《きんさ》で勝利した。

柔道に熱を上げていた中野は青年の修養と練習のための道場が必要だと考えていた。当然ながら、一学生でしかなかった中野に道場建設を賄《まかな》えるだけの財産はない。中野はそこで郷土の先輩たちに道場建設の必要を説得し、資金供出の依頼をしていった。まず、「勇悍仁平《ゆうかんにへい》」と呼ばれた侠客・大野仁平へ寄付金の依頼を申し出た。大野は「物貰《ものもらい》ややぶれ書生は御免だ」との口吻で撃退しようとしたが、修養のための柔道場建築費であることを中野が説明すると、「それならそれで、人の家《うち》に来たら、先づ帽子でも脱いで、お辞儀の一つもしてから御話をなされねばいきまつせんばい」と言って、帽子を脱いでお辞儀する作法を中野に教えたという。それから仁平は幾らか寄付をして、平岡浩太郎の家《うち》へいけと伝えた（大日本雄弁会：123f）。

平岡浩太郎は自由民権運動を推進する向陽社を、箱田六輔、頭山満、進藤喜平太とともに設立し、大阪で開催された愛国社大会にも参加した人物である。向陽社は高知の立志社に匹敵するほどの勢力をもち、一八八〇年頃に玄洋社と改称し、平岡は初代社長となった。他方、平岡は安川敬一郎と提携して赤池炭鉱を開き、また、山本貴三郎と協力して豊国炭鉱を経営して成功し、多大なる資産を獲得した。後に黒竜会を創設する内田良平は平岡の甥にあたる。一九〇二年に出版された『明治富豪致富時代』の付録「日本全国五十万以上の資産家」に福岡県では全七名の名前があり、その内、平岡浩太郎、貝島太助、松本健次郎、安川敬一郎、麻生太吉が「石炭商」と記載されていた。いかにこの頃の福岡が石炭により莫大《ばくだい》な利益を得ていたかを窺《うかが》うことができる。玄洋社や黒龍会などの志士たちの活動はこうした炭鉱業で得られる資産により支えられていた。ここに名前が上がっている安川敬一郎は、後に中野の留学資金や選挙資金を援助しており、中野の後年の飛躍も石炭にあったと言っても言い過ぎではない。『九州日報』に籍を置いていた思想家・田岡嶺雲は、福岡を「石を金にした成上り者の世界であると共に、又浪人の天国である」と回顧しているのも納得のいく言葉である（田岡 1912：229）。さらに、平岡は、炭鉱経営で得られた資産を自らの政治家としての活動にも用いており、一八九四年の第四回衆議院議員総選挙から、一九〇四年の第九回総選挙まで六回連続で選出されている。平岡は名実ともに福岡における名望家としての地位を確立していた。中学三年生の中野が、柔道場創設のために平岡を訪ねると不在であったため遅くまで帰りを待つことになった。いざ、帰宅した平岡に援助を願うと、中野を高く買った平岡は快く資金を援助し、帰りの切符も中野に持たせた。

さて、振武館では柔道の稽古を中心にするが、維持運営は集う青年たちの自治に任されていた。専任の柔道教師をおくことができなかったため、中野自ら玄洋社が管轄する明道館の高段者の元に通っては、振武館で自らが教えた。また、中野は四年生の頃、終生の友人となる緒方竹虎や安川第五郎を誘って、精神修養や弁論文章の訓練を目的とする玄南会を組織した。玄南会は、振武館で柔道の稽古をする仲間が中心になっており、かなりバンカラな気風をもっていたようだ。緒方は修猷館では洋服に「カラ」をつけて登校する「ハイカラ」な連中への鉄拳制裁がしばしばあり「中野正剛君などその殴るほうの旗頭だった」と回顧している（緒方 1962：102）。中野は幼少期から「悪そう」の評判であったが、修猷館の教師からも厳重注意を何度も受けている。一方、緒方は無遅刻無欠席で皆勤賞として英語辞典を授与されている。

とはいえ、中野在学中の玄南会は、会として暴力を振るうようなことはなかった。ただ、中野の卒業後の話になるが、質実剛健を尊ぶ修猷館でもテニスや野球が浸透し、柔道部への入部希望者が少なくなり始めた。そうしたなかで中野は修猷館における柔道部衰退の話を耳にしたのである。中野と親友・阿部真言は連名で柔道部員に対して檄文《げきぶん》を送った。『同窓会雑誌』に掲載された「遥かに柔道部員及び新入生諸君に告ぐ」である。

「今や新緑野に萌え、杜鵑《とけん》空に啼く、初夏の候学ぶに宜しく遊ぶにたのし。諸君希《ねがわ》くばますます健全ならんか。生《せい》等の上京せんとするや、柔道部の為にある重圧を果さん事を約したりき。しかして周旋今日に至るも遂に効果を挙ぐる能わず、深く自ら諸君に慚《は》ず。しかもなお母校柔道部の盛衰を思うの念は寸時も止むなく常に諸君の勇の前に十倍せんことを期せり」とまずは穏やかな時候の挨拶と自身の東京の活動から書き始める（㊾：54）。

だが論調はすぐに一変する。「然るに頃日《けいじつ》ほのかに聞く、御館柔道部の勢ますます振わず、ようやく頃日に至りて新学年の稽古を始め、一年生斯道《しどう》志望者の数は甚だ僅少にしてある組の如きは十人に達せずと。余はこの語の誤伝ならん事を欲したりき。然るに今日友人よりの来書を見て事の真なりしに驚倒《きょうとう》せり。いなむしろ落胆せり」と玄南会を創設し、柔道場まで作り上げた大先輩からの「落胆」の一言である。柔道部の後輩は震え上がったであろう（㊾：54）。

中野は柔道部入部希望者の減少は新興の野球部や庭球部に流れているためとも聞き及んでいた。だが、中野にとって野球部や庭球部は外見を重視した、批判すべき「ハイカラ養生の具」である。「庭球野球はハイカラ養生の具なり。彼等の御姫様然たるを見よ、シャレ運動着にて躍りまわる軽卒者を見よ、一挙一動のつやつきたるを見よ、何れの校においても野球庭球部はその校ハイカラ連を以て組織せらる。彼等は外観をてらい、いわゆる晴れの場所において衆人に観られんことを望む」（㊾：56）。質実剛健が尊ばれるべき時代において、内面を修養する柔道を選ばず、外見のきらびやかさを気にする庭球や野球が選ばれることを中野は嘆き、叱咤《しった》する。「上級の部員諸君、殊に教務委員諸君はこれら新入生諸君の指導者として斯道の衰運を挽回せよ」（㊾：57）。

これにより玄南会会員は焚《た》きつけられた。二月一一日に玄南会例会を開いた時に、例会を不思議そうに見物していた修猷館の学生を会員がなぐりつけた事件が起きたのである。安川第五郎はその時の出来事を次のように回顧している。

「中野君在学中は時折会合して大言壮語こそすれ、別に乱暴の振舞も何もない様であつたが、中野君の卒業後、即ち私の五年級の時、確か二月の紀元節当日と思ふ、式後振武館道場で玄南会例会を開くことになり、私は当日会計係で茶菓の用意とか、中食の味付飯の準備とかに専ら奔走してゐた。会合は平常通り無事行はれたが、そのうちに会員に非らざる生徒が何人か、会場で吾々の会合を不思議さうに見物してゐるのが目についた。そのうち或る会員が演壇に起《た》ち、近来玄南会員は元気に欠けてゐると中野先輩から激励されたといふ様な演説をやつた。次《つい》でまた別の会員が起つて、我校風の衰微を嘆ずる悲憤慷慨《こうがい》の演説を始めた。すると数人の会員は、その伴《つ》れて来た会員でない生徒を取り巻いて、何かしら叱責の言葉を発するや、矢庭《やにわ》に鉄拳を揮《ふる》ひ、頭といはず、頬といはず、ポカ〳〵思ひ切り撲《なぐ》り初めた。私は呆気《あっけ》にとられて手の出し様もない、すぐ撲られてゐる下級生の傍《そば》へゆくと、その生徒の頭髪から一種の香気がプンと鼻を衝《つ》くのを感じた、当時は今と異り、学生が頭髪に香水を用ゆる等思ひもよらぬ時代で、而も十五六の少年が頭に香水を振りかけて登校するなど、私も意外に驚くと同時に、悲憤の極、思はずその頭に向つて力一杯鉄拳を加へてやつた」（安川 1940 : 194f）。

安川は思わず殴った。緒方もこれについては文章を残しているが、緒方は殴らなかったようである。これは学校においても騒動となり、玄南会会員は教員に呼び出された。だが、そこに教師からの信頼が厚く、秀才のほまれが高い安川と緒方がいたため、忠告を与えられただけで内密にすまされた。ただ、こうした穏便な処理には緒方と安川が在籍していたことだけが理由には思えない。旺盛な行動力、質実剛健を尊ぶ性格、卓越した文章力と学力を示した中野が創設したのが玄南会である。中野も教師から一目置かれていたし、修猷館の校風からするとむしろ模範的な学生でもあったろう。行きすぎた暴力は非難するが、ハイカラや香水をつける学生への不満や玄南会の気風は、修猷館の教師にも共有されていたのではないかと思える。

青少年期の自己形成

中野が三年生になる頃に、漢文教員である益田祐之が監督する『同窓会雑誌』が創刊され、在学中は

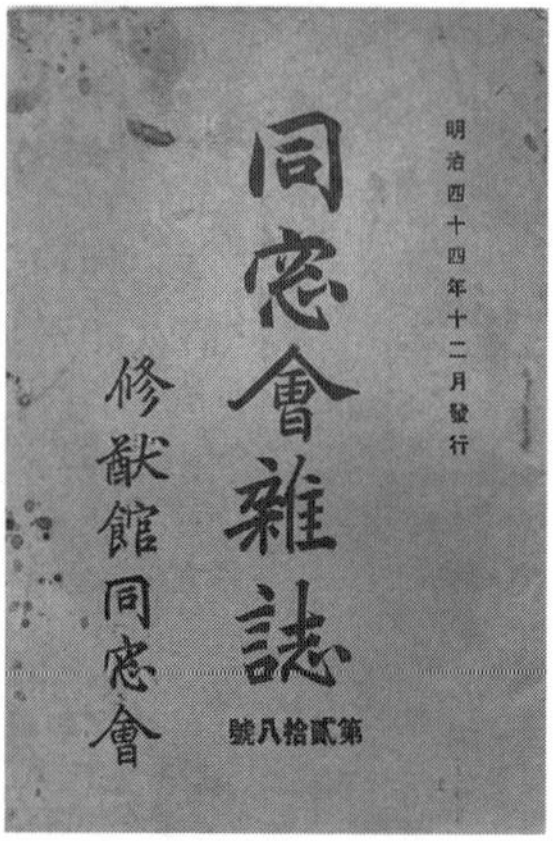

図 1-3 『同窓会雑誌』表紙

もちろん卒業後もこれに積極的に寄稿した。中野の回想によれば益田は「文章は青年らしい純朴なる性情を流露さすればよい、修猷館の剛健な学生に似もつかぬ修飾タップリの美文など真ッ平御免である。自分が主任者である以上、そんな原稿は一切採用せぬ」という態度をとり、当時流行していた浪漫主義文学を「浮華軽佻《ふかけいちょう》の閑《かん》文学」「軟文学」として批判し、中野もその影響を大いに受けた（㊾：5）。中野が『同窓会雑誌』に初めて寄稿したのは、「菊池寂阿《じゃくあ》公」で一九〇三年二月号、第二号に掲載されている。

この論稿で主題としている菊池寂阿（武時）は鎌倉時代末期、後醍醐天皇の意を受けて鎮西探題《ちんぜいたんだい》を襲撃するも敗れて討たれた人物であり、この襲撃が鎌倉幕府倒幕運動の契機となった。一八八三年に勤王家の福岡藩士・城武貞は菊池武時の墓地が福岡早良《さわら》郡にある七隈原《ななくまはら》であることを明確にし、その地で五〇〇年忌を大々的に挙行した。これは福岡藩における勤王気運を高める契機となり、福岡の勤王の主唱者ともいえる平野国臣もこの地に同志と集まって国事を議論した。これにより福岡藩勤王の発祥の地と評されるようになった。維新後の一八六九年黒田長知《ながとも》により墓地の修繕が命じられ菊池霊社が創建された。一九〇二年の九州特別大演習の時には明治天皇の勅使が菊池霊社に遣《つか》わされ、同年一一月に菊池武時を従一位に叙することが決まるとその地で報告祭が挙行された（西川 1933：36f）。中野がこの文章を執筆するのは、こうした菊池武時顕彰の気運が盛り上がっていた頃のことであった。

この主題は益田により勧められたものであり、自身で選択したものではないが、後年にわたって維新を高く評価していく中野の精神的原型を窺うことのできるものである。漢学の講釈をしていた宗盛年や玄洋社系統の大内義英らの教示を得つつ執筆したという。文章は次のように始まり、中野の漢文的素養が発揮されている。

「菊池寂阿公の墓は久しく寒郊のうちに荒れ果てて、荒涼寂寞《じゃくまく》、だれ訪《おとな》うものもなく、余輩その廃塔にひざまづきて、流涕《りゅうてい》数時、忠魂をともらいしことしばしばなりしが、この度、龍駕西幸《りょうがさいこう》しかたじけなくも御贈位のことありて公の義烈を表旌《ひょうせい》し給うにいたり、草莽《そうもう》の身また歓喜に堪えず、いささかその墓記を書してこれを公にせんとす」（㊾：8）。

この文章を読んだ益田は「これは好い、君は立派に文章が書ける、この気持で書かねばならぬ」と激賞し、食うためには筆を執らねばならないと考えていた中野に大きな自信を与えることになった（㊾：6）。

次に『同窓会雑誌』に執筆したのが、「修養論」である。明治三〇年代後半は修養を冠する書籍が多数発行される「修養論」ブームが生じており、そうした気運に沿っていたともいえるが、あるべき自身の人格を模索する青少年らしい文章である。中野は、修養することなくただ世俗や華美文弱に流れ、道徳を欠き節義を破れば、酔生夢死に至るだろうとして不断の修養を通じて自己の主義を作り上げるべきだと説く。その上で「精神麻痺は物質的学術のもたらすべき現象なり」とし、「大に心を修養に止めずんば遂にはその常套《じょうとう》を襲いて、無節、無主義、大事に臨みて逡巡《しゅんじゅん》動揺し為すなきの人となるべきなり」

とする（㊾：14）。さらに、足利尊氏や源義仲の例を挙げて彼らが敗北したのは「京師文弱の風」に吹かれることにより、もともと備えていた剛健さを失ったが故《ゆえ》だと説く。都市的で軟弱な気風を持った既成勢力が、質実剛健で地方から台頭した新興勢力により打倒されるとする歴史観は、中野の文明史観の基礎となっていく。なお、この次の号の一九〇三年一二月に発刊された『同窓会雑誌』四号では、「中野正剛」と記している。「正剛」と名乗った理由を説明する中野の言葉は残されていないが、中野の人生はこの名の示すように自らが「正しい」と信じる道を「剛《つよ》く」進んでいくものとなった。

剛健さを尊重する中野の性格は、修猷館在学中に勃発した日露戦争についての時論「征露戦争に於いて得たる偉大なる教訓と好時機」（『同窓会雑誌』第八号）により明白に現れている。中野は日露戦争により「偉大なる教訓」と「最大なる好機」が得られたという。「偉大なる教訓」とは、建国以来の「国民の精神が無双の力」を有することを知られたことであり、「最大なる好機」とは、「軽薄華美の輩《やから》」を反省させ、「武士道復活の気運」となったことである。日露戦争後の武士道復活の気運は中野ら九州男児にとって追い風であった。

もともと日本人は「尚武雄健の民」であり、その中でも特に九州男児は「質素豪胆の気象」をもって天下に鳴りひびいていたとする。時にそれは「質朴にして愚なり」という九州男児批判へとつながることもあるが、中野はむしろそれを長所として捉える。「その愚にして質朴なりし所、かえって吾が九州男児の誇るべき特質にして、もって維新の大業にたえ、熊本の籠城にたえし所以《ゆえん》なり」。それゆえ中野は、「自ら勉《つと》めて九州男子独特の質素剛健の気象を発揮し、その短所たりし愚を啓発して賢となすべき」

であると説く（㊾：35）。

また、日露戦争を通じた教訓と好機は、周囲の学生の風紀、服装の問題に及ぶ。維新前後における若者は「弊《へい》袴《こ》短《たん》褐《かつ》、蓬《ほう》頭《とう》垢《こう》面《めん》、塵《じん》芥《かい》の中に座して道を講じ徳を養い、治国平天下を講ぜし」という気風であった。ただ、自由民権運動が盛んになると、これはいよいよ促され「粗野これてらい、空論これを事とするの蛮風」と変じて流行した（㊾：36）。いわゆる「壮士」であり、極端な高下駄を履く、粗いブランケットを羽織るなどの定型化された衣装を身にまとい、攻撃的で暴力的な性格が目立った（シナワ 2020：82f）。これを「悪風」とみなして批判する声が大きくなると、反発的に「華美を誘うの力」が大きくなり「尚武質素の気象」は衰退して、「ゼンツルマン製造」さらには「ハイカラ製造」にまで及んだ。中野は慨嘆する。「近く我が地方の学生に観るに彼等が主として用いし鎮台靴は変じて新流行形となり、帽子も洋服も外套もことごとく華美に向い、殊にこの種の人等が和服に扮《いで》ちたる時の有様は壮士俳優のそれの如く、これに伴う精神もまた俳優的に不健全となり、信義何処《いずこ》にかある、節操何処にかある。単に余はその服装としての服装を嘆ずるに非ず、学生心事の反射としての服装を嘆ずるなり」（㊾：36）。

中野はさらに続ける。「更に進んである部分の学生の声の美弱なるを聞け。彼等が歌う歌は何ぞ、彼等が喜ぶ文学は何ぞ。ある者は恋愛神聖を説き、ある者は蝶、あるはいささ川、あるは女神、あるは乙女の涙、ああこれをこれ、韓を助け露を征し、武威を八紘《はっこう》に輝かす日本帝国学生の声なりといわざるべからざるか。（略）余かつて聞く某学校の生徒中にはその機関雑誌にラブを説くを得ざるを以て不平を鳴らすものありと。愚もまた極まらずや、痴もまた極まらずや」(㊾:36f)。

日露戦争の勝利はこうした「小才子軟文学者の無能なる」を知らしめ、ハイカラを一掃する契機となった。中野は高揚した筆致で断ずる。「実に日露の戦争はハイカラ打破、新武士道形成の好時機なり」(㊾:37)。こうしたハイカラ批判、軟文学者批判は、一時の反感として終息せず、中野の生涯における気質として、英米批判、霞が関官僚批判、文学批判として形を変えて顕在化する。近代日本の大陸雄飛の第一歩となる日露戦争の勝利の時代に、多感な青少年期を過ごした中野正剛の核となる人格の一端がこうして形成された。

また、中野の人格形成とその特徴を顕著に示しているのが、早稲田大学在学中に寄稿した「人材論」(一九〇六年二月、第一一号)である。中野は、次のような人材観を披瀝する。

「世には往々にして、爺婆の間に押し出されては善い息子なりと賞められ、井戸端会議の場所にては利巧者なりと羨《うら》やまるる青年あり。その調法がらるるや誠に善し。然れどもかくの如き青年が、天下世界の大舞台に押し出されて、善く活動し得べきやに至りては未だし。世の父兄は往々にしてかくの如き青年の万事に着実にして如才《じょさい》なく、足もとに気がつきて失策少なきを見て以て、賢者の素あるものとし、自家の子弟の燃ゆるが如き壮心、躍らんとする元気を無理に圧伏し、強《し》いて前者を学ばしめんとする者あり」(㊾:63)。

年長者に可愛がられ、如才なく振る舞うことよりも「燃ゆるが如き壮心」や「躍らんとする元気」といった情熱や行動を重視する。これに続けて、中野は次のように述べる。

「人の修養に二途あり。すなわち一方においては自己の短所を去る事なり。この方法を継続して怠らざるは、人をして無疵なるに近づかしむる所以なり。また他の一方は、自己の長所を発揮することなり。しかして人はその長所に向て盛大なる活動力を有す。この活動力を助成して、ますます旺盛ならしめんとするは、人をして偉大ならしむる所以なり。前者に偏すれば所謂ヨカ人となり易く、後者に偏すればなお駻馬《かんば》の如き人となる」(㊾：64)。

中野は、短所を補って年長者が扱いやすい「ヨカ人」になるよりも長所を発揮し、活動力を旺盛にし、「駻馬の如き人」になっていくことを選択する。「吾人は自己の欠点を補うの必要を認むといえども、これがために自己の活動力を抑え、長所の発展を挫《くじ》くの必要を認めざるなり」(㊾：64)というわけである。

このような活動力の偏重は中野にとって時勢に即したものであった。「今や満韓の経営は我国の大問題なり。この局に当るには、単に悪をなさざるに止まるヨカ人の力の及ぶべきに非ず。鋭角三角形の突入を待たざるべからず。活動的人物の発奮によらざるべからず」(㊾：65)。日露戦争後の大陸経営を担っていくことや国際的な地位が高まった日本のためには、「鋭角三角形的」で「駻馬」のような「活動的人物」が必要とされるようになることを説く。当然ながら、これは自身も「かくありたい」とする理想でもあった。このように、中野は目指すべき自己像を明確に定め、それに向けて修養を積んでいった。そうした具体的な理想像が西郷隆盛であった。

西郷隆盛という理想像

中野は『同窓会雑誌』だけでも「西郷南洲の片影」（一九〇三年十二月、四号）と「西郷南洲手抄言志録を読む」（一九〇七年一一月、一六号）の西郷隆盛に関する論稿を二本執筆しており、「先生は実に余の最も敬服する近世の偉人なり」と西郷への敬愛を率直に表明するほど、傾倒していた（㊾：22）。「西郷南洲手抄言志録を読む」は中学時代に入手した「西郷南洲手抄言志録」を「手写して再三精読し、大に発憤」したため、修猷館の後輩に向けて中野が最も刺激を受けたとする一九の章句に解釈をくわえたものである。陽明学を修めた儒学者・佐藤一斎が記した『言志録』『言志後録』『言志晩録』『言志耋《てつ》録』の四書を総称して『言志四録』という。西郷はそれから一〇一章句を精選した。中野はそれをさらに選別した。これは先述した中野の修養論や人材論の延長線上にあるが、中野の理想の人格をよりわかりやすくするものであるため、確認したい。

第一に挙げている節は「一燈を掲げて暗夜を行く、暗夜を憂うるなかれ、ただ一燈を頼め」であるが、中野は「一燈」を「断固不動の信念」とし、西郷はこれをもっていたがゆえに明治維新や戊《ぼ》辰《しん》戦争や征韓論などの生涯の事業を貫徹できたとする。次に取り上げているのは、「濁水もまた水なり、一たび澄めばすなわち清水となる、客《かっ》気《き》もまた気なり、一たび転ずればすなわち正気となる、逐《ちっ》客《かく》の工夫、ただこれ克己、ただこれ復礼」であり、これに続いて「前人いう、英気は事を害すと、余はすなわち謂《い》う、英気なかるべからずと。ただし圭《けい》角《かく》を露《あら》わすを不可となす」の節を紹介している。これに対して中野は「昔項《こう》羽《う》乗る所の烏《う》騅《すい》は、天下稀《まれ》に見るの悍馬なりき」と始め、「驢《う》馬《ば》には客気なし、客気なきが故に鞭《むち》うつも飛ばざるなり。人もなお馬のごとし、十五や十六にて、客気もなく英気もなく、頭のよく下り、口のよく利く、いわゆる円満なる少年、ひっきょう何する者ぞ。（略）客気英気は忌《い》むべきにあらず、ただこれを善用するの難《かた》きなり」（㊾：86）と解説している。「圭角を露わすを不可となす」と西郷が書いた箇所については、これについては「善用する」ことをもって対処すると簡単に片付けている。「圭角」がいかなるものと解釈すべきかは触れられない。強調しているのはやはり「客気英気」である。

また、「匿情《とくじょう》は慎密《しんみつ》に似たり、柔媚《じゅうび》は恭順に似たり、剛愎《ごうふく》は自信に似たり、故に君子は似てしかして非なるものを悪《にく》む」の節を引き、「余小学時代を追想するに、その頃温良従順の一点張りにて、学校にもてたる者、多くは中学及びそれ以上にて剛健有為の青年たらざりしなり。使い易きのみを以て好良の人となすは非なり。堂々たる大丈夫、口言わんとしてしかして囁嚅《しょうじゅ》し、足踏まんとしてしかして逡巡するが如き、余はこれを取らざるなり。かくの如きは慎密恭順の人にあらずして、匿情柔媚の人なり」（㊾：87f）として、学校的秀才を批判し、その枠に収まらないような客気英気を評価しようとする。

このように中野は西郷隆盛を自己の人格の理想像としていたものの、西郷の言葉を体系的に把握しようとするよりは、「かくありたい」と願う自己を形成する上で、適当なフレーズを取捨選択する傾向があった。とはいえ、このような西郷への敬慕は本物であり、青少年期から生涯変わらなかった。後年になっても「南洲論」『九州日報』（一九二八年一月二三日から二月五日）や「私の崇拝する偉人 西郷隆盛先生」『小学五年生』（一九三七年一二月号）、「日本の英雄豪傑論」『魂を吐く』（一九三八年）で西郷に言及し、鹿児島で介在された西郷隆盛五〇年祭典にも出席し、講演を行っている。

中野正剛は、青少年期に抱いた理想像や理想とすべき人格を、理想として保持し続け、それを行動や振る舞いにも反映させていった。後年の中野の思想と行動から振り返ると、ここで提示した理想像を実に固く保持し続けたことがわかる。

遅れてきた立身出世型慷慨青年

さて、同時代の青年を巡る状況としては、日清・日露戦争の勝利により維新以来の富国強兵を達成し、対外危機から解放されたがゆえの「社会的弛緩状態」が現出しており、天下国家よりも個人を重視する新たな世代が台頭していた（筒井 1992）。修養ブームの隆盛は新たな青年類型である「煩悶青年」への対応という側面もあった。一九〇三年には中野と同年生まれの一高生・藤村操が、人生に煩悶して投身自殺している。また、三宅雪嶺は一九〇六年七月二〇日号の『日本人』において「慷慨衰へて煩悶興る」を執筆している。それに対して、中野は衰えはじめた「慷慨青年」に近い。

また、中野は後年、中学生時代を次のように回顧している。

「晩食後型の如く柔道の道場に通つた。八時半までに帰つて燈火を親しもうと決心しながら、汗を拭いた跡の雑談に興が乗つて、九時過、十時過にもならねば書斎に帰らぬことも多かつた。其の都度薄弱なりし自己の意志を自責し、睡眠の時間に食い込んで深更まで読書した。書物を読みながら、自己を思ひ、環境を思ひ、エライ人にならねばならぬと思つて、燈火の親しむべきを味はつた」（猪俣 1960：13）。

中野は刻苦勉励して立身出世を遂げることを夢見ていた。こうした努力は学力の成果にも表れており、中学一年時の成績は六番、二年時に四番、三年時に二二番と順位を下げるものの、四年時に一二番、五年時に三番と卒業までトップレベルといってよい学力を維持していた。

中野の勤勉さは修猷館の同窓生で、秀才であった緒方竹虎も舌を巻くほどであった。緒方は次のように回想している。

「お互に東京に出て下宿生活を共にするに至つて私は彼の勉強振りに驚き、一層彼に敬意を傾けるに至つた。その頃は学校の予習復習の外、お互によく漢籍を読んだものだが、中野君は幾度か読み下した書物の中から何か知らん新しいものを見出しては、膝を打つて喜んでいた。彼の一生は、勉強々々、片時も一所に止まらぬ精進であつた。中野君は生まれながら豊かな天分を享《う》けていたが、しかし中野君を稀な文章家にしたのも日本一の雄弁家にしたのも、東条政府の一敵国たらしめたのも、すべて勉強の賜《たまもの》であつた。私は中野君の精進振りを想起すると今でも頭が下る」（修猷通信1956：189）。

卓越した文筆力と演説力の土台には、刻苦勉励があった。

また、修猷館の校歌は一九二三年に制定されたが、その作詞は修猷館の教員・藤沢雄一郎によった。三番の歌詞は以下である。

猷《みち》を修むと名に負ふも　やがて至誠の一筋ぞ
ああ剛健の気を張りて　質朴の風きたへつつ

向上の路進み行き　吾等が使命を果たしてん

中野が在学中にこの校歌はなかったが、ここにでてくる「剛健の気を張りて、質朴の風きたへつつ」にあらわれる質実剛健の校風は、中野が在学していた頃も存在しており、中野の気質とかなり合致していた。

後年の中野は「反骨の政治家」として見られることも多い。たしかに、中野の行きすぎた暴力行為は教師から注意を受けるものではあっても、中野の質実剛健さや反骨精神といった気質自体は咎《とが》められるものではなかっただろう。とすれば、修猷館における中野は、校風に沿った気質や卓抜した学力により、教師からも一目置かれる「修猷館らしい学生」であったはずである。青少年期の中野が自己形成をなしていく時期は、浪漫主義や煩悶が流行した。中野はそれに反発した。反発しえたのは、質実剛健を尊ぶ修猷館や西郷隆盛を顕彰し、多くの慷慨青年を輩出してきた修猷館と玄洋社との人的関係から影響を強く受けたためであろう。こうした気質を保持しつつ、中野正剛は次の一歩を踏み出す。

2　日露戦後の早稲田大学

早稲田大学と帝国大学

修猷館でも上位の学力を有しており、官立大学を目指すこともできたが、中野は進学先を早稲田大学に定めた。早稲田にした理由としては、やはりまずは中野の官嫌いを挙げられるだろう。『同窓会雑誌』（一九〇五年九号）に寄稿した「早稲田の里より」という帝国大学と早稲田大学とを比較した文章において、帝国大学派と早稲田大学派のそれぞれの立場を想定し、そこから特質を論じている。

早稲田大学派には、「帝国大学の如き注入主義の学校にて人形の如き人物を作り出して、何の益かある。彼等は人にして活気なし。なおその生あるを怪しむ。滔々《とうとう》たる天下の大学生何ぞその気焔の揚《あが》らざる」と語らせている（㊾：46）。「人形の如き人物」で「活気」のない人物、かつ大学生としての「気焔」があがらないような大学は、これまで確認してきた中野の修養観からすると選ぶところではなかっただろう。他方、帝国大学派には「早稲田の如きが意張りたりとて何かあらん。無試験大学程の知れたるものなり。早稲田は実に屑の集会所なり。学生の難関たる撰抜試験を通過し得ざる弱武者の集合なり。ハイカラの淵叢《えんそう》なり」と論じさせている（㊾：46）。早稲田大学派はこれに対し、「吾校はこれに鑑むる所ありて、高等予科の入学志望者（中学卒業生に限る）に選抜試験を行わず、その代りに高等予科より大学部に進むに当りてここに大難関を設け、六七割も落第させ候間、無試験大学とは実に不当の酷評に候」と難易度の高い選抜自体はあることを示し（㊾：46）、さらに「吾校の方針は例えば磨き上げたる針を撰ばずして未だ鍛《きた》わざるの鉄を取るが如くに候。（略）早稲田は実に未鍛《みたん》の鉄を採用しこれを高等予科にて研磨致すに候」と入学当初は門戸を広く開くことで洗練されていなくても可能性に溢《あふ》れた人材を採用し、高等予科の就学中に研磨して行く方針であること主張させている（㊾：46f）。とはいえ、入学段階では選抜試験を課していることから高等学校生の方が学力は勝っているため、「高等学校に入るよりもより多くの奮発なくては帝国大学生に打ち勝つべからざるは勿論、肩を比ぶることも出来ざるべく候」と早稲田大学生には一層の勉強が必要であることを説くが、これは刻苦勉励を自らの規範とする中野自身に向けた言葉でもあるだろう（㊾：47）。

また、高等学校入学から帝国大学卒業まで六年間かかる帝大コースよりも、高等予科をあわせても四年間で卒業できる早稲田大学の方が年限と学費の節約になった。それゆえ、「年限と学費との余り多く出し難き人は早稲田に入られん事を御勧め申し候」と後輩に対して勧めている（㊾：47）。中野の帝国大学観と早稲田大学観をみると、中野が早稲田大学を選択することは自然に思えるが、実は、正剛を含めて五人兄弟（三男武夫は幼少時に死別）を抱える中野家の家計は次第に厳しくなってきており、経済的要因は自らの進学を決める上でもかなり重要な要因となっていた。

上京と早稲田大学

一九〇五年四月一日、修猷館を卒業した中野は午前一一時一三分発の汽車に乗り、修猷館の先輩である藤原茂と共に東京へ向けて出発した。この旅程については先述した「早稲田の里より」が細かに記している。この日は風雨が激しく出発日和《びより》というわけではなかったが、友人数名が見送りに来た。昼過ぎに小倉に到着し、乗り換えて下関に到着した頃には夜になっていた。夜のうちに蒸気船に乗って関門海峡を渡ったが、興がのって江戸時代中期の肥後の儒者・伊形霊雨《いがたれいう》の「赤間関《あかまがせき》」を高吟した。まもなく下関に着き、中野は九州以外の地をはじめて踏む。下関から乗った山陽鉄道は九州鉄道よりもよほど乗り心地が良かったという。その後、広島、大阪、京都、名古屋を過ぎて、四月五日夕方に東京に到着した。

東京では、藤原と二人で泉岳寺を参詣し、四十七義士の碑石や首洗の井戸を観光して、義士の心中に思いを馳《は》せて涙を大いに流した。「今日征露の戦、我軍の連戦みな克《か》つも、その大部分は数千年来養い来りしこの義士的精神があずかって力あるなりと語り合い申し候」（㊾：43）と日露戦争での連戦連勝と赤穂浪士に象徴される「義士的精神」があったがゆえとの認識を中野は吐露している。もっとも、それに続けて「何はともあれ頭に香水を薫らせ、不義の金に洋服のカラーを高くする腐れ魂の輩が深く当時の時世を考えず、古人の心を酌《く》まず、とやかく云々《うんぬん》するは少々できすぎたる事と存じ候」（㊾：43）と「義士的精神」と対比したハイカラ批判も忘れない。

同行した藤原は緒方竹虎が入門していた幾岡太郎（黒田家の剣術師範番）の一到館で剣道を学んでおり、幾岡門下随一の豪剣と称された人物である。明道館は玄洋社の前にあり、一到館は玄洋社の後ろ側にあった。藤原茂は緒方竹虎と中野正剛と「刎頸《ふんけい》の交わり」を結ぶほどの仲であり、藤原は中野の足の手術に立ち会っている。藤原が「浩堂」の雅号を持っていたので、中野が「浩洞」、緒方が「浩道」とした。中野は後に「耕堂」とするが、これは犬養毅が「木堂」、尾崎行雄が「咢堂《がくどう》」と「堂」の文字を使っていることから「堂」を用いつつ、藤原の雅号と重ならないよう、「こうどう」の音を取りつつ「耕堂」としたのである。

さて、早稲田大学高等予科の入学式は四月一〇日に開かれた。まずは鳩山和夫校長の演説があった。中野は有名な博士の話であるからと期待していたようだが、その内容は「しっかり勉強しなければ成功しないが遊ぶ時にはよく遊べ」というきわめて平凡な内容だったと半ば失望しつつ、今の自分にとってはさしあたり必要な言葉だと納得した（㊾：48）。ただ、「少々気に入らぬは自己の事を以て例とせられしにして「貴殿ぐらいの成功で満足する拙者でない」といいたき心地致し候」とも書き記しており、若き中野の自負心の高さが垣間《かいま》見える（㊾：48）。

中野は東京の書生は贅沢者や遊惰《ゆうだ》者ばかりのように思っていたが、若き車夫が腰掛けて辞書を探りながら、難しい洋書を読んでいるのを見かけ、勉強家もいれば苦学生もいることを知った。ただ、このような苦学生も「当初の目的を忘るるに至る者」が多く、中野はそれも「自然の趨勢《すうせい》」として受け入れつつ、「甚だきのどくなること」と嘆じている。こうした苦学生が東京の至るところに見えたのは、この頃上京ブームが加熱していたためである。村上濁浪《だくろう》による雑誌『成功』の創刊は一九〇二年であるが、二年後には読者数一万五〇〇〇人、「発行部数東洋第一」を自称するほどであった。竹内洋は明治三〇年を境に士族を中心とした「庇護型苦学」から東京に人的ネットワークのない「裸一貫型苦学」への質的転換が起きたことを指摘しているが（竹内1997：144）、中野が見かけた「裸一貫型」の苦学生は増えつつあった。そうした状況に照らして中野の東京での生活を見てみると、生活自体は決して豊かではなかったが、黒田藩旧藩主を中心とした筑前学友会などの郷土ネットワーク、頭山満や福本日南《にちなん》といった名士との人的関係、共同生活をする友人関係に大変恵まれていた「庇護型」であったといえよう。

また、中野は自ら進んで交友関係を広げるようなことはしなかったが、「パトリオチズムの源泉たる同郷人相親しむの念を助くるも無用ならざるべく、進んでは同会をますます発展せしめて相互の利便を計ること一層大なるに至らしめば、その功決して小なりというべからずと存じ候」（㊾：50）と筑前学友会には出席していた。郷土の人士が集まって親睦を深める会に対し、こうした機能的で功利的側面に冷静な目を向けた感想を記すのは、酔いが回って「酒は飲め飲め飲むならば、日の本一のこの槍を、呑《の》み取る程に飲むならば、これぞまことの黒田武士」（㊾：49）の黒田節を一斉に吟ずる周囲に、下戸《げこ》であった中野が入り込めなかったがゆえかもしれない。

一方、自由民権運動期に生じた第一次弁論ブームに続いて、明治三〇年代後半から「第二次弁論ブーム」（井上 2001）が生まれており、一九〇二年に早稲田大学にも雄弁会が発足していた。政治家・中野正剛のライバルともいってよい永井柳太郎も雄弁会に所属していた。だが、後年、雄弁家として著名になる中野は雄弁会には入らず、学生時代は演説熱からも距離をとっていた。日本銀行に勤めた中野正剛の友人・梅沢慎六は次のように学生時代の中野について回顧している。

「私と中野とは早稲田政経科の同級生で、級友としては最も親しくした一人だ。

彼れの学生時代は、狷介不羈《ふき》というと少し言い過ぎかも知れないが、尠《すくな》くとも孤高自ら高うする風があつた。彼は誰とでもつき合うということはなく、交遊は一部に限られていた。彼れとしては、恐らくクダラヌ連中とつき合つてもつまらぬと思つたのだろう。

彼れは演説することを非常に嫌つた、私が少しばかり演説するので、「貴様は弁舌で天下がとれると思うか。犬養を見よ、尾崎を見よ」というのだ。頃は明治四十年頃のこと、当時尾崎行雄は既に伊藤の陣営に奔《はし》り、犬養毅は大隈の幕下《ばっか》に留つていたが、その頃の世間は、尾崎も犬養も共に政権圏外の人と見た。こうした言葉のハシハシにも、弊衣破帽《へいいはぼう》の学生時代に於て、彼れの胸裡《きょうり》に往来したものは、天下をとることであつた。眼下蕞爾《さいじ》たり熊本の城は彼れが愛誦の詩であつた」（梅沢1965：38f）。

早稲田大学が開催する運動会に対しても、「競走よりもむしろ人の熱狂する有様を面白しと眺め申し候」と後年の激しやすいと評された性格からは意外なほど冷めた眼差しを向けていた（㊾：48）。余興として行われる仮装行列や滑稽《こっけい》行列についても「奇想天外より落つと申すべきものならんが、文学的何とかいう味を知らぬ生等田舎漢《でんしゃかん》の目には、博多のドンタクをそのままにて、その芸、その装いの上手なること、これが昨日まで洋服姿の大学生かと疑わるる程に候。甚だ軽躁なる態度かな」（㊾：48）と故郷愛の強さをにじませながら、その軽薄さを批判している。現代でいうキャンパス・ライフに中野はなじめなかったのである。

なお、早稲田大学時代にあって学問的影響を深く受けたのは「内に立憲主義、外に帝国主義」を説き、いち早く民本主義を提唱した浮田和民《うきたかずたみ》である。中野の卒業論文は浮田から激賞され、中野の処女作『八面鋒《はちめんほう》』に序文を寄せている。浮田は憲政擁護運動でも中野と行動をともにし、さらには、中野の選挙応援演説においても協力した。

清国留学生との出会い

中野が上京し、早稲田大学に入学して気づいたのは、清国留学生の多さであった。一八九五年に日本が日清戦争に勝利すると、同じ漢字文化圏で欧米よりも安価に留学できる日本を通じて、西欧の近代科学を習得できると考える清国の若者が大量に日本に押し寄せた。一九〇二年には約五〇〇名、一九〇三年には約一〇〇〇名、一九〇五年に日本が日露戦争に勝利すると、清国で科挙制度が廃止されたこともあって、日本留学熱が一層高まった。その中でも、法政大学や明治大学に次いで早稲田大学は一九〇五年に清国留学生部を設置した。大隈重信が清国留学生の受け入れに積極的であったこともあり、ここはすぐに人気の的となった。大隈は一九〇六年三月に、早稲田大学において同大学に在籍している清国留学生たちに向けて「清国留学生の覚悟」という題目で演説を行い、留学生として学問を身につけることの責務と早稲田大学の使命について熱弁を振るっている（紀2015）。中野が入学したのはまさにこの留学熱が高まっていた頃であった。

では、多数の清国留学生を中野はどう見ていたか。実はかなり手厳しい。「わざわざ海を渡りて我国に留学する彼等なれば、多少国家の事にも感慨あるが多かるべしと察せられ候えども、そのじゅんじゅん乎たる歩みぶり、その間抜けたる態度、あれでも支那の気概家なるかと疑わるる程に候。我がクラスにも二三の清国人これあり候えども何れも馬鹿気たる男に候」（㊾：52）。さらに、「彼等の留学勉強は、国家の衰状を見て慨然として起ちしに非ず。全く鼻の下の養いのためといいても可なる程にて、老大国の青年の気慨《ママ》もまた憐むべきものに候わずや」（㊾：53）と記している。とはいえ、「されど居は志を移すべく、新学問は新思想を養うべく、彼等留学生の数、年を追うて多きを加うるは、清国のために賀すべきことなるべく候」（㊾：53）として「吾人は彼等を指導し、警醒し、以て清国を拓開すべき任あるものに候」（㊾：53）と記している。日本がアジアの盟主として他のアジア諸国を指導するべきだとする後年の主張の原型といえよう。

とはいえ、「もっとも中に一人甚だ勉強する男これあり候」（㊾：52）とも記すように、見込みのない留学生ばかりではなかった。たとえば、後に郭松齢の反張作霖戦争に参加して戦死した林長民《りんちょうみん》とはかなり意気投合し、林は中野の下宿先を度々訪れた。林は中野を「才気あまりあって智略たらず」と批評していたという（中野 1971 上：79）。

後年、満洲国の交通大臣となる丁鑑修《ていかんしゅう》も親しくした清国留学生の一人であった。中野は講義ノートを留学生のために有料で貸し、学資の足しにしていたが、丁は「私が早稲田を卒業できたのは中野さんのおかげです」というほどであった。丁とは夏休みを利用して、彼の故郷の満洲旅行をしており、この旅行中に大連に居を構えていた金子雪斎《せっさい》に面会している。面会した際、金子は中野と丁に宿泊先を尋ねたところ、二人は早稲田大学の先輩の便宜により滞在できた遼東ホテルだと答えた。すると、「何だ！貴様達は二人とも書生ッぽではないか。遼東ホテルなどへ泊るなんて贅沢極まる。日本の青年も、支那の青年も、そんな有様だから、東洋の前途が思いやられるんだ、大馬鹿者め！」と大変な剣幕で怒り出した。中野は憮然《ぶぜん》としてその場を立ち去ったが、共にいた丁は「あの先生は怒ることは怒ったが、どうも豪《えら》い人だと思う。あれきりお別れするのはよろしくない。お互いにもう少しえらくなったら、申訳に今一度お伺いしようではないか」と中野をなだめた（㊾：111）。以後、中野は生涯にわたって金子雪斎の人格の高潔さを崇拝するようになる。

また、早稲田大学時代における清国人との交流は学内にとどまらなかった。中野正剛が早稲田大学に入学する前年の一九〇四年、湖南省で武装蜂起した黄興《こうこう》は二度目の来日を遂げ、英雄として清国留学生たちの歓迎を受けていた。翌一九〇五年には孫文と対面して意気投合して革命組織・中国同盟会を発足し、機関誌『民報』を発行し始めた。『民報』編集部の所在地は牛込区新小川町二丁目八番地（現・新宿区東五軒町）となり、発行所は豊多摩郡内藤新宿町字番衆町三四番地（現・新宿区新宿五丁目）の宮崎滔天《とうてん》宅であった。いずれも早稲田大学からそれほど遠くはない場所である。『民報』発行のための編集部探しは福岡出身の玄洋社社員・末永節《みさお》の手助けにより見つけられたものであって、発行人も末永が請け負った（譚 2012：27f）。

中野正剛も早稲田大学在学中に民報社を訪問し、黄興や章炳麟《しょうへいりん》、張継《ちょうけい》に接しており、中国革命の熱気に共感していた。後年、一九二五年に関税会議開催中の北京に赴いて林長民や黄興らに歓迎会を開いてもらった際に、林長民は「同窓の友」であり、黄興は「感情の友」だとして、民報社を訪問した時の感激を次のように吐露している。「私の年少の心は之〔筆者注：革命精神を主張する『民報』〕によりて感憤し、之によりて心臓の鼓動を高めざるを得なかつたのであります。此時以来私は未だ政治を知らず、未だ東亜の実情を知らずして、既に感情上から革命党諸君とは交りを結んだのであります」（⑪：196f）。また、辛亥革命勃発時に東京朝日新聞記者として中国大陸へ取材に行った際、民報社で面識のあった革命派により特別の便宜を図られ、それを活かした記事を送っている。中野の中国認識の原型はこの時期に形成された。キャンパス・ライフに身を捧げることはなかったが、清国留学生やその周辺の民報社の人々からは大いに影響を受けたといってよい。

貧乏ぐらしの同居生活

さて、上京し早稲田大学に通学することになった中野は、まず、豊多摩郡下戸塚の下宿屋に同郷の友人六人と共に同居することになった。暇な時間には団欒《だんらん》したり腕相撲をするなどしていた。そのメンバーの中でも中野と修猷館時代からの友人・阿部真言が最も痩せていたらしい。中野は太れない自分の体格に若干コンプレックスを抱いており、激烈な運動をして身体を鍛えることで恵まれた体軀《たいく》を手に入れたかったようだが、鍛えれば鍛えるほど筋肉が固くなるばかりで、少しも肥えられなかった。これを自嘲して「痩せてこそ、鶴はみ空をかけるらめ、肥えたる豚の、土にはらばう」という歌をうたうと、友人たちは「負け惜みなり、痩我慢なり」と大いに笑ったという。だが、負け惜しみの記述はここで止まらない。

「余中学に在りし頃、かつて小寺館長より聴きしことあり。人はあまり肥満すれば頭脳は鈍るものなりと。ひそかに観察するにこの言誠《げん》に真なるが如し。近く吾が校に見るに、我が政治科を担いて立ち、一種卓犖《たくらく》の気を、温厚なる講義の中に籠《こ》めて、俊髦《しゅんぼう》を指導し啓発するに最も力ある、無冠の大学者浮田和民先生は痩せたり。有賀長雄博士、学問深遠、同じく政治科の柱石なれども、肥えたるだけ、その講義に睡気さすが如き観あり。我校の元老にして、早稲田文学の源泉と称せられ、思想坌涌《ふんよう》、談論風発、学生をして講座の下にあるを忘れしむる、坪内逍遥博士は痩せて梅干の如し。

同じく我校の元老なる、前校長鳩山和夫博士は、肥えたるだけ、智能も鈍りしと見え、近時俄に節を売りて政治界に自殺せり」（㊾：99f）。

なかなかひどい言い様であり、負けず嫌いの性格はこうした所にも現れているといえようか。後年、政治家として新聞挿絵画家と交流を持つようになると、自分の体つきを少し大きめに書いてもらえないかと頼み込むこともあった（「自由画と童謡にしたる議会」『東京朝日新聞』一九二二年一月二六日付）。

一九〇六年、早稲田大学高等予科を修了して、早稲田大学政治専攻科に進む頃、福岡から緒方竹虎が東京高等商業学校（現・一橋大学）の試験を受けるために上京してきた。中野は阿部真言、緒方竹虎、上原三郎の四人の同郷人で小石川茗荷谷《みょうがだに》に部屋を借りて共同生活をすることにした。緒方によると、最年長であった阿部はズボラで当番の責任をしっかりと果たさなかったが、几帳面《きちょうめん》な中野は料理が上手であっただけでなく、便所掃除も熱心にやっていた（緒方竹虎伝記刊行会 1963：19）。

東京高等商業学校に無事合格し通学していた緒方は、同居する中野から商業学校反対論を聞かされ、自分でも算盤や簿記が苦手であることを認識すると、自らの進路選択について動揺するようになっていた。ちょうどこのような心境の時に、東京高等商業学校の大学昇格運動が起こり、これをなかなか進展させない松崎蔵之助校長排斥の声が高くなった。これをうけて文部省が専門部を廃止して、東京帝国大学の経済学部商業学科に併合することを定めると、にわかに反対運動が大きくなり、一九〇八年七月に学生は総退学を挙行し、運動に熱心ではなかった緒方も共に退学した。この運動については渋沢栄一の仲裁で文部省令が撤回されて学生が復帰することで沈静化したが、失望した緒方は翌年九月に早稲田大学専門部政治経済学科に編入することになった（同：18）。

先述したように中野は交友関係の構築には積極的ではなかったが、「共に語るに足る者」は探していた。それが同年同月生まれで生涯の友となる風見章《あきら》であった。風見も中野と同様にあまり大学の講義には顔を出さず、もっぱら図書館に通って、英語とフランス語の西欧の歴史書を原文で読んでいた（須田1965：14）。風見とは緒方と阿部とも含めての友人関係となったが、特に中野、緒方、風見の三人の仲は良かった。風見は政教社の一員であった杉浦重剛《じゅうごう》の私塾・称好塾《しょうこう》へはいり、そこで起居して早稲田大学に通学していた。中野と緒方もまた称好塾を訪れ、ふたりとも杉浦に傾倒した。

また、中野、緒方、風見の三人は、当時、下谷《したや》黒門町にいた禅僧・南天棒《なんてんぼう》の下で修行することになった。後年、風見はこの時のことを次のように回顧している。「中野はなかなか機鋒するどい男であったから、日本で一番むずかしいといわれていた南天棒道場で三十六の関門を一気に突破してしまった。このような例は南天棒の弟子のなかにもいなかったそうである。この一関門でも突破すると、居士の称号が与えられる。私と緒方とはこれを見て「俺たちは坐禅をやめよう。中野が一足さきに居士になったから、そのあとで居士になったのでは、一生兄貴風を吹かされて頭があがらなくてかなわんから……」と話し合ったものであった」（同：15）。親分肌の中野の才気煥発《さいきかんぱつ》さとともに、それをよく知っていた緒方と風見の親密さがうかがえる。

さて、上京に伴い励んでいた振武館増築のための支援金集めは一段落つき、中野は一九〇六年にその落成のため一時帰郷した。さらに、一九〇七年にも福岡に戻り傾いていた家業の整理を行い、後に父母を東京に呼び寄せることになった。大所帯となる中野家は大きな家を借りる必要があった。だが、まだ若い中野の独力では難しかったところ、清朝時代に四川総督や両広総督を歴任した岑春煊《しんしゅんけん》の息子・岑《しん》徳広《とくこう》の下宿先となることで、多大な援助を受け、なんとか生活をすることができた。

第二章

街頭に飛び出す政論記者

東京朝日新聞社記者時代の中野正剛

「我が戎蛮馬君は、操觚界に於て少壮記者中尤も卓越せる未来の大記者たるのみならず、又玄洋社に於ける未来の頭目たり。然れども君は握り睾丸にして天下を制する立雲翁よりは、寧ろ、奇峭峻烈、覇気横溢の犬養木堂氏に似たり。」（寒天落木楼主人「未来を有する少壮新聞記者列伝」『新公論』一九一三年二月号）

1　東京朝日新聞社入社と政論の展開

政論記者・中野正剛

中野は一九〇九年七月に早稲田大学を卒業し、同年九月、東京日日新聞社に風見章と共に入社した。当時の東京日日新聞社には加藤高明の委嘱を受けて社長となった千頭清臣《ちかみきよおみ》、編集長として三土忠造《みつちちゅうぞう》、文芸担当として大町桂月《おおまちけいげつ》がいた。入社して早々、当時の秋田県知事・森正隆が主導し、秋田の三新聞社、秋田県庁、日本鉄道東北管理部も共同して東京在住記者を団体で東北へ招待した。開発や投資が遅れていた東北の可能性を広報しようとの試みである。中野正剛もその一行に参加し、その旅行記を「東北遊覧記」として『東京日日新聞』に数回にわたって掲載した。中野の旅行記に感心した大町桂月は中野が帰京するとわざわざ記者室まで訪ねてくるほどであった。

中野はこの東北旅行の際に輓馬《ばんば》用の馬を多く養成している種馬所を訪問した。この時に観覧した輓馬について次のように記している。「競馬にて奨励せられて産するが如きは骨細く丈高く一時の疾走に堪ふべきも力弱く関節脆《もろ》くして、重騎を載すべからず、長途を馳すべからず、謂《いわ》んや険路を踏み、崖厓《さいがい》を蹴るをや。当地産の馬は二百碼《ヤード》三百碼の競走に奇功を奏する際物《きわもの》に非ず、真に善く千里の遠きを行くものなりと申候」（滝沢 1909：322）。一時の疾走と華麗さに優れた競走馬とは異なり、無骨《ぶこつ》で一回り大きく、険しい道で長距離であっても進んでいく輓馬は、質実剛健を尊ぶ中野好みであった。後に、筆名として「戎蛮馬《じゅうばんば》」を用いるが、それはここからである。

だが、東京日日新聞社での記者生活は短かった。風見は測候所へ追いやられたと言って憤慨し、中野は多人数の一家を養うには給料が安すぎるという理由で、二人は相図り一九〇九年一二月に退社した。その後、中野は早稲田大学時代の恩師である浮田和民や末永節のすすめにより、また、熊本出身の浮田と同郷の朝日新聞記者・池辺吉太郎（号は三山）に出会い、東京朝日新聞社への入社を決めた。他方、風見は一時証券会社に勤めるが失敗し、一九一三年に中野の推薦で大阪朝日新聞社へと入社する。

さて、東京朝日新聞社の政治部では入社希望者が五、六名いたため、中野は池辺三山に入社試験を課された。新聞社の採用制度は一九二〇年代に本格的に整備されていくが（河崎 2006：25）、中野が課された入社試験は、その端緒となるものである。内容は、桂太郎が西園寺公望を訪問した際の会見内容についての報告という実地による筆記試験であり、後年ほど洗練されてはいない。なお、中野が受けた試験で朝日新聞社に入社したのは、中野正剛と池田秀雄の二名であった。席次としては中野が首席であった。池田秀雄は東京帝国大学法科大学を卒業し、後に朝日新聞社を辞めて内閣拓殖局に勤め、一九三二年二月の第一八回衆議院議員総選挙において立憲民政党で当選する人物である。池田は池辺から「君は残念ながら二番目だ、しかし一番は現役の東日の記者で朝日に転じようとしてゐる経験者だから、君が二番になるのは無理ない」と慰められたと書き残している（朝日新聞社社史編修室 1955：19）。朝日新聞編集部の桐生悠々《きりゅうゆうゆう》は、帝大出の池田と早稲田大出身の中野が好対照を示していたと次のように回顧している。

「中野正剛氏と池田秀雄氏とは池辺三山氏が東朝主筆時代、即ち私が在社してゐた時に三山氏の採用試験に及第して同時に入社した人だつた、当時の中野氏は覇気《はき》と言つてよいが《ママ》、衒気《げんき》と言つてよいか、さうした気分の満々たるいづれかと言へば書生気質の残つてゐた人で、常に紬《つむぎ》の三ツ紋の羽織に袴《はかま》という扮装だつた、犬養氏の崇拝者で儕輩《せいはい》を見下してゐた、そして早稲田大学出身者だつた、これと同時に採用された池田秀雄氏は帝大出身であり、見るからに落付いてゐて、不思議にも中野氏と一切の方面に於て対立してゐたやうに見えた」（朝日新聞社社史編修室 1955：21）。

月給は中野が六〇円、池田が五〇円であった。当時の大学出身者で月給四〇円が相場であったため、朝日の月給はかなり優遇されていた。明治三〇年代以降、高等教育出身の記者も増えてきており、こうした高待遇は記者の社会的地位向上をめざす制度の一環であった。とはいえ、明治末期のこの頃はまだ新聞記者への偏見は残っており、東京帝大法学部出身の鈴木文治も新聞記者志望を学長の穂積八束《ほづみやつか》に伝えたところ、かなり驚かれたという（鈴木 1931：28f）。

中野ははじめ政治部の記者として配属され、特段の受け持ちはなく、フリーランサーのような立場にあり、池辺の指示により調査に歩くことが多かった（朝日新聞社社史編修室 1955：20）。その後、大阪通信部にも配属された。大阪通信部は、中野入社の前年の一九〇八年一月に東京朝日新聞社内に置かれ、大阪朝日が必要とする記事を独自に取材して送信する業務を担うものであった。形式的には大阪朝日新聞社の所属となるため、社屋や机を共有するものの、東京朝日新聞社内でも自立的な気風をもつ部署であった。大阪通信部の初代部長には土屋元作《もとさく》が就任したが、土屋は東京朝日新聞社内でも政治部長格にあった。大阪通信部には弓削田《ゆげた》精一も所属しており、土屋と弓削田が中野の直接の上司となった。なお、一九一〇年四月の東京朝日新聞社の「編輯分掌」では、主なところは次のようになっている。

編集部主幹　池辺吉太郎

編輯長　佐藤真一

編輯長副役（昼夜共）　安藤正純

編輯長副役夜勤編輯主任兼外報係　弓削田精一

政治部長　土屋元作

経済部長兼営業相談役　松山忠二郎

外勤部長（政治部経済部員皆これに属す）　弓削田精一

外報専務　米田実

学芸部長　杉村広太郎

社会部長　渋川柳次郎

営業部長　上野精一

政治部に配属された中野の上司の弓削田精一は、同志社出身で、早稲田大学時代の恩師・浮田和民の同窓でもあった。中野は弓削田の後援もあり、朝日新聞社内で旺盛な記者活動を展開できた。なお、大阪通信部は、一九一一年二月末に人員が放出されて実質的に解消するものの、同年一一月に復活し、その際、中野の推薦により入社した緒方竹虎と大西斎《ひとし》が配属された。

『朝野の政治家』の執筆

政論記者として中野正剛の声望を高めたのは、一九一一年五月一七日から連載が始まる「朝野の政治家」である（六月五日までは「大俗公と大通侯」）。七月一九日に連載を終えると、単行本として『八面鋒―朝野の政治家』が一〇月に公刊された。これは桂太郎、西園寺公望、大浦兼武、後藤新平、平田東助、原敬、松田正久、犬養毅、大石正巳、寺内正毅《まさたけ》の同時代の著名政治家一〇名を取り上げた人物評論である。単行本化した際に、「自序」の他に浮田和民と弓削田精一が「序」を寄せている。連載を始めたのは第二次桂太郎内閣時のことであり、それを想定して「朝野の政治家」としていたが、連載を終えて「自序」を執筆する頃には、政権は第二次西園寺内閣へと移行しており、「朝野」は逆転していた。とはいえ、地位は変わっても人は変わっていない。弓削田の「序」によるが、いずれも「明治」を作り上げた「巨材」には及ばないのである。

まず取り上げられるのは「大俗公」桂太郎と「大通侯」西園寺公望である。桂園時代における政権の授受を、妥協を嫌う中野は「八百長政治」とみなし、「両者の長短相錯綜して、妥協政治となり、情意投合となり、遂に惰《だ》気《き》満々、人心を倦ましむる今日の如く甚だしきに至れり」（①：9）と痛烈に批判する。続いて批判の矛先は、第一次桂内閣の大臣に選任された藩閥政治家に連なる者たちとして、狭隘《きょうあい》にして卑屈な「浪花節的武士道」をとる大浦兼武、「豪傑的侠気性と俗吏的屈従性」を兼ね備えて「金権」にうまく接近した後藤新平、山県系藩閥に根をおろした平田東助に向かう。さらに、桂内閣に「情意投合」して政友会を屈従させた原敬、「不得要領」の松田正久と大石正巳へと展開し、詳しくは紹介しないがいずれも容赦がない。

そうした辛辣な批判が並ぶ中で例外にあたるのが犬養毅である。憲政本党での内紛の過程において、犬養の孤軍奮闘や理想主義的な姿勢を中野は高く評価した。中野は犬養の主義主張のためには四方に敵を作ることをいとわない姿勢を肯定する。「犬養毅君の如きは、一世の権門総て君が政敵なり。山縣系の武断藩閥に好《よ》からず、伊藤系の文治藩閥に好からず、而して又井上松方系の金権藩閥を唾棄《だき》す、君は絶対的に反抗的政治家なり、決して浮ばざる地獄谷の主人公なり」（①：146）。こうした姿勢では大政党のトップになることは難しいが、犬養に関してはそれでよいとする。「木堂は矢張《やはり》精鋭三十騎を率ゐて、天下を横行すれば足れり。褊狭《へんきょう》と称せらるゝ何かあらん、狭隘と称せらるゝ何かあらん、悪《にく》まれて悪《にく》まれて、悪《にく》まれ徹《とお》せば可なり」（①：182）。

最後に寺内正毅を置いている。これは寺内が「桂公に代るべき長閥の総理大臣」と目されているためだが、寺内を通した軍閥政治批判をも展開している。寺内は謹直、勉励、「事務の細密」を備えた軍人だと評価するが、寺内が山県と桂の恩顧を受けて出世すると、自身と同類の「厳正勤勉」な人物を採用し、「豪傑の士」を遠ざけた。さらには、「老朽者」「無能者」であっても長閥を重用し、長閥の縁故に預からないものは英才であっても用いず、「陛下の陸軍を以て長派の陸軍、否山縣、寺内の陸軍となす」ことになった（①：237）。中野は寺内をこうまとめている。「君は聡明なくして、度量狭し。久しく政治家たらば失政と悪評と、共に百出して窮極する所なかるべし」（①：249）。軍閥批判は後年も続く。

辛亥革命

一九一一年一〇月、武昌起義《ぶしょうきぎ》を発端として辛亥革命が勃発した。朝日新聞社は、すでに南京に滞在していた神尾茂と漢口にいた小池信美と岡幸七郎に取材を命じた。勃発直後の『東京朝日新聞』の論調は日本政府の意向に沿うように革命軍に批判的で、清朝に同情的であった。しかしながら、革命の進展とともに論調は次第に変化し、革命軍へ期待を寄せるようになった。他方、帝政を廃止しての共和国の成立がみえ始めると、徳富蘇峰は共和制体が日本へ浸透することを懸念して『国民新聞』に「対岸の火」と題して日本の皇室中心主義を危うくすると批判的に論じた。この論説に対抗して中野は「対岸の火災」を『東京朝日新聞』にて一二月一八日から五回にわたって連載した。論の主旨は「各国の国民は、其の自国の発達に最も適当なる政体を立つるの権利を有す」とし、この考えは「文明列国の等しく承認する通義」により裏付けられているとする(「対岸の火災(一)」)。これは日本の明治維新においても当てはまり、「我王政維新に際し、欧米各国が誠実に不干渉の義務を厳守せしは、吾人が今に此の国際上の原則に対して、感謝に堪へざる所、想ふに当時外人の目に映ぜし我国情は、今日吾人の眼に映ずる清国の形勢と五十歩百歩なりしならん」と革命擁護の論陣をはって蘇峰を批判した(「対岸の火災(一)」)。

中野はその後、犬養毅・頭山満一行と共に渡清した。犬養毅と古島一雄らが一一月に先発し、一二月に頭山満、小川運平、柏原文太郎《ぶんたろう》、浦上正孝、藤井種太郎《たねたろう》、山本貞実、柴田隣太郎、岡保三郎、松平康国らと共に出発した。ただ、中野は朝日新聞社の特派員として行ったのではなかった。犬養毅と頭山満からの要望が社にあり、旅費は自弁という条件で許可された。中野らは一二月二七日に上海に到着した。

すでに革命軍とともに活動していた岡本柳之助、末永節などが一行を出迎え、革命党員もまた「頭山大人来、頭山先生来」と連呼して歓迎厚遇した。現地では革命に乗じて暴れようとしていた大陸浪人たちが多数いたが、頭山と犬養が到着すると、恐れをなして姿を消したという。頭山犬養一行は上海北四川路にあった日本旅館の豊陽館を拠点とした。まもなく、革命派のリーダー黄興は自動車でやってきて頭山満と会談し、中野もそこに同席し、漢文での通訳を担当した。この時の感慨を中野は次のように記事にしている。

「余は嘗《かつ》て東京に於て屢《しばしば》黄君を見る。当時君は流離困頓《こんとん》の一孤客にして、其の身に纏《まと》ひしもの、夏は汗染みたる古浴衣《ゆかた》、冬は垢着きたる破れ綿入《わたいれ》に過ぎざりき、其の際君が万難に屈せず、貧窮と戦ひて、其の主義に殉せんとする意気を壮とし、其の志を憐みし余は数年ならずして、英姿颯爽たる二名の副官を伴ひ、威風堂々として自動車を駆り来る大元帥としての君を見るに至れり」（「孫黄両氏の風采」『東京朝日新聞』一九一二年一月八日付）。

早稲田大学時代に『民報』に出会い、その革命精神に共鳴してきた中野の感慨は実に深かっただろう。

「余席を同じくして両氏の対話を聴くこと凡そ三時間、竊《ひそか》に黄君の態度を見るに、辞礼慇懃《いんぎん》毫《ごう》も恭《きょう》敬《けい》の意を失はず。端坐《たんざ》山の如く悠揚《ゆうよう》迫らざるは、却《かえっ》て人をして其の胆気の厚さを偲ばしめ、言語囁嚅《しょうじゅ》して甚だ弁に訥《とつ》なれども、熱誠面目に溢れて、人をして親愛尊敬の念を起さしむ。其年長者に対する真に己を忘れて益を求むるの風あり、大元帥たる黄興君は、毫も当年の窮書生たる態度を改めざるなり。余も友ならば斯《か》かる人と共に死なばやとの感を禁ずる能はず。此の人或は支那四億の生霊を寧《やす》んずるの天命を有する者か」(同)。

同行したメンバーからもわかるが、報道を交えつつも明らかに革命派への共感を謳《うた》う論調である。翌日には孫文との会談のため早朝に馬車で出向いた。一二月二九日に孫文が大総統に選任され、中野は三〇日夜の大総統新任披露式に出席し、その様子を「数年前の志士孫逸仙は全く欧米先進国の大統領に譲《ゆず》ざる態度を備ふるに至れり」と記している(同)。三一日夜に上海を出発して革命派の根拠地である南京に向かい、孫文の宣誓式に参加した。そこで数日滞在し、できたての中華民国政府の首脳陣との意見交換をし、一九一二年一月五日に南京を出て上海に到着した。この首脳陣との会見は早稲田大学時代の人的関係がもたらした。『東京朝日新聞』一九一二年一月一二日付の「南京の白宮」において「同行者林長民君は黄元帥の親友にして、新政府の有力者なり、小生も林君と交《まじわり》あるの故を以て、頗る総統府の優遇を受け此処に昼餐《ちゅうさん》を饗《きょう》せられ、食後数町を隔つる黄元帥の官署に案内せられ林君と共に黄氏に面会せり。日本大新聞の記者たると、頭山満氏の同行者たると、林長民君の親友たるとの三理由の下に、元帥府の一室を貸与せらるゝの栄を得たり」と林長民による優遇があったことを記している。こうしたネットワークを駆使して中野は他にも多数の記事を書いて送っている。「中華民国新内閣」(一月一二日より二回)、「元帥府夜話」(一月一四日)、「南京見聞余録」(一月一六日より三回)、「滬寧漫録」(一月二三日より四回)、「帰舟余録」(一月二八日より五回)である(図2-1)。一月八日には再び南京に赴き、一〇日孫文と黄興との会見の場をもち、一一日に上海に戻った。一五日は革命派の首脳と会談し、一七日に上海を出立して、翌日長崎に到着した。中野帰朝後の中国通信は、神尾と小池が主に担った。また、共和制か立憲制かの政体問題を議論してきた『東京朝日新聞』は次第にこれを避け、借款問題に注力するようになった。

文芸欄問題と池辺三山退社

さて、中野が入社した頃の『東京朝日新聞』の紙面を総括していたのは、中野を入社させた池辺三山である。池辺は文筆でも高い声望を得ており、「池辺の朝日か、朝日の池辺か」と言われるほどであった。また、中野が東京朝日新聞社に入社したのは、池辺による紙面改革が進められていた頃であった。渋川柳次郎を社会部長に据《す》えて社会面を刷新したこと、夏目漱石の入社に尽力し、その新聞小説を掲載させるだけでなく文芸欄を創設して担当させたこと、外国電報を充実させたこと等である。これらはいずれも『朝日新聞』が飛躍していく上で基盤になるものであった。

図 2-1　中野正剛による辛亥革命の報道記事「中華民国新内閣（上）」と「南京の白宮」。紙面の半分近くを占めている（『東京朝日新聞』1912 年 1 月 12 日付）

そうした改革の中でも重要だったのが、夏目漱石の入社であろう。もともと池辺には『東京朝日新聞』の社会面や小説の五、六、七面が弱いという認識があった。漱石の招請に動いた頃、漱石はいまだ東京帝国大学文科と第一高等学校の講師であった。当時、四一歳の漱石は「坊っちゃん」や「吾輩は猫である」、「草枕」を発表しており、文壇の注目を集めていた。

七人の子どもをもった漱石は、専任の東京帝国大学の給料だけでは生活が苦しく、他の学校でも講義をして生活費を稼ぐ必要があったが、その一方で執筆の時間も確保しなければならなかった。文名は高まり、執筆への意欲も高まるが、大学教員であってはそれに専念することは難しかった。このような時期に東京朝日新聞社から執筆に専念できる給与と職が提案されたため、それを引き受けたのである。漱石の東京朝日新聞社への入社は、池辺三山だけではなく、鳥居素川《そせん》、渋川柳次郎、弓削田精一などが協力しており、東京朝日新聞社一丸となって動いた感がある。給与は月給二〇〇円に賞与が付く。池辺に次ぐ待遇であり、期待の大きさがうかがえる。入社後、『朝日新聞』に連載した最初の小説が「虞美人草」でこれは大変な評判となり、その期待は裏切られなかった。以後も「坑夫」「三四郎」「それから」「門」「明暗」など多数の代表作を連載した。また、漱石は自身の小説を執筆するだけでなく、新進の若手作家やその作品を推薦するなど小説欄の質的向上に力を尽くした。森田草平の平塚雷鳥との心中未遂事件をもとにした「煤煙」もその内の一つである。漱石の「坑夫」や漱石が紹介して執筆させた長塚節《たかし》の「土」は、読者からも社内においても不評であったが、池辺が力強く後押しをした。特に、長塚節「土」は予定の倍以上の連載回数となり、社内からも「止めさせろ」との声がでてきても、池辺は「あれは好いものだ。気兼ねしないで、十分書かせるがよかろう」とバックアップした。

漱石は小説だけでなく、批評や随筆なども持続的に掲載できる場として文芸欄の創設を思い至った。はじめ社会部長の渋川に提案するも、その時は機を得ず、後に池辺と相談して具体化し、一九〇九年一一月に文芸欄創設が決まった。文芸欄は漱石が担当することとなったが、その編輯実務を漱石は森田草平に委ねようとした。ただ、心中事件や不倫などのスキャンダルを巻き起こした森田は社内からの信頼は薄く、社員とすることへの反対意見が強かった。そのため、漱石は文芸欄編集のための手当を自らが支払うことで、表向きは森田と社との関係はないようにして、森田に仕事を委ねることとした。漱石は文芸欄に掲載される文章にほとんど目を通していたが、一九〇九年に胃潰瘍を発症し、この療養が長引いて漱石の目が届きにくくなると、森田の独断専横が目立つようになった。これにより文芸欄の質の低下を招き、漱石は森田をたびたび叱責していた。他方、文芸欄に掲載される性質の文章が別の箇所に掲載されたり、文芸欄が休載させられたりするなど、編集部における文芸欄の軽視もまねくことになった。終局的には文芸欄は一九一〇年一〇月に廃止されるが、そのきっかけとなったのが、森田草平の「自叙伝」の連載である。

「自叙伝」は小栗風葉《おぐりふうよう》の「極光」のあとを受けて、一九一〇年四月二七日から連載された。療養生活を続けていた漱石は自分では筆を取ることができず、さりとて「極光」の後に執筆できる適当な人物が見つからなかったため、森田に任せたのであった。「自叙伝」は「煤煙」の後日譚となるものだが、「煤煙」執筆後、平塚家から娘・明（雷鳥）のことはいっさい書かないでほしいとの要望をうけていたにもかかわらず、森田はその約束を反故《ほご》にして書いたのである。小説の内容も不明瞭な箇所が多く、読者の評判も社内の評価も高くはなかった。これは文芸欄とそれを庇護する池辺三山批判へとつながった。

九月一九日の編集会議において池辺と弓削田との間で「自叙伝」と文芸欄をめぐる論争が起こった。政治部員の宮部敬治の回顧によると、会議は次のように展開した。

「当時から池辺、弓削田の間には感情の混乱があつた。そしてそれが文芸欄問題で衝突した。夏目漱石が入社したのは僕より約四ケ月あとだつたが、漱石が入社してからやがて文芸欄が創設（明治四十二年十一月）されて、その門下生に執筆させた。今日では兎も角、当時ではこの文芸欄に書かれる事が新聞記事の論調とは思想的に食い違いがあつて、政治部の記者は誰もこの文芸欄を嫌がつた。その揚句《あげく》幹部会の席上で外勤部長の弓削田君が、外勤部全体の意見として文芸欄反対を唱へた。これに対し池辺氏が漱石の擁護論をやつたが、弓削田君は「貴方が文芸欄を擁護するのは情実ではないか」と詰寄つたので池辺氏もすつかり怒つてしまひ「それなら僕は責を負つて辞職するが君も辞職せよ」と云ひ出し、同席の他の人が途方に暮れたといふ」（朝日新聞社社史編修室 1956：211）。

「外勤部全体の意見」とあるため、ここには中野の意向も当然含まれているはずである。軽佻浮薄の文章を中学時代から嫌ってきた中野にとって、漱石らの「軟弱な文学」は我慢ならないものであったろう。池辺と弓削田の感情的な議論は双方の辞職論にまで発展し、二〇日に弓削田が、二二日に池辺が辞表を提出した。弓削田の辞表は村山龍平社長により受理を却下されたが、池辺の方は意志が固く、九月二九日、村山社長を含めた会議において池辺の退社が決定した。この頃、漱石は療養中であり、会議には出られなかったため、恩顧を受けていた池辺の辞職は、一〇月三日の池辺の訪問を受けた際に、初めて知るところとなり衝撃を受けた。それも事の発端が弟子の森田草平と文芸欄にあると漱石は考え、責任をとって自らも辞表を提出する。しかし、弓削田や経済部長の松山忠次郎《ちゅうじろう》らの慰留をうけて、撤回した。

ただし、弓削田の本意としては、文芸欄問題は発端にすぎず、池辺との対立の淵源《えんげん》はより複雑で根深かった。弓削田が村山社長へ宛てた書簡の草案には次の一文がある。

「実は小生は池辺氏と手を別つには小説の如き瑣事《さじ》を以てするを好まず「東朝は官僚新聞なり」とまで世に伝へられしその根源に立入りて論ぜざるべからざるを予期致居候、小生外勤部長を拝命せし際、既に此使命を自覚致候、唯だ其主張を枉《ま》げざるべきは万々なれど其手段は何処までも平和ならんことを欲するが故に破壊的の態度に出づるなくして建設的の処置に出でざるべからざることと存候」（朝日新聞社社史編修室 1956：202）。

ここでいう「「東朝は官僚新聞なり」とまで世に伝へられし」との表現は、池辺が桂太郎に接近し、桂に宥和《ゆうわ》的な主張を多くとってきたことを指す。桂の方もまた新聞記者へ開放的な態度をとった。この頃の桂と池辺について、徳富蘇峰は「桂が内閣を組織した時には、従来の当局者と違つて、時局について新聞記者に向つて胸襟を開いて話をしたから、池辺君はこれを大変喜んだ、それが池辺君が桂に接近する動機であつたと思ふ」と回顧している（朝日新聞社社史編修室 1956：214）。さらに「日露戦争の時、我輩はどうしても戦争に持つて行くために国論を統一しなければならんといふので、目星しい内外人は誰でも桂に会はせてゐたから、自然「朝日」の池辺君も桂に会はせたといふに過ぎない」とも述べており、蘇峰は桂と池辺との接触を持たせることで、『東京朝日新聞』を日露戦争主戦論に意図して巻き込んでいた（朝日新聞社社史編修室 1956：217）。確かに、第一次桂内閣が直面した日露戦争では、東朝は主戦論の立場をとり、非戦論や及び腰の元老を批判していた。さらに、池辺は京都の別荘・無鄰菴《むりんあん》にいた山県有朋に会談して説得をしにいくほどであった（朝日新聞百年史編修委員会 1990：432f）。終戦後のポーツマス条約では、ロシアに妥協的とみて桂内閣を批判したが、第二次桂内閣発足後は再び桂内閣支持に戻った（朝日新聞百年史編修委員会 1990：510f）。こうした桂への接近が、朝日新聞社内での池辺への反発につながった。松崎天民も「時の首相桂侯爵の心事に対して、池辺氏の論法には、理解があつたり、同情が見えたりした。「池辺君もタガが緩んだ」などと、社内でも取沙汰する者があつたらしかつた」と手記に記しており（松崎 1924：111）、桐生悠々も「池辺三山氏は社外で想像されてゐたやうに社内では勢力がなかつた、（略）東朝の記者がそれとなしに語つてゐた所を耳にすると、「どうも池辺氏は怪しい」「彼の宅の電話抜書表を見るとそのうちに桂公の宅の電話番号が書いてある」「彼は近頃借家を建てた［桂から金をもらって：筆者注］」等々であり、何れもナンセンスではあるが、彼等はこれ等の事実を通じて記者一流の六感を働かせて或物を感得していたらしかつた」と東朝社内に池辺批判に関するうわさが生じていたことを記している（朝日新聞社社史編修室 1955：274f）。

池辺の采配により東朝に入社した中野正剛は、その直属の上司であった弓削田とともに一貫した桂批判を繰り出していたため、池辺の桂擁護については批判的態度を示していた。これは政治的見解にとどまらない。池辺が後押ししていた夏目漱石や文芸欄も政治部からは受け入れられず、政治部には「夏目漱石を追出せ」という動きがあり、その中心は安藤正純や中野正剛であったという（朝日新聞社社史編修室 1956：221）。漱石の入社や文芸欄の創設は日本文学史上、きわめて大きな足跡を残し、『朝日新聞』の格を高めることにつながったが、「政論」を新聞記者の本分として強く持つ政治部を中心とする勢力には受け入れ難かった。

いずれにせよ、東京朝日新聞社としては、池辺三山という屋台骨が抜けた後の組織を再構築する必要があった。池辺の退社との連帯責任を取って弓削田が外勤部長を退任した後、杉村楚人冠《そじんかん》が中心となり編集部の組織改革が行われた。大阪朝日新聞社の管轄になる大阪通信部が復活し、弓削田はその部長に就任した。弓削田の片腕であった中野正剛と小池信美も同時に大阪通信部に移ることになった。ここに中野が推薦した緒方竹虎と大西斎がはいることになった。また、杉村は他に主筆の廃止と社説の連日掲載の廃止も求めていた。主筆廃止は後任問題で争いが起きることを未然に防ぐものであり、社説の連日掲載廃止も社内での意見の不一致を顕在化させないためのものであった。ただ、池辺の後任を自認していた松山が難色を示したことで、これらは実現できず、代わりに論説部を置き、論説部長を松山とすることで話はまとまった。

憲政擁護運動

池辺退社による混乱が続いていた東京朝日新聞社も一時的な小康状態を得た。一九一二年七月三〇日の明治天皇崩御のためである。明治維新から日清日露の戦争を戦い抜き、日本の国際的地位を高めた指導者の死は、新聞社にとって何よりも優先するニュースであった。そのため、朝日新聞社は病状が悪化したとの報道から大喪当日まで、編集部を総動員しての報道態勢をとった。青山葬場殿や桃山斎場には派遣できる新聞記者は二名までと制限されていたので、朝日新聞社は地方新聞社の肩書を利用して多数の記者を送り込んだ。内紛している暇などなかったのである。

さて、朝日新聞社内紛が再び顕在化してくるのは、大喪が終わり、天皇の侍従長が徳大寺実則《さねつね》から桂太郎へと交代するときである。八月一四日付の『東京朝日新聞』と『大阪朝日新聞』、および一五日付の『大阪朝日新聞』が「安寧秩序を紊《みだ》す」として発売禁止となった。これは明治天皇崩御後に桂太郎が内大臣に就任したことへの批判を掲載した紙面が問題とされたためである。『大阪朝日新聞』八月一四日付には「桂公親任事情」や社説「内大臣更迭《こうそう》」があり、一四日の『東京朝日新聞』では『大阪朝日新聞』と同じく「桂公親任事情」と、さらに犬養毅や頭山満、華族の秋元興朝《おきとも》の談話を掲載している。特に頭山の談話は三段に及ぶものであった。人選から中野の意向が強かったと考えられる。いずれも桂の内大臣および侍従長就任を批判している。ここでは論旨が明確な犬養毅の談話を引いておきたい。「内大臣又は侍従長の職に任ずべき人は全然政治に関与せず、一意専心鞠躬如《きっきゅうじょ》として陛下に奉仕し只管《ひたすら》皇室の尊栄を希《こいねが》ひ前奉るの外余事《よじ》無き人ならざる可からず（略）政治を以て畢生の道楽となし老来益《ろうらいますます》其野心を逞《たくま》しうしゝつある桂公にして今回の任命と同時に政治と絶縁して雲煙過《うんさんか》眼視《がんし》するの態度を持し得べしとは到底信ずる能はず（略）今回桂公の任命せられしは公が伊藤公の故智を学びて宮廷内に出来る丈け自己の勢力を扶植《ふしょく》し内外を通じて采配を振るはんとするにあるは疑ふ可らず」と未だ政治家としては現役で、政治的野心ももっていた桂が宮中に入ることで、宮中と議会の権力を掌握することにつながりうるとの批判である。これを裏付けるものとして出された主張が「桂公親任事情」である。その中では「桂公は政党の総裁にして内閣の首班たる西園寺公と情意投合は愚か生死不渝《ふに》を誓ひ、間接政友会内閣を操縦しながら、宮中に入て御璽《ぎょじ》国璽《こくじ》を尚蔵《なおぞう》して常侍輔弼《ほひつ》するの任に膺《あた》り宮中と府中とに亘りて政治は愚か帝国の大顧問たる訳なり（略）さて斯《かく》の如き位置に桂公を選任せし意味を明白にするものは西園寺首相に賜はりし勅語中「宮中府中協力相裨《ひ》補《ほ》し云々」との一節なり、元来明治十八年の官制以来宮中府中を区別すべしとの意は是迄屡《しばしば》明かにせられしも、協力相裨補するとのことは今回を以て嚆矢とす、而して此前後に於ける山県公の言動に見て其の立憲政治に不足を称へたる所と照し合すれば、明白に立憲政治の変態を作りて宮廷政治の基礎を作る第一歩たるを認め得べきが如し」と勅語の文言「宮中府中協力相裨補し云々」を問題とした。宮中と府中の別を乱す根拠となり、議会の権力と宮中の権力を兼ね備えた絶大な権力を有する「変態」的事例になると批判しているのである。

他方、『東京朝日新聞』は翌八月一五日付の紙面において社説「宮中府中の別」で「如何に強大なる藩閥の権威を以てするも、今日に於て宮中府中の区別を混乱するが如き大悪事を犯すを得んや、桂卿如何に大胆なるも、決して此の如き無思慮の事をなすべき理《り》あらざるなり」と桂を弁護し、さらに桂の談話までのせている。桂の宮中入りを痛烈に批判した翌日にそれを擁護する記事を掲載したのである。この事について弓削田は村山社長宛の書簡において「桂公宮中入前後の醜態は既に御承知の事と拝察候、幸にして通信部よりの種ありて東朝は聊《いささ》か純御用紙たるの観を免れしも、逆に松山部長等よりは紙面の統一を破れりとの非難を執筆者の上に加ふべく候」（朝日新聞社社史編修室 1957：156）と記していることから、桂批判の記事は弓削田やその傘下にいる中野によるもので、桂擁護の記事は松山部長の指導によるものだとわかる。親桂路線を巡る社内の政治的対立は収まってはいなかった。

こうした内紛の種が再び芽吹いたのは、一九一二年一二月の第二次西園寺内閣総辞職後のことである。

第二次西園寺内閣において陸軍が要求していた二個師団増設が認められなかったため、上原勇作陸相は辞職した。西園寺は後継陸相の推薦を山県有朋に求めたが候補者が得られず、陸軍首脳部の見込み通り、軍部大臣現役武官制により総辞職に至った。元老会議にて挙げられた後継首相の候補者は何れも固辞したため、桂太郎が奏薦《そうせん》され、詔勅を得て桂もこれを受けた。さらに、組閣にあたり海相・斎藤実の留任にも詔勅をもちいたため、「憲政擁護」「閥族打破」を標語に掲げた憲政擁護運動が勃発するのである。第三次桂内閣の親任式は一二月二一日であったが、それよりも前の一九日に犬養毅、尾崎行雄、杉田定一らが集まって歌舞伎座で憲政擁護大会が開かれ、約三〇〇〇もの聴衆を集めた。第一次憲政擁護運動の始まりである。

さらに、一二月二二日正午、交詢社《こうじゅんしゃ》において憲政擁護連合会の委員会が開かれ、これに中野正剛も出席した。他の出席者は犬養毅、岡崎邦輔、菅原伝、古島一雄、小久保喜七、弓削田精一、青地雄太郎、本田精一、菊池武徳、松田源治、相島勘次郎、野間五造、小山完吾、小松啓吾らであり、連合事務所設置の件と将来の活動方針が協議された。この委員会の中で中野は一〇歳以上若く、憲政擁護運動を推進する同世代の中でかなり期待された若手記者であった。中野は桂打倒のこの運動に発端から関わり、文筆と運動の両面から精力的に進めていく。翌一九一三年、一月一二日に約四〇〇名が参加した憲政擁護連合会が日比谷松本楼にて開催され、中野は代表者の一人として演説した。一月一七日には、全国記者大会が開催されることとなるが、中野はその実行委員に指名されている。一七日の全国記者大会は采女《うねめ》町精養軒にて午後三時に開会され、次の宣言が公表された。『東京朝日新聞』はこの大会を写真付きで報道しており、かなりコミットしていることがわかる。

「今や閥族横暴を極め憲政危機に瀕《ひん》す。彼等凡庸の資を以て巧みに陰険の策を弄《ろう》し、一進一退に詔勅を濫奏し以て民衆を圧服せんとす。吾人責に筆政に任ずる者、此の危機に際会して慨然奮起帝国の正気を鼓吹《こすい》し、歩武《ほぶ》を斉整《せいせい》して大正維新の魁《さきがけ》と為り、以て憲政擁護議員督励閥族掃蕩《そうとう》の大任を全うせんことを期す」(「全国記者大会」『東京朝日新聞』一九一三年一月一八日付)。

奇しくも、この憲政擁護運動が始まる二ヶ月前に中野は「明治民権史論」を連載し始めた。これもまた連載終了後の一九一三年三月に『明治民権史論』として公刊された。朝日新聞社の上司である土屋元作と弓削田精一が「序」を記し、親友にして同僚となった緒方竹虎が「跋《ばつ》」を記している。「奇しくも」とあえて書くのは、中野自身も「自序」において史的言論と進行する政治運動との符合を驚きをもって、次のように記しているためである。「叙して三十回に及ぶ頃より、憲政擁護、閥族打破なる稀有《けう》の国民的大運動は開始せられ、宛《あた》かも我説と呼応するが如き奇観を呈するの僥倖《ぎょうこう》を来せり」(②:自序3)。また、「明治民権史論」の次に書かれる『七擒八縦《しちきんはっしょう》』では「吾輩は該《がい》運動に就ては最初より批評者の位置を離れて主張者の末位に居りしものなり」(③:261)と運動へ主体的に参加し、その一環として『明治民権史論』や『七擒八縦』(「与ふる書」)があったことを告白している。『明治民権史論』は客観的な事実を明らかにする「歴史書」というよりも運動を効果的に促進するための「主張の書」であった(図2-2)。

さて、『明治民権史論』の目的としては「明治初年に於ける国民的勢力」が旺盛なる様と「政治上に及ぼせし民権の消長」を叙述することで、「今日の停滞を来せし政界の経路」を明らかにし、「救済する

増師問題と首相
明治民権史論(一)
結論
中野正剛

図 2-2　中野正剛「明治民権史論（1）」（『東京朝日新聞』1912 年 10 月 2 日付）

所以の道」を講ずることであるとしている。具体的には、五箇条の誓文から一八九八年の政党内閣である隈板《わいはん》内閣総辞職までの自由民権運動、政党の変遷、議会の開設とその後の政府と民党との対立を叙述している。それも「主張の書」として、一貫して民党側を「善」、藩閥側を「悪」と叙述するものであった。それゆえ、山県有朋や桂太郎への批判は厳しく、また民党から政府側へと立場を変えた者には「変節漢」「裏斬組」などと痛論している。

『明治民権史論』はまず、明治維新の成果の確認から始まる。「明治維新は内幕府三百年の専制治下に鬱結《うっけつ》せし国民の元気が、外世界の大勢に刺戟せられて一時に勃発し、等族国家主義の政体を打破して公民国家主義の政体を確立せる未曾有《みぞう》の盛事」である（②:1）。ここでいう「公民国家主義」とは「国家を組織する各人民を以て、皆政治上の意見を行ひ得べき公民となし、国家を以て此等公民生活の完全を期するの機関たらしむるもの」である（「対岸の火災（三）」『東京朝日新聞』一九一一年一二月二〇日付）。これは五箇条の誓文から導き出されるもので、「輿論政治を行ひて立憲政体を樹立」し、「四民をして平等の参政権」を与えることが実現のための第一歩となる。この「公民国家主義」は「少数有司の専制」と相容れない理であるが、明治の創業よりわずか三年ほどしか続かなかった。それ以後は「藩閥的少数者の専制主義」により支配されていく。

それでも民権論は勃興し、政党が生まれ、議会開設の運動が生じた。もちろん、こうした過程において言論弾圧や藩閥政府による民党政治家の切り崩し工作、民党の内訌《ないこう》もあった。ただ、中野にとって批判すべきであったのは、「妥協政治」であった。初めての政党内閣である隈板内閣も内訌と星亨による「妥協政治」により崩壊してしまう。中野はこうした過程を次のようにまとめる。「閥族の城砦は此の自由民権論の攻撃に遭ふも容易に破れず、政府者は民論の激烈なるを恐れ、民論家は政府の強硬なるを憚《はばか》り、両者は是に握手して中を取らんと欲し、協同は変じて苟合《こうごう》となり、所謂妥協政治の端は議会開設以前夙《つと》に我国に啓《ひら》かれたり」(②：498)。ここで「妥協政治」という時、中野の念頭に桂園時代があったのは間違いない。さらに、中野は『明治民権史論』の「結論」を執筆した段階で、「非妥協方針」は三度取られたといい、第一回目が明治維新であり、第二回目が隈板内閣成立時であり、第三回目がいまさに進行している憲政擁護閥族打破の運動であるという。『明治民権史論』は憲政擁護運動と強く連結していた。

連載「明治民権史論」が終わると翌日には、連載「与ふる書」が始まる。「桂公に与ふるの書」がまず一月二六日から始まり、続いて「大隈伯」「政商輩」「青年政治家」「木堂先生」「咢堂先生」「浪人組に与ふる書」と続いて『東京朝日新聞』に連載され、「原敬君」「政友倶楽部」「憲政擁護根本論」は『日本及日本人』に掲載された。これをまとめて一九一三年五月に公刊したのが、『七擒八縦—与ふる書』であった。なお、『七擒八縦』では敬称に関する「凡例」があり、桂太郎と大隈重信については爵位から「卿閣下」、「老伯閣下」とし、尾崎行雄と犬養毅については共に「読書人」であり中野自身も敬意をもつことから「先生」とし、他方で原敬については「読書人」として「先生」と呼称するのは妥当ではないため、「君」とすると記している。『七擒八縦』もまたその立場が明確な「主張の書」であった。「与ふる書」の連載が開始された一月から二月下旬は憲政擁護運動がまさにクライマックスを示していた頃であった。第一回に「桂公に与ふるの書」と桂太郎論が置かれたのも、憲政擁護運動の具体的目標がまさに桂に置かれていたためであった。中野の文章においても「今や憲政擁護、閥族討滅の声は天の一角より来りて忽ち全国に饗応す。而して其の憤《いきどお》りて以て敵となす所は閣下なり」（③：1f）と明確に桂を「敵」と認定している。憲政擁護運動の圧力による桂退陣は、まさに中野の連載「与ふる書」の最中であり、「青年政治家に与ふる書」の第一回にはその時の高揚感がそのまま表れている。「非国民的内閣は瓦解せり、非立憲的宰相は辞職せり、国民的ならんと欲し、立憲的ならんと欲する者は、祝杯を挙げて万歳を唱へざる可らず」（③：97）。憲政擁護運動が桂内閣を打倒するまでの力を持つに至ったのは、「正義の声」「輿論」が運動を展開する議員の背後にあったためである。中野は先の文に続けて次のように書く。「何となれば議員をして強硬ならしめし者は、国民中の識者一般の間に起れる正義の声なればなり。輿論なる者は議員の製造せし輿論に非ずして識者の指導し、国民の承認せし輿論なればなり。領袖の輿論に非ずして、年少議員の輿論たり院外清潔分子の輿論なればなり。吾人は別して自覚せる年少議員及び国民と共に、第一戦の勝利を祝せざる可らざるなり」（③：97f）。ここでいう「識者」には当然のごとく中野ら新聞記者が含まれている。自らの言論活動が輿論を作り出し、国民を指導して、時の内閣の打倒にまで至ったのである。第一次憲政擁護運動は確かに新聞記者の活躍が目立った運動であり、中野正剛の活躍はその中でも際立ったものであった。

だが、こうした高揚感は長くは続かない。桂太郎の退陣後に内閣総理大臣の任についたのは薩摩閥の海軍大臣・山本権兵衛であった。中野にとっては大きな挫折であった。中野は『七擒八縦』の「結論」において、この結末に至った理由を次のように総括する。「衆論は未だ真に憲政擁護に在らず、国民は未だ真に覚醒せず、一時上昇せし其の熱度は漸く冷却して、彼等は旧態依然たる愚民に帰り、所謂冷静なる頭脳と所謂公平なる眼孔とを以て天下の形勢を観望するに至れり」（③：264）。中野はここで「輿論」ではなく「衆論」の語を用いている。佐藤卓己は「輿論」を理性的討議による合意、「世論」を情緒的参加による共感と対比的に分類している（佐藤 2018）。中野が憲政擁護運動の渦中で用いた「輿論」が「情緒的参加による共感」ではなくはたして「理性的討議による合意」であったかはここでは置いておくとして、護憲運動を最終的に挫折に導く政治的決断の背景にあったのは、中野にとって「公議輿論」の系譜にある「輿論」ではなく、多くの人の声が集まった「衆論」にすぎなかった。

他方、激化した憲政擁護運動に対して、桂によって政権を逐《お》われた西園寺でさえ批判的に見ていた。「粗暴の言動は憲政の美果を収むる所以にあらず。余は新聞紙上殺気に富める文字を読みて心底密かに痛嘆するものなり。憲政擁護に留意する者は宜しく慎重の態度に出でざるべからず。政治家が政党を指導する時に方《あた》り他より妥協が可なりとか不可なりとか注文を受くべきものにあらず。妥協すべからざる時には妥協せざるのみ。要は機に臨み変に応じて決すべきなり。然れども刻下の時局に於て政府と妥協すべき端緒を発見すべきや否や。是れ余の寧ろ天下に問わんと欲する所なり」（「西園寺侯言明 時局推移真相」『東京朝日新聞』一九一二年一二月二四日付）。

政治を言論を通じた理性的な交渉の技術と捉える西園寺からみると、憲政擁護運動は「憲政擁護」と「閥族打破」という「敵」を攻撃するのみの空虚なシンボルにより熱狂し糾合した烏合《うごう》の衆にしか見えなかったであろう。中野は後にみるように妥協や苟合《こうごう》を強く嫌って批判する。これは彼の一生を通して変わらない姿勢であった。中野は熱狂した人民を率いていた憲政擁護運動により文筆家としてのみではなく活動家としても台頭したが、この憲政擁護運動は中野の以後の政治活動の性格を色濃く反映したものでもあった。村瀬信一は、権力のあり方という漠然とした問題で桂太郎を退陣に追い込んだ大正政変の「遺産」を「異形の運動をおこした異形の国民かもしれない」と指摘している（村瀬 2021：35）。「異形の国民」を政治の表舞台に立たせた運動において、後年に卓越した大衆扇動力を発揮し、国民運動に期待をかけた中野正剛が台頭したことは実に示唆的である。

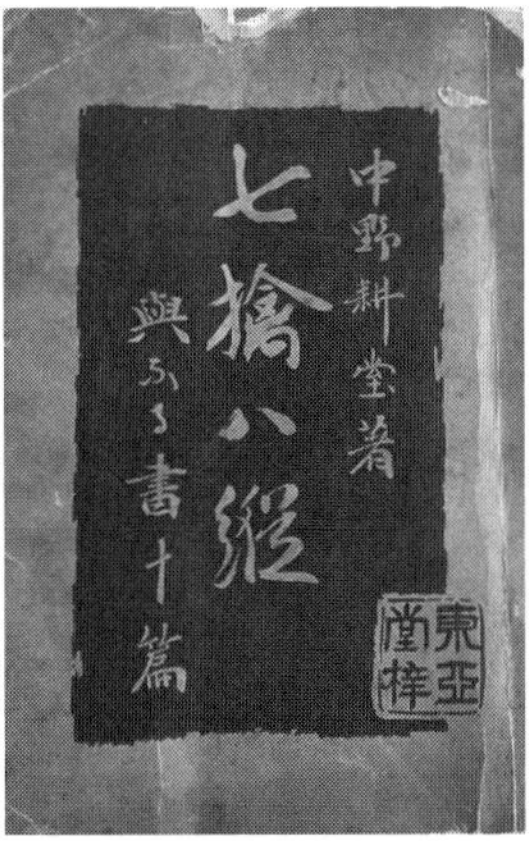

図 2-3　中野正剛『七擒八縦』表紙

さて、政友会が参加することで大いに力をつけた憲政擁護運動推進派は、桂打倒運動をさらに進めていく。だが、二月一〇日、桂太郎が内閣総理大臣を辞職すると、政友会の原敬が交渉して山本権兵衛内閣が成立し、政友会もその与党として収まった。山本権兵衛は薩摩という憲政擁護運動が批判してきた閥族側の軍人である。閥族打破を唱え、桂内閣を打倒できたにもかかわらず、その次に誕生した内閣もまた民党を背景としない内閣であった。中野にとって敗北は明白であった。

二月一五日、全国同志記者会は正午に日比谷松本楼にて実行委員会を開き、次の決議を行い、山本権兵衛の秘書官、犬養毅、原敬に伝達した。

一、吾人は政党を基礎とせざる内閣に反対す
一、山本伯が政党に入らずして内閣を組織する場合に於ては吾人は其内閣に反対すると共に之れを援助する凡ての政党に反対す

さらに翌一六日、日比谷松本楼にて学者、弁護士、新聞記者が集まり、「政党政派に関係なく真個《しんこ》の憲政擁護閥族打破の国民的聯盟を形成し時局に処する」ために、演説会を開催する予定であった。だが、松本楼の広場には立錐《りっすい》の余地がないほど参加者が集まり、警視庁により屋外集会とみなされて直ちに開催が禁じられたため、名称を懇親会と改めて、演説会自体は一七日に延期された。懇親会での演説は、中野正剛の他に、黒岩周六、青木徹二、浮田和民、犬養毅が行った。中野は「閥族に代ふるに閥族を以てせんとする原敬一派は憲政擁護の主旨を蹂躙《じゅうりん》する者にして憲政の□《不明》賊たるに於て桂公と撰ぶなし吾人は桂内閣を屠りたると同一の筆鋒を以て是等の徒輩を根絶せざるべからず政党内閣主義出現する迄憲政擁護、閥族打破の連盟を解除せざるは勿論現在の堕落せる政党員以外に学者、言論家、書生、良民等所有純分子を糾合し憲政の為に飽く迄奮闘努力せんことを欲す」(「学者操觚《そうこ》者奮起　松本楼の有志懇親会」『東

京朝日新聞』一九一三年二月一七日付）と原敬が事実上率いていた政友会を批判しつつ、閥族による内閣ではなく政党内閣を目指して今後も奮闘努力することを主張している。後に議会中心主義を高調する中野の思想的原型ともいえる。

とはいえ、政友会が与党として加わったこの段階では、どれだけ息を盛り上げようとしても徒労にすぎなかったであろう。中野の挫折感もやはり拭《ぬぐ》い難く、翌一七日の演説会では「何とも申し訳けなし。是れ吾人が代議士に重きを措きて広く国民と共に謀《はか》らざりし結果なり。山本伯何の罪かある政党を閥族に売りし者は彼れ原敬なり。仲間奉公になれたる腑甲斐《ふがい》なき代議士はなで付けられて盛んに正義の士を吠《ほ》えつゝあり。吾人は諸君と共に当初の目的に向つて真一文字に勇往直進すべし」と率直な反省の念を示している（「憲政擁護演説会　聴衆二千」『東京朝日新聞』一九一三年二月一八日付）。「代議士に重きを措きて広く国民と共に謀らざりし結果」と中野は言うが、むしろ院外での活動が目立った運動であった。むしろ、この表現からは自らが国民の側にいることと中野正剛が民意を代表する抽象的な「国民」概念を頼りにしていたことがわかる。

いずれにせよ、中野も主導者の一人として大いに活躍した憲政擁護運動の帰結は、東京朝日新聞社内で中野を追い込んでいく。なお、憲政擁護運動進行中に『東京朝日新聞』上で連載が始まった「与ふる書」は、三月四日で終わる「浪人組に与ふる書」を最後に、翌回の「原敬君に与ふる書」からは『日本及日本人』上へ連載の場を移している。社内における中野正剛の立ち位置を如実に示す措置である。

社会部越権問題

少し時間を遡《さかのぼ》る。整理部の安藤正純、島田錫吉、大阪通信部の中野正剛の三名は、一九一二年九月下旬に上野理一・村山龍平両社長に提言書「編輯局粛清意見」を提出し、松山、杉村、渋川、西岡を排斥して編集局を刷新するべきことを主張した。これは「東京朝日新聞の編輯局の風紀弛緩し紀綱振はず漸く外侮を招致せんとす、今にして廓清《かくせい》せずんば将に噬臍《こうせい》の悔あらんとす、今、私情を去り公正に拠り其実状を陳述すること左の如し」（朝日新聞社社史編修室 1957：185）として、「社説の失態」「政治部刷新の急務」「社会部の越権」「編輯部長擁護の必要」「評議員の妄状」「渋川社会部長の態度」「杉村調査部長の態度」「西岡通信部長の行動」「内地通信部廃合」「編輯局員任免の銓衡《せんこう》」の一〇項目を挙げている。

ここでは「社説の失態」「政治部刷新の急務」「社会部の越権」を特に取り上げておきたい。

「社説の失態」は桂太郎の内大臣任命に関する紙面の混乱を指しており、政治部の取材により桂批判の記事が掲載される一方で、社説は桂を擁護していた。そうした社説を「定見なく不統一無方針」であると批判した。これは松山政治経済部長への批判でもあり、次の「政治部刷新の急務」も松山政治経済部長に由来するとしている。松山は、その日々の態度が「往々にして官僚主義に流れ」ていたという。それにより「政治部員の多くは之を悦《よろこ》ばず、其の命を奉じて馳《ち》駆することを不快」と受け止めており、活発な活動ができなくなっているとする。

「社会部の越権」は、社会部が政治部が取り扱うべき領域も社会部のものとして記事化していった。これは紙面における論調の不統一を生み、また、政治部と社会部とでの報道の競合を促し、対立関係を煽《あお》ることになった。さらに、社会部の記事の内容は、政治部から見ると「軽佻浮薄のものあるは勿論、政治部の範囲を侵したる記事に至りては、寔《まこと》に杜撰《ずさん》見るに堪へず」（朝日新聞社社史編修室 1957：186f）という出来であった。「明治天皇崩御の際の如き、紙面全部を占領せんとしたるも之を果さざりしが、御大喪に際しては遂に編輯部を無視して政治部を紙面の片隅に駆逐し去れり」（朝日新聞社社史編修室 1957：187）と記事の内容上の問題にとどまらず、紙面上のスペースでも社会部が大きくなっていた。

さらに、「社会部員の過多にして人格劣等のもの多きは一般の定評なり」（朝日新聞社社史編修室 1957：187）ともあり、これは政論を揮う政治部こそが高級であるとの矜持《きょうじ》を示すもので、探訪して足で稼ぐ社会部への偏見を示す中傷とも捉えられる。とはいえ、社会部長の渋川が暴露雑誌『サンデー』や『無名通信』から女性問題や家庭問題で攻撃を受け、社内の業務にも支障をきたすようになってきており、全くの事実無根でもない。

これらの問題は単に朝日新聞社の内紛にとどまるものではない。記者個人の主張ではなく「社説」をどうするかという問題は、新聞社という組織が大きくなり、新聞記者各人が持つ多様な政治イデオロギーを統一することができなくなったことにより顕在化したものである（有山 1995：155f）。また、「社会部の越権」は「社会」という曖昧なワードの持つ比重が大きくなったがゆえに、その扱う領域も拡大してきたことを意味する。いずれも、朝日新聞社が企業的発展を遂げ、近代日本が複雑さを増していく中で必然的に直面することになった課題である。

さて、社内の空気を察してか、九月二四日、安藤は松山に招かれ、政治部と大阪通信部で記事の論調が合わないことについて議論している。ここでは協調には至らず、二七日に再度の機会をもつことになった。二七日でも論調の問題は解決できなかったが、弓削田と松山の仲を取り持つことには同意することができ、松山は強硬派の中野と面会して腹蔵なき意見を出し合いたい旨を希望した。二九日に会談があり、中野はその場で率直に松山の方針を批判した。安藤は松山と弓削田、中野との間に立って協調点を探ろうとしていた。

こうした幹部告発の意見書は政治部のみではなく、一〇月一〇日付けで社会部からも山本松之助、美土路昌一、鎌田敬四郎、名倉聞一の連名で出された。これは社会部の内情を告発したもので、その原因を「社会部の中心勢力たるべき部長その人」にあるとする。「部下に何等徳望を有せざるの事」「不当なる独断専行」「公権を濫用して私恩を売る」「社会部員の任免に其当を得ざる」「社内の平年を攪乱するの禍根たるべき」「社会部活動の方針に就て何等の定見を有せざる」と六点列挙している。

これを知った安藤と島田と中野は一〇月一六日に再び意見書を提出した。意見書の内容は社会部が渋川と杉村を批判していることに追随するもので、渋川と杉村への処分を迫るものであった。結局、一一月末に渋川は諭旨退職、杉村は調査部長専任と降格されたことで、この内紛はおさまった。

ただ、社会部越権問題を追及した中野もまた憲政擁護運動の失敗から京城への左遷の憂き目にあう。緒方はそれを松山による采配だとして次のように回顧している。

「大阪通信部を段々小さくして弓削田さんの片腕である中野君を京城特派員に出すことになり、中野君も行かざるを得なくなったが、それは松山氏の政策であった。中野君が京城へ態《てい》よく追ひ出された原因は憲政擁護運動だ。中野君は最初からこの運動に参画し、やがて運動は燎原《りょうげん》の火の勢ひで殆んど全国の新聞がこれに呼応し、「朝日」としても全社を挙げてやった運動で、元来から云へば中野君は殊勲者であるべき筈《はず》であったが、「東朝」の政治部では中野君のやり方に反感を抱いて誰も記事を書かない、僕や中野君は大阪通信部に籍があったのだが、政治部が誰も記事を書かないものだから、仕方がないので中野君大西君と三人で記事を書くやうな始末になった。所がこの運動も政友会と山本権兵衛が妥協して龍頭蛇尾に終った。（略）この妥協の日などは政治面一ページの記事を僕と中野君とで夜明けまでかゝって書いて編輯までやり、締切が延びて文句を云ふ工場の連中にはビールを奢《おご》って拝み倒すといふやうなことがあった。そんな訳で「東朝」の政治部は全く非協力的だし、大阪の方にも同じ感情が瀰漫《びまん》して、中野君としても東京に居られなくなって京城特派員に行かざるを得なくなったのだが、その時中野君は「一度大陸を見て来てから社を辞める」と云って赴任した」（朝日新聞社社史編修室 1958：66f）。

憲政擁護運動の後始末

中野は一九一三年八月一五日に新橋駅を出発して、大阪に立ち寄り、一九日には村山社長も参加する送別会が開かれ、一年間の赴任の予定で京城へ向かった。

さて、新聞記者としての中野正剛は、京城に赴任し、その後イギリス留学するが、そこからも朝日新聞社へいくつもの記事を送付している。ただ、帰国後は朝日新聞社には戻らず、政治家へと転身する。

憲政擁護運動期における新聞記者としての活躍は、華々しくはあったものの短期間で終わってしまった。だが、こうした明確な挫折がなくとも、報道新聞へと変容しつつあった朝日新聞社において、政治部記者として政論を重視した中野の居場所は早晩なくなっていただろう。これからの新聞社に必要とされるのは、華麗な文体で読者の心を揺さぶるような政論よりも特ダネやスクープであった。中野は自分の新聞記者生活を振り返って次のようにいう。

「新聞記者としての僕は、結局失敗さ、殊に種取りなどは全く不得手であつた。其後朝日へ移つてからも——朝日へは六十円で入つた。其後朝鮮へ行つた時八十円、之れが僕が生れてから取つた最高の月給だね——農商務省で来年度の予算の話を聞いて来るといふので、最初大臣の大浦兼武さんに会つた。そして相変らず気焔《きえん》を挙げると、君は普通の新聞記者と違ふなどといつて喜ばれた。(略)元来僕は新聞社へ入つたら大いに天下国家を論じてやる積りだつた。けれども色々の事情があつてさうはいかない。それでも勝手に何やかや書き散らしてをつた。それ故社外には評判もよかつたらしいが、社内では彼奴《あいつ》新米のくせに生意気だといふわけで、結局朝鮮へ追放さ」(一記者 1927：95f)。

他方、中野の親友である緒方竹虎はこうした潮流にきわめてうまく乗っていった。『信濃毎日新聞』を経営する小坂順造は、朝日新聞社の本多精一に論説記事の執筆者を紹介してくれるよう依頼した時、本多は中野と緒方を紹介した。緒方は一九一五年から一九一九年の間、『信濃毎日新聞』に一〇〇回を超える寄稿を行ったが、小坂によると「中野の文は才気煥発の筆になるもので、読者のいち早く悟るところとなったのに対し、緒方のものは当時すでに老大家のそれのごとく、福澤諭吉の文章のごとく読み易い文章であったが、ついにいかなる人の筆になるものか判らぬまま終始した」という（緒方竹虎伝記刊行会 1963：32）。

また、緒方の名前を知らしめることになったのは、「大正」元号のスクープである。緒方は学生時代に知己を得て接触していた三浦梧楼の自宅へ行き、枢密院顧問会議からの帰宅を待っていた。三浦はあっさりと緒方に「元号は大正と決定した」と漏らし、緒方は早速社に戻って号外を出した。三浦と緒方との関係はこれで終わらず、三浦の親族のコトを緒方に娶《めと》ってもらうように話を進めた。三浦は新聞記者として緒方と接するうちに緒方の才覚に惚れ込んだのだろう（三好 2006：20f）。

没個性的な文体を駆使して数多くの記事を執筆することのできる能力や政治家などの情報源と接触して情報をいち早く引き出すことのできる能力が、新聞記者に必要とされる時代がやってきたのである。これにかなりうまく適応できたのが緒方竹虎で、後に朝日新聞の副社長にまで上り詰めることになる。

2　植民地下の民族

朝鮮渡航

中野は社命により一九二一年に京城に派遣されることになるが、その直前に三宅雪嶺の長女・多美子との結婚式を挙げている。中野は早稲田大学時代にはじめて『日本及日本人』に投稿し、憲政擁護運動に参加していた頃、朝日新聞では書ききれなかった「与ふる書」の後半を掲載すると以後ほぼ毎号に執筆していた。雪嶺ともその頃から付き合いであろう。結婚に際して橋渡し役となったのは、政教社の一員であり、犬養毅を補佐していた古島一雄である。古島が中野の希望を雪嶺に伝えると、雪嶺は中野の早熟さに不安を示し、雪嶺の妻・花圃は早稲田大学出身であることを懸念していた。

この頃、文名が高い三宅家には都会風の男性が出入りすることも多かったが、花圃好みではなかった。後年のインタビューであるが、『婦人倶楽部』一九三一年一〇月号において花圃は、「近頃の男子方は総じて身嗜みがよく、大変綺麗ですが、それだけ男らしさに乏しく、幾分女性的になつて来たやうです。(略)頭に香り高い香油を塗つたり、ハンカチにプン〳〵香水の匂ひをさせてゐるなどは、あまり感じの好いものではありません」と述べている。それに対して、豪胆で親分肌の性格を持つ中野は、雪嶺と花圃の好みにぴったりであり、すぐに二人の気に入るところとなった。以後、中野は三宅家から公私にわたる援助を大いに受けることになる。

結婚式は頭山満が媒酌人となり七月二九日に行われ、翌三〇日に築地の精養軒で披露宴がなされた。正剛が二七歳、多美子が一八歳であった。京城へ二人で発つのはその約二週間後である。この京城へ向かうまでの感慨を「今昔の感」と題して一九一三年九月二日から三回にわたって『東京朝日新聞』に掲載している。

「大陸的の風光は余が最も愛する所、明治四十年の夏満洲に遊びしより以来、屢《しばしば》夢寐《むび》の間に曾遊《そうゆう》の跡を辿らざる能はざりき。其上東都の凡調には饜《あ》き果し際なり、屁古垂《へこた》れし政党を腑甲斐なしと思ひ、女々しき近頃文士等のさゝめきを片腹痛しと感ずる毎に、馬を太子河の原頭に駆り、月を北陵の樹間に賞したりし当年書生旅行の壮快を回顧せずんばあらず」（「今昔の感（一）」『東京朝日新聞』一九一三年九月二日付）。

中野が京城へ左遷されなければならなかった環境への批判といえよう。「屁古垂れし政党」は憲政擁護運動を挫折に導いた政友会を指し、また、「女々しき近頃文士等のささめき」は文芸欄に執筆していた夏目漱石とその門下生たちを批判した言葉であるのは明らかである。中野がいかに不満をいだいていたかがわかる。そうした不満を抱きつつも、なんとか自らの左遷を肯定的に捉えようとしている。

「されば余が今回の京城赴任は、固《も》と社命に出でし所なりとは云へ、半ば宿望を達したるものと思ひ倣《な》して、自ら慰め得べきに庶幾《しょき》し、朝鮮は大陸の玄関なり、奥座敷に入らざれば、真の大陸の趣《おもむき》を解すべからず」（「今昔の感（一）」『東京朝日新聞』一九一三年九月二日付）。

二週間前に結婚式を挙げた二人による赴任を周囲は新婚旅行と言っていたが、中野自身は「書生旅行」「兵隊旅行」という心構えだったようである。ただ、丁鑑修とともに早稲田大学時代に満洲を旅行したときは三等室で「臭い飯」を食べていたのが、六年後には一等室で妻と過ごし、食事も洋食になった境遇の変化に中野は若干戸惑いを覚えていた。「知らず識らずの間、四辺の境遇は、余を誘ひて荒野的書生風より団子山的紳士風に向はしめつゝはあらざるか。（略）半《なか》ば紳士旅行をなして京城に入り、鮮人の顔を一瞥《いちべつ》して人間決して安逸の紳士たる勿れの感に堪へず」（「今昔の感（二）」『東京朝日新聞』

一九一三年九月五日付）。

八月二二日に京城の不知火旅館に到着する。二三日に前任者の荒木貞雄に紹介されて、朝鮮総督府総務局長・児玉秀雄や憲兵司令官・明石元二郎《もとじろう》らと挨拶を済ませた。明石とは同郷であったため話が盛り上がったという。また、朝鮮赴任中に中野は、『京城日報』の顧問として朝鮮に赴いていた徳富蘇峰とも出会っている。「対岸の火災」において中野は蘇峰を痛烈に批判していたが、後に両者の政治的見解は接近し、蘇峰は中野の後半生の後援者の一人となる。後年の話になるが、一九二〇年四月、関西旅行への列車に乗っていた蘇峰は、第一四回総選挙のために福岡に向かう中野正剛と出会った。蘇峰の旅行記『烟霞勝遊記』では、「車中逐鹿の君子、少からざるが如し。特に其の一人は、中野正剛君」と中野の名前を特別に記し、加えて「予は中野君と、其の意見に於て、十中の七八を同うす。君の文章や、氣魄あり、光焰あり、而して其の自から、国士を以て任ずる抱負、寔《まこと》に愛す可し。若し今回福岡市が、君を選出せずんば、是れ君の恥辱にあらずして、福岡市の恥辱ならむ。君は少くとも、少壮者流の內に於て、福岡県の名物男の一人也」と高い評価を下している（徳富 1924：131f）。

さて、『東京朝日新聞』は、一九一一年に寺内正毅朝鮮総督を厳しく批判し発売禁止処分をうけ、その余波が長引いたことがあった。そのため、『朝野の政治家』で寺内をすでに批判していた中野に対して、朝日新聞社はむやみな批判をしないよう注意を与えていた。中野は朝日新聞社の京城特派員としての歓迎会の席上での挨拶で、大要次のように述べた。「余は社是と終始して、決して軽々しく総督政治を是非せず、されど筆を載せて此地に来れる以上、軈《やが》て見聞を確むるに至らば、当地有りの儘の現状は之を内地人に報告し、併せて卑見を述ぶるの義務あるを忘るゝ能はざるなり」（「今昔の感（三）」一九一三年九月六日付）。朝鮮の地で記者活動を開始しようとする段階での「社是と終始して、軽々しく総督政治を是非せず」との言明は、すでに寺内批判を繰り出し、かつ組織を軽んじて自己の政論や活動を重視してきた中野が、組織の方針に従おうと努力することを示したものである。東京から左遷されてくる中野の評判とその原因も歓迎会出席者にはある程度共有されていたはずであり、それを緩和する意図もあったのかもしれない。とはいえ、後段で言及している確かな見聞を積むことの重要さは、中野自身も痛切に認識していた。京城の新居で落ち着いた頃の九月六日、古島一雄に次のような書簡を送っている。

「当地に来れば何分種々四囲の事情も変り植民政策外交等々に於て無識無経験なる官僚的政府者流の積弊一掃痛切に感ぜられ候。誰を話相手にする者もなく候間、自然直接に事物を観察せざるべからず、さすれば非常に自己の不識なることが痛切に感ぜられ候て遺憾の事のみ多く、追々勉強と観察と一時に進む考に候。当分は大に論ずる事をなさず帰任以前まで蘊蓄《うんちく》する考に致しおり候」（中野 1971 上：131）。

今回の京城赴任は、その後の欧州留学も含めて、中野にとって初めての本格的な対外経験を積む機会になった。さて、中野は京城に到着してまもなくの九月一二日、大邱《テグ》へ出立する。総督府の役人や東洋拓殖株式会社の重役などから話を聞く機会を積極的に持ち、朝鮮で発行されている印刷物にも一通り目を通したものの、中野の中でどうも朝鮮の印象がまとまらなかったらしい。京城到着からまだ二〇日程のことなので、明確な像を描くにはまだまだ時間が必要であると思えるが、せっかちな中野はすぐにでも印象を固めたかったようだ。そこで仲介者なしに京城から離れた地を見聞することを思い立った。朝鮮北部は予定していた満洲旅行の途上で訪問できたため、慶尚、忠清、全羅の三南の中心地である大邱と決めた。

朝鮮・満洲での経験

朝日新聞記者特派員という身分は、公式的な視察をしようと思えば接待を伴った十分なものも用意してもらえたようだが、中野はそれを選ばなかった。「我輩は罫紙に書いた地方役場の報告書を読みに来たのでない」とし、「田舎者の田舎見物」としてまとめたのが「一瞥せる朝鮮の地方」である（④：357）。これはこれまで中野が得意としてきた華麗な文語体ではなく口語体で書かれており、開放感のある文章である。この結果は中野自身としては「案外にも得る所があつた」と納得できるものであった。

中野にそうした手応えを与えたものが、日露戦争に従軍した元軍人で大邱で果樹園を営んでいる福地義作との出会いであろう。福地は果樹園経営で朝鮮人を使役していた。その労働問題に談話が移ると福地はこうこたえた。

「私はもう一切朝鮮人ばかりを使用して、日本人を使ひません。日本人が又態ゝ《わざわざ》こんな処まで出掛けて来て、牛馬のやうな労働するなんて馬鹿なことです。使ふ方も損だし、使はれる方も本気になれません。そこは朝鮮人は経済的です、私の所では労働者に階級をつけて、日給二十五銭から四十五銭まで支払ひますが通常彼等の賃銭は一日三十銭です。そこで私の果樹園などでは、一年に二百日しか手を入れる時日がありません。仮に一日三十五銭と見ても、一年に七十円です。人間一人を年に七十円で使役するなんて、甚だ残酷なやうですが、生活程度が違ひますから、ちつとも残酷ではありません、否彼等に労働を与へてやるのは、非常の慈善です」(④：364)。

中野のこの時の月給が八〇円であったことを考えると、福地のもとで働く朝鮮人はその一〇分の一以下であったが、そうした賃金格差は生活水準の違いから説明されている。福地もはじめは「義侠心」からくる「懐柔手段」を取っていたが、それはうまくいかなかったという。「段々経験が積んで来ると、懐柔手段も朝鮮人に適合した方法によらぬと、此方の損になるのみならず、遂には彼等の為にも恩が仇《あだ》となる始末になるのです。今では絶対に拳固《げんこ》主義です。其代り其拳固主義を行ふのには、決して自己が不正な事をしてはなりません。先方ばかり擲《なぐ》りつけて、自分では悪い事をやり、さうして朝鮮人は御《ぎょ》すべからざる人民だなどいふ日本人も随分有るが、それは余り虫が好過ぎます」(④：366)。

こうした態度をとることで、使役する朝鮮人たちも福地家の「吉凶禍福」に一喜一憂して、親切になり、福地も朝鮮人たちの世話をし、村への寄付も行うと、「親爺の様に尊敬し又親しんで来ました」という。中野は福地の話を聞くに及んで、「朝鮮の村民が日本人を親爺にする様になれば、実に日鮮民の協同融和も、漸々に出来る次第である」(④：368)とその談話を結んでいる。福地の果樹園経営が植民地権力を背景としたパターナリスティックな態度や日本人の指導の正当性を相対化しようとしない点、福地のみに話を聞いて労働している朝鮮人から話を聞いた様子がない点は、新聞記者としても一歩踏み込みが足りなかったであろうが、まずは中野の認識を確認すべきである。日本のアジアへの指導性を前提とする認識枠組みは後年の中野においても変わることはなく、中野の限界であろう。ただ、日本人による、より赤裸々な暴力を批判する意図はもっており、後の『満鮮の鏡に映して』ではそれは一層先鋭化する。いずれにせよ、中野にとってこうした植民地経営を正当化するものは、植民地化以前の「悪政」である。別の箇所で、中野は地方行政官である観察使のための役所を「民膏搾取場《みんこう》」と呼び、統治階級の両班《ヤンバン》が平民に重税を課し、盗賊と結託していたとする。前史をこのように把握して比較するならば、朝鮮総督府の政策は「仁政」であった。とはいえ、この段階ではまだ断片的であった。

中野による朝鮮総督府の統治についての本格的な考察は、一五回にわたって連載される「総督政治論」においてなされていく。この連載は「誤解せられし総督」から始められるが、ここで主な対象となるのが初代朝鮮総督に就任した寺内正毅である。まず中野は、「非立憲」なる語が寺内総督のあだ名として世上に流通しており、「傲慢無礼なる専制政治家」の像を形作っているという。中野も同様に寺内を「傲岸《ごうがん》なる専制家」であり、「官僚的偏見」に陥りがちな人物であると予想していた。だが、実際に朝鮮にて寺内に出会い、また、朝鮮の企業家などから話を聞くことで、寺内はむしろ「熱心」で金銭に「潔白」であり、中野のイメージは裏切られたという。とはいえ、中野は寺内の統治に「満腹の大不平」を抱いてもいた。それは「監督主義」と「干渉主義」と「官憲万能主義」に裏付けられた「善意の悪政」にある。中野はこう表現する。「総督政治を悪政と評せば、頗る苛酷《かこく》にして、諒察《りょうさつ》を欠くの憾《うらみ》あり、何となれば総督寺内伯は、殆ど渾身の善意を朝鮮の統治に傾注しつゝあればなり。然れども動機は善なりとするも、其結果の不可なるあれば、之を善政と謂ふ可らず。故に余は寺内伯の総督政治を目して、敢て善意の悪政と評せんと欲す」(④：5)。中野は寺内が「善意の悪政」に陥ってしまうのは、「自治的善政」ではなく「専制的良治」を志しているためだとする。中野は危険な道の例をあげ、夜間はそこに「街燈」を掲げれば十分であるにも拘らず、寺内の統治は警官を立たせて通行者に指示するものであるという。こうした監視には人手が必要であり、監視されている側は自由にはできず、あまりに非効率であった。万能な官憲が、監視をして、折をみて干渉して失敗してきた事例として、「貯穀奨励」「棉花栽培」「煙草過剰と保護政策」「土地政策」などを中野は次々と挙げていく。

では、そうした監督主義を改めるために必要な「社会の街燈」とはなにか。それは「言論」である。この時期、朝鮮における新聞の発行はかなり制限されており、中野は「言論報道の自由」を要求していく。「言論報道の自由」こそが「総ての自由政策を執行する予備」として「最も急務」だという。「総督政治論」における中野の論旨は次のように自由や開放を求めていくものである。

「余は総督が若し政治思想の根本単位を改め、其頭の方向を向け直すに於ては、今日の如き窮屈の思をなさずして、優に善良の効果を収め得べきを信ず。其政治思想の方向転換とは何ぞや、曰く他なし官治主義より自治主義に改むることなり、監督主義より指導主義に改むることなり、干渉主義より自由主義に改むることなり」(④：59)。

とはいえ、全体の論調として中野は社是を守って総督政治批判を抑制していた。また、中野は「良治」を目指す寺内総督が「世論」に迎合しようとしすぎていることを指摘する。

「余は世論を無視すと称せらるゝ総督が、却て余りに世論の細末にまで頭を悩まして、之を統一若くは圧迫せざれば安んぜざらんとする、神経過敏の態度に与《くみ》せざるなり」（④：63）。

中野は「輿論」と「世論」を使い分けているが、ここでいう「世論の細末」とは言論として収斂《しゅうれん》していない大衆的感情と理解してよいだろう。そうした大衆的感情に微細に反応してしまったのが、中野がみる寺内総督政治であった。なお、当初は穏便ともいえる寺内総督評であったが、中野が京城を離れるにあたり『日本及日本人』（一九一五年一月一五日号）に執筆された「総督政治の決潰期」では、「余は近く朝鮮を去らんとす、去らんとするの今日に及びては、余は総督其人を共に朝鮮より去らしめんと欲す。余は今後総督に期待すべき、何者をも有せず、不適任の人、一日久しく不適任の位に居るは、在鮮同胞の迷惑なり、新附の民の迷惑なり、我帝国の損失なり」とこき下ろすまでに至っている（④：23）。

話は少し遡るが、中野は京城到着から一ヶ月ほどたった九月二九日、満鮮商業連合会に出席する朝鮮実業家団の随員として満洲視察へ赴いた。この視察は一九一三年に中国とロシアとの間で締結された条約により、国境の関税が削減されることとなり、日本内地の企業も朝鮮を経由して満洲での商機を得るため企画されたものである。この視察旅行では安東、奉天、長春、吉林、ハルピンを訪問し、中野は視察旅行が終わった後に一行と別れてさらに奉天、大連、旅順を訪れ一〇月一五日に京城へ戻った。中野はこの視察を「満洲遊歴雑録」として一九一三年一一月九日から一二月二五日まで『東京朝日新聞』に三三回にわたり連載している。主な内容として、関東都督府・満鉄・関東軍の三頭政治批判などもあるが、吉会線や吉長線についても執筆している。後に政治家となり南満洲鉄道並行問題が浮上した際に、中野はこの問題に積極的に発言し、論稿も執筆しており、この視察の経験が活かされたといってよい。

また、この視察旅行では満洲を見つつも、ロシアを見る経験を得た。立ち寄ったハルピンにおいて、中野はロシア人が中国人を横暴ながらも巧妙に統御しているのを見た時の驚きを記している。「露西亜人の支那人を鷲掴《わしづか》みにせるを見れば、甚だ惨酷《ざんこく》なるが如きも、其市場に於て支那人と相交はるや、小利を擲《なげう》ちて大局を思ひ、支那人が大概の狡猾《こうかつ》手段を講ずるも容易に怒らざるなり」（④：288）。

かたや日本である。「之に反して日本政府は、如何なる侮辱《こうむ》を被ることあるも、敢て支那政府及び人民を威嚇《いかく》する能はざるも、其代りに局部々々に於て、所謂硬手段を取る者多し。殊に南京事変以来我軟弱なる外交の、中外の冷笑する所となるや、無智なる同胞等は、随分硬手段と称して徹底せざる小威嚇を支那個人に向つて加ふる者続出し、宛《あたか》も下手なる馭者《ぎょしゃ》が馬を叱り続くるが如き観を呈せり」（④：289）。大局を見ようとせず小利を追求する日本の政策や日本人の態度を批判している。

ハルピンに立ち寄った一行は、当地の総領事であった本多熊太郎に招待された。中野は本多について「談論風発する総領事は、酒席の間に於ても其満々たる覇気を窺ふべく、其役人離れせし態度には一同深く満足せり」と記しており、官僚嫌いであった中野に強い印象を残した。本多は後、中華民国大使を務め、汪兆銘政権と日華基本条約を締結し、東條内閣の外交顧問も務める。戦後にはA級戦犯として訴追される人物である。中野が英国留学していた時、本多も英国大使館に勤務しており、英国留学中も意見交換をしあっていた。本多は中野に期待して、選挙運動などにも積極的に協力し、また中野も本多からの影響を強く受けていくことになる。

中野は朝鮮と満洲を見るに及んで、大日本帝国の周縁のみではなく、その外の「世界」に触れることとなった。帝国日本をアジアとの関係のみで論じることはできない。そうした強い意識が、中野に「世界」を見ることへの動機を強くさせた。中野の朝鮮赴任は一年間の予定であったが、朝日新聞社に戻ることよりも「世界」をみるべく外遊することが中野にとって重要なことのように思えてきたのだろう。一年間の赴任終了を間近にして、中野は欧州外遊のための準備を始めた。

外遊のために必要なのは資金である。中野は郷土の資産家である男爵・安川敬一郎に援助を求めることにした。修猷館の一学年下で玄南会に所属した第五郎の父である。中野は安川への留学費用の援助を古島一雄を通して依頼している。一九一四年五月三一日付の古島一雄宛の書簡では次のようにある。

「小生は大概にて新聞社の奉公をやめにし（或は片手間にし）て少しく新生面を開きたく、ついては社との内約たる洋行とても社の金によらずして致したき考に候。一年か一年半にて十分と存じ候。ついては金の問題なるが、御迷惑ながら頭山翁に御相談されまじくや。幸い相撲の五月場所にて安川氏東上と存じ候。頭山氏直接に御話あるは御迷惑なるべければ老兄より頭山先生へ御話しあり頭山先生の意をうけて安川氏に御相談かなうまじきや。金額は多々ますます宜しく候えども五千円あれば二年は十分なるべく、それより下れば一年半とか一年とかに短縮するを得べく候。小生は一年か一年半にて十分と存じ候えば金額もその割合に減じてよろしく候」（中野 1971 上：152f）。

古島と中野のみの依頼ではまだ不安だったのか、古島には安川と同郷で玄洋社の頭山満からの後援を得た上で、安川に相談してほしいと依頼している。頭山からの推薦もあるのなら安川としても断り難いと判断したのだろう。

とはいえ、それでもその場での決定とはいかなかったようである。古島からはその旨の連絡があり、それに対する古島一雄への六月二〇日付の返信書簡では、「軽々しく即諾せざるは安川翁の性質の然らしむる所なるべく御手紙の模様にて十分楽観大に安神つかまつり候」（中野 1971 上：154）と「即諾」まではいかなくとも安川の性格から考えるならば、楽観できるものと中野は判断した。この書簡の前日の日付になる弓削田精一宛の書簡では、「帰京後は私費洋行の決心に候、金は郷里にて出来る見込に候」（朝日新聞社社史編修室 1958：71）と早くも弓削田に留学資金の見込みが付いたことを知らせている。

また、六月二〇日付けの古島への書簡における別の箇所では朝日新聞社に対する中野の不満とその立場の悪さが吐露されている。

「小生の一年の任期満了に近きため、東京大阪に於ける俗物輩今更の如く恐慌を起せし様子定めて中傷も致しおるべきか。小生が先日日本人誌に「木堂勿屈」と一文を寄せしに、これは大分問題なるらしく何でも木堂を葬り去らんとする連中は小生を国民党に偏する人物にて社の実力を握らするは危険なりなど申しおる由。小生は天下の政治を論ずるに眼中木堂なし。攻撃もすべく弁解もすべきにさりとは社内に官僚熱高まりたりと呆れおり候（略）小生が入社以来短日月にて社を我物顔で振舞うというは俗人等の不平の由なれど小生よりすれば短日月に非ず。この冬にて満五年に相成候。天下に立ちて争わんとする者が五年もかかりて社内に雌伏《しふく》するが如きは腑甲斐なき次第に候。西村氏も土屋氏も堂々たる大家となりながら今に村山の鼻息を伺わねばならず愚図々々すれば、その轍《てつ》を踏むべきか。断じて別旗幟《きし》をひるがえす決心にその中継の足場として洋行の事叶えば望外の仕合せに候」（中野 1971 上：154f）。

ここからは少なくとも中野に対する二点の不満が朝日新聞社内にあったことがわかる。一つは、中野が国民党への共感を隠さず、前面に押し出していた点である。中野としては犬養毅に対し是々非々の立場を取っていると主張していたが、周囲はそう受け取っていなかった。「木堂勿屈」は『日本及日本人』一九一四年五月一日に掲載した「木堂屈する勿れ」である。国民党びいきの中野が朝日新聞社に戻れば、憲政擁護運動時のように朝日新聞社の社論もその方向に引きずられかねないとの判断があったのだろう。商業新聞として報道を重視する朝日新聞社にとって、政論新聞への道は後退であった。

もう一点が、中野の振る舞いである。政治部の中野が睥睨《へいげい》するかのような態度を社内で取っていたのは桐生悠々にも指摘されていたが、そうした態度はやはり煙たがられていた。だが、サラリーマンとしての新聞記者たろうとしない中野にとっては自然なものであった。「天下に立ちて争わんとする者が五年もかかりて社内に雌伏するが如きは腑甲斐なき次第に候」との言葉にはそれがよく表れている。「天下に立ちて争わん」としたのは、文筆家としてか政治家としてかは、明確な判断はできないものの、衆議院議員として活躍していた古島にこうした言葉を送っていることから、政治家への道も想定していたであろう。

また、朝日新聞社内における中野への風当たりの強さも、中野を朝日新聞社に戻る意欲を失わせていた。中野は東京での勤務を望んでいたが、東京朝日新聞社において中野を大阪朝日新聞社に遠ざけようとする動きが顕在化しており、中野の後見者でもあった弓削田にもその動きは止められなかった。先に挙げた弓削田宛の六月一九日の書簡でもそうしたことが書かれている。「小生の京城任期は御承知の通最初より一年間と定まりし事なれば今日本社の新旧両幹部に向ひ帰京願差出候、帰京後は私費洋行の決心に候、金は郷里にて出来る見込に候、岡野君より来書、貴意なりとて小生を大阪詰にせんとの事又小生が東京に帰ることは松山を驚かし且貴殿を懊悩《おうのう》せしむる所以とあり、松山を驚かすは已《や》むを得ずとするも貴殿を懊悩せしむるに於ては言語同断《ママ》なり若し小生の単に帰京することが同志の進退を危ふするが如くんば帰社して洋行と曰はずして寧ろ退社して洋行可致候」（朝日新聞社社史編修室 1958：71）。大阪勤めは東京で多くの家族を養っていかねばならない中野にとって受け入れがたいものだった。この段階ですでに朝日新聞社への未練はなくなっていたといってよい。

朝日新聞社に対し私費留学の希望を出し、退社してでも洋行することを考えていた中野は思いがけない連絡を受け取った。朝日新聞社として社費にて留学生に命ずるとの通知が届いたのである。これについて弓削田宛の六月三〇日の書簡では、「西村氏まで私費洋行の事申出で同時に三元老に対し辞意申出置候処、案外にも社の会議にて留学生を命ずとの通知参り候。小生私費洋行につきては資金調達の見込ありしも、此際強て社の好意を拒絶し快を一時に取るは情誼《じょうぎ》に反すてふ西村氏の注意も有之候間、難有御受する事に内定致候」（朝日新聞社社史編修室 1958：72f）と報告しており、朝日新聞社からも認められた洋行となり、十分な額の渡航費用を準備できることとなった。なお、安川は留学中の中野に対しほぼ毎月二〇〇円から一〇〇〇円の送金を行い、総額は六二〇〇円に及んだ。月平均約三六〇円であり、それに朝日新聞社の月八〇円の給付が付く（有馬 2009：95）。中野にとって資金は重要であった。福岡から呼び寄せた父母と妻、そして朝鮮赴任中に誕生した長男克明を養っていく必要があったためである。

留学資金を確保した中野は朝日新聞社による辞令を待っていたが、社費留学を認めた六月の会議の一ヶ月後に勃発した第一次世界大戦により、辞令の交付は遅れ、一九一五年二月一一日に正式に出された。辞令を待ちきれず一九一四年一二月にすでに東京へ戻っていた中野は、三月一二日に大阪へ向けて東京駅を出立した。

中野は朝鮮在住時代に『東京朝日新聞』に連載した「一瞥せる朝鮮の地方」「総督政治論」「満洲遊歴雑録」や『日本及日本人』に寄稿した「大国大国民大人物」などを含めて『我が観たる満鮮』として政教社より一九一五年に出版したが、それはこの東京滞在期間にまとめられた。そこに新たに付された「自序」は、欧州へ向かう諏訪丸の船上で執筆されたものである。ここにはこれまでの中野の政論と行動を振り返りつつその意味付けを行い、かつその次の段階として今まさに欧州へ向かっていることへの高揚感が記されている。

「足跡曾《かつ》て本国の外に出でざる者は、正当に帝国の東亜に於ける地位を解し難し。新領土に定住して内地の実情に疎《うと》き者は、往々にして本国の実力を顧みずして、対外的妄想に馳せんとす。余は内地に在りては、常に紛々たる政界の現状に憤りしが、更に一年有半満鮮の野に放浪するに及びて、著しく我対外発展の遅遅たるを憂ふるに至れり。内政革新せられざれば、海外の地歩、何によりてか之を伸ばさん。海外の地歩伸びざらんか、帝国は東海の一孤島に屛息《へいそく》するの外なきなり。（略）

机上数冊の洋書を繙くも、其の世界の実情に通ずるの難きは、宛かも漢籍を読破するも、支那を解する能はざるに等しからん。然らば内地に馳騁《ちてい》し、満鮮に放浪し、支那を跋渉《ばっしょう》せし我れ、世界的見地に居りて帝国の新領土経営を是非するに当り、或は時に後日の悔を招くなきを保せず。今や胸に満つるの疑義を携へて、遠く英国より欧米の大陸に遊び、世界の文明を鏡として、平常の素見《すけん》を質《ただ》さんとす」(④：3f)。

内地をでて植民地や東アジアの隣国を実見しなければ、日本の地位を十分に把握することはできない。植民地に居住して内地の事情に疎ければ、本国の実力に合わない対外的妄想をたくましくして、横暴に振る舞いがちである。自分はそうならないように、内地にあっては政界の現状を批判してきた。また、満洲朝鮮を旅行して対外発展の遅々として進まないことを実感した。内政を革新できなければ海外発展の基盤を作ることはできないし、海外発展できなければ日本は「東海の一孤島」にすぎなくなってしまう。これは明治維新が求めたものと背馳《はいち》する。明治維新の目的は国民の力をまとめて、列強に伍するため、内政においては専制を打破して憲政を創設し、欧米から文明を吸収すること、外政においては開国し、国権を発揚し、列強間における発言権を確保することを目指したものだと位置づける。「内に立憲主義、外に帝国主義」を唱えた浮田和民の影響を受けた中野らしい言葉である。中野は国内において憲政擁護運動に従事し、朝鮮と満洲と中国大陸をこれまで見てきた。次は「世界」である。『我が観たる満鮮』の次に出版されるのが、欧州留学中の論稿をまとめた『世界政策と極東政策』（一九一七）である。

3　世界を見て

渡英の途上で

さて、中野が注力した憲政擁護運動の結果生まれた山本権兵衛内閣はシーメンス事件により倒れ、その後継として大隈重信が二度目の組閣を担うことになった。憲政擁護運動で倒れた長州閥の桂太郎に引き続き薩摩閥の山本権兵衛が国民の指弾を受けながら倒れたこともあり、「人生百二十五歳説」を唱えて国民人気が高かった大隈に白羽の矢が立ったのである。第二次大隈内閣は一九一四年四月に組閣され、外務大臣に加藤高明、大蔵大臣に若槻礼次郎、農商務大臣に長州閥の大浦兼武、司法大臣に憲政擁護運動で名を上げた尾崎行雄を据えた。中野は、「大隈伯に望む」『日本及日本人』（一九一四年六月号）において、自らが期待をかけていた犬養毅を入閣させられず、一方で桂太郎が残した立憲同志会と長州閥の後援を受けた大隈内閣を一定程度批判しつつも、組閣においては必要なこととして期待をかけた。

だが、第一次世界大戦が勃発し、イギリスが八月四日に、大隈内閣も日英同盟を口実にして八月二三日にドイツに宣戦布告すると、大隈内閣と加藤外交への批判を急速に強めていく。一〇月末から一一月にかけて山東省におけるドイツの租借地の青島と膠州湾《こうしゅう》を攻略した。中野はこうした日英同盟の義務と戦後の権利を主張するために出兵したことを、「此の無方針を奈何《いかん》」『日本及日本人』（一九一四年一〇月一五日号）において「英国本位」の判断だとして批判する。そもそも日英同盟の目的には「東亜の保全」

があり、そのために日英両国の提携を必要としたはずだと説く。しかしながら、今回の侵攻がドイツにより占拠された「膠州湾を支那に還附」することを明言していても、中国からは「猜疑《さいぎ》の眼」をもってみられていたという。

実際、日本外交への中国や英米からの不信は、その後一九一五年一月に中華民国に対し提示された二十一ヵ条要求によりいっそう高まった。これを詳しく検討した奈良岡聰智『対華二十一ヵ条要求とは何だったのか』（二〇一五年）によれば、対華二十一ヵ条とは、五つに分類される二十一条の要求であり、第一号が山東省に関する四ヵ条、第二号が南満洲および東部内蒙古に関する七ヵ条、第三号が漢冶萍公《かんやひょうこん》司《す》に関する二ヵ条、第四号が沿岸不割譲に関する一ヵ条である。問題となったのは七ヵ条にわたる五号であり、政治、財政、軍事顧問に日本人を雇うことや警察権を日中合同とすることなどを含むものである。この第五号は中国を保護国としかねないほど強硬な要求であり、かつ列強の利権をも侵害する可能性があるため、本来なら列強間における協議も必要なものであった。しかし、加藤外相はこの第五号については中国に秘密にするよう要求し、英米露仏の列強に対しても秘匿《ひとく》していた。第一号から第四号まででであれば、当時の感覚であれば受け入れられないものではなく、大きな問題とはなっていなかった。だが、五号の存在が列強諸国に漏れ伝わると日本への不信感は増し、二月二〇日に日本はイギリスに五号の内容をやむなく通知すると日本批判は急速に高まった。中国との交渉も難航し、イギリスも五号の削除を強く求めたことや元老による反対もあり、最後通牒という拙劣な手段を用いながらも、五号を削除した内容でようやく交渉は妥結に至った。中国はこの要求を受諾した「五月九日」を以後、国恥記念日として記憶していくことになる。中野がイギリスに到着したのは、まさにこの対華二十一ヵ条の交渉が終わろうとしていた時であった。

五号を削除した内容で交渉がまとまったことに対し、イギリスの新聞紙『タイムズ』や『マンチェスター・ガーディアン』は五号を取り下げた日本政府の決断を一定程度評価していた。とはいえ、『マンチェスター・ガーディアン』はなおも日本への警戒心を緩めてはいなかった。英国到着後に情報を改めて収集した中野は、「遥かに日本男児に檄《そこつ》す」（『日本及日本人』一九一五年九月一日号）において大隈内閣と加藤外交を痛烈に批判する。「疎忽にも軽卒にも最も厳粛なるべき戦争を、茶番狂言の如き態度にて開始したり。疎忽に飛び出して後、頼まるべき義理合にある英国よりは故障を容れられたり。支那が大に帝国を侮蔑するの端は実に此時に発したりしなり」(27)。さらに、こうした「不始末」を国民の眼から覆い隠すため、「早稲田風の新聞記者を教唆して、素敵滅法に独逸《ドイツ》の悪口を並べしめたり」と早稲田人脈の新聞記者を利用したことや安易に政治利用される新聞記者を「愚劣なる大隈流の新聞記者」と痛《つう》罵《ば》した(27)。中野自身も早稲田大学出身者であったが、大隈重信に対する特別な敬意は見られず、学閥的な早稲田人脈とも距離をとっていた。

なお、日本国内においては対華二十一ヵ条要求について、対中強硬論が力を増しており、中野もまだ籍を置いていた『東京朝日新聞』は四月二二日付の社説「断乎たる決心」において軍事力の行使をも覚悟すべきことを主張していた。また、中野の郷土の先輩である頭山満や内田良平らの国民外交同盟会により対支問題大懇親会が四月二七日に開催され、日本政府の妥協による解決を厳しく批判しており、日本国内においては第五号を受諾させられない政府を批判する声が強かった。

さて、この交渉は中野の渡欧の旅程中に進んだものであるため、ひとまず、中野の旅に戻りたい。一九一五年三月一二日の東京駅出立に際しては、三浦梧楼と岳父・三宅雪嶺が見送りに来た。大阪まで行き、朝日新聞社の面々に挨拶がてらに開いてもらった宴席に参加し、神戸でいよいよ諏訪丸に乗船する際には、朝日新聞社の鳥居素川、長谷川如是閑《にょぜかん》らが見送りに来た。経路は神戸、長崎、上海、香港、シンガポール、ペナン、コロンボ、アデン、スエズ、エジプト、ナポリ、マルセイユ、ジブラルタル、ロンドンの大英帝国の植民地を通って中心部に至るいわゆる帝国航路である。そのため、途上の経路にて、中野は大英帝国統治下の植民地とその民族を観察することになる。このロンドンに至るまでの旅行記は「亡国の山河」として『日本及日本人』に連載された。これは『世界政策と極東政策』にも再録されるが、その冒頭には次のような言葉が置かれている。

「吾人は白人に対して怨《うらみ》なく、白人の教を受くるに吝《やぶさか》ならず。されど彼れヒューマニティーを叫べば、我にも人道主義の声あり、彼我《ひが》の揚言する所を実行せんとならば、世界に人種的不公平あるを許すべからず。斯くて余が渡欧の旅行記は、期せずして人種的偏見を呪ふ無韻《むいん》の叙情詩となれり」（⑤：326）。

中野が帝国航路の至るところで見たのは被統治民族の惨《みじ》めさと差別である。たとえば香港でのことである。「繁み渡れる楊樹《ポプラ》の若葉隠れに、三々五々学校より帰る少年少女の群あり。其の人々の面上には幸福谿《ハッピーバレー》の名に背かず、幸福の色歴々として現はれたり。彼等は実に英国人の生活を東洋にて味はひ、英国人の幸福を東洋にて享受するなり。而して楽天地の本来の持主たる支那人は之に与《あずか》らず、公園の出入さへ禁止せられたり」(⑤:344f)。香港に駐在するイギリス人の子弟は英国風の生活を享受し、幸福そうにしていたが、もともと居住していた中国人は差別的待遇を受けていた。シンガポールの港では、欧米人やインド人、中国人やマレー人などが集まり、さながら「人類の展覧会」のようであったという。ただ、やはり労働に従事するのは有色人種であった。「嘗て孔子を出せし国の末路や如何、嘗て安らけく緑陰に眠りし馬来《マレー》人の現状や如何、嘗て釈迦を出せし民族の後裔《こうえい》や如何。途上に車輪の轣轆《れきろく》たるあり、車上に揚々たるは皆白膚碧眼《へきがん》の人なり、車前に鞭《むち》を執り輪下に塵に塗《まみ》るゝは、皆吾人と眉目相似たる有色の民なり」(⑤:396)。労働する有色人種とそれを監督する白人の間には越えがたい線があった。有色人種には自由がなかった。「吾人は吾人と同じき礼教の民が、一として自由の天地に濶歩するなきを見るの時、竊《ひそ》かに同情の涙の湧出するを禁ずる能はず」(⑤:396)と中野は書く。

他方、有色人種を使役する白人はいかなる人々であったか。五〇日に及ぶ船旅の中で、尊敬すべき英国人とも出会えた。だが、中野が帝国航路で観察し、東洋南洋にて活躍するイギリス人は押し並べて「劣等」であったという。「英人は個人として高尚なりとは、予《かね》て聞き及びし所なれど、植民地の土人を虐待するに慣れし輩には、殆んど本国の高尚めきたる美点の跡をも留めざるは甚だ遺憾なり」(⑤:425)。激烈な排英論を展開する中野の原体験となる。

さて、中野は出航早々に大陸浪人の原口聞一と諏訪丸で出会った。原口は中野に一つの依頼をした。中国革命派の譚人鳳《たんじんほう》が同船しているが、彼は袁世凱《えんせいがい》により懸賞金をつけられており、岑春煊《しんしゅんけん》が滞在しているると思われるシンガポールへの亡命を希望している、彼の面倒を見てほしいとのものである。中野はそれを引き受けた。なお、譚人鳳の息子は後に二・二六事件の理論的指導者・北一輝の養子となり、大輝と名乗るようになる。

長崎に到着した際、中野は革命党首脳が袁世凱に屈服している風刺画を掲載した新聞紙をみた。辛亥革命成功時には革命派を持ち上げていた新聞も、革命が挫折し、袁世凱による政権が安定し始めると、そちらを称賛する。新聞のこうした大勢順応的態度に中野は我慢がならなかった。革命派の気骨のなさも認めているものの、中野自身は革命派に強く同情した記事も多数書いてきたこともあり、また志士的政論記者としての矜持をもっていたこともあって、落ちぶれた革命派への憐憫《れんびん》は強かった。そこから新聞記者批判へと移る。

「日本国中新聞の大多数は、今や抗然として大勢力ある者に敵対するの気概《ママ》を失へり、所謂時世の木鐸《ぼくたく》を以て任ずる操觚《そうこ》の士、近来は内閣諸公の晩餐会に列して、無意義なる乾杯辞を交換するを無上の光栄とするの風あり、当年の志士的侠骨に至ては毫も見るべきなし。併も弱者に対して其攻撃の辛辣なること、実に驚くに堪へたり」(⑤：331)。

「凡そ真相を伝ふると否とを問はず、何事につけても抑《ママ》々しく紙面を飾り得し者は、現代的ジャーナリズムに成功せしものなりと謂ふ。あきれ果てたる連中と謂ふべし。凡そ時代の進むにつれ、新聞記者の業も漸々事務的となるは自然の勢なり。されば今日の新聞記者たる者、我は国士なり我は志士なりと納まり居ては勤まらざるべきも、現代の新聞記者とて、早取り写真屋の小僧に非ず、蓄音機商会の手代にも非ざる以上、少しは常識も交へ、人間並の同情も持ちたきものなり。殊に聊か任ずる所ある政治記者に至りては、内に於ては人民の友たり、外に於ては国際的任侠たる位の自負はなかる可らず」（⑤：332）。

退社の意志を固めていたゆえであるだろうが、企業化した新聞社や新聞記者への批判は辛辣である。

他方、渡航中に進められていた二十一ヵ条要求に関する交渉の成りゆきは、中野が出会うイギリス人や中国人も強い関心をもっており、中野は彼らと同席すると必ずといってよいほどこの交渉に関する質問を受けた。日本の強硬な要求により寄港した上海や香港でも対日感情は悪化しており、日貨排斥運動も行われ、交渉を拒絶する決起集会も開催されていた。渡航中は新聞がなかなか入手できなかったため、この交渉の経過と結果について中野は十分把握できてはいなかったものの、ロンドン到着後にはすでに決着はついており、反応も沈静化しているだろうと予想していた。

五月五日に中野はロンドンに到着したが、これはドイツのUボートが豪華客船ルシタニア号を撃沈させる二日前であった。それゆえ、中野が新聞で情報収集を始める頃には、反ドイツ感情が渦巻いているものと予測していたが、イギリスの敵対心は敵国であるドイツではなく、同盟国である日本に向かっているように見えた。イギリスの諸新聞は日本外交を「詐偽的外交」「奇怪なる錯誤」と批判していた。これは先述した中国と列強に対する五号秘匿を指す。

中野も中国側に要求した文書と列強側に示した文書を詳細に比較した表を作成して、加藤高明が行った交渉が赤裸々な二枚舌外交であったことを批判する。ただし、一方的に日本外交の稚拙《ちせつ》さを批判するのではない。中野は日中交渉に際して、中国在住のイギリス人政治顧問や実業家、新聞記者などが政府の指示を待たずにイギリスの国益のために組織的行動を図っていたことに着目し、イギリスが「日没せざるの大領土」を獲得し得たのは、彼らのような自発的な「国民の元気」にあるとみた（⑤：205）。日本が中国利権を拡大させることは、外交的には同盟関係にあったとしても、経済的には競合関係にある在中イギリス人にとっては既得権の侵害となった。特に、『タイムズ』の北京特派員を務め、その後袁世凱の政治顧問となったジョージ・モリソンの活躍を中野は特記しており、モリソンが中国外交の支援をしつつ、イギリス本国に向けて外交交渉に関する情報を通達してイギリスの中国支持の気運を作り上げていたとする。中野はこうしたイギリスの官民が連合した中国への協力と日本への反発をみて、中国の排日運動の裏に中国在住イギリス人の活躍があることを認識した。以後の中野は、これから中国大陸において何度も繰り返されることになる排日運動を、こうしたイギリス人の扇動によるものだとする認識枠組みで把握していく。この認識枠組みはアジア主義者として日中交流を目指した中野にとって受け入れやすいものであった。だが、これにより中国ナショナリズムの勃興を的確に把握することも難しくさせ、後年の中野の判断を曇らせることにもなった。

英国の総力戦

中野正剛の思想上のブレーンとなり、戦後に中野を追悼するための正剛会会長となる杉森孝次郎とはイギリス留学中に出会っている。早稲田大学に関係した在英日本人が集う日本人クラブに参加した時であった。杉森は遅れてこの会に参加したが、すでに激論がかわされていた。早稲田大学関係者が集まった会であったこともあり、大隈内閣の参戦を支持する者が多数であったが、中野はその中でただ一人、自重案を説いていた。その孤軍奮闘の姿が目立っていただけでなく、参戦自重案は当時の杉森の考えと合致していたため、杉森の印象に残った。杉森も中野に同意する意見を開陳すると、それに意を強くした中野はさっそく杉森の隣にやってきて、名刺を交換しあった。

　杉森は中野との会話において、中野は英語を勉強しているが、英国人との交流を図ろうとしていないことがわかった。文部省の留学生として来ていた杉森はロンドンの学校への紹介状を多数持っており、中野のイギリス人との交流のきっかけになると考え、共にロンドンの学校を見学することを約束した。翌日、中野と杉森はいくつかの学校を見学し、同地の教員との面談も二人で行ったが、杉森は「哲学の書物から引出し来りしような生硬な英語にてゴツゴツ語り、少しも躊躇《ちゅうちょ》」することはなかった。それでも十分に意志疎通は可能であった。これに勇気づけられた中野は、以後、イギリス人へ積極的に語りかけられるようになったという（中野 1971 上：190）。また、学校訪問の途上で人物論や歴史論、政治の話などをしていくと互いに相通ずるものを感じ、これ以来、公私ともに協力し合う親友となった。

　さて、この訪問をもとに書かれたものが「大国の退廃を学ぶ勿れ」であり、これは『日本及日本人』に「上中下」と一九一五年九月から一〇月の三回にわたって連載されている。上に副題はないが、中には「民主を仮装せる階級政治」、下には「剣橋《ケンブリッジ》・牛津《オックスフォード》と富貴安逸の弊」の副題をつけている。中野はここで何を見たのか。端的に言って、それはイギリスの「民主主義、自由主義の仮面を被れる階級政治」である。さらには「階級主義」の下での「腐敗せる人心」である（下：23）。大戦勃発後、他国が徴兵制度により兵員を集めている中で、英国は義勇兵制度に頼っていた。中野もオックスブリッジ出身の義勇兵を集めたことを把握していた。だが、その兵員の内実の大半を構成していたのは下層階級出身者であった。また、イギリスでは「紳士階級（ゼントルメン・クラス）」と「平民階級（コンモン・ピープル）」が画然と別れており、平民階級は自ら向上発展して紳士階級に伍したり、紳士階級を打破しようとすることは考えず、「唯多数を聯《つら》ねて酒手を強請し、賃銭を増加して口腹の慾を満足せしめんことに全力を尽すのみ」であり（上：31）、「英国の平民は紳士階級より動物的の侮蔑を受けながら、毫も発憤激励して、自己の地位を改善せんとするの気概《ママ》なし」だという（下：29）。中野はこうしたイギリスの人心の退嬰《たいえい》を促すのが上層階級への教育であったと見た。

中野は、ロンドン大学のレオナルド・ホブハウスの「国家は決して外部の打撃によりて滅亡するものに非ず（略）寧ろ英国を滅ぼすものありとせば、そは富強を鼻にかけて、怠慢となり、堕落に陥らんとする英国内部の人心ならん」（下：30）との国家衰退観やドイツ研究者のウィリアム・ハルバット・ダウソンの「国家を興隆せしむる原動力は、貧苦の中に生れたる大向上心と大道義心なり、而して此大向上心と大道義心とが、漸く国を富強に導くや、其の富強の民は漸くにして、或は傲《おご》り或は怠り、力を濫用して権変を逞しうするに非ざれば、力に誇りて修養を等閑《とうかん》にするに至る」という国家の興亡を国民の精神に求める歴史観を引用している（下：31）。この歴史観は、修猷館時代に鎌倉幕府の成立を貴族化する平氏から質実剛健を尊ぶ源氏への交代として理解していた中野には受容しやすかったであろう。

他方、総力戦の第一次世界大戦はいまだ継続していた。この間、中野が特に敬意をもって眺めていたのは、イギリスのハーバート・ヘンリー・アスキス首相が効率的な戦争遂行のために、党派を超えた内閣改造を公平さと穏健さをもって実施した点である。日本であればこのような時には軍人らの意向が強くなり、「軍人政治」の実現を見るのが「常例」であったという。だが、イギリスでは戦時中であっても文官であるデビッド・ロイド・ジョージが軍需大臣に任命され、陸軍大臣ホレイショ・ハーバート・キッチナーが事故死した後には陸軍大臣をも兼務した。中野はこのような文官統制や政治指導者の卓越した政治的技能に、「軍国の際に自由主義の平民大臣が陸軍大臣に任ぜられんとするが如きは、実に時の必要を公平に観察したる冷静なる国民の間にあらざれば見得べからざる現状なり」と感嘆の声を惜しまない（中野正剛「英国の内治外交（下）」『東京朝日新聞』一九一五年六月三〇日付）。中野の留学中に政権を維持していたアスキス内閣は、より強力な戦争指導体制の必要性を主張していたロイド・ジョージにより総辞職に追い込まれ、後継内閣のロイド・ジョージ内閣こそがより高度な総力戦体制を整備した。ただ、中野はこうした政権交代劇も含めて英国の総力戦体制構築を高く評価していた。帰国後の論稿になるが、中野は「戦前に於て最も大戦乱に対する準備を怠り、而して戦争勃発以後最も善く挙国一致の実を挙げたるは英国なり」と評価し、その要因を「政府に反対する民論横溢」にあるとした（「政界の現状と建設的輿論の必要」『東方時論』一九一七年六月号：18）。

開戦当初のイギリスのメディアは、弾薬や軍需品を十分に供給する体制を整えられず、無意味な戦死者を増やしていた政府に仮借なき批判を浴びせており、その国論は「実に鼎《かなえ》の湧くが如く沸騰せり」といった状態であった。だが、中野はこうしたメディアの批判を「是れ果して国家の統一を破る不祥の現象なりしか否《いな》決して然らず、是れ実に遅れながらも国家を戦時的に組織せんとする希望の横溢《おういつ》せるものなりき」と肯定的に評価し、さらに「英国の挙国一致は実に政府者の意思を国民の上に強要せし《ママ》たる非ずして、国民の元気は好個の刺戟《しげき》となりて、政府者をして是に出づるの已むなきに至らしめしなり」とメディアによる政府批判こそが国民を戦時体制へと自発的に協力させる「元気」を作り出したとする(18f)。こうした政府批判はアスキス政権を打倒し、より挙国一致の「統一党的色彩」が濃厚なロイド・ジョージ内閣へと交代し、時局に対処しえた。政府批判をも党派を超えて止揚していくことで「挙国の力を大戦争の目的に向ひて集注」することができる(19)。すなわち、中野は、総力戦体制下の挙国一致を図るため、言論の自由が不可欠な要素であることをイギリスの事例をもって認識し、中野なりの総力戦体制観を作り上げたのである。中野は第二次世界大戦中にあっても苛烈《かれつ》な政府批判を行い、東條政権に追い込まれていくが、それは政府批判をも「戦時宰相」は受け入れることで、より高度な総力戦体制が構築できるという、この時に形成された思想が原点にあったといえよう。

ヨーロッパから見たロシア

中野は満洲を視察した際、日本人以上にロシア人が中国人を巧妙に使役していたことを観察しており、ロシア人は民族政策に長《た》けていると認識していた。だが、ヨーロッパに滞在してみるとロシアが複雑な民族問題を抱えていることを知った。ドイツがそれに乗じて国境付近に間諜《かんちょう》を潜り込ませて、「不断の陰謀」を講じているほどであった（⑤：96）。

ロシアが抱える民族問題について敏感になりえたのは、中野の下宿先の屋根裏部屋に住んでいたジョージア出身の青年との出会いがあったためである。青年の名前はD.Ghambashidzeであったが、中野は発音が似た「亀七」と呼んでいた。ジョージアの独立を漠然《ばくぜん》と願っていた亀七は、日露戦争での日本の勝利に励まされ、独立を現実的なものとして考えるようになった。亀七はトルコ、ロシア、フランス、ドイツと歴訪し、ロンドンまでやってきて、中野と出会ったのである。ある日、亀七の狭い部屋を訪れた中野は、うず高く積み上げられたイギリス、フランス、ドイツ、ロシア、トルコ、バルカン諸国の新聞や雑誌をみた。亀七はそれらに終日目を通して、形勢の推移に頭を悩ましていたという。慷慨の志に燃える亀七と意気投合した中野は無二の親友となった（⑦：177f）。後に、亀七はロイド・ジョージやバルフォアと会見し、ジョージア独立の支援を依頼するなど大いに活躍し、ジョージアはロシア革命後に短期間ながら独立を果たした。パリ講和会議に際しては、中野との再会を果たしている。

中野の情報源は英語のみであったが、日本や朝鮮にいる頃よりもはるかにロシアに対する解像度は高まった。こうした情報収集をもとに執筆した論稿「露国の将来と日本の態度」が一九一五年一一月から翌年二月にかけて『日本及日本人』に五回にわたって連載された。これは後に「露国の将来と日本の自彊《じきょう》策」と改題されて『世界政策と極東政策』に収録されている。中野は日英関係一辺倒の対外関係を改めるためにも、ロシアとの関係を深めるべきとの見解を持っていたが、労働者階級の不満が暴発しつつあったロシアの危うさも認めていた。特に、反ロシアの代表格として「各種族中の貧民の思想を表すと称せらるゝ社会民主派のレニン氏」、つまりはウラディミール・レーニンに注目し、彼の『勝利の恐れ』という論稿から次の言葉を引用している。「国際的貧民の立場より現状を観察する時、ツァールの敗北とカイゼルの敗北――独逸、墺太利《オーストリア》、土耳古《トルコ》の敗北と露国、仏国、英国の敗北と、其の何れが望ましきかは、容易に断言し難き重大事なり。然れども吾人露国社会民主党、即ち露国内の労働者階級と虐《しいた》げられたる各種族の意思を代表する者に取りては、カイゼルの敗北よりはツァールの敗北を以て前途に光明を投ずるものと断言するを憚らず。世界中に於て最も圧迫的にして最も野蛮なるはツァールの専制政府なり」（⑤：97）。二年後の十月革命でレーニンは主導的役割を果たしてソヴィエト政権成立を成功させた。さすがに、ここまでは中野も予想していなかったであろうが、専制ロシアが少数民族と労働者階級への圧政を行っていたことは認識しており、そのことも後年中野が議員となった際に、いち早くシベリア出兵への反対とソヴィエト政権の早期承認を求めていくことへとつながった。

「絶東孤立経営論」

中野は四月一五日にイギリスを出立してアメリカ経由で約一年半の留学を終えて帰国するが、その前の一九一六年一月から三月にフランス、スイス、イタリア、スペインなど欧州大陸諸国を歴訪している。その途中のスイスにて、欧州留学の総決算として執筆したのが「絶東孤立経営論」である。

ただ、この論稿は具体的な事象の観察や展望について思索を巡らせるものではなく、日本外交をいかにすべきかといったような抽象的な議論にとどまる。とはいえ、そうであるがゆえに、中野の外交に臨んでの態度を、明確に読み取ることのできるものになっている。

最初の節タイトルが「孤立の覚悟ある国は孤立せず」とあるように、中野は「自国の運命」は「自国の実力」で護るべきであるとする。とはいえ、他国との協定や同盟を拒絶するのではなく、自国の「国際上の地位」を直視して「自力を以て自由の行動」に出ることを提唱している(⑤：17)。当たり前のようではあるが、中野の認識では現行の外務省の外交では、外交官の「任地の経歴」や「語学の撰択」により、親英派や親露派などが決まってしまい、「中正自主の見」を持つものは少なかった。中野は書く。「我大使級の人物は、皆英国系に属せざれば露国系、露国系に属せざれば仏、伊、独、米系にして、殆ど一として自主的日本系の人物なきなり。(略)対独宣戦当時以来、日本の外交は英国系外交家と、政権に恋著《れんちゃく》する老政治家との玩弄《がんろう》する所となり、之と環聯せる対支交渉には、実に眼も当てられぬ大失敗を続出せり」(⑤：25)。第一次世界大戦では、加藤外交が英国へ傾斜しすぎたことなど、この欠点が露出した。もちろん中野は各国との友好関係を否定するのではなく、「プロ・イングリッシュ」や「プロ・ラシヤン」たるよりも先に「プロ・ジャパニース」であることを「最大要件」とすべしという。

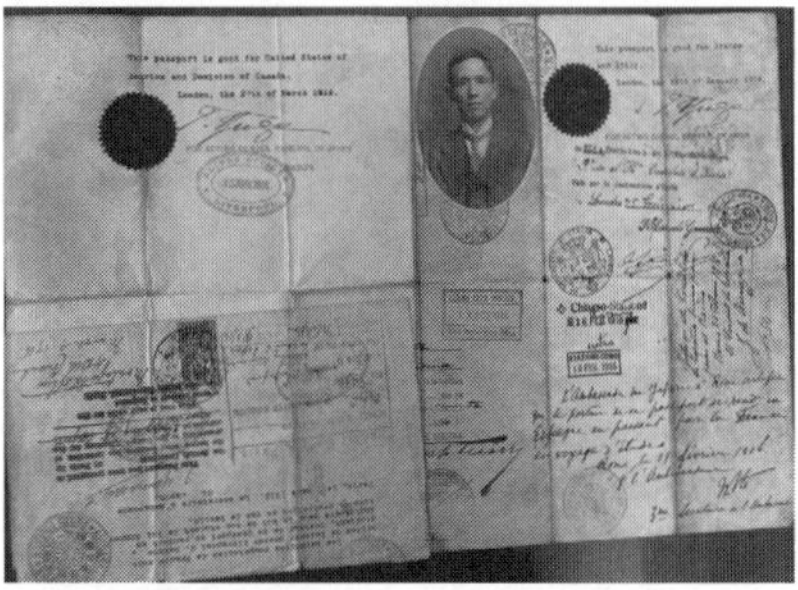

図 2-4　欧州旅行時の中野正剛のパスポート（中野家所蔵）

ただ、こうした孤立経営論は日本のみで完結するものではなかった。そこには東アジアの権益確保と、それを指導する日本が前提としてあった。「唯極東に於ける地歩を確立して、我が利権を擁護し、動《やや》もすれば帰嚮《ききょう》を失はんとする支那四億の生霊を指導して、我と憂楽を共にせしめんとするに過ぎず（略）我れは必ずしも世界第一流の富強を以て自ら居らず。然れども東亜に於ける我地位の押しも押されもせざることは、一隻眼を具《そな》ふる者の看過し得ざる所なり」（⑤：18f）。

これは後年の「大アジアモンロー主義」の原型ともいえるが、力を込めて書いたというほどには、新奇性があるものではない。ただ、しばしば強硬的な外交姿勢を主張する中野の論理を考えるに当たり、次の記述は重要である。

「唯吾人の努むべきは、列強中の何者たるを問はず、我を見縊《みくび》りて見当違ひの野心を起すなからしむるにあり。即ち我の覚悟を提示して、予め列国をして非望を抱かしめざるにあり。列国聯合して我を押潰さんと威嚇するあり、吾人之に驚くこと勿れ、我を威嚇する者は屈従によりて之を和らげ得べきに非ずして、決心を示すことによりてのみ、其機先を挫き得べきなり」（⑤：19）。

外交交渉において、中野がしばしば強硬な態度を示すよう求めるのは、戦争をも辞さずというような強気な態度を示すことで、相手の要求を退かせ、結果的に平和を達成できると考えているためである。これは後年の日米開戦において、中野が強硬論と開戦論の狭間《はざま》を目指していたことに通じるものである。

日米関係観

アメリカに中野が到着したのは四月二三日であった。サンフランシスコ発は七月八日であったため、二ヶ月強アメリカに滞在したことになる。いまだ欧州の戦乱に加わっていないアメリカは平穏ではあった。とはいえ、参戦の兆《きざ》しも見え始めており、中野がニューヨークに滞在していた際に軍備充実を求める示威《じい》運動に遭遇している。これについて「一五万の人間がニューヨークの大道を練り歩くなど御祭り騒ぎとしては、随分大規模に存ぜられ候。されど未だ真から困難を知らぬ連中とて、何となく長袖《ちょうしゅう》者《しゃ》流《りゅう》兵を論ずるの趣あり」と緊迫感みなぎる欧州との落差から冷ややかに見つめている（中野1971上：201）。

中野は滞在期間に新聞雑誌や書籍を買い集め、在米日本人と会談するなどここでも調査研究を欠かさなかった。さらに、東京遊学に際し同行した藤原茂がオレゴン州ポートランドで旅館を営んでいたため、そこに立ち寄った。そうした成果が「自主的日米親交論」として『日本及日本人』一九一六年一一月から翌年一月まで計四回にわたって掲載されている。これは『世界政策と極東政策』に再録される際には「日米親善か日米開戦か」と改題された。後の日米戦争勃発後、評論家の清沢洌《きよし》は一九四三年一〇月一九日付の日記で「文筆界に徳富、外交界に本多、軍界に末次信正、政界に中野正剛――これが四天王だ。」（清沢2002 I：279）と中野の開戦責任の大きさを批判しているほどであるが、一九一〇年代における中野の日米関係観はいかなるものであったか。後年の清沢の批判からすると意外かもしれないが、この論稿において中野はまず「日米は親交するに利ありて、反目するに得なし、開戦するに至りては、真に両国の前途を危うするものなり」（⑤：228）と日米関係における戦争のありえなさを指摘する。中国の権益を第一に、南洋を第二に置く日本に対し、アメリカはメキシコや、中南米、パナマなどがアジアの権益より優先するため、追求する権益の場がずれていると中野は判断する。すなわち、利益という観点からみるならば、日米戦争は双方にとって不要な戦争となる。それゆえ、日本の外交官がすべきことは「日本に戦ふの利なきを自白するのみならず、米国に戦ふの危きあるを指示せざるべからず。我の戦意なきを切言して、彼の暴慢を戒《いまし》めざるは仮装せる屈従なり」（⑤：228）と、日本側からアメリカに戦端を開くのは不利益になることを主張し続けることであった。だが、そうした主張のみで日米戦争は防げるのであろうか。中野は言う。「然らば日本帝国は如何なる屈辱を受けても、決して米国と戦端を開くなかるべきか。是れ余が彼の親米主義二三子に和して、保障するを難んずる所なり」（⑤：277）。

たとえ、「彼に戦ふの利なく、我に戦ふの意なし」（同）と互いに認識しあっていても「両国間に存する不公平が、五千万民の耐ふる能はざるの甚しきに至らば、是に不利益なる戦争も亦勃発するの已むなきに至るべし」（⑤：278）と利益や意志を「不公平」への義憤に駆られたならば戦争に至ることもあると見通している。「不公平」は現に米国内において人種差別として表れている。こうした「不公平」を是正するためにも、外交官や政治家は問題解決のための主張を続けていく必要が本来ならばある。だが、そうはならない。「米国側の日米の親交論者は比較的日米両国側の立場を論じて、公平に近づかんとするの態度を執れり。然るに日本側の親交論者は概ね日本に戦備なきを弁解せんとするの極、対等の対面を棄てゝ一段下層の地に立たんとするの風あり」（⑤：228）と日本側はあえて卑屈な態度をとり、「怯懦《きょうだ》なる辞令」を与えて、一時的な小康状態を得られれば満足としてしまう。

また、日本人の「謙譲自制」を尊ぶ性格とアメリカ人の「活発雄渾」を尊ぶ国民性の差異も一層の紛糾を招くことになっている。日本人から米国人をみれば「疎慢」であるが、アメリカ人から日本人をみれば「陰謀的」とみなされがちであった。日本人には「大概の事は角立てて談判せずとも、互ひの思遣りにて円満に解決する」傾向があるが、アメリカでは「大に強硬に主張」するのが通常であるから、日本も外交交渉の場においては「謙譲の美徳」を脇において「自主的精神」に依拠して国益を直接的に主張しておかねばならない。

こうした「自主的精神」にもとづく強硬な主張ができない日本外交官は、公立学校から日本人を退学させる日本人学童隔離事件や農業分野からの移民の排除を目的とした外国人土地法など移民排斥を進める政策や事件が起きても、パスポート発給を自主規制するといった「紳士協定」を合意するにとどまり、多くの在米日本人を失望させた。中野は友人・藤原茂の言葉を引く。「米国の地方人は或は人種的偏見、或は経済的私慾の為に、種々相次ぎて排日手段を講ずるに対し、米国の中央政府は殆ど之を黙認して、的確なる防止策を講ずるなし。然るに日本政府は之に対して毫も権威を以て条理を貫く能はず、屈譲を重ねて殆んど底止《ていし》する所を知らざらんとす」(⑤:257)。

こうした移民規制や人種差別は、必ずしも日本人に対してのみ向けられたものではなかった。アメリカ人の黒人にたいする差別も中野は記している。「余は独逸の非人道を鳴らして、之に宣戦せよと敦圉《いきま》きつゝある米国大新聞の次のページに黒奴を焼殺したる記事が掲げられ、紳士淑女が眉をも顰《ひそ》めずして此等の記事を楽み読むを見て、彼等の人種的偏見の甚しきに驚かされたり」(⑤:258)。

アメリカ内に存在する「不公平」を指摘し、在米日本人や日本移民、米国と商取引関係をもつ人たちの権利の保護を追求していくことで、互いの安定した関係を築くことができる。「絶東孤立経営論」でも確認したような議論が中野の思想の骨格にあった。

さて、中野は七月八日に東洋汽船の大型船・春洋丸にてサンフランシスコを出立し、ハワイを経由して横浜に到着した。一年半にわたった留学生活は終わりを告げる。このイギリス留学で中野の英語力はかなり上達した。一九一六年頃にインドの革命家ラス・ビハリ・ボースが犬養毅と会見した際、日本語のイロハすらわからなかったボースのため、中野が二人の通訳をするほどにまでなっていた（木堂先生伝記刊行会 1939：800）。学生時代から勤勉で努力家であった中野は、以後もイギリスの新聞や雑誌を定期的に取り寄せており、これらは外交方針や経済政策を構想する上で重要な情報源となっていた。

第三章

革新派メディア政治家の一歩

中野正剛が言論の拠点とした『東方時論』の創刊号表紙

「今日の世界に於て最も大なる発見は何であるかと言へばラヂオの発見でもなく、又飛行機の発見でもない、現代に於て亜米利加大陸の発見より更に大なる発見は、吾々の兄弟姉妹が、己れの姿を顧みて己れの心の中に内在する自己の尊厳を発見したことである。此の自己尊厳に対する発見は或は普通選挙の運動となり、或は労働運動となり、或は婦人参政権の運動となり、更に国際的には諸民族の解放自立の運動となつて居る。」（中野正剛「普選に大勝したる我党の真面目」『民政』一九二八年三月号）

1　『東方時論』を拠点に

東方時論社主幹就任

帰国した中野正剛は頭山満、三浦梧楼、犬養毅、古島一雄、安川敬一郎らに挨拶に赴いた。陸奥宗光に引き立てられ、憲政擁護運動にも積極的に参加した政友会の岡崎邦輔は、中野の才覚を高く買って、高輪の岡崎邸の側にある一軒家を中野家に提供した。なお、中野は以前に「岡崎邦輔と尾崎行雄」（『実業之世界』一九一三年一月号）を執筆して、岡崎を「本当の主義あり主張ある人間」として好意的に紹介していた。大所帯の中野家にとっても、この家は十分な広さであった。一九一六年九月一四日には、犬養と岡崎の紹介状をもって原敬を訪問しており、『原敬日記』にも「帰朝せし朝日新聞記者中野某来訪」との記述がある。これまで中野は政論記者として政治に強い関心をいだき続けていたが、この段階では、政治家とのネットワークを積極的に構築しようとしており、政治家へと転身することを決心していたであろう。一二月一二日に中野は朝日新聞社を退社し、同月二四日に畏友・風見章も退社した。

さて、中野が帰国した頃、上海で汽船事業を営み、日本人実業協会にて書記長を務めていた東則正も職を辞して、帰国していた。日中の経済的友好関係を深める組織として日支協会を発足し、東アジア情勢を研究する雑誌を発刊するためである。東は退職金の一五万円をこれらの活動資金に当てようとして、犬養毅のもとへ報告し相談に行ったところ、その金額ではとても足りない、五〇万円は用意する必要があると説かれ、犬養自身が資金集めを手助けすることを伝えられた。犬養は早々に日本財界の有力者と面会をして、東への援助を取り付けた。これにより日支協会の発足と雑誌『東方時論』の発刊を実現できたのである（東 1973：276f）。

日支協会は、一九一六年一一月、政界実業界の有志が集まり、主として経済的方面の調査研究と意見交換を目的とする会として発足した。発起人代表として犬養毅、早川千吉郎、頭山満、岡崎邦輔、和田豊治、中橋徳五郎、山本条太郎、江口定條《さだえ》が選ばれた。また、上記発起人以外に、創立会には原敬、林民雄、本多精一、堀啓次郎、床次竹二郎《とこなみ》、若槻礼次郎、加藤高明、鎌田栄吉、高田早苗、高田釜吉、副島義一、根津一、中島久万吉、長嶋隆二、内田康哉《こうさい》、久原《くはら》房之助、安川敬一郎、安田善三郎、柳生一義、藤田平太郎、藤山雷太、藤瀬政次郎、古島一雄、寺尾亨、三宅雄二郎、門野重九郎が参集し、中野正剛もその中のひとりであった（『正教時報』一九一六年一一月：63）。

日支協会は有力者を多く集めたものの、わずか二回の会合を行っただけで活動は終息したが（善生 1917：551）、同時に準備していた雑誌『東方時論』は一九一六年九月に東則正を編集権発行人として創刊され、関東大震災で被災するまで継続した。

『東方時論』創刊号の巻頭言にはこうある。

「権威ある独立は最も親密なる友を作る前提なり。弱きを友とせざるは、世界の勢にして、又自彊の真諦《しんたい》なるべし。然るに東方の現状は九億の人民を包容して、独立の体面を保つこと能はず、（略）吾人は此の問題に就き、東方保存主義の先覚者、先憂者と共に、研究覃思《たんし》輿論を喚起して、東方民族の奮起を促成せんと欲す。問題は至極簡単なり、「欧米の奴隷たるか、親友たるか」是れのみ。而して吾人の識者と共に研鑽せんとする所は東方諸民族をして欧米と親友たらしむる方法如何にあり。従つて本色あり、主義ある点に於いて、多少従来の新聞雑誌と其の堅実味を異にするを信ず」。

独立自彊を軸にして、アジア諸民族の覚醒を促し、アジアを欧米から守ることを目指すものであり、中野の主義にかなりの程度即したものである。とはいえ、「欧米と親友たらしむる」という姿勢は、後の中野の強硬な反英米論とも異なっており、そうした寛容さが吉野作造を常連執筆者として迎えうることになったのであろう。いずれにせよ、吉野は「支那革命史論」を連載し、内藤湖南や宮崎滔天も執筆しており、巻頭言の主旨通り東アジア情勢に特化した政論雑誌となった。

さらに、雑誌を発行する東方時論社の同人が中心となり東方会が結成された。メンバーを大きく変えるが、これは後に中野の政治活動組織・東方会の母体となった。中野は東に請われて、創刊翌年の一九一七年二月から東方時論社の主幹に就任することになり、毎号の時事評論を担当することになった。『東方時論』（一九一七年二月）に掲載された「入社辞」には、東は中野の『日本及日本人』に掲載された論稿を読んで、主幹を依頼することに決したとある。「君が欧州滞在中日本及び日本人誌上に掲げし世界政策論、及び帰来同志の間に絶叫せし所、竝《なら》びに嘗てやまと新聞に連載せし講演の内容は、全く余が東方時論を創刊するの主旨と一致せり、余は多年支那の一局に在留し、東方の時局に憂を抱くに君に於て譲らずと雖も、東都識者の間に多くの知る所なし、之を以て支那を解し、支那を憂ふることは人後に落ちざるを信ずと雖も、其の挟める鄙意《ひい》を徹底了解せしめんとするに於いて恨なき能はず、幸に遊方

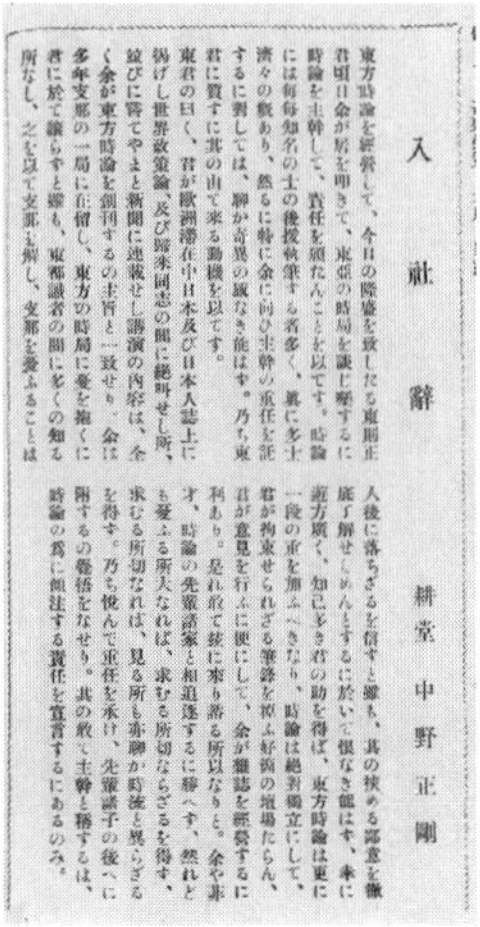

入社辞　　耕堂　中野正剛

東方時論を経営して、今日の隆盛を致したる東則正君頃日余が居を叩きて、東亜の時局を論じ嘆ずるに時論を主幹して、責任を頒たんことを以てす。時論には毎々知名の士の後援執筆する者多く、既に多士済々の観あり、然るに特に余に向ひ主幹の重任を託するに対しては、聊か奇異の感なき能はず。乃ち東君に質すに其の由て来る動機を以てす。

東君の曰く、君が欧洲滞在中日本及び日本人誌上に掲げし世界政策論、及び帰来同志の間に絶叫せし所、並びに嘗てやまと新聞に連載せし講演の内容は、全く余が東方時論を創刊するの主旨と一致せり。余は多年支那の一局に在留し、東方の時局に憂を抱くに於て譲らずと雖も、東都識者の間に多くの知る所なし、之を以て支那を解し、支那を憂ふることは人後に落ちざるを信ずと雖も、其の挾める誠意を徹底了解せしめんとするに於いて恨なき能はず、幸に交方広く、知己多き君の助を得ば、東方時論は更に一段の重を加ふべきなり、時論は絶対独立にして、君が拘束せられざる筆鋒を掉ふ好箇の壇場たらん、君が意見を行ふに便にして、余が雑誌を経営するに利あり。是れ敢て茲に来り請ふ所以なりと。余や非才、時論の先輩諸家と相追逐するに勝へず、然れども憂ふる所大なれば、求むる所切なれば、見る所も亦聊か時流と異ならざるを得ず。乃ち悦んで重任を承け、先輩諸子の後へに附するの覚悟をなせり。其の敢て主幹と称するは、時論の為に傾注する責任を宣言するにあるのみ。

図 3-1　入社辞（『東方時論』1917 年 2 月号）

広く、知己多き君の助を得ば、東方時論は更に一段の重を加ふべきなり、時論は絶対独立にして、君が拘束せられざる筆鋒を掉《ふる》ふ好箇の壇場たらん、君が意見を行ふに便にして、余が雑誌を経営するに利あり」。東は中野の主義に同調しており、高く評価していた。

また、「入社辞」において中野は「悦んで重任を承《う》け、先輩諸子の後へに附するの覚悟をなせり。其の敢て主幹と称するは、時論の為に傾注する責任を宣言するにあるのみ」と記す（図3-1）。これまでの朝日新聞社における言論活動では、派閥抗争や他の部局との関係などで言論に自ずと制約がかかっていた。だが、主幹として『東方時論』へ時事評論を連載したり、自分の意志で執筆者を集めることができるようになるなど、『東方時論』によってかなり自由な言論活動の拠点ができた。それは、雑誌社の経営については東が引き受けることで可能になった。ただ、病気がちであった東は、後に経営も中野に委任することになる。

一九一六年一〇月には、首相・大隈重信は辞表を提出し、立憲同志会に中正会と公友倶楽部の一部が合同して成立した憲政会の総裁・加藤高明を後継内閣の首班に据えることを試みた。だが、山県有朋ら元老は寺内正毅を総理大臣に推薦し、寺内に大命がくだされた。寺内は議会の主要会派とは距離を取り、閣僚を山県系官僚で固めたため、国民党と憲政会は「非立憲内閣」と寺内内閣を攻撃した。他方、政友会からは支持を得ており、寺内は自身の権力基盤を確実なものとするため、解散総選挙に打って出る。

初めての選挙戦

さて、中野はこの第一三回総選挙にて福岡市選挙区から立候補した。福岡県としては政友会が強かったものの、福岡市においては第四回から第九回総選挙までは憲政党創設に尽力した平岡浩太郎が連続当選していた。ただ、第一〇回は政友会系の太田清蔵が、第一一回は同じく政友会でありながら、安川敬一郎の後援を受けた鶴原定吉が当選しており、次第に政友会の勢力が浸透してきていたといっていい。鶴原が病気のため議員を辞職すると、無所属の安川敬一郎が補欠選挙において無競争で当選した。その約一ヶ月後に衆議院が解散され、第一二回総選挙において安川は再戦をめざして立候補した。当初補欠選挙と同じく無投票にて政友会系と立憲同志会と国民党の推薦を受けた安川の当選が決まるものと予想されていたが、投票日の前々日になって博多商工会議所会頭の奥村七郎が立候補を表明し、結果、安川は落選し奥村が当選することとなった。

平岡浩太郎は玄洋社初代社長にして炭鉱経営者、九州鉄道の創設者であり、福岡県有数の実業家として名声を誇った人物である。太田清蔵、鶴岡定吉、安川敬一郎も著名な実業家であった。これまで福岡市から選挙に出馬し、当選しえたのは、地方名望家や実業家であって言論人ではなかった。

中野が立候補した一九一七年の第一三回総選挙で対抗馬となるのは、後に「電力の鬼」と称される実業家・松永安左エ門であった。松永は慶應義塾出身者であり、福沢諭吉の娘婿にして後に「電力王」の異名を得る福沢桃介とともに、福岡市の路面電車を運営する福博電気軌道株式会社を一九〇九年八月三一日に創立した。これは現在の西日本鉄道の前身の一つである。福岡と博多に電車を敷いたことで市民からの支持を得ており、政友会も松永を推薦していた。

他方、前回落選した安川敬一郎は中野正剛の擁立に積極的に動いていた。一九一六年の『安川敬一郎日記』をみると中野は九月と一二月に安川の元へ出向いている。ここで立候補の相談をしたか明記していないが、一九一七年一月三〇日の日記において「夜進藤喜平太来り、中野正剛の推薦之難きを述べり、余ハ之ニ対し何等推問を避け置けり」（『安川敬一郎日記』第三巻：135）と中野出馬が前提のごとく記されている。それゆえ、少なくとも中野は一二月段階で出馬の意志を固めていたと思われる。

だが、ここにあるように郷土において中野出馬は求められてはおらず、むしろ玄洋社系や政友会系の人々は安川の出馬を求めていた。一月三一日には入沢京太郎が、二月二日には中野の対立候補となる松永安左エ門がやってきて安川の立候補を求めている。それに対し一月三一日の日記によると安川は、「全市一致の推薦は不自然である、既ニ党派の分立する以上ハ競争の避け得られざるは因よりなり、誰か立候補として立つ場合ニ臨み、決する所あるべし」と応えて、前回の落選時のような無競争では立候補の意志がないことを明らかにしている（『安川敬一郎日記』第三巻：135f）。

一方、安川の中野推薦の意志は容易には挫けなかった。二月九日の日記では「午後六字《ママ》松永の招待せる独尊会ニ出席、余か講演を乞はる、依て目下の問題たる議員撰挙ニ関してハ、情実を排除し、新進気鋭の前途の望ある者を撰出すべきを以てし、暗ニ中野推薦の意を示す」とあり、安川がなんとか中野支持を広めていく努力をしていたのがわかる。とはいえ、中野支持をまとめるのは困難であることが明白になると、三月一日、安川は中野に対し「足下《そっか》をして推薦承認之意たらしむる事は最早絶望なる旨」をはっきりと伝えている（『安川敬一郎日記』第三巻：144）。他方で、安川擁立の動きも強まってきており、三月七日の日記において「福岡市博多協会・福岡交友会なる団体より立候補の応諾を需《もと》むる事切なり、余りニ強て謝絶するは余りに冷酷なり、而して中野正剛を推薦するも容るゝ所とならさる以上は、余が立つの外なきを以てす」と考えるにまで至ったが、安川の次男・松本健次郎に涙を流すほど諫止《かんし》されたため、安川は立候補することはなかった（『安川敬一郎日記』第三巻：146）。

つまり、今回の選挙において自身への支持がまとまらなかったことは中野も早い段階からわかっており、落選もまた予測の範囲内であったろう。地元から強い応援を得られる見込みはなかったものの、中野は選挙活動に打って出た。立候補者は松永安左ヱ門と修猷館の同級生であった宮川一貫の三名であった。

四月六日に九州座において中野は政見発表会を開催し、岳父・三宅雪嶺と修猷館出身で東京帝国大学教授であった寺尾亨も応援演説に駆けつけることになっていた。ただ、雪嶺は到着が遅れ、壇上に上がったのは四月八日に開催された演説会であった。八日の演説会では中野の小学校時代の恩師・柴田文城も登壇し、中野は「極東政策と民族主義」と題して、日中経済関係の深化とトルコその他の東洋民族の糾合を説く講演を行った。四月一〇日付の『福岡日日新聞』では、この時の演説内容を四月六日の演説会に比べて「著しく憲政会的に傾けり」と評価していた。四月八日付の同紙では、福岡市における憲政会候補者がいなかったため、憲政会は無所属ではなく憲政会から出馬することを中野と交渉したが、中野側がそれを拒否したと報道されている。中野自身は国民党に共感を抱いており、選挙活動に協力し

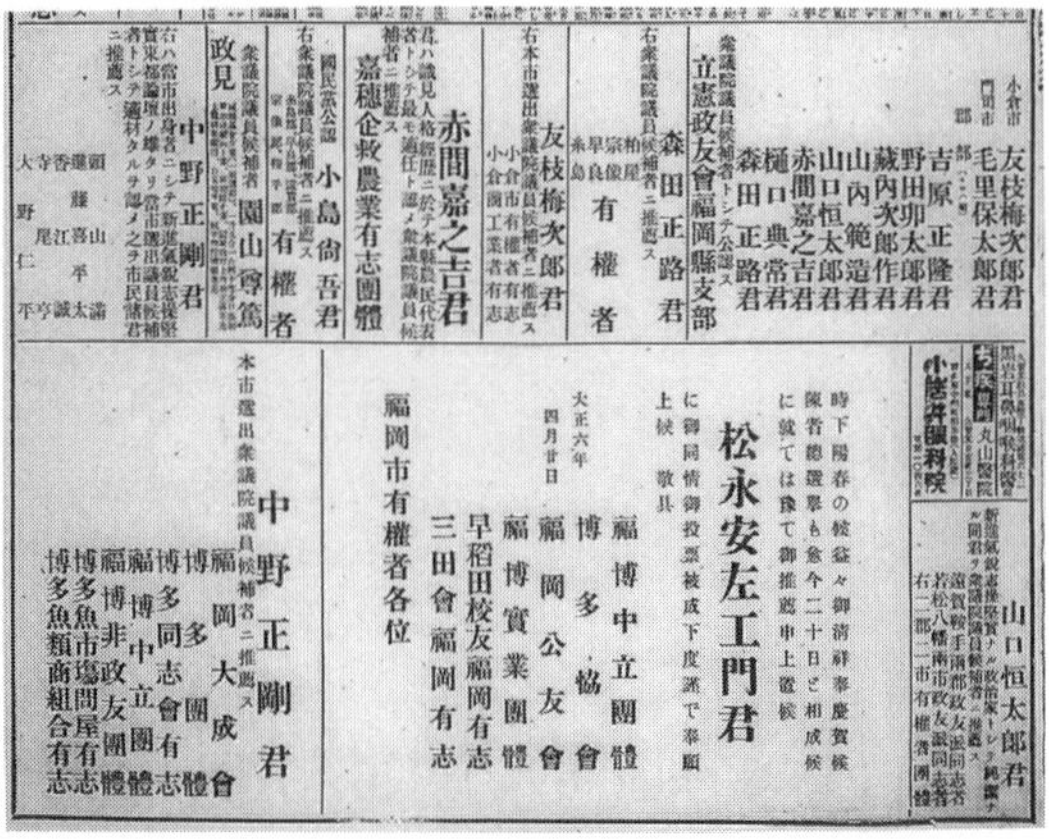
小倉市 友枝梅次郎君
門司市 毛里保太郎君
郡部 吉原正隆君
野田卯太郎君
藏内次郎作君
山内範造君
山口恒太郎君
赤間嘉之吉君
樋口典常君
森田正路君
衆議院議員候補者トシテ公認ス
立憲政友會福岡縣支部

森田正路君
右衆議院議員候補者ニ推薦ス
柏屋 宗像 早良 糸島 有權者

友枝梅次郎君
右本市選出衆議院議員候補者ニ推薦ス
小倉市有權者有志
小倉商工業者有志

赤間嘉之吉君
君ハ識見人格經歷ニ於テ本縣農民代表者トシテ最モ適任ト認メ衆議院議員候補者ニ推薦ス
嘉穗企救農業有志團體

國民黨公認
小島倘吾君
右衆議院議員候補者ニ推薦ス
有權者

衆議院議員候補者 園山尊篤
政見

中野正剛君
右ハ當市出身者ニシテ新進氣鋭志操堅實東都論壇ノ雄タリ當市選出議員候補者トシテ適材タルヲ認メ之ヲ市民諸君ニ推薦ス
頭山満
進藤喜平太
香江誠
寺尾亨
大野仁平

山口恒太郎君

時下陽春の候益々御清祥奉慶賀候陳者總選擧も愈々二十日ご相成候に就ては豫て御推薦申上置候
松永安左エ門君
に御同情御投票被成下度謹で奉願上候 敬具
大正六年四月廿日
福博中立團體
博多協會
福岡公友會
福博實業團體
早稲田校友福岡有志
三田會福岡有志
福岡市有權者各位

中野正剛君
本市選出衆議院議員候補者ニ推薦ス
福岡大成會
博多團體
博多同志會有志
福博中立團體
福博非政友團體
博多魚市場問屋有志
博多魚類商組合有志

図 3-2　松永安左エ門と中野正剛の選挙広告（『福岡日日新聞』1917 年 4 月 20 日付）

た太田太兵衛も国民党であったため、さらに、出馬を相談してきた安川は政友会との関係が深かったため、この段階で憲政会との協力関係を作ることは現実的ではなかっただろう。

また、中野正剛の選挙広告では、玄洋社関係の頭山満、香江誠、寺尾亨、大野仁平、さらに当初立候補に反対していた進藤喜平太の名前も連ねられている（図 3-2）。

その選挙広告の紹介文では「右は当市出身者にして新進気鋭志操堅実東都論壇の雄たり当市選出議員候補者として適材たるを認め之を市民諸君に推薦す」と紹介しており、福岡での知名度の低さを東京での言論活動で補おうとしているのが垣間見える。

他方、宮川一貫の選挙広告では、平岡良助、平岡徳次郎、平岡常次郎、平岡専治、内田良平、立岩季次郎の連名のものや副島義一、内田良平、末永一三の連名のものがある。さらに、平岡浩太郎の次男・平岡専治や内田良平の名前や末永節も応援弁士として立っていることから、玄洋社系も中野と宮川とで分裂していた。

投票日当日の四月二〇日付『福岡日日新聞』において、「福岡市選挙界は松永、中野、宮川三候補何れも必死の勢を以て互に鎬を削り中野、宮川両派は最初より言論戦にて相対抗し松永派は此の間最鎮静の態度なりし」と記しているように、中野と宮川は演説会を積極的に行っていた一方で、松永は着々と組織票を固めており、「運動方法の周到なると立候補宣言早かりしだけ松永派の勢力は依然として他の二候補より一頭地を抜く」と観測されていた。むしろ、十分な組織票を固められなかった中野と宮川は言論戦を戦わざるをえなかったといっていいだろう。結果は、この『福岡日日新聞』の予測通り、松永が九三七票、中野が次いで五二八票、宮川が三五二票と松永の当選に終わった。中野と宮川の票を合算すれば、松永の票に近づくほどであったことからも、資金力と組織力を豊富にもった実業家相手に、若手の言論活動家の二人は善戦したといってもよい。この第一三回総選挙には、中野と同世代で同じ早稲田大学出身の永井柳太郎も金沢市選挙区から立候補し、政友会で実業家の中橋徳五郎に破れている。早稲田大学雄弁会出身者の永井柳太郎は、大隈重信が自身のメディア戦略の一環として創刊した雑誌『新日本』の主筆を務めたメディア政治家である。演説や文筆により影響力を獲得しようとする新しい世代の政治家たちの時代がすぐそこまで来ていた。

落選後の言論活動

落選した中野は拠点であった『東方時論』に戻り、毎号に時評と論稿を掲載するほど旺盛な言論活動を展開していく。中野は寺内内閣が総選挙に勝利することを予期していたものの、山県系の寺内内閣は「立憲治下に於ける変態内閣なり」と政党が台頭し、国民に立憲思想が浸透してきた時代において、「絶対に出現すべからざる」内閣であると批判した。それが実現してしまったのは、前内閣の大隈内閣の失政ゆえである（「寺内内閣存続の意義如何」『東方時論』一九一七年四月号：17）。中野はその失政を「無法なる選挙干渉」、「軽卒なる対独宣戦」、「繰《ママ》急なる対支外交」に見出している。くわえて、「輿論を代表すべき新聞紙は、国家の利害を冷静なる頭脳」をもって判断することなく、「総て大隈内閣の為す所を援護」したがゆえに、大隈内閣の方針が行き詰まるとともに新聞紙もまた行き詰まってしまった。これを中野は「国民的政治運動は憲政擁護の蹉跌《さてつ》によりて、其の実効の如何を疑はれ、所謂新聞紙上の輿論は、大隈内閣と共に軽挙妄動せし新聞記者によりて、全然其の権威を失墜せり」と判断する（「政界の現状と建設的輿論の必要」『東方時論』一九一七年六月号：13）。国民運動の挫折や輿論を担うべき新聞が支持した大隈内閣に対する失望は大きく、その失望こそが寺内内閣という時代錯誤な官僚内閣を生んだとするのが中野の理解である。

他方、東アジア問題に特化した論壇誌は思いの外に受け入れられ、創刊の一年半年後の一九一八年四月には社務の拡張のため本社を「麴町区平河町四丁目六番地」に移転することになった。さらに同年九月には、体調が優れなかった東則正から中野は東方時論社の経営権も移譲されることとなり、名実ともに東方時論社のトップになった。『東方時論』一九一八年一〇月号から編集兼発行人は中野正剛となる。ただ、経営実務や雑誌発行もやはり負担であったようで、一九二〇年一月号より早稲田大学時代に同居していた同郷の友人・阿部真言に任せることになった。

さて、中野が初めての選挙活動に注力している間、世界史的には非常に大きな事件が勃発していた。ロシア革命である。中野は、「支那の内政不干渉を標榜せる帝国は、露国に対しても人工的術策を排し、大勢の帰向を察して、其全国民と提携するの手段を講ずべし。外国に頼まれての出兵沙汰の如き、最も禁物なるを忘るべからず」(「時事評論」『東方時論』一九一七年一〇月号：21）と早期から出兵反対論を主張し、『東方時論』はロシア承認論とシベリア出兵批判を持続的に展開していた。その批判は「浅慮外交、屈辱出兵」『東方時論』(一九一八年八月）において高まる。そもそも臨時外交調査会も寺内政権も当時のメディアも出兵慎重論であったにもかかわらず、出兵へと踏み切ったのは英米仏、特に米国からの働きかけがあったためである。こうしたことについて中野は「無方針」「御都合主義」「非日本的にして外国本位」と痛烈に批判していた。

他方、第一次世界大戦の勃発後、米の輸入量が減少していたところで、寺内内閣がシベリア出兵を宣言すると、米の投機売買が加速し、米の価格が高騰した。一九一八年夏に富山県の女性が主な担い手となって抗議活動が行われ、全国に波及した。この米騒動は八月中旬にピークを示し、寺内政権も米騒動に関する記事の差止めや新聞の発売禁止措置を頻繁に取り、沈静化をはかった。なお、この措置に反対するための記者大会を『大阪朝日新聞』が報道して、発行禁止措置を受ける直前までになったのが白虹事件である。中野は米騒動から連想して『東方時論』一九一八年九月号に「大塩中斎を憶ふ」を執筆している。

その論稿の中で、中野は「乱徒としての平八郎を慕ふに非ず、誠意一轍、死を以て所信を貫くの中齋を仰ぐのみ」と記している。ただ、同じ論稿の中で「十八世紀の欧洲哲学者」、おそらくはジョン・ロックの「革命の自由」(抵抗権）を説明して、国法は尊重すべきだが、国法は「人の作りしもの」であり、「国法を運用する者も亦人」であるから、彼らが私意に囚われ、権柄《けんぺい》を用い、国民に「合法的改革」をなさしめない場合には、「慨然として蹶起《けっき》し、其国法を認めず、其国法を執るの人を認めず、合法以外の手段によりて、国法の改変を企つるは、当然の勢なり」と「革命」を肯定する(12)。こうした「革命」への共感は中野個人のものではない。「世人が中斎を壮とし、南洲を慕ふは、区々国法の小天地に跼蹐《きょくせき》して論を立つるに非ず、不知不識《しらずしらず》の間、国法以上に飄逸《ひょういつ》して、道義の大天地に霊光を発する英膽《えいたん》毅《き》魄《はく》に感応するを禁ぜざるなり」と世間の人もまた同様だとしている(13)。西郷隆盛や大塩平八郎は中野が敬意を抱き続ける歴史上の人物であったが、井上哲次郎以来、この二人は日本陽明学の系譜に置かれる。大塩も西郷も反乱を起こした人物であるが、そうした「乱」もまた中野の陽明学理解からは肯定される。

　また、中野は「陽明の説を以てすれば、知は行を併せて始めて全く、行はざれば未だ知れりと謂ふべからず。中斎は既に人民の窮困を知れり、知れるが故に之を救済せざれば、誠を尽せりと謂ふべからず。中斎が人民の窮困を目撃せるの刹那、彼は死を賭して之を救済するの運命に逢着《ほうちゃく》せるなり」(20)と「知行合一」を解釈して「陽明学者としての大塩」を顕彰しつつ、「人民救済」という社会主義的要素を強調する(山村 2019 : 17ff)。その上で、中野は「今の時に於て社会主義の是非は既に問題とならず、所謂国家社会主義なるものは列強の漸く採用する所にして、社会問題を閑却するが如き愛国者は、到底今日の世に存在す可らず」と、社会主義はいわゆる左翼の専売特許ではないことを指摘する(21)。こうした陽明学の「社会主義的色彩」についてはすでに岳父・三宅雪嶺が『王陽明』(第二版：一八九五年)の中で節を立てて論じており、それに則した理解であったろう。くわえて、雪嶺は大逆事件により幸徳秋水らが処刑されてまもなくの一九一一年二月五日に国学院にて開催された大逆事件講演会で、井上哲次郎や渋沢栄一らとともに演壇に立った。井上は、幸徳が陽明学を修めた中江兆民からフランス革命思想を学んだこと、幸徳とともに死刑になった奥村健之の父・慥斎が陽明学者であったことから、陽明学がフランス革命思想や社会主義とともに危険思想であると演説して、大逆事件を批判した。雪嶺以外の全員が大逆事件を非難したが、雪嶺だけは幸徳秋水を擁護した。雪嶺が考える陽明学は体制変革に親和性があり、それは中野正剛も共有するところであった。

なお、米騒動と大塩平八郎を結びつける論稿や作品は他にもみられ、洗心洞学会を設立し、大塩平八郎を顕彰した石崎東国『大塩平八郎伝』（一九二〇年）や戯曲「大塩平八郎」（一九二一年）などもある。

さて、第一次世界大戦の終息が見え始める頃、中野の関心は講和問題へと移行した。日本が講和会議においていかなる振る舞いをするかを展望した三つの論稿を『東方時論』に執筆している。「国難四辺より迫る」（一九一八年一〇月号）、「戦時外交より講和外交へ」（一九一八年一一月号）、「講和を現実に見よ」（一九一八年一二月号）である。これについては詳述しないが、講和会議は中野の政治家人生と政治思想にきわめて大きな影響を与えるものとなった。

2 メディア政治家の時代へ

パリ講和会議への随行

連合国とドイツとの休戦協定が一九一八年一一月一一日に調印され、第一次世界大戦は実質的に終了した。ここで講和条約を締結する段階に入った。パリ講和会議には、元老西園寺公望を首席全権使節として、牧野伸顕、駐英大使・珍田捨巳《ちんだすてみ》、駐仏大使・松井慶四郎、駐伊大使・伊集院彦吉からなる総勢六〇名近い日本全権団で臨むことになった。ただ、首席全権の西園寺は会議場に現れることは少なく、牧野伸顕が主な交渉を担い、珍田と松井がそれに協力した。日本はイギリス、フランス、イタリア、アメリカらの五大国として参加し、最重要課題を議論する五大国会議（一〇人委員会）の一角をしめた。なお、日本を除く五大国の首脳はアメリカがウィッドロウ・ウィルソン大統領、イギリスがデビッド・ロイド・ジョージ首相、フランスがジョルジュ・クレマンソー首相、イタリアがヴィットーリオ・エマヌエーレ・オルランド首相であった。

パリで開かれるこの講和会議は新聞記者にも開かれた画期的なもので、日本からも約三〇名の記者が参加した。東方時論社の記者として随行した中野の他には『万朝報』の黒岩涙香《るいこう》、『時事新報』の伊藤正徳、『国民新聞』の馬場恒吾《つねご》、朝日新聞社の土屋元作《もとさく》、重徳来助《しげのりらいすけ》に鈴木文四郎、毎日新聞社の高石真五郎、電通の上田碩三《せきぞう》などがいた。戦後処理の原則となったウィルソンの一四ヶ条の一つに「公開外交」があるが、これはこれまでの各国の外交官が秘密裏に交渉していた、いわゆる「秘密外交」「旧外交」を否定して、対外関係の処理にも民主主義を適用することを求めたものである。これは「世論」に基づく決定は的確であるとの前提、もしくは理想をもとにしたものである。その公開性を担って会議場と各国国民を媒介するものが新聞記者である。そのため、パリ講和会議では新聞記者は総会への臨席が認められた。もとより重要事項は総会ではなく、それ以前の秘密会議で決められていたが、それでも新聞記者は各国の代表団の活躍を知ることができた。

講和会議に赴くにあたって中野は、『東方時論』一九一九年一月号に「渡欧の門出に」を載せ、その意気込みを語っている。ここで中野は、「講和会議の大勢を決するものは、之に列する各国背後の実力是れなり。謂ふ所の実力なるものは真の実力なり、真の力は真の道と配す、道なるものは力の源泉なり。進歩せる時代の科学は、道を根柢とする精神の力を、金力武力等、一切の有形の力以上に数計せざるべからず。是を以て講和会議に列せし各国の富力兵力は、議場に於て、非常の権威を示すべきと共に、真の人道を高調し、真の精神を人道の上に躍如たらしむる国は、燦然《さんぜん》たる光彩を、衆目環視の間に陸離《りくり》たらしむべし」と書き出し、米国が「新時代に処すべき国際道徳の根本律」を掲げているとする（2f）。総力戦で戦われた第一次世界大戦の講和会議もまた総力を挙げたものになり、かつ、この講和会議で提示される「国際道徳」が、これからの時代を規定していくと中野は考えていた。この講和会議において、ウィルソンによる一四ヶ条が提示され、「民族自決」や「平和主義」は重要な国際道徳となったことから、この中野の見解は的確であったといえよう。さらに、出発を決めたのが一二月八日で、出発がわずか二日後の一〇日であったと記している。十分な準備時間のない中での、慌ただしい出立であった。かねてから来るべき講和会議についての論稿を執筆していた中野は、アメリカやイギリスに比べて日本は十分な準備をしていないことを苛立たしく見ていたが、外務省の友人から「此の状態では怪しい、君も一つ行つて見ないか、紹介はしてあるから、意見があれば突込んで貰ひたい、若し面白く行かなかつたならば、実状を見届けて、之を国民に報告する丈けでも必要ではないか」と誘われて、渡欧を決心した（「講和会議の真相」『憲政』一九一九年七月号：20）。こうして中野は太平洋航路をわたる牧野伸顕一団と同行してパリに赴くことになったのである。なお、『東方時論』の同号には貴族院議員・藤村義朗と東京帝大教授・上杉慎吉が中野に対しての餞《はなむけ》の論稿を寄せている。

日本から来た新聞記者達の情報交換のための記者クラブを世話したのが、正岡子規の親戚にあたる貴族院議員・加藤恒忠である。集まった新聞記者の中には黒岩涙香や土屋元作、そして中野正剛のような政論新聞記者としての矜持を強くもった論客もおり、彼らはこのクラブにおいて深更に及ぶまで、「サイレント・パートナー」と揶揄《やゆ》された日本側全権大使たちの情けなさを痛論していた。中国の若き全権大使であった顧維鈞《こいきん》や王正廷《おうせいてい》らが二十一ヵ条要求の無効と青島返還問題で大いに活躍する一方で、日本側は弱腰な態度により譲歩を強いられていると彼らは見た。代表団の不甲斐なさに憤激した黒岩涙香は一ヶ月足らずで帰国した。同様に中野も全権大使の弱腰ぶりに憤慨して、全権大使達の無能を一日でも早く公表するため、二月二二日にパリを発ち、帰国の途についた。

とはいえ、寺内内閣が倒れた後に首相の座についていた原敬は、寺内が設置した臨時外交調査会において講和会議の準備をさせており、日本の利権に直接関係しない問題については沈黙を通すという方針を定めていたし、使節団の団長は西園寺公望であったものの、実質的な責任者は原と見解が近かった牧野伸顕を据えていた。くわえて、原は本国からの距離を考えて、あえて全権団にかなりの権限を持たせており、講和会議の推移は予期通りであった。だが、こうした事情を知らない中野は政府の方針を「白紙主義」として批判し、「サイレント・パートナー」との揶揄も疑うことなく見ていた。

随行した新聞記者には国士風の政論型記者もいたが、当然ながら報道を重視する新聞記者もいた。中野より三歳年下の伊藤正徳によれば、そうした報道重視型の新聞記者の中には、記者クラブは情報交換や取材先との連絡のために使われるべきで討論は副次的な目的であり、むしろ報道の邪魔になると抗議するものもいたという。伊藤正徳は『東方時論』にも寄稿し、中野の東方時論社から『華府会議と其の後』を一九二二年に出版するなど、中野と協力関係にあったものの、中野とは異なる新聞記者としての規範意識をもっていた。中野は帰国後に慷慨憤然の書として『講和会議を目撃して』を出版し、声名を一層高めることになった一方で、伊藤は講和会議における教訓として「良い材料は自国の全権筋から取らなければならない」「発表ものや、所謂玄関種は、内外の通信社に一任するのが賢明であること」「特派員は、真銘のスクープを狙うか、或は日本人の観点から日本人に告げる意味の観測や批判を打電すべきこと」の三点を記しており、いずれも報道記者としての心構えを説くものであった（伊藤 1955：242）。こうした報道重視型の新聞記者こそが、主流になっていく時代であった。伊藤は後に時事新報社の編集長に就任し、戦後には日本新聞協会の理事長を務めるほど、新聞記者として大成した人物である。

帰国後の中野正剛

先述したように中野は、二月二二日の段階で形勢はすでについたと講和会議に見切りをつけて、パリを出立した。その理由を述べた中野の言葉を引用する。「予の去らんとするや、使節中の某々氏等は予を慰めて曰く、君何ぞ去るの尚早なるや、講和会議は序幕なり、是より以後諸君の協力を要するの多きにあらずやと。予は曰く、否々形勢は既に二月十三日を以て決定し、十四日に至りて登録し了られたり。否、一月二十八日支那の使節が某国の使嗾《しそう》に依りて活躍を始めしを序幕として、ウイルソン大統領がマンダトリ主義の提唱となり、濠洲代表の怒号となり、同盟国首相の背信となり、一月三十日に至りて我が主張の全部を失ひしにあらずやと」（⑦：4）。

一月二八日とは、前日に牧野が旧ドイツ領山東半島と太平洋諸島の無条件譲渡を要求し、翌二八日の五国会議において特別に招来された中国代表団・顧維鈞らが強硬な反発を繰りひろげた日のことである。顧維鈞が英語にて熱烈な演説を行って列席者に感銘を与えた一方で、日本使節団はフランス語の返答文を朗読して終わるという消極的な姿を見せた。日中双方の見解は全く相容れないものであり、妥結に時間がかかるとみられ、かつ、次の重要議題となる国際連盟案が迫っていたこともあって、山東問題は棚上げにされた。さらに、一月三〇日は、ドイツ領太平洋諸島問題が、イギリスから提出された妥協案をもって解決に向かったことを指している。中野にはいずれも大幅な譲歩を日本側が強いられたものとして映った。次に、二月一三日と一四日というのは、国際連盟案が審議されているところへ、日本が移民問題解決のため「人種差別問題」を提起しながら、早くも翌一四日にはそれを議事録に載せるのみで妥協したことを指す。日本本国においても期待されていた人種的差別待遇の撤廃は「呆気なくも抹消」されたのである（⑦：157）。こうした一月下旬から二月半ばまでの会議の推移から、中野は日本の惨敗的成果に終わったと判断した。「極東の優秀権は宙宇に迷へり、南太平洋の防備権は捩《ね》ぢ取られたり、人種的差別待遇の撤退は斥《しりぞ》けられたり。我が国民が通商貿易総《すべ》ての上に差別的虐待を受くべき形勢は馴致《じゅんち》せられたり」（⑦：158）。中野の見解によれば日本側は大幅な譲歩を強いられのだが、本国政府として講和会議において重視していたのは、旧ドイツ権益である山東半島問題と南洋諸島問題という実益であった。一方で講和会議において重要な議題となった国際連盟案は、原敬首相を中心とする本国政府は、あまりに理想主義的なものと判断し懐疑的立場をとった。また、移民問題解決のために提起した人種的差別待遇の撤廃は、講和会議において妥結することは困難だと判断していた。それゆえ、実は、会議のこの経過は本国政府として満足のいくものであった。

他方、中野はイギリスが日英同盟を結んでいるにもかかわらず、日本よりもアメリカと提携しようとしていたとみた。「英米両国の提議は講和会議の大勢を決すべき最高政治《ハイ・ポリチックス》の機軸なり。日本一部の楽観者流が、両国の乖離《かいり》を僥倖せんと欲せしが如く、両国の識者は相互の了解を完全にするを以て、問題の基調を制する所以なりとせしなり」（⑦：34）。だが、日本が実益を重視して解決しようとしていた山東問題や南洋諸島の委任統治問題においては、英仏はむしろ日本に同情的立場をとり、特にイギリスのバルフォア外相は日本の権益を擁護することに尽力していた（服部 2001：36f）。

このように中野は秘密裏に行われた交渉や渡航前の臨時外交調査会での計画は知ることはなかった。

とはいえ、日本代表団の方針は勢力圏外交や秘密条約、軍事同盟を特徴とする「旧外交」に基づいたものであって、ウィルソン主義から導き出される民族自決と外交の民主的統制、集団安全保障体制、開放的な経済原則に基づく「新外交」に十分適応したものではなかった。中野はとりわけ外交の民主的統制に着目し、それを「国民外交」と呼ぶ。中野にとって、国民外交は第一次世界大戦という総力戦体制後の世界において必然の現象であった。「近時国民外交の標語漸く顕著なるは、是れ科学応用の進歩が、世界列国の距離を近接せしめ、距離の近接は列国の民衆を駆りて、直ちに国際生活渦中の人たらしめし結果のみ。即ち今日の外交は専門家の外交に非ずして国民の外交なり、少くとも国民の意向を反映する国民選手の外交なり」（⑦：245f）。交通・通信手段が発達し、情報を拡散する新聞雑誌も浸透してきた。遠方でなされる外交交渉の経過もこれまでとは比較にならないほど、速やかに伝達できるようになり、国民も関心を持つことができると中野は考えていた。外交官は本国における国民の強い意向があって、タフな交渉に臨むことができ、国益を保持することができる。これが国民外交の意義である。

中野の理解では講和会議において英米が結託し、フランスの代表者クレマンソーが実によく抵抗していたが、クレマンソーの抵抗の背景にあり、日本代表団に欠けていたのが国民の危機意識であった。「世人は曰く、英米の結託は世界の最大勢力なり。クレマンソウの雄弁は遂に此結託を脅《おびや》かして、仏蘭西《フランス》をして講和問題の一大勢力たらしめたりと。予は曰く、英米の圧迫を挑《は》ね返し、克《よ》く仏蘭西の主張を貫徹せしめしものは、仏蘭西の人心にして、一二政治家の術策に非ず、雄弁にも非ざるなり」（⑦：49）。クレマンソーの雄弁以上に有効であったのは、クレマンソーを支持する国民の意識である。中野は「仏蘭西の識者は、講和問題の困難ならんとするや、咳唾《がいだ》珠璣《しゅき》を飛ばし、筆端光焔《ひったんこうえん》を発し、再び国民を警告し子弟を鞭撻《べんたつ》したりき。是に於てか仏蘭西は政治家、軍人、壮丁《そうてい》、学生、児童の別なく、真に国難の到来せるを見て、益々決心の臍《ほぞ》を固めたり」（⑦：48）とフランスでは知識人が先導して、フランス国民の講和会議への意識を覚醒していたと見る。イギリスのロイド・ジョージやウィルソンもまた、本国の国民意識を背景にしていたがゆえに力強い交渉をなしえた。中野は次のようにまとめる。「畢竟外交局面の人に目覚ましき行動あるは、背後の国民に断乎たる決意と、堂々たる主張との存在するに因る。国民の実生活に対する希望が、国際的に発動する時、其国の外交は凜然《りんぜん》として、犯す可らざる権威を加へ来らずんばあらざるなり」（⑦：244f）。

他方、それと比較して日本代表団はどうであったか。「嗚呼我が珍田子、松井氏、牧野男、其の外国語の力に於ては世界の錚々《そうそう》たる者なり。唯其の胸中に決意なく情熱なし、之を以て其の眼彩に光なく、其の弁論に気焔なきなり。否単に我国の使臣に情熱なく決意なきに非ず、本国政府にこれなく、本国民衆にこれなきなり」（⑦：50）。外交官にも本国政府にも本国の民衆にも、講和会議で各国の代表と相対するだけの情熱は欠如していた。外交交渉の場において必要なのは、政府の方針や外交官の胆力だけでなかった。すでにそれを後援する国民の力を必要とする時代になっていると中野は見たのである。

第一次世界大戦という総力戦を戦うことを通じて日本以外の列国はすでに「覚醒」していた。中野はいう。「大戦乱は端《はし》なくも自覚せざる人類をして、既に具備する力のある限りを尽さしめた。列国は困難に踏み堪へて見て、案外自分の力が出るのに驚いた。後れてゐた思想は、此の現実の試用によつて覚醒しなければならなくなった」（⑦：201f）。一方、日本全権団の講和会議の失敗は「尽《ことごと》く旧思想と旧慣習とに囚《とら》はれて、漸く覚醒せんとする世界新人物の心理」を理解できていないことにあった（⑦：177）。総力戦体制以前と以後では世界が「可能力」「思想力」などすべてにおいて異なっていた。その自覚の上で、新しき思想と活動がなされなければならない。講和会議に先立って総力戦を戦い抜いた列国はその準備ができていた。観察するにとどまった日本はできていなかった。講和会議はこの新しい現実の上で試みられる「世界改造の舞台」であった。それゆえ、中野は「時代錯誤の悲劇」が「演出されるのは無理ならぬことである」（⑦：205f）と結論づける。言うまでもなく、悲劇の主役は日本である。

ここにおいて中野の次の目標が定まった。政治への国民の覚醒である。まずは、大勢は決したとはいえ講和会議の現状を知らしめなければならない。パリを出立し、ロンドン発の横浜丸に乗船した中野は四月三〇日に神戸に到着した。帰国後の中野は、伊藤正徳に告げていたように全権大使達を批判する文章や演説を量産していく。中野はまず、『大阪朝日新聞』に「講和会議を目撃して」を五月四日から何度かの中断を挟みながらも六月一四日までほぼ毎日連載した。これはかなり長期間に渡るものであったし、講和会議自体が進行中のこともあって、大いに注目を集めた。さらに、大阪毎日新聞社主催で五月四日に大阪市中之島中央公会堂にて講和会議に関する演説会を行い、それを文章化したものを『大阪毎日新聞』に五月六日から五月二二日まで連載した。また、野党の憲政会にも呼ばれて五月一二日に「講和会議の真相」と題する講演を行い、その内容は「講和会議の真相」として機関誌『憲政』にも採録されている。他には、五月一五日には早稲田大学の課外講義にて、五月一七日には早稲田大学雄弁会春季大会にて講和会議に関する講演をするなど、一ヶ月半で数十回の講演を行うほどであった。中野はもともと演説を得意としていなかったが、この講和会議に関する演説会をこなしていくなかで自信をつけ、後に有数の雄弁家とみなされる第一歩を踏み出した。

くわえて、『大阪朝日新聞』に連載した論稿と、「解放は唯一の活路」と「国民生活と国際生活」を付加して七月に出版したものが『講和会議を目撃して』である。『国民新聞』や『大阪朝日』、『東京朝日』、『大日本』、『日本及日本人』に書評が掲載され、発売後約一ヶ月で五刷までいくほどのベストセラーとなった。執筆者である中野正剛の声名も高まり、中野が主宰する『東方時論』の発行部数もこれまで二〇〇〇部ほどであったものが七〇〇〇部まで増加した。

では、中野の講和会議批判がなぜ受容されたのか。『講和会議を目撃して』の次の広告文をみておきたい。「講和会議の序幕より世界最近変局まで、曲折尽さゞるはなく、経緯明にせざるはなし。その所謂「道義に感奮」するの力は行間に溢れ、読下、感慨措く能はざらしむ。是れ、世界改造を論ずる者には一の科学也。史を学ぶ者には一の活歴史也。槊《ほこ》を横へて歌ふ者には一の国民詩也」。第一に、第一次世界大戦という未曾有の戦争と各国首脳が集まった講和会議自体への関心はあったはずである。講和会議への出発から山東半島問題と南洋諸島問題、人種問題という日本にとって重要な議題を取り上げた

図 3-3　広告『講和会議を目撃して』（『東方時論』1919 年 12 月号）

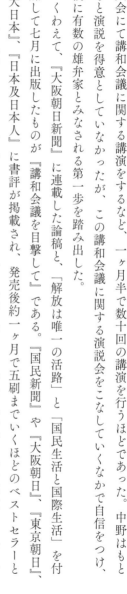

この書籍はそうしたニーズに応ええたであろう。第二に、「世界改造を論ずるものには一の科学也」とあるが、中野は第一次世界大戦を歴史的転換点と考えており、それゆえ、次の時代をいかに対応するかは重要な関心事となる。この書籍は、日本外交団への批判にとどまらず、総力戦後の世界への展望を示した点もアピールポイントとなった。第三に、文体である。「史を学ぶ者には一の活歴史也」とあるが、これは当然ながら実証的な歴史学的性格を備えた書籍ではなく、「新時代に適応した列国」と「適応できなかった日本」の二項対立図式でわかりやすく語られるものである。二項対立図式により、批判対象が明確になり、過激な文体による日本批判へつながっていく。秘密会議の場を中野は見ることはなかったため、当然ともいえるが、英仏の日本への協力や日本代表団の交渉上の主体性、すなわちウィルソン主義の新外交へ牧野が適応しようとしていたことなどは指摘されることはない。先述したが、中野は総会を「目撃」することはできても、最重要の一〇人委員会を「目撃」することはできなかった。にもかかわらず、中野は「目撃」したと書き、「目撃した人」と認識されたのである。

さらに、中野以外の新聞記者たちも悲憤慷慨しており、『国民新聞』の記者・馬場恒吾は帰国後に『改造の叫び』を一九一九年八月に民友社から出版し、伊藤正徳は一九二〇年三月に『破壊より建設へ』を外交時報社より出版し講和会議批判を展開していた。国益を毀損《きそん》する外交団への「悲憤慷慨」ムードは中野のみのものではなく、一定程度共有されたものであった。

くわえて、『東方時論』四巻一〇号における六刷を告げる広告文に付された書評には次の一節がある。

「大戦勃発後欧米諸国を視察し、更に講和会議の開催に際し、牧野副使一行と同船して巴里に赴き、親しく講和会議を目撃せる著者が、同会議が我が大和民族発展の前途に幾多の障壁を築けるを見て悲憤措く能はず、急遽本国に帰りて国民の自覚を促さん為、先づ大阪朝日新聞に同一の表題を以て発表したるもの（略）我が委員の無能を罵《ののし》り、日本の孤立を説いて其の改造の必要を絶叫せる熱血的大文字なり」。これは『東京朝日新聞』の書評であるが、講和会議参加者と近い関係にあって、講和会議を「目撃」したことを指摘している。「随行者」という肩書は中野の言説に特権性を付与し、中野の書くもの話すものの題目に「目撃」や「真相」をつけることを可能にした。『講和会議を目撃して』は中野が政治家としてステップアップするためのきわめて重要な業績となるが、慌ただしく出発し、また中途帰国したとはいえ、結果的に講和会議への「随行」は中野の行く末を大きく規定する決断となったといってよい。

中野が著作や講演で用いた「目撃」や「真相」といったワードは赤裸々で過激な言葉である。だが、中野の文筆力は、こうした苛烈な批判や悲憤慷慨を高める扇動的言辞を用いる時にこそ卓越さを示した。また、言論家から出発した中野は妥協や妥協と不可分となる交渉を嫌った。中野は、他者との説得と交渉からよりベターな政治的決定について合意を得る「政治の論理」よりも、「敵」と「友」を二項対立的に峻別《しゅんべつ》して「敵」を徹底して批判してオーディエンスの共感を得る「メディアの論理」を得意とした。くわえて、「随行」の事実は「目撃」や「真相」に信憑性をあたえ、言説の価値を高めることとなり、中野が展開する「メディアの論理」を補強することになった。

とはいえ、中野正剛の『講和会議を目撃して』はプロパガンダのためだけに執筆されたものではない。中野自身もまた総力戦に大きな影響を受け、総力戦後の世界での活躍のあり様を思索する書籍でもあった。その一つが改造同盟に結実する。

改造同盟

パリ講和会議において日本代表団が「敗北」した要因は、政治への国民の覚醒がなしえていなかったことにあると中野は考えていた。外交官がめざましき行動をとるためには、その背後に「国民の断乎たる決意」がなければならない。『講和会議を目撃して』に収められた「解放は唯一の活路」において中野はいう。「戦争は帝王一人で出来ぬやうに、外交は大臣や大使個人では出来ぬ。外に人類普遍の理想に共鳴し、内に国民実生活の情熱を喚起せねば、とても列国と折衝、按配、調和することは出来ぬ。デモクラシイの力は、国際的にも国内的にも働く、デモクラシイは、公明正大、簡明直截《ちょくせつ》でなくてはならぬ、直言は今までの外交には禁物であつたであらうが、今後の外交には唯一の長技である」（⑦：209f）。総力戦とその後の講和会議において「デモクラシイの力」とその趨勢を中野は知った。中野は講和会議という国際的な場でこれを知ったが、「デモクラシイの力」は国内的にも用いることができる。「デモクラシイの力」を有効に発揮するためには「公明正大」「簡明直截」でなければならない。批判対象を明確に設定する傾向をもち、華麗な文体を駆使できる文筆力を備えた中野にとって、総力戦後の「デモクラシイ」の時代は可能性に満ちた時代であったろう。

とはいえ、「国民の覚醒」を促す上で日本には未だ多くの障害があった。これらを「改造」していかねばならない。中野は、パリ講和会議を通して課題を共有した長島隆二、永井柳太郎らとともに改造同盟を結成した。発会式は一九一九年八月一八日に日比谷松本楼にて開催され、実行委員として国民党の植原悦二郎、古島一雄、憲政会の高木正年、関和知《わち》、政友会の島田俊雄、松田源治、『時事新報』の前田蓮山、『東京朝日』の杉村広太郎、『東京日日』の福良《ふくら》虎雄、無所属の長島隆二、『国民新聞』の馬場恒吾、『中外商業』の小松緑、『太陽』の浅田彦一、老壮会の満川亀太郎、早稲田大学の杉森孝次郎、『外交時報』の野沢枕城、信夫《しのぶ》淳平、『東京毎夕』の小野瀬不二人《ふじと》に永井柳太郎と中野正剛が就任した。三〇代から四〇代の若手代議士とメディア関係者が中心であった。

宣言文が作成されたが、その問題意識は「我為政家は国内の経済組織を革新して国民生活の安定を謀るの先見なきのみならず、漫然準備なくして世界の大戦に参加し、抱負なくして戦時外交の進展に附随し、更に理想なくして講和の変局に際会せり。乃ち我外交は覚醒せる世界の人心に訴へて我民族的理想を高調する能わず、躊躇逡巡相率ゐて列国の猜疑を招き、遂に国民生活の基礎を国際的に危うするに至りたり」(「改造同盟宣言」『東京朝日新聞』一九一九年八月一九日付)と、講和会議において、「民族的理想」を主張することはできず、諸事にあって「躊躇逡巡」するばかりで明確な主張ができず、「国民生活の基礎」を危うくすることになったことにあった。これを克服するために、「吾人は内に少数専制の旧弊を打破し国民の抱負と責任とを基礎とする政治組織を樹立せざるべからず。外に国民的情熱を高調して世界に公平を布くの手段を施さゞるべからず」(同)として改造同盟の発足に至ったのである。中野は『東方時論』(一九一九年九月号)においても「改造同盟論」を執筆しており、中野が構想の中心的役割を担っていたことがわかる。

では、改造同盟において具体的に何を「改造」するのか。以下、一一の項目が挙げられている。「一、普通選挙の実行。二、華士族平民差別撤廃。三、官僚外交の打破。四、民本的政治組織の樹立。五、労働組合の公認。六、国民生活の保障。七、税制の社会的改革。八、形式教育の解放。九、新領土の統治。十、宮内省の粛清。十一、既成政党の改造」。ただ、最も重要なのは第一に挙げられている「普通選挙の実行」であった。

これは改造同盟のメンバーの一人である長島隆二が「世界到る処旧い勢力は、種々な意味に於て凋落し、新らしい力が鬱勃《うつぼつ》として是れに代りつゝあつた。（略）私はこの世界の大勢を見るにつけ、どうしても日本に普通選挙法を実現しなければならない事を痛切に感じ、帰朝すると直ちにこの普選の旗印を掲げて大活動を開始した」（長島 1928 : 39f）と後年に回想していることからも明らかである。なお、中野は「改造同盟論」の中において「共産主義、国家社会主義、サンデイカリズム、ギルド社会主義、総て此等に対し、公平無私なる研究と利用とを怠るべからずと雖も、其の急変的改革の必要に推さるゝ以前、先づ普通選挙を実行して、国民の権利義務観念を訓練せざる可からざるなり」（「改造同盟論」『東方時論』一九一九年九月号 : 9）と当時の急進的思想への目配りをしつつ、普通選挙の実行を唱えている。

九月一五日には改造同盟大会を築地精養軒にて開催し、島田俊雄、中村啓二郎、鈴木富士彌、古島一雄、植原悦二郎、中野正剛、永井柳太郎ら約一〇〇名が出席し、中野が提起した「吾人は次期議会に於て普通選挙法を成立せしむる為めに凡《すべ》ての合法的手段を採る」との決議案を満場一致で可決し（「改造同盟大会 普通選挙決議」『東京朝日新聞』一九一九年九月一六日付）、一〇月一四日には神田青年会館において室《むろ》伏高信《ふせこうしん》、長島隆二、永井柳太郎、植原悦二郎、高木正年が登壇する普通選挙演説会を開催した。さらに、総選挙後の一二月二七日の改造同盟総会では、加盟代議士は普通選挙即時実行の決議を無視して反対の党議に服従する場合は除名すると定めた。また、翌年一月二一日には改造同盟主催で普通選挙大演説会を開催し、斯波貞吉《しばていきち》、鈴木文治、井上正明、馬場恒吾、中野正剛が弁士として登壇し（『東京朝日新聞』一九二〇年一二月二七日付）、普通選挙の機運を盛り上げる一角として活動した（図3-4）。なお、雑誌『改造』が発刊したのも一九一九年であり、「改造」が先進的なイメージをもったキーワードとして普及していた頃であった。

図 3-4　改造同盟で演説する中野正剛（『歴史写真』1919 年 9 月号）

期待をもって眺められていた改造同盟であるが、九月三日に日比谷の松本楼にて発起人会を開催した際、一八の労働団体の代表者約二〇名が乱入し、「吾人は改造同盟会の改造を促す」「労働者を除外して真当の改造が出来るかッ」との批判を浴びることとなった。その中には西岡竹次郎等の青年改造連盟もあった。パリ講和会議に際して集まった有志が中心になり結成された団体であったため、その階級性に偏《かたよ》りがあったのは当然であろうが、「国民生活」を議論し、「改造」をなそうとするにあたり、階級問題への目配りは足りなかったのは確かであろう。

歴史家・白柳秀湖は『東方時論』一九一一年一一月号における「既成政党の改造に対する疑義」の中で、中野の活動を評価しつつも「既成政党の改造」よりも「庶民党の設立」を提起すべきであったと批判している。また、パリ講和会議における日本代表団への憤激を軸に結成された寄合所帯の団体であったため、普通選挙法の実現に至る前に自然消滅してしまった。

第一四回総選挙

さて、改造同盟を通じて中野も普通選挙を訴えていたが、それより時は遡って中野が講和会議のために欧州にいる間から、普通選挙熱は高まっていた。一九一九年二月一一日には東京市で初めて本格的な普通選挙のためのデモが普選同盟会の主催により行われ、約三〇〇〇名が参加し、三月一日のデモには約一万名が参加した。大阪市、京都市、名古屋市など他の主要都市にも普選運動は広がった。一九二〇年になると普選運動は一層盛り上がり、一月三一日には全国の普選を求める四〇以上の団体が集まり、全国普通選挙連合会が結成された（松尾 1969：167f）。憲政会や国民党も院外の運動に呼応して独自の普選案を議会に提出した。この時の首相・原敬は野党から提出された普選案を否決するものの、高揚する普選問題を放置しておくことは議会運営上問題だと考え、政界を一新するため、二月二六日、解散を断行した（伊藤 2014：341）。なお、前年の選挙法改正により有権者の資格が直接国税一〇円以上から三円以上を納める男子となり、有権者数はこれまでの倍以上となる三〇〇万人を突破していた。

中野もこの解散に合わせて福岡での選挙活動を開始した。まず、中野は前回の選挙において宮川一貫と票を取り合い、松永安左ェ門に敗北したことから、頭山満に調停を依頼して宮川に出馬を辞退させた。三月二五日には福岡の九州劇場にて、中野の出馬と宮川勇退宣言の演説会が開かれ、中野への一本化が公式に表明された。これにより福岡市における選挙戦は国民党派と憲政会派の後援を受けた中野正剛と政友会派の後援を受けた松永安左ェ門との一騎打ちになった（図3-5）。

第一回演説会は四月一二日、東中洲の九州劇場にて開催された。この時の会場の様子を親中野派の『九州日報』は一九二〇年四月一四日付の記事で次のように記している。

「青年候補者の抱負を聴かんと押し寄する聴衆は雨を衝いて東より西より来襲し定刻には既に鮨詰めの有様で木戸口には尚ほ傍聴せんとするものが押し合ひ揉《もみ》合ひ遂《つ》ひに舞台の上より両花道三階四階にかけてぎつしりと詰め込み其数優に四千人、それでも木戸口は大混雑を呈して居た」。

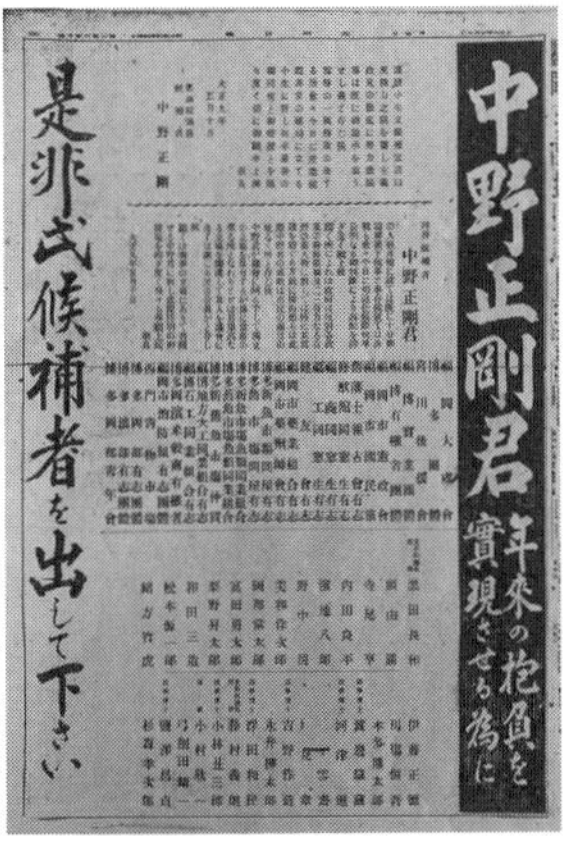

図 3-5　中野正剛選挙広告（『九州日報』1920 年 5 月 10 日付）

演説会のはじめは市議会議員の吉安源太郎が中野一本化への経緯を語り、「中野君の如き将来有意の青年を我福岡市選出として中央議政壇上に送るは実に福岡市の面目なり、若しも之と反対に松永氏を当選せしむる如き事あらば福岡市の不面目なり」と中野の若さを強調した。これらは玄洋社系で親中野派の報道であるため、脚色もあるだろう。むしろ、同日の演説会の内容については、政友会系で反中野派の四月一四日付の『福岡日日新聞』が要領よく中野の政綱をまとめている。それによれば、一二日の演説会で中野が発表した政綱は、労使協調論に基づく労働問題、義務教育延長論、普選問題であった。ただ、改造同盟や『東方時論』においては普通選挙の積極的な推進を求めていた中野が、ここでは義務教育の拡張と改善を実施して、その後に普通選挙に及ぶのが「当然の順序」であるとしていることである。さらに、「解散後の議会に於て普選に次ぐに普選を以てするは得策に非ず宜しく漸進的に実行すべし」とも述べたという。『福岡日日新聞』はこの中野の普選論に関する変貌振りを、四月一六日付の「中野君の態度　猫の目の様に変わる」や四月一九日付の「中野君の食言」、五月五日付の「青年団体結束反中野気勢旺盛」などで執拗に批判している。

中野が選挙活動において普通選挙論をトーンダウンさせたのは理由があった。中野の後援者である安川敬一郎が普通選挙について批判的であったためである。一九二〇年四月一二日付の『安川敬一郎日記』（第三巻）には次のように記されている。「午前八時前進藤喜平太来る、継て中野正剛来る、昨日四月の東方時論を読通するに、普通撰挙論の掲載あり、中野を詰するに、彼の論旨の如きは選挙場裏に於ける不利の問題なるのみならず、真に理想的空論を以て直ちに実行すべきと信するならば、余は応援所か反対せさるを得す、進藤氏亦同論なり、九時四十三分にて帰宅す」（368）。ここで言及される「四月の東方時論」とは、「総選挙に臨む国民の責任」『東方時論』（一九二〇年四月号）であると思われ、この論稿には「普通選挙は理論として正当」という項目がある。留学や選挙活動に多大な支援を得ていた安川からのこの言葉は大きかった。さらに、前回の総選挙において中野の選挙広告にも名前を載せた玄洋社社長の進藤喜平太も同意見であり、中野の支持基盤を考慮すると、この意見を受け入れないわけにはいかなかっただろう。

こうした変節は松永派に付け入る隙を与えたものの、今回の選挙戦は順調に推移し、結果は中野正剛が二五九六票、松永安左ヱ門が一七一七票と八七九票差で中野の勝利に終わった。『九州日報』はこの選挙結果を回顧した記事を五月一四日に出しているが、この差は中野陣営の幹部においても「予想外の大成功」と評価せざるをえないものであった。その記事は、大勝の要因として、言論戦の効果、運動員の士気の高さ、「反抗的逆襲戦」、投票期日直前の白兵戦、「無形の同情者」、すなわち「運動員に非ざる有権者」の五点を挙げている。その中でも重要だったとするのは言論戦であった。四回の演説会を行った松永に対して、中野は計六回の演説会を行い、その演説会はいずれも比較にならないほど「好人気」であったという。「無形の同情者」とはいわば浮動票である。有権者数の拡大は浮動票を増やすことになったが、言論戦での戦いぶりや地元出身者という同情を引きやすい要因が、浮動票の獲得に有効に働いた。中野勝利の報を聞いて、安川は開票日当日の五月一一日の日記（第三巻）に「快極りなし、直ちに筆を取り中野に贈るに六字の警語を以てす、尚謙虚戒驕慢」と記した(377)。「謙虚を尚《とうと》び、驕慢《きょうまん》を戒む」。この六字を三五歳の中野正剛がどこまで深く受け止めていたか。いずれにせよ、中野正剛は代議士としての一歩を踏み出すことになった。

なお、総選挙全体としては、政友会が二七八議席、国民党が二九議席、憲政会が一一〇議席、無所属は四七議席を獲得し、前回の一六五議席から政友会は一〇〇以上も議席数を増加させ、圧勝した。

3　民族主義と社会主義の間で

シベリア出兵批判と尼港《にこう》事件

衆議院議員の席を勝ち取った中野は、第四三回帝国議会本会議において早速、決議案「尼港問題の真相を明白にし延《ひい》て外交及軍事を審査する為特別委員会を設置すべし」を提出し、七月九日に初演説を行った。尼港事件とは、シベリア出兵のさなかに、ニコラエフスクにおいて七〇〇名以上の日本人居留民がパルチザンにより虐殺された事件である。一九二〇年六月にニコラエフスクの惨状が伝えられると、事件を特集する雑誌や五百木《いおき》良三『尼港問題を通して』や溝口白羊《はくよう》編『国辱記』などの出版物が出され、九月には浅草にて「尼港遭難実況展覧会」が開催されるなど、センセーショナルな事件となっていた（麻田 2016）。中野は早くからロシア問題に関心を持ち、シベリア出兵についても『東方時論』を拠点にして当初から反対の論陣を張っていた。中野はこの事件は安易な出兵により引き起こされたものと考え、その責任を問おうとしたのである。無所属であった中野は国民党と憲政会とに事前に尼港事件に関する決議案を提出することを相談した。憲政会はこの問題を通して内閣弾劾を進めており、すでに七月一〇日に国民党とともに内閣不信任案を提出していた。憲政会と国民党は、中野の決議案もその流れに乗るものとみて、両党ともこれを是認した。

中野はこの演説の目的を「対露外交、遡って対露外交に関聯する対支外交中の軍事協約、其他の関係から、延て対支外交一般の経緯を明白にし、出兵当時よりこんがらがって来って居る軍閥と外務の外交、此外更に纏綿《てんめん》せる外交調査会内閣の遺口《やりくち》を糾明する」（速記録：101）ための委員会を設置することと述べている。この演説は一時間余りにもわたり、シベリア出兵や尼港事件が起きた所以を中野なりに説明したものであった。これに対し、まず、政友会の一宮《いちのみや》房治郎が応答したが、尼港事件が起きた要因を調査するべしと主張した中野が、すでに演説の中において勃発した要因を答えているため、改めて調査委員会を設置までして調査する必要がないと応えている。さらに、首相・原敬は中野の決議案が、中野本人は弾劾《だんがい》ではないと言いつつも弾劾になっていることや一宮と同様に答えが出ている決議案であって、「中野君は先刻言はれただけの演説を為されば、中野君の目的は達せられて居るのではあるまいかと思ふ」（速記録：110）と一蹴した。中野が問題としようとしたのは尼港事件のような問題がいかなる過程と構造のもとで生じたのかを明らかにし、日露関係の見直しを求めるもので、たしかに、議会の場で具体的な問題の解決を促すものではなかった。

そもそも中野は尼港事件の発端となったシベリア出兵に反対し、その引き金となったロシア革命に対しても介入すべきでないことをいち早く説いていた。当初、ロシア革命を主導したケレンスキーが英国庇護のもとに革命を進めるものの、人民からの支持を失って地位を追われ、他方でレーニンがドイツを経由してロシアに入って実権を握ると、日本ではレーニンを「独探《どくたん》」と呼び、ロシアがドイツの影響下に入ることへの危機感が増大していた。しかし、中野はロシア革命がロマノフ王朝の圧政に対する民衆の抵抗が結実したものであり、レーニンは「非賠償、非併合、永久平和、階級打破」などの「過激なる理想主義」に殉じる革命家であり、「独逸の傀儡《かいらい》」になることはないと予測している。むしろ中野は、レーニンは世界に対して「極端なる理想」を呼号することを優先しているため、ドイツの「東漸《とうぜん》」を懸念するよりは「唯悩める全露国人に同情して、彼等と親善の策を講ずれば足れり」とレーニン政府への支持を表明している（「時事評論」『東方時論』一九一八年一月号：5）。中野は社会主義政権が近隣に誕生することにより、社会主義思想が日本国内に波及するといった同時代の政治家らが抱いた危機意識を共有していなかった。

また、来るべき講和会議において発言権を増すためのシベリア出兵について、「公開せる講和会議」（『東方時論』一九一八年三月号）において次のように批判している。「講和の三大原則」である「非賠償」「非併合」「領土自決（民族自決）」は、「炳乎《へいこ》として米国の之を認め、英独の之を正面より否認する能はざる所」であって、この原則を見据えた上で残りの世界大戦も遂行していかなければならない(46)。講和の原則を見据えるならば、「所謂西比利亜《シベリア》出兵論は愚なり」と判断せざるをえず、ロシア革命に乗じて領土を占領することは出来ても、講和会議においてそれが承認されるはずはないという(45)。むしろ、ロシアとの経済関係を今のうちに結んでおくことが実利を獲得していく上で有利になるだろうと説いた。少なくとも、日本はロシア革命勃発前の一九一六年に第四次日露協約を締結して、日露関係を強化していた。こうした蓄積を活かすべきだとする。

そのためにも、中野は一九一八年七月号の『東方時論』の「時論」の中で、早くもレーニン政府を承認すべきことを主張していた。「吾人は英仏の意向を顧慮するを須《もち》ひず、米国の態度を憚るを須《もち》ひず、これまで露国に対して与へたる好意的援助を継続し、須《すべか》らく露国の現勢を支配するレイニン政府を承認すべし」(11)。

中野はレーニンの社会主義思想の内実よりも、ロシア革命が帝政ロシアの長年の専制に対しロシア国民が一丸となって抵抗したことを重くみていた。それはレーニンやトロツキーの社会主義思想に共鳴したためではなく、ロシア国民が自らの意志で圧政に対抗するために立ち上がった「民主主義的な革命」であった。それゆえ、中野は民主主義国・アメリカの大統領ウィルソンがロシア革命に融和的であったことを必然のものとして見ている。「ウヰルソン氏は、流石《さすが》は民主国の指導者ほどありて、露国の思潮を解するに慧敏《えいびん》なり、彼は露国の革命が一朝一夕のものに非ずして、数百年来に培養せれ《ママ》しものなるを知る。過激派なるものゝ行動が、単に一レーニン、一トロツキーの行動に非ずして、露国全国民の意思なるを知る、一億七千万の露国の人心を敵としては、決して何事をもなすべからざるを知る」(「時論」『東方時論』一九一八年四月号：5)。

それゆえ、社会主義思想が日本に伝播して国体に累《るい》を及ぼすとして、シベリア出兵を推進しようとする「山県系の政治家」の考えは見当違いも甚だしいと中野は批判する。そもそも、ロシア革命は「天の之を亡ぼせしにして、決して一レイニン派の為せし所に非ず」とみなす。なおこれに続けて、中野は「日本は外来の刺戟を俟《ま》たずして、現に官僚政治私党政治に対する反抗の気を長じつゝあり。此気の勃発する所、閥族を滅ぼし、偽党を撃攘することは是れあるべしと雖、毫も国体を危うするの理由は存せざるなり」(「時論」『東方時論』一九一八年七月号：12)として、そもそも「官僚政治私党政治」に対する

「反抗の気」は存在していたともいう。言うまでもなく、それは中野自身が執拗に示し、運動としても展開してきたものであった。社会主義思想が浸透する以前から、「山県系の政治家」を中心とした藩閥政府の打倒を中野は目指していたが、それが「国体を危うする」という認識は中野にはなかったであろう。中野は専制政治に対する「民衆の抵抗」という側面からロシア革命を見ており、国体を変革する「革命」へとつながるものとは考えていなかった。

中野は以後もソ連承認論や日露関係の深化を目指す議論や運動を継続していく。こうした議会での演説や論説を展開した一九二〇年の後半、中野は朝鮮と満洲への旅行に出ることになった。なお、帰国後に中野夫妻は高木陸郎に支出してもらっていた住宅費用を返済し、自宅を増築し、そこに塾生を起居させるようになった。これを「猶興居《ゆうこうきょ》」と呼び、塾生の中には後年、東方会で重要な活動を担う青年もいた。「猶興居」は「豪傑の士は文王なしと雖も猶興る」の孟子からの一節から採用しており、後年建設された中野の銅像の裏にもこの言葉が刻まれている。

『満鮮の鏡に映して』と「日本人の卑劣思想」

一〇月下旬から五〇日ほどの満洲と朝鮮の視察旅行をまとめたものが、『国民新聞』に五〇回にわたって連載された「満鮮の鏡に映して」である。改造同盟でも歩調を合わせた馬場恒吾が、国民新聞社社長の徳富蘇峰に仲介して連載を実現させた。

さて、タイトルにある「満鮮の鏡」に映ったのは何であったか。それは、「同胞の窶《やつ》れたる姿」⑼：

自序2）であり、「日本人の卑劣思想」（⑨：1）であった。朝鮮の間島《かんとう》において「不逞鮮人《ふていせんじん》」が問題となっていたが、中野はまず「間島に不逞鮮人は居ない。賊は山中に在るでなく、皆な頽廃せる我同胞の心中に潜《ひそ》む」と始める（同）。この頃の重大問題はカリフォルニアの排日政策と間島の朝鮮統治問題であったが、両者は対照的な対応が取られた。米国の排日政策については妥協的な「紳士協定」が結ばれる一方で、間島問題では強硬な対応が取られた。「不逞米人の暴虐に対して国策の腰をきめ得ない日本に、不逞鮮人を罵る声は、囂々《ごうごう》として饗応した」（⑨：9）。両者の対応の淵源にあるのが、強い者に巻かれようとする事大主義であると中野は見た。この態度が、内においては「特権階級に迎合する党類の専制」となり、外においては「退嬰卑屈の外交」（⑨：8）となった。さらに、この根源にあるのが「弱い者を苛《さいな》む」日本人の「卑劣思想」である（⑨：11）。「英米に対すれば正義を棄てゝ其前に跪拝《きはい》せんとする思想」であり、「支那朝鮮に対すれば不正を知りつゝ拳固を振り廻さうといふ思想」である（⑨：12f）。

パリ講和会議の帰国の途上で、中野は三一独立運動を知った。それ以後、朝鮮でも民族運動は一定程度展開できるようになった。そうした状況を見て中野は、「我輩は朝鮮を旅行して、鮮人悪化よりは、寧ろ鮮人の自覚を感じて嬉しい」と独立運動やそれに従事した運動家への共感を示している（⑨：24）。むしろ批判対象は日本人である。「日本人は最初支那人をブン擲《なぐ》ることを、上海に於て英国の先輩から学んだ。例の事大主義で無批判に此の悪習慣を受け入れた。若し日本人の胸中に自主的信念あつたら、支那人の為に此英人の悪習慣を憤つたであらう。（略）然るに小慧《こざか》しき日本人は、英人を学びて支那人を擲《なぐ》り、それで一等国の列に入つたかのやうに感じた。さうして此の悪習慣を持して朝鮮に臨んだ」（⑨：24）。日本人が朝鮮人に振るってきた暴力を批判する。その上でそれに抵抗する朝鮮人を中野は擁護する。「人間が故なくして人間に擲《なぐ》られなくなつたことは、悪化でも不逞化でもない。進化である、自覚である」（⑨：25）。

中野は京城に赴任していた『東京朝日新聞』記者時代から、朝鮮総督府批判を展開しており、アジア問題を軸にした『東方時論』も朝鮮で出版されていたこともあって、中野正剛の名前は朝鮮にあってもよく知られていた。この視察旅行の間に京城、平壌、安東、釜山などで中野が講演会を開催していたところ、ある講演会後に一人の年配の朝鮮人教師が中野のもとにやってきた。彼は中野の『朝日新聞』の記事や『東方時論』の論稿も読んでいたと告白しつつ、朝鮮人教育についての中野の真意を尋ねた。すなわち、「朝鮮人の教育を独立にするか、自治にするか、今までのように「総督府謳歌」させる屈従か」ということである。中野は言下に「凡そ日本でも支那でも、英米仏でも、朝鮮でも、教育の根本義に二つあるべき理由はない。教育は独立自主の人を造るにある。これ以外には何処の国に行つても、教育方針の立て方はないではないか」と答えると、「貴方は日本人としてそんなことを言はれてもよいのですか」と驚かれたが、それに対して中野は付け加えて次のような教育論を披瀝した（⑨：79）。「教育は人間を造るのである、完全なる人間は独立自主である各の人間が各完全なる人格を備へ、押しも押されもせぬ個性を発揮することが、畢竟其の社会を完全にする所以である」（⑨：80）。にもかかわらず、「日本が朝鮮人を教育する場合に限り、「お前は独立自主の人となつてはならぬ。お前は今日も明日も、永久に亘り俺の奴隷となれ」といふやうな不合理な方針を墨守することは出来ぬ」（⑨：81）。中野の教育論はシンプルであるが力強い。中野は具体的な政策レベルでの提言は行っておらず、どこまで現実を考えていたかは判然としないが、少なくとも思想としては朝鮮にあっても「独立自主」を説いた。ただ、「独立自主」により、日本との関係が切断されるとは中野も考えてはおらず、まず「日本は有色人種中、辛うじて国際的威力を有する唯一国家である」（⑨：91）ということと、国際経済を考えるならば、英米は有色人種の圧迫に動くため、独立したとしても朝鮮は日本と「親善融合」の友好関係を結ばざるをえないという認識が、朝鮮に対する「独立自主」という主張の背景にあった。

また、日本は朝鮮との同化政策を進めてきたというが、中野は文化的なものから融合するのではなく、「政治経済組織」から「同一」にすること、すなわち平等にしていくことを説く。そのモデルは英国にあった。「ロイド・ヂヨルヂはウエールス人である。ウエールスはケルト民族で英人でない、言葉も別なら風習も違ふ、謂はゞ英国の朝鮮人である、其の英国の朝鮮人が出でゞ大英帝国の宰相となり、英本国は愚か印度、南阿《なんア》、濠洲、加奈太《カナダ》、数億の人民を提げて、国際政見の大立者となり、進んで全世界の人類生活を按排《あんばい》せんとするに、何等の不思議も無理もない」（⑨：128f）。それゆえ、三一独立運動の指導者である孫秉煕、安昌浩、李東暉《ママ》をも「味方」にして、「国際会議には朝鮮人を出席せしめ、彼等の力を借りて、世界に公平を要求せねばならぬ」（⑨：129）という地点が、中野にとっての理想となった。具体的な経綸《けいりん》は提示しておらず、いわばこれも急進的な書生論と読めるが、議会に足場を持つようになった中野は、一九二一年二月二五日に決議案「朝鮮統治に関し調査委員会設置の件」を議会に提出している。
さらに、中野はこの視察旅行でシベリア出兵時のハルピンに赴いた。日本はウラジオストクと満洲西部の満洲里との二方面からザバイカル州へ進軍する計画であったが、満洲を横断する中東鉄道の要路にあったハルピンは満洲里へ向かう軍の物資を供給する拠点であり、かつ、情報工作上の拠点ともなっていた。そのため、ハルピンでは御用商人が特務に任ずる武官と結託し、私腹を肥やす機会になったと中野は見ていた。

特務に従事する高級武官は良い目をみるが、一兵卒はそうではなかった。中野は次のように記す。「哈爾賓《ハルピン》街頭料理屋に横づけになつて居る自動車は、何時も特務機関其他軍事用のそれである。閣下や其の御取りまきや、毎日泥酔して深更迄巫山戯《ふざけ》て居る。室内はペテカの気に蒸され、男女の歓声が湧いて居る。門前の自動車を護る兵士は薄い外套《がいとう》で氷点下数十度の寒天に深夜迄慄《ふる》えて居る。見よ将校が兵営で情死した。閣下の住宅は家賃二万円である。過激思想は誰が日本人間に培養するのか」（⑨：187）。中野はこのことを第四四議会でも取り上げ、決議案「対露政策に関する件」（一九二一年二月五日）を提出している。そこで「過激思想は外より来るでない、哈爾賓街頭に行つてごらんなさい」と高らかに演説し（⑪：17）、高級武官が温暖な室内で深夜まで遊興にふけっている一方で、一兵卒が極寒のなかで不動の姿勢で自動車の番をしていることの矛盾を衝いた。ソ連から過激思想が流入するのではなく、こうした矛盾こそが過激思想を培養することになるのだと中野は説く。後年の昭和におけるテロ事件の動機の多くは、既成政党と政商の腐敗と経済格差にあった。それは社会主義思想の故ではない。こうしてみると中野の観察が的確であったことがわかる。

さて、中野は以後もソ連承認論を言論と活動の両面において展開していく。一九二二年には東方時論の社友をもとに「又新社《ゆうしん》」を結成した。その中心となったのは桝本卯平《ますもとうへい》、三木喜延、満川亀太郎、中野正剛、風見章であった。又新社は、ソヴィエト政権が日本のシベリア出兵に対峙するために建国した極東共和国のアントーノフと会見し、その内容を「アントーノフ氏との会見記」として『東方時論』一九二二年九月号に掲載した。また、対露非干渉同志会を中心に七月一〇日、神田仏教会館において対露問題演説会を開催し、中野正剛、馬場恒吾、堺利彦、麻生久、布施辰治、下中弥三郎、松岡駒吉が演壇に立った。中野は東方時論社の社友や改造同盟での人脈を越えて、ソ連承認問題ではいわゆる社会主義者とも協同路線をとった。なお、七月一〇日の演説会は、もともと六月二二日に露国飢民救済演説会として予定されていたが、当局の反対にあって延期したものであった。当日の会においても、警官による演説中止、解散命令を受けることになった。一九二三年二月には、日露協会会頭で東京市長でもあった後藤新平とソ連代表のアドルフ・ヨッフェが数度にわたる会談を行い、日露関係回復の機運が上昇した。五月四日には、神田青年会館において、政教社の三宅雪嶺も登壇してのソ連承認問題の演説会が開催され、約一五〇〇名もの入場者を集めた。

こうした院外での演説活動だけでなく、中野は第四六議会の一九二三年三月二〇日にソ連承認に関する決議案を提出した。この演説と同文のものを「世界政策としての露西亜承認」として『東方時論』一九二三年四月号に掲載している。また、「露西亜を即刻無条件にて承認せよ」（『改造』一九二三年六月一日号）、「日露国交の精神的要素」（『東方時論』一九二三年六月号）、「日露交渉の暗礁」（『東方時論』一九二三年七月号）、「醜悪なる日露交渉」（『東方時論』一九二三年八月号）などを執筆し、『東方時論』一九二三年六月号は「日露問題号」を特集するなど、ロシア問題に関する精力的な執筆活動を行った。

日露関係の修復はシベリア出兵を主導した後藤新平を中心になされつつあったが、一九二三年九月一日に起きた関東大震災により途絶を余儀なくされた。そして、この関東大震災により、中野正剛とその岳父・三宅雪嶺は重い決断を促されることとなった。

関東大震災と政教社

中野正剛が経営する東方時論社は、中野の『講和会議を目撃して』により発行部数を一時的に伸ばしていたが、その後、経営的苦境に陥っていた。また、三宅雪嶺が主導してきた政教社も雪嶺の妻・花圃が発刊した『女性日本人』の失敗により、経営基盤が揺らいでいた。この打開策として中野は『東方時論』と『日本及日本人』の合同を、八月四日、政教社の経営者・井上亀六に提案した。この段階の話では、『東方時論』を廃刊した上で、中野が合同のための資金調達を行い、東方時論社同人を政教社員に加えるとのことであった。この案であれば『日本及日本人』を尊重するとの立場をとることになるため、合同は了承できるものと井上は賛成を表明していた。だが、八月六日の会談では、中野は『日本及日本人』の改題と政教社の改称の意向を伝え、井上は『日本及日本人』の歴史を途絶えさせることにつながるとして反対した。さらに、井上は『東方時論』と『日本及日本人』との合同にあたって、東方時論社同人の合意を予め得ておくように中野に伝えていたが、中野の意志は必ずしも東方時論社同人に貫徹していないことがわかったため、八月一四日、井上は古島一雄を通じて合同交渉の一時中止を要請した。しかし、中野に賛同する雪嶺は合同すべきことを強く主張し、むしろ政教社の井上を批判した。合同交渉は雪嶺と中野の間で進行し、八月二一日に雪嶺は自邸にて政教社同人を集め、古島一雄に合同を宣言させた。九月五日に両社の社員の顔合わせの予定をしていたところ、九月一日に震災が起きたのである（「三宅雪嶺氏との絶縁顚末」『日本及日本人』一九二四年元旦号）。

関東大震災は東京に甚大な被害をもたらし、多くの新聞社や雑誌社も被災した。政教社社屋も例外ではなかった。震災後の混乱の中で、井上亀六らは政教社同人の安否を確かめることに専念しており、合同交渉は途絶していたはずであった。ところが、九月一三日に、同人稲垣伸太郎が使いとして井上亀六の下を訪れ、一九二三年九月一〇日付で以下の要点を記した「覚書」が手渡された。

・天災に依り予定の如き合同実行の資金調達覚束《おぼつか》なし
・三宅雪嶺翁を中心とし、極めて緊縮せる経営方針を樹立する丈けの小資金は特別の手段に依り中野正剛に於て調達すべし
・政教社と東方時論社とを解散し別に新たなる基礎の上に日本及日本人を発行す
・井上稲垣両名に於て政教社の跡始末を為し、便宜上稲垣の名に於て新基礎樹立の方針に参画せしむ

井上にとっては青天の霹靂《へきれき》であったろう。資金調達は大震災の被害ゆえ納得はできるものの、「政教

社の解散」と「後始末」はこれまでの交渉の中で議論されたものではなかった。急遽、九月一五日に政教社同人は雪嶺に事情を聞くため、三宅邸に集合した。そこでは、「覚書」は原案であって、決定事項ではないとのことが確認され、より長文の「釈明書」が示された。政教社社員の多くは十分な納得はできなかったものの解散に同意した。ただ、これでは後味が悪いため、国分《こくぶ》青崖《せいがい》と古島一雄の尽力により、一〇月一六日に三宅邸にて最後の会見が開かれることになった。だが、そこでも結局、両者の懸隔《けんかく》は埋まらず、ついに雪嶺は政教社を退社して、中野正剛とともに我観《がかん》社を設立し、一九二四年一月に雑誌『我観』を発刊することとなった（同）。一方、政教社は社名と『日本及日本人』の誌名を継承して刊行を継続することとした（ただし通巻号数は引き継がなかった）。政教社は、この三宅雪嶺退社に関する震災後の経緯を『日本及日本人』一九二四年元旦号に付録「三宅雪嶺氏との絶縁顚末」として掲載した。これについての反響は大きく、翌一月一五日号においても「絶縁顚末の響き」として読者の声を一二頁にわたって掲載している。

中野目徹はこの三宅雪嶺退社の原因を経済的問題や人的問題にとどまらない思想的な問題にあったと指摘する（中野目 2014：195）。先にも確認したように、一九一〇年代後半の雪嶺は、黎明会《れいめいかい》への参加、森戸事件における森戸辰男弁護、中野正剛とともにソ連承認論の立場に立って演説会を開催するなど社会主義思想へ積極的にコミットするようになっていた。国粋保存主義を唱えた雪嶺は社会主義思想をも受容するだけの思想的包容力をもっていた。

一方、残留する政教社員は「日本主義化」を傾斜させていく。後に原理日本社に身を寄せる三井甲之《こうし》は、『日本及日本人』一九二四年元旦号において論稿「三宅雪嶺の個人主義思想の錯誤を指摘して祖国主義信仰を宣言す」や翌一五日号では「『我観』執筆者の思想的真価順位」を記して『我観』やその執筆者を執拗に批判している。前者は「我観発刊宣言」を批評して、雪嶺は「唯利主義的個人主義」「個人主義的自矜《じきょう》主義」「打算的利己主義」という「思想的欠陥」を有しており、そのためソ連承認論や社会主義思想へと傾倒する「流行偽新思想家の追随者」となってしまったという。というのも、「社会主義理論の宣伝」や「社会主義運動」は「農民の福利」も「祖国のため」を思うものではなく、「個我的名利心」のために「非祖国主義的似非《えせ》非基督教人道主義的職業的社会主義労働運動煽動者」によって利用されたものであるからである。それゆえ必要なのは、「現日本にとつての刻下の急務は労農ロシヤの世界革命宣伝に内応しようとする偽新思想偽進歩思想の掃蕩である」と三井は結論づけている(75)。三井は雪嶺の政教社退社も、縁や歴史によって連なる「団体精神」を忘却した「個人主義」から導かれたものであったとみなしていた。後者の論稿では、『我観』について『改造』『中央公論』の如き非日本非現実主義の煽動享楽亡国的悪思想宣伝雑誌の悪影響の全国的浸潤の重大危険を実見する時、『我観』もその末班に加はらうとする如き思想徴候を示す」と激烈な表現で批判している(65)。

このように「祖国日本」への帰依《きえ》と個人主義批判を展開する三井にとって、中野や雪嶺のソ連承認論や「個人主義」は到底容認できなかったであろう。三井の議論は政教社の中にあってもかなり急進的なものであったとはいえ、彼らが同じ組織に共存し続けることは困難であり、「左右対立」が先鋭化していく時代思潮の中において分裂は必然であった。

革新倶楽部へ

さて、少し遡るが、中野は第一四回総選挙戦において、安川敬一郎より普通選挙論を抑制するよう言われていたが、やはり議員になってからは普通選挙を推進していく。

一九二〇年七月一二日、憲政会と国民党はそれぞれ普選案を上程するが、政友会が多数を占める議会において両案は否決された。議会終了後、普選案に賛成票を投じた議員が集まり、野党団結の必要と政友会からの政権奪回の重要性を確認した。賛成案を当然のごとく投じていた中野はこの会にも参加し、さらに、同年一二月二一日に野党を中心に党派を越えた普選同盟起草委員会が、野党で協調できる普選案を立案するために開催されるとその起草委員の一員となった。一二月二六日にこの普選協調案は完成し、二七日に「衆議院議員選挙法中改正法立案」として関直彦、松本君平、浜田国松、古島一雄の四名を提案者とし、多数の賛成者の一人として中野も名前を連ねた。この法案は第四四回帝国議会において審議され、結果的には否決されることになるが、この運動のさなかで志を同じくする無所属の議員が集まり、一九二一年一月二二日無所属倶楽部が結成された。メンバーは松本君平、安藤正純、林田亀太郎、中野正剛、野溝伝一郎、押川方義《まさよし》、山本厚三、佐々木安五郎、山科慎二郎、大浜忠三郎、富永孝太郎、田淵豊吉、副島義一の一三名で、そのうち幹事を松本君平と野溝伝一郎が務めた。組織とは言いつつも、各議員の自律性を重視しており、「本倶楽部は政界廓清の急先鋒たる代議士を以て組織す」ということと「本倶楽部は其決議を以て議員の自由を拘束することなし」との申し合わせを共有していた。無所属倶楽部は一九二一年三月に遊説を行うなどもした。

さて、中野の無所属倶楽部時代に重要な議題となったものの一つに軍備縮小問題があった。甚大な被害を出した第一次世界大戦後、平和主義の風潮が高まっており、第四四回帝国議会において尾崎行雄は決議案「軍備制限に関する件」を提出し、二月一〇日に演説した。これは「帝国の海軍具備は英米二国と協定して之を制限すること」「陸軍軍備は国際連盟規約に基き之を整理緊縮すること」を求めたものである。これは賛成三八票対反対二八五票で否決となった。中野はこの尾崎の決議案に賛成の立場からの質問演説を議長に求めたが、討議打ち切りの動議が出たため果たせず、賛成票を投じるにとどまった。

これについて解説したものが「海軍協定論と尾崎案」『東方時論』（一九二一年三月号）である。中野は尾崎案を軍備縮小というよりは、「平和外交を高調」するものとして結論を評価したが、その「調子」については満足できなかった。中野によれば尾崎案は米国の軍事力に日本は及ばないがゆえに、互いに戦力を抑制しようというもので、中野はこれを「敗北主義者の色彩」とする。たしかに、日本は富、人口、領土において米国に及ばない。ただ、それが理由で米国が日本を武力で容易に圧倒できるかといえば必ずしもそうではない。日本の背後には朝鮮、満洲、シベリア、中国、モンゴルがある。こうした「地形と天険」といった地政学的要因を考慮に入れて、交渉に臨む必要がある。むしろ、「ユーラシア大陸を背後に背負ひ、其の資力の後援を有して始めて米国と対等の挨拶が出来る」(14)。そのため、中野は次のようにいう。「彼と我とは財力に懸隔がある、併し彼は彼れの天険を有し、我は我が独特の地形を占めて居る。我は我が国防を亜細亜大に拡大し、東亜の人心を開拓して、彼に当るの手段に窮しない。固より困難に相違ないが、困難なるが故に、之を廻避することは出来ない」(14)。

ここでまず確認しておきたいのは、中野が当然のようにアメリカと日本との国力の差を認識していることである。その上で、アメリカと太平洋におけるバランス・オブ・パワーによる平和を維持するためには、日本が東アジアの後援を受けていなければならないとする。その後援のために「東亜の人心を開拓」する必要が生まれてくる。中野において対米関係と対アジア関係はこのように連結しており、太平洋におけるバランス・オブ・パワー、すなわち平和は日本一国では保ちえないと考えていた。実は、こうした日米間の力量差と太平洋におけるバランス・オブ・パワーの維持のために、日本を後援する勢力が必要だとの考えは後の三国同盟につながる発想である。

一九二一年一一月のワシントン会議に日本政府は、海軍大臣・加藤友三郎を首席全権大使とし、貴族院議長・徳川家達《いえさと》と駐米大使・幣原《しではら》喜重郎らを臨ませることとした。なお、中野はこの派遣団員について、「外交事務を取り扱ふ役人」にすぎない石井菊次郎、珍田捨巳、林権助、伊集院彦吉などの外交官ではなく、首相・原敬が適任だとしている。その上で、杉森孝次郎、伊藤正徳を顧問格とし、猶存社の鹿子木《かのこぎ》員信《かずのぶ》や大川周明《しゅうめい》、満川亀太郎、北一輝を随行させることで欧米の政治家との交渉で負けることはないとして提案していた（「已むを得ずんば原敬か」『東方時論』一九二一年八月号）。

当然ながら、このような希望は反映されるはずはなく、使節団は盛大な見送りの下、出発する。ただ、パリ講和会議後に国民外交論を主張していた中野は、この使節団の見送りが「国民其者」ではなく「国民中の特殊階級」であることを指摘する（「徳川使節の態度」『東方時論』一九二一年一一月号）。使節団は国民の意向を知らないし、国民は使節団の方針がどの様に決定されたかも知らない。ワシントン会議に対して国民は「希望」も「決意」も「準備」されておらず、「無理解」な状態にある。国際外交の舞台では、「国民の熱心なる後援」があってこそ外交団は十分な力を発揮できる。そのための情報や経綸の公表、国民の啓発がなかったとするのである。こうした認識は「政府当局は華盛頓《ワシントン》会議の経過に就て国民の理解を求むるに不十分なるものと認む」との決議案を一二月二七日に第四五回帝国議会に提出することにつながる。

ワシントン会議で重要な議題の一つであった軍縮問題自体には中野は否定的ではなかったが、ワシントン会議の推移については批判的であった。中野は『国民新聞』に一九二一年一二月二二日から二四日まで三回に亘り「華盛頓会議と我当局の失体」を掲載している。そこでは、「世界平和の障碍《しょうがい》を除去」のためにワシントン会議を提唱するが、そもそも太平洋においてそれをする必要はなく、むしろ必要なのはロシアや東欧、インドやエジプトなどであると指摘する。また、この会議では、「太平洋問題」を日本の利権にかかわる地域のみに限定され、メキシコ、カナダ、オーストラリア、ハワイなど米国の影響圏下の地域は含まれなかった。日本としてはそうした地域にも門戸開放や民族自決も徹底させていくべきであったが、この限定によりワシントン会議は、英米仏伊の四国による実質的な対日干渉の場になってしまったと主張する。中野にとって、そもそもこうした会議が開催されたこと自体が日本にとっての譲歩であった。それを自覚しつつ、日本の国益を積極的に発信すべきことを主張する。

なお、このワシントン会議の開始直前に、衆議院でも過半数を占めた政友会総裁の原敬が暗殺された。中野は権勢を保持する力量を備えた政党政治家としての原は評価していたが、「言論の府」である議会の振る舞いについては、かなり批判的であった。原暗殺後、『東方時論』一九二一年一二月号に掲載した論稿「高橋内閣の環境」において次のように原の議会での振る舞いを振り返っている。「吾人は今日に於て原敬氏の死屍に鞭うつに忍びない。さり乍《なが》ら彼が、議会に於て牽強附会《けんきょうふかい》の言辞を弄し、只管多数を恃《たの》んで、理を非に言ひくるめた態度は、何としても感心なり難い。彼は二百八十の議員を以て、身辺に塹壕を築いた。其の塹壕の中から、皮肉を並べて反対議員を嘲弄する。而も決して平場に降り立ちて白兵戦を交へない。討論が喧《やかま》しくなり、追撃が激しくなると忽ち討論終結の動議に二百八十名を堵列《とれつ》せしめて、塹壕内に避難する。その態度が如何にも傍若無人《ぼうじゃくぶじん》である」(9f)。この中野の原敬観は示唆的である。

三谷太一郎は、『大阪毎日新聞』を経営した原敬が、現実政治を動かす力は大衆にではなく官僚にあるとの認識を保持しており、ジャーナリズムの政治的影響力の拡大に消極的であったと評価している(三谷 1995：59)。たしかに、原もその日記のなかで「日本現在の政界に於ては言論と実行とは併立すること能はざる事情あり、言論を事とせば実行は期し難し、苟《いやしく》も実行せんと欲する事あらば努めて之を言論に現はさぬ様になさざるべからず」とはっきりと記している(「明治四四年六月一四日」『原敬日記』第四巻：292)。言論という象徴《シンボル》を通して権力に近づき、言論を通じた動員を民主政治における理想的な過程として捉えていた中野正剛に対し、言論という象徴《シンボル》を軽視し「議会の多数」という実体的な力を作り上げるのに専心していた原敬の差異が如実に現れているといってよい(三谷 1995：107)。

さて、原敬暗殺により、政界の力関係は流動的になった。後継内閣は政友会相談役を務めていた高橋是清に移行したが、党内運営に不安を抱え、約六ヶ月後の一九二二年六月に内閣総辞職した。高橋内閣総理大臣の後任にはワシントン会議で声望を高めた加藤友三郎が就任した。加藤友三郎内閣はワシントン条約に基づき軍縮を進め、シベリア撤兵も遂行した。

他方、政友会の絶対多数に対抗するため、非政友会で合同して、政界の現状を打破するための革新機運を起こそうという運動が生じていた。これに共鳴した憲政会の大竹貫一ら七名が脱党し、犬養毅の国民党を中核とした新たな政党結成への動きが具体化した。無所属倶楽部、純無所属、庚申《こうしん》倶楽部を合同して政界革新を目指すため、犬養毅は国民党の解党を前提として新党設立を目指すことになり、一九二二年三月二五日、革新倶楽部の創立総会が築地精養軒で開かれた。国民党は同年一一月に解党して革新倶楽部に合流した。革新倶楽部の宣言書の草案は中野正剛の手による。その宣言案は次のように始められている。

「大戦後世界の機運は新紀元を劃して躍進し列国の人心は旧殻を破つて新時代を展開せんと努めて居る。此進運《しんうん》に伍して、国際協調の地歩を確保するには我国も亦人心を作振《さくしん》して革新の活路を踏み拓かねばならぬ。乃ち吾人は国民生活を基調とし、政治を機軸として万機一新の大計を成就すべきである」(「政界革新の魁」『東方時論』一九二二年五月号：11)。

「大戦後の新紀元」が強調されており、中野の関心はやはり世界大戦後の政治のあり様に向けられている。大戦後の国際協調のためにも、国民の人心を「作振」していく必要があるが、「党利」の追求を優先し、政治家個人の意志を尊重しない既成政党では、「綱紀の粛正」も「内地外交の一新」もできず、大戦以来の国民の期待に応えられない。この方針を実現するためには、「個性を拘束して党利に殉ぜしむることなく、人心を解放して政見を大成せん」とすることが必要である。そうした意味において、革新倶楽部は純然たる政党ではなく、「最も自由なる政治倶楽部」であるとする。中野はこの革新倶楽部の宣言案を「政界革新の魁」と題して『東方時論』一九二二年五月号に掲載し、革新性を強調した。中野は民政党や国民同盟においても、政党の「思想」といってよい政党の宣言文や設立趣意書、政綱を作成していく役割を担い、自己の革新的思想を巧みに織り込んでいく。後年、「思想総裁」と称されることがあったが（森 1934：51）、これは「思想総裁・中野正剛」の第一歩となるものであった。

第一五回総選挙とその余波

加藤友三郎は一九二三年八月に持病の悪化により在職中に病没し、山本権兵衛がその後を引き受け、第二次山本内閣を組織した。その組閣中の九月一日に関東大震災が起こり、災害対応と震災復興に専念することになった。震災の翌日には戒厳令を発し、内務大臣・後藤新平に帝都復興院の総裁を兼務させた。だが、一二月二七日に難波《なんば》大助が皇太子・裕仁《ひろひと》親王を狙撃した虎ノ門事件が起こり、第二次山本内閣は引責による総辞職を余儀なくされた。

その後を継いだのが枢密院議長・清浦奎吾《けいご》であった。清浦奎吾は陸海軍大臣以外の閣員を貴族院から選定したため、政党内閣を求めていた憲政会と革新倶楽部および政友会の高橋是清を中心とする総裁派は反発を強め、護憲三派として連合して倒閣運動を展開した。他方、政友会は床次竹二郎や横田喜三郎を中心とする改革派が脱党して政友本党を組織した。中野もまた一月一一日に東京の新聞や通信社の有志により開催された時局相談会に参加し、一月三〇日に大阪にて開催された護憲関西大会では一万人以上の聴衆を前にして演説を行った。さらに、「特権内閣の本質的検討」(『我観』一九二四年二月号)を記し、政党から大臣を選定しなかった清浦内閣を「時代錯誤」「無力低能」「非立憲極まる」と痛撃した。一月三一日に清浦内閣は第二次山本内閣により召集されていた議会を再開し、即日解散して、第一五回選挙戦に突入した。ただ、選挙戦における政策的争点はさほどなく、主な構図は清浦内閣を支える政友本党対護憲三派となった。だが、福岡県における政友本党の勢力は隣県に比して弱く、福岡市でも政友本党は候補者を立てられなかった。結局、護憲三派内における非政友同士の選挙戦となったのである。

福岡市では中野が早々に立候補の意志を明確にし、非政友会的郷土団体であり、中野の後援会的役割を果たしていた猶興会が、四月八日に総会を開催し、来会者の全会一致で中野の支持を決めた。ただ、猶興会に名を連ね、前回の総選挙時にも中野の支援を行っていた県会議員の太田太兵衛や市会議員の安増宝太郎、古賀壮平衛などが、総選挙直前に猶興会を脱退した。総会への来会者も全会員の半数ほどであった。なお、太田太兵衛は、犬養と国民党を信奉しており、革新倶楽部への合流にも最後まで反対していた人物である。国民党解消にあたって、事務所に掲げられていた「国民党本部」の看板を持ち帰るほど国民党への愛着は深かった(古島 2015：185f)。

中野は四月二三日に九州劇場にて政見発表会を開催し、そこでは小学校時代の恩師である柴田文城と九州大学助教授の諸岡存が応援演説を行った。四月二七日の応援演説会では市会議員・齋藤正実、信濃毎日新聞社主筆・風見章、理学博士・三宅驥一《きいち》が、五月二日には我観社主催の時局批判大演説会では大東文化学院・北昤吉《れいきち》と早稲田大学・杉森孝次郎が演壇に立った。

他方、第一四回総選挙において中野一本化のために立候補を辞退していた宮川一貫は、当初、今回の選挙には出馬の心積もりでいた。だが、より声望の高い福岡出身者であり黒龍会会長・内田良平が、護憲三派の後援を得て立候補することになったため、四月二二日に内田良平政見発表会の中で、宮川による勇退宣言が発表された。

また、内田を後援する護憲三派による組織として四月一八日に甲子《こうし》倶楽部が設立された。福岡市における反中野気運の高まりは、こうした内田擁立の過程の中に見て取れる。甲子倶楽部の設立趣意書で強調されるのは「党派を超越」し「大福岡市の建設を期すること」である。一九二四年四月一四日付の「内田氏愈《いよいよ》出馬」『九州日報』では、「大福岡市の建設に徹底的の理解を有する人物を市民の代表として選出すべしとの要望は茲に一大勢力として具体化し其候補者として内田良平氏を殆ど全市民的の熱望として内田氏の諾否に拘らず之が擁立に向つて驀進《ばくしん》する熱烈な気勢をさへ示すに至つた」と報じており、中野では「大福岡市の建設」にあたり、十分な役割を果たしえないとの理解が広まっていた。

さらに、反中野派として内田擁立に至った経緯について、末永節は「東京に於ける中野君の批評は種々あるが要するに同君には確乎たる理想なく終始一貫の主張もなく唯政治を批評する事を以て能事《のうじ》終れりとして居るのは政治家たる資格は無い」と現実政治への働きかけの弱さとソ連承認論などに表れる社会主義思想の受容を問題視している（「内田良平氏 廿八日政見発表」『福岡日日新聞』一九二四年四月二五日付）。前者は「大福岡市の建設」にあたり力がないとの批判につながるものであるが、後者はまた別の問題である。ソ連承認論は中野が『東方時論』を拠点にして、かなり積極的に主張していたが、それが今回の選挙戦では相手陣営からの痛烈な攻撃材料となった。

ただ、内田良平は猶興会会長にして、玄洋社社長でもあった進藤喜平太からの支持が得られなかったこともあってか、結局、四月三〇日に立候補を辞退した。代わりとして当初勇退すると宣言していた宮川一貫が立つことになった。五月四日に九州劇場で開催された宮川の政見発表演説会では、日露協会幹事の山崎光明が演壇に立ち、中野のソ連承認論を批判している。さらに、五月九日付の『福岡日日新聞』および『九州日報』には宮川の福岡市友人一同との名義で推薦広告が出され、その中に「宮川一貫君は、赤色露国の過激主義を受売りして、飯の種にするやうな芸はもちませんが、日本国民の生活と最も緊切の干繋《かんけい》ある支那に関しては、豊富なる智識と、不断の接触とを有して居ります。彼れの満蒙経営論は多年識者の傾聴を値し来つた所のものであります」との宣伝文がある。「赤色露国の過激主義を受売して、飯の種にするやうな芸」として中野を五月一〇日の投票直前においてわかりやすく批判しているが、この点は中野のアキレス腱になっていた。くわえて、この推薦広告には広田弘毅、入江海平、藤井甚太郎、野中清、池田隆徳の名前も記されているが、これらは中野正剛の人脈にも重なる友人であった。これを重く見た中野側も当日の夕刊で両紙に即座に推薦広告を出して「五月九日の新聞紙には又々乱暴至極の宮川氏推薦広告が出ました。宮川氏を推薦するといふよりは中野君を悪罵するやうな意味を並べ併もその人の中に中野君の親友や親族の名をも聯ねて居ます」と特に上記五名は断じて署名してい

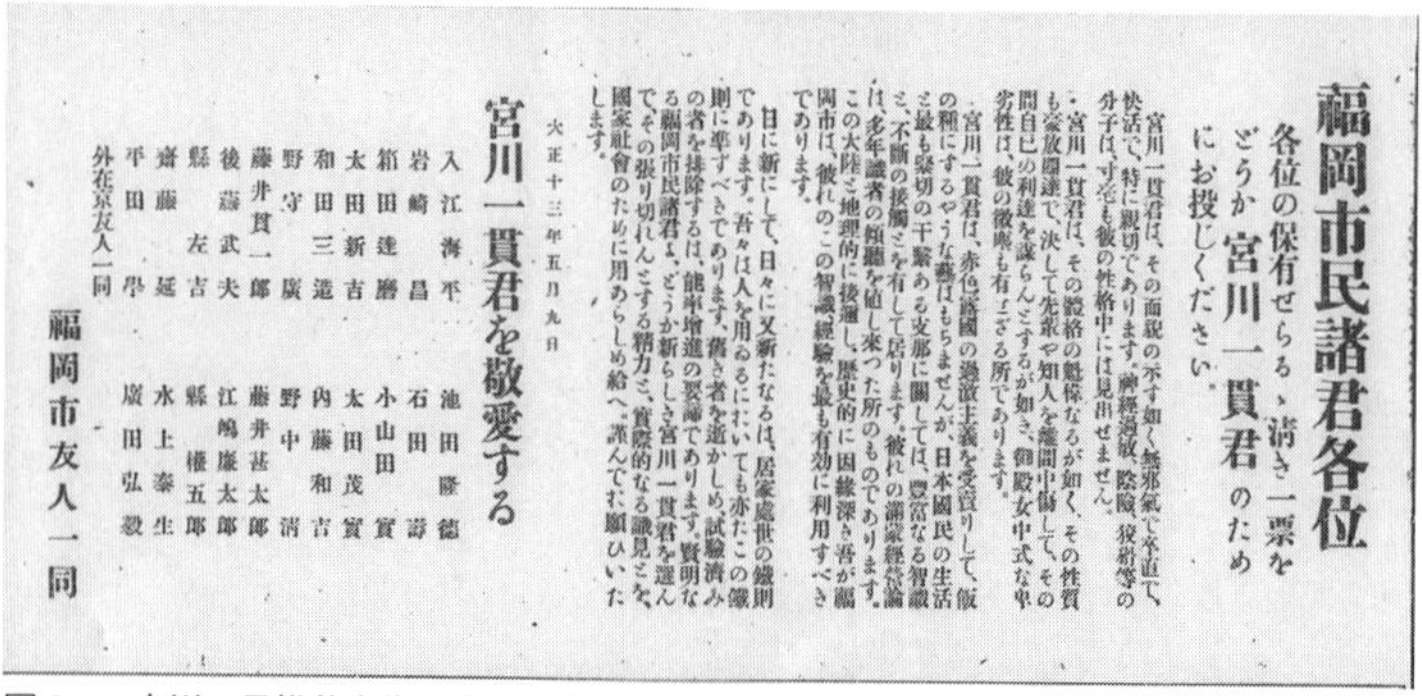

福岡市民諸君各位

各位の保有せらるゝ清き一票を
どうか 宮川一貫君 のため
にお投じください

宮川一貫君は、その面貌の示す如く無邪氣で率直で、快活で、特に親切であります。神經過敏、陰險、狡猾等の分子は、寸毫も彼の性格中には見出せません。

・宮川一貫君は、その體格の魁偉なるが如く、その性質も豪放闊達で、決して先輩や知人を離間中傷して、その間自己の利達を謀らんとするが如き、御殿女中式な卑劣性は、彼の微塵も有さざる所であります。

・宮川一貫君は、赤色露國の過激主義を受賣りして、飯の種にするやうな藝はもちませんが、日本國民の生活と最も懇切の干繋ある支那に關しては、豊富なる智識と、不斷の接觸とを有して居ります。彼れの滿蒙經營論は、多年識者の傾聽を値し來つた所のものであります。この大陸と地理的に接邇し、歴史的に因縁深き吾が福岡市は、彼れのこの智識經驗を最も有効に利用すべきであります。

日に新にして、日々に又新たなるは、居家處世の鐵則であります。吾々は人を用ゐるにおいても亦たこの鐵則に準ずべきであります。舊き者を逝かしめ、試驗濟みの者を排除するは、能率增進の要諦であります。賢明なる福岡市民諸君よ、どうか新らしき宮川一貫君を選んでその張り切れんとする精力と、實際的なる識見とを、國家社會のために用あらしめ給へ。謹んでお願ひいたします。

大正十三年五月九日

宮川一貫君を敬愛する

入江海平　池田隆德
岩崎昌　石田壽
箱田達磨　小山田實
太田新吉　太田茂實
和田三造　内藤和吉
野守廣　野中清
藤井貫一郎　藤井甚太郎
後藤武夫　江嶋康太郎
縣左吉　縣權五郎
齋藤延　水上泰生
平田學　廣田弘毅
外在京友人一同

福岡市友人一同

図 3-6　宮川一貫推薦広告。中野正剛の「赤色露国の過激主義」的性格を批判する広告（『福岡日日新聞』1924 年 5 月 9 日付）

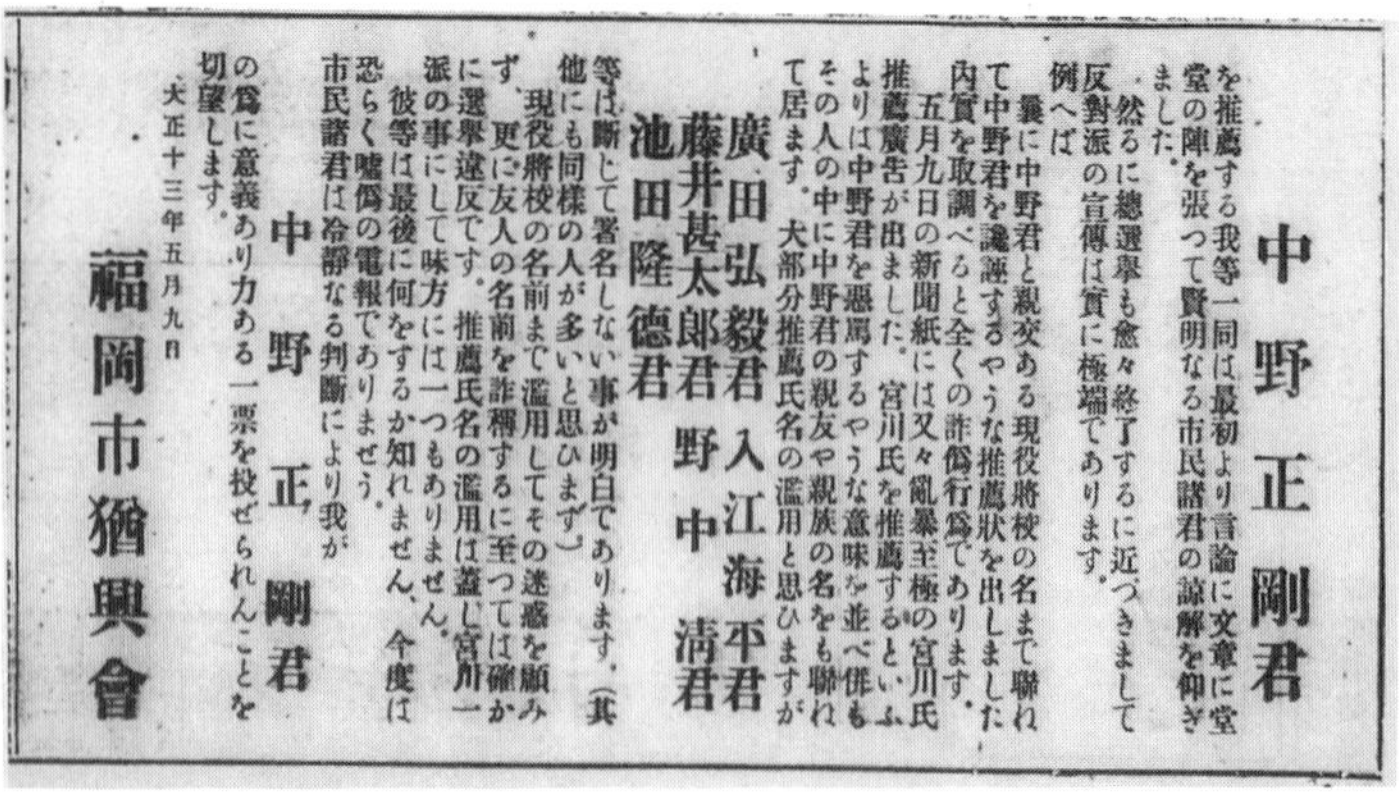

中野正剛君

を推薦する我等一同は最初より言論に文章に堂々の陣を張つて賢明なる市民諸君の諒解を仰ぎました。

然るに總選擧も愈々終了するに近づきまして反對派の宣傳は實に極端であります。

例へば

曩に中野君と親交ある現役將校の名まで聯ねて中野君を讒誣するやうな推薦狀を出しました。

内實を取調べると全くの詐僞行爲であります。

五月九日の新聞紙には又々亂暴至極の宮川氏推薦廣告が出ました。宮川氏を推薦するといふよりは中野君を惡罵するやうな意味を並べ併もその人の中に中野君の親友や親族の名をも聯ねて居ます。大部分推薦氏名の濫用と思ひますが

廣田弘毅君　入江海平君
藤井甚太郎君　野中清君
池田隆德君

等は斷じて署名しない事が明白であります。（其他にも同樣の人が多いと思ひます）

現役將校の名前まで濫用してその迷惑を顧みず、更に友人の名前を詐稱するに至つては確かに選擧違反です。推薦氏名の濫用は蓋し宮川一派の事にして味方には一つもありません。

彼等は最後に何をするか知れません、今度は恐らく嘘僞の電報でありませう。

市民諸君は冷靜なる判斷により我が

中野正剛君

の爲に意義あり力ある一票を投ぜられんことを切望します。

大正十三年五月九日

福岡市猶興會

図 3-7　中野正剛の推薦広告。前日の宮川一貫の推薦広告を批判したもの（『九州日報』1924 年 5 月 10 日付）

ないはずだと広告を否定している。だが、宮川側も投票日当日の五月一〇日付の『福岡日日新聞』と『九州日報』において、先の五名の名前について、「宮川君推薦に共同協議した事を断じて無拠のことにして、一種の詐欺的行為なりなどと宣伝して居りますが私共友人団では左記の通り確実に同氏等の推挙を受けてゐるのであります」と再反論している（図3-6〜図3-8）。

中野が革新倶楽部の一部からのみの支援を受け

宮川一貫君の爲めに

吾々が最も公明な態度で友人宮川一貫君を推…のに對し昨日本紙夕刊に福岡市猶興會の名に…て中野派では極めて血迷つた反撥狀を出してゐますが或は亂暴至極とか惡罵とか濫用とか申す言葉を使つて

廣田弘毅氏　入江海平氏
藤井甚太郎氏　野中清氏
池田隆德氏

等に干する宮川君推薦に共同協議した事を斷じて無據のことにして、一種の詐僞的行爲なりなどと宣傳して居りますが私共友人團では左記の通り確實に同氏等の推擧を受けてゐるのであります。猶興會こそ眞に亂暴至極な選擧違反的行爲を憶面なくやつてゐることゝ信じます。

吾々は絕對に公明であります。如何にくだらない惡罵をしてもそれこそ彼等が常に用ゆる常套手段の惑溺的行爲と御信じ下さつてどうか一方正義に立つて將來の大福岡市を思ふ私共の爲めに一つは又健氣にも堂々と陣を張る宮川一貫君の爲に切に御一票を御投じ下さるやう懇願いたします

廣田弘毅氏へは平田學君及宮川一貫君自身了解を得たるもの
入江海平氏へは小山田實、岩崎昌兩氏の手により了解を得たるもの
野中清氏へは宮川本人及後援會書狀にて了解を得たるもの
藤井甚太郎氏へは小山田、岩崎兩氏及び後援會書狀を以て了解を得たるもの
池田隆德氏へは宮川本人了解を得、池田自身既に應援陣營の途にあるもの

在京　友人團有志

福岡市有權者各位

図 3-8　宮川一貫の推薦広告。5 月 10 日の中野正剛側の批判に当日の夕刊で再反論するもの（『九州日報』1924 年 5 月 10 日付夕刊）

ていたのに対し、内田と宮川が福岡市における政友会、憲政会、中野派以外の革新倶楽部からと全方位的な支援を受けたこともあり、かつ、前回敗北し今回は当初勇退を宣言していた宮川に同情票が集まったこともあり、かなりの激戦となっていた。五月一〇日の投票の結果は、中野正剛が二七八四票、宮川一貫が二七五八票とわずか二六票差の大接戦であった。「福岡県逐鹿戦の址」『九州日報』五月一四日付はこの選挙戦を次のように振り返っている。「内田君擁立前までの形勢は殆ど中野君の独占の如き観を呈し、宮川君再起の当時は頗る貧弱なる勢力で推移したもの丶、甲子倶楽部の腰がドシンと据るや否や形勢は時々刻々に進展して四分六分となり、之に東京の友人団の応援は意外に奇効を奏したのみならず、中野君を目して社会主義者呼ばりをなしたことは偉大なるプロパガンダとなつたのである」。

これに続けて、五月一四日付『九州日報』の同じ記事によれば、ある小学校の四年生の学級に「宮川候補がよいか中野公補《ママ》が好きか」との答案を作らせたところ、「宮川さんは天皇様に

忠義を尽すから好き」「中野さんは露西亜を助けるから嫌い」というものが多くあったという。一学級の事例であるため過大視するべきでないが、宮川陣営による「赤色」を指摘するプロパガンダはかなり響いたと考えてよさそうである。

また、第一五回総選挙は、中野と宮川はいずれも護憲三派に位置づけられ、「護憲派の同志討」(「政戦の巻より(二〇)福岡県の巻(二)」『福岡日日新聞』一九二四年五月四日付)とも評された。実際、中野と宮川との間に政策上の争点はさほどなく、いずれも日中関係を重視することを演説会では宣言している。福岡県の二大紙、非政友派の『九州日報』と政友派の『福岡日日新聞』は、『九州日報』が中野寄り、『福岡日日新聞』が宮川寄りの報道を展開していたが、相互の差異を引き立たせていくために強調されたのが「人柄」であった。特に、『福岡日日新聞』は中野批判でこれを積極的に行っていた。たとえば、五月五日付の「政戦の巻より(二一)福岡県の巻(三)」『福岡日日新聞』では、中野が「機に応じ変に臨んで主義の使ひ分け」をする一方で、宮川は「人情味」があり「小器用な事」はできないが大節《たいせつ》に臨んで間違いない人物であると対比的に評している。さらに、『福岡日日新聞』は、頭山満による中野と宮川評として、「宮川派の演説会」(五月六日付)や「政戦の巻より」(五月四日付)などで「中野はうまれた時から智恵をもつて来たが親切心を忘れて来た、之と反対に宮川は智恵は何うか知らぬが親切心だけは持つて生れてきた」との言葉を繰り返し利用している。玄洋社の長老的地位にあり、福岡出身の名士である頭山の言葉は、福岡の読者には重く響いたであろう。

先の中野への社会主義色批判も対比的報道の延長線上にある。メディアが浸透し、オーディエンスの規模も大きくなると、こうした二項対立的宣伝の重要性が増してくる。また、何を言ったのかという「言論の内容」よりも、誰が言ったのかという「言論の形式」が重要になる。もとより、中野対宮川の勝敗は、メディアによる報道以上に地盤争いが大きく、中野苦戦の理由はやはり革新倶楽部の一部からしか支援を受けられなかったことにあるだろう。ただ、対抗的二大紙によるメディア環境が形成されており、選挙において政策的争点の差異が少なかった福岡県の第一五回総選挙では、「わかりやすいメディア戦」が展開されていたことは注目に値する。

第四章

二大政党と「政治のメディア化」

「中野君の某重大問題質問」（『東京朝日新聞』1929 年 1 月 26 日付）

「政治的な行為と動機を還元できる政治に特有の区別とは、味方と敵の区別である。この区別は、完璧な定義や内容説明としてではなく、基準という意味での概念規定を可能にする。」（カール・シュミット（権左武志訳）『政治的なものの概念』岩波文庫・二〇二二年）

1　大政党のなかの中野正剛

犬養毅への絶縁状と憲政会入党

激戦を制した中野は怒っていた。ここまで激戦になったのは、護憲三派に属していたにもかかわらず、憲政会、政友会、さらには革新倶楽部の一部さえも相手に回して選挙戦を戦わざるをえなかったためである。特に、革新倶楽部（旧国民党）からの協力は地盤が十分にできあがっていなかった中野にとって、頼みにすることが多かったため、深刻であった。選挙後、中野はその怒りを犬養にぶつけており、「犬養はけしからん、もう一緒にはやれん」と大変な剣幕で怒っていたという（中野 1971 上：381）。

中野は一九二四年五月二七日付で彼の前半生で最も敬愛していたといっていい現役政治家である犬養に、革新倶楽部を脱退することを伝える書信を送付している。

「小生の先生に傾倒すること既に十数年、最初筆を執りて天下に現われし時、小生の筆は単に先生を讃美せんが為に用いられたるの観あり。爾来、今日に至るまで往時を追懐すれば真に感慨の深きに堪えず候」（同：382）。

中野は忖度《そんたく》のない率直な政治家評論において声名を挙げたが、ほぼ全方位に批判的な『八面鋒』や『七擒八縦』でも犬養への評価は好意的であった。また、アジア主義の理想も共有しており、辛亥革命勃発直後の渡支旅行にも中野は同行していた。ただ、政治活動をともにした時、少しずつ「相容れざる」ものが萌《きざ》し始めており、「総選挙に臨まんとする際」には脱党を決心していたという。少なくとも「小生は一個独自の立場にて戦い、地方政友会、憲政会、旧国民党にむかって公然宣戦せしは福岡人の目撃する所に候」（同）と革新倶楽部が中野の力になってくれない状況では、革新倶楽部に思い残すものはなかっただろう。

その上で、中野は第三党の展望について次のように書く。

「日本の政界には明治維新に端を発したる自由改新党の流れが互に消長しながら進む外に第三党は到底成立せざるべしと思う。もとより二十年後を思えば、あるいは労働党とか社会民主党とかいうものが盛大となるかも知れず、然れどもこれは現在の日本を救う実際政治の問題にはあらず。革新倶楽部が先にいわゆる政界革新既成政党打破の目的を達せんとならば、今日の議会などを問題にせず、むしろ他日の成功を期して労働党的色彩を進むるの外なかるべし。されど現在、同志の人柄はかくの如き行動に適せず（小生もその一人）。やはり既成政党と相似たる政策を持して自ら既成政党として固まらんとするが今日の倶楽部の態度なるべしと存じ候」（同：382f）。

革新倶楽部が第三党としてそれなりの地位を占めるためには「労働党的色彩」を取り入れていく必要があったが、革新倶楽部の構成員の気質からは、中野も含めてそれは難しいと見た。一方、「労働党」や「社会民主党」は、将来的には大きくなる可能性は認めるものの、今日の議会において一定程度の勢力を持つことは、現実的には難しい。

それゆえ、中野は既成政党の一つである憲政会を選択する。

「小生議員を止めて言論に活きんとすれば自ら別個の問題たるも、実際政治に踏み込みて忍耐せんと欲せば政党に入るの他なし。ただ革新倶楽部においては焦燥なる小生が過去の行動は全く小生をして先生直系の人々と離れしめたり。憲政会もとより理想的に非ざるべきも護憲三派として政策を同じくするのみならず、小生の目よりすれば政友会に勝る万々なり。かつ新顔として学窓よりの友人を数名加入し、どうやら力の入れ甲斐あるべしと存じ候」（同：383）。

中野にとって憲政会は、護憲三派として自分の政策と近く、政友会よりは優れており、早稲田大学出身の友人もより多く入党していた。

憲政会に身を投じる中野であったが、革新倶楽部もまた中小政党として身の施し方を再考すべき時期を迎えていた。その結論は、従来犬養が主張してきた産業立国論を受容させた上で、政友会に革新倶楽部を吸収させる政革合同であった。「既成政党と相似たる政策を持して自ら既成政党として固まらんとするが今日の倶楽部の態度なるべし」（同）とした中野の予見した通りであった。

離反後、現役政治家の理想像と考えてきた犬養への中野の批判も鋭さを増してくる。一九二四年一一月、神戸高等女学校において孫文は講演「大亜細亜問題」を行うため来日したが、そこで孫文はかつての盟友である頭山満や犬養毅と会談の場を持とうとした。頭山は会見に応じたが、犬養は古島一雄を代理として送っただけですませた。中野は孫文が犬養と会見しようとしたことを次のように評す。「犬養木堂翁と会見すべく、其代人と面談せるは、故旧を辿ったのであらう。借問す今日の犬養サンは、今日の孫君と何を談じようとしたのか。（略）嘗て宮崎滔天が、四百余州に革命の同志を求めた時は、日本の浪人にもルツソー仕込の田舎民権論を亜細亜民族の上に行はんとする理想があつた、幼稚ながら燃ゆるが如き理想があつた。之を助けた犬養氏は当年の神鞭知常《こうむちともつね》等と共に、多少の熱を胸中に有して居た。孫君は当年其儘の孫君である。犬養サンは別物である。西伯利出兵にも同意し、過激思想の侵入をも恐れ、宗教の必要を説き、都合によつては軍閥の寵倖児《ちょうこうじ》田中義一を推し立てゝ、次の超然内閣でも作つて見ようとする先生である」(「孫文君の去来と亜細亜運動」『我観』一九二五年一月号：114)。

中野はこれまで「木堂先生」と敬意をもって記していたが、ここでは単に「犬養サン」と変えている。民権論者にしてアジア主義者であった犬養は、中野から見ると、これまでの閥族批判と既成政党批判を覆《くつがえ》して、寺内政権の臨時外交調査会の一員としてシベリア出兵に賛成するほど、また政友会が長州閥の田中義一を総裁として担ぐにあたっても批判の声を上げることはないほど変貌してしまった。中野はこうした点を厳しく批判するのである。中野の犬養との決別は決定的であった。

なお、先の革新倶楽部脱党に関する犬養毅宛の書簡は中野泰雄『政治家／中野正剛』からの引用であるが、これは犬養が朝日新聞社の弓削田精一に渡したものを、中野正剛の四男・泰雄が弓削田家から譲り受けたものである。中野が東京朝日新聞社に在職中は、弓削田とともに犬養を支援する言論活動を展開し、弓削田は中野を後見する立場にあった。その弓削田がいかなる思いでこの書簡を犬養から受け取ったかは想像する他ない。だが、中野の犬養からの訣別は、中野を庇護してきた後援者には素直に受け止められるものではなかった。一九二四年六月二日に中野は留学や政治活動を支援してくれた安川敬一郎を訪問し、憲政会入党について報告にいくと、安川は次のように叱責した。

「午後三時下中野正剛来談、憲政会入党の手続を語る、余は犬養氏ニ対する礼儀として革新脱党の主義告白の如何を問へは、書中を以て尽し置いたと云に過きす、依て何故率直に主義の異同・政見之抱負・本倶楽部に留るの意なきを公言せさりしや、孔子は仁に当つては師に譲らすとさへ云つて居る、主義の為には兄長たる貴下に盲従を得ざるの意思を告白するの勇を欠きしそ、是れ一には従来の行為に酬《むく》ゆると同時（の礼と）して、二には自個の信念を説く明白にしてこそ男子の本分なるへきにと戒め置たり、我が書信に軽挙といひしは此に在りと彼れ弁する所もなかりし、畢竟彼は余が一昨年来再三終生社会に不満を懐《いだ》きて了るへきを予言したる所以である、一時憲政会に何等か重用せらるゝあらむかは予言の限りてないが、終には不満を以て了るべし」（『安川敬一郎日記』第四巻：192f）。

「終には不満を以て了るべし」とは中野の将来を予見した的確な評であった。不満による批判ばかりで具体的な政治への働きかけの乏しい中野を、庇護者である安川も苦々しくみていたのである。こうした現実政治への働きかけの弱さについて、安川は別の機会でも中野をたしなめていた。高橋是清内閣時の外務大臣・内田康哉よりロシア派遣の案を打診されたことについて、一九二二年二月一一日に中野は安川に相談している。安川はそれに対し野党と与党の立場の違いがあっても、当局者と同論ならば、政党以外の立場をとって進めるべきだと助言している。興味深いのは次の記述である。「さりながら先年巴里参加の如き政府の内意である［りし］か、自己の旅行でありしが、言ふ所の意見は［の］適否に拘はらす、一介の書生論として耳にせしに過きす、果ては不平に帰朝したといふ如き茫漠《ぼうばく》では何の益もなし、唯首相・外相との相談次第によるべしと答へ置たり」（『安川敬一郎日記』第四巻：17）。講和会議後の饒舌《じょうぜつ》な言論活動により声望を高めた中野であったが、現実政治への関与を求めていた安川はそれを全く評価せず、むしろ不満を抱いていた。痛烈な政論にもかかわらず、否むしろ、現実政治への関与や責任を持たないからこそ痛烈な政論を放ち、オーディエンスの喝采を得ることにつながった。

少し先の話だが、一九二六年一月に憲政会が組織を新たにし、新役員を決定すると、中野正剛は新設された遊説部長に就任し、憲政会の「声」の役割を果たすようになる。中野は大政党の一角を占めるようになった。評論や批判よりも現実政治への関わりを求められるようになる。

普通選挙法の制定

中野が憲政会に入党してまもなくの一九二四年六月一一日、憲政会総裁の加藤高明に組閣の大命が下り、外務大臣に幣原喜重郎、内務大臣に若槻礼次郎、大蔵大臣に浜口雄幸《おさち》、司法大臣に政友会の横田千之助、逓信大臣に革新倶楽部の犬養毅を就任させた護憲三派内閣が成立した。この加藤内閣において、中野が従来から抱いてきた二つの政策が実現した。普通選挙法の公布と日ソ基本条約の締結である。

普通選挙法案は九月初旬に成案ができ、与党の憲政会、政友会、革新倶楽部の三派による協議を経て、一一月六日、政府三派連合協議会にて決定した。その後、「独立の生計」をめぐる箇所を中心に枢密院での議論や修正を経て、一九二五年三月二日に衆議院を通過し、三月二九日に衆議院・貴族院にて可決し、衆議院議員選挙法改正として五月五日に公布される。これにより、納税要件が撤廃され、成年男子全てに選挙権が付与された。

中野は、同時に成案を進められていた治安維持法への懸念も示しつつも、二月二一日には、普選審議のために三六名で構成される特別委員の一人に選ばれ、可決に尽力した。衆議院通過後の三月一五日に、両国国技館で開催された純正普選国民大会においても、与党側代表者の一人として中野も登壇の予定であった。ただ、この会は主催者である純正普選派と警官との間で乱闘が勃発し、中野の演説前には解散させられていた。

中野は普通選挙法の成立を、「普選断行の主張」(『我観』一九二五年四月号)において、批判はありえようが十分なものとして積極的に評価する。中野ははじめ妥協を許さない態度を示していた。だが、この論稿のなかでは、枢密院や衆議院、貴族院の審査、修正を受けて「創痍《そうい》満身」となったものの、「現状を基礎とし、現状に立脚しながら、其間に向上の一路を踏み開くことが、実際政治家の手腕である」として成立した法案を肯定している(118)。これまで政治評論や野党的立場から妥協を批判するばかりであった中野も、与党議員として重要法案を通過させなければならない事態に直面して、妥協への理解を示した。憲政会の機関誌『憲政』一九二四年一〇月号でも、「中野正剛君入党以来中央では全く鳴かず蜚《とば》ずの沈黙を守つてゐるので、郷党の先輩も大分同情してゐる」と心配されていたが(33)、これまで無所属倶楽部や革新倶楽部といった党議拘束などがない「政治倶楽部」にしか所属したことがなかった中野にとって、与党の大政党において政治的決定を下していくことは慣れない点が多かったであろう。

論稿に戻るが、普通選挙に寄せられた主な批判については中野なりの反論をしている。普通選挙が

「舶来思想の個人主義」に立脚するものであるため、日本の国体に合わないとする見解について、『靖献《せいけん》遺言《いげん》』や『日本外史』、水戸学なども個人や道徳を重視しており、洋の東西によりその基盤がそもそも大きく変わるものではないとする。また、普通選挙が一人一票の個人主義に立脚していることでもって、天皇中心主義の日本において採用すべきでないとする批判は、陽明学の感化を受けた「明治維新の豪傑」、すなわち、熊沢蕃山、大塩平八郎、佐久間象山、吉田松陰、西郷隆盛も「自己の良心と明知」とを信じた個人主義者であったことを忘れているという。

西洋思想と東洋思想の根底に共通点を見出そうとするのは、岳父・三宅雪嶺と共通する点である。雪嶺も東西の思想を縦横無尽に語ることで、東洋思想の復権を目指す言論活動を展開してきた哲学者である。中野は舶来か否かにかかわらず、古来から評価されてきた思想など、いわば「達人」の本質は東西に共通しているとみる。特に、中野は「明治維新を思想的に解剖すれば、個性の躍動、明知の躍動、誠の躍動が、遂に不合理なる社会を撃破し、理想に近き新社会を建設したのである」として、個性を発揮した個人が自己の良心に基づいて躍動したことで明治維新を成し遂げたことを説く（125）。さらには、「個性の高調」が思想的かつ道徳的に必要であるばかりでなく、「発明」と「独創」という社会進歩の観点からも必要であるという。中野にとって立憲政治は「個性なき個人」を「国家の奴隷」となし「寄生虫」となすのではなく、「個性強き個人」を国家の成員となすものであった。選挙権を世帯主に限定するべきとする見解は、壮年男児を「政治的に家長に隷属せしめること」になり、決して彼等の「個性を開発」するものではない。中野にとって、個人を単位とする普通選挙は個性を発現させて、立憲政治や社会をより発展させていくための重要な要素になっており、かつ、明治維新の精神を復権させる可能性を秘めたものであった。中野にとって明治維新と陽明学と普通選挙はこうして連結するものとして考えられていた。

日ソ基本条約の締結

加藤高明内閣におけるもう一つの重要な功績が、一九二五年一月に締結された日ソ基本条約である。これにより日本とソ連の国交回復が実現した。

中野は『東方時論』においてシベリア出兵に反対し、ソ連承認論をいち早く唱えていたこともあり、日ソ基本条約の締結を大いに喜んだ。二月一五日には約一三〇〇名が参加した日露国交回復記念会が上野精養軒で開催され、三宅雪嶺の書信の朗読と望月小太郎、関直彦らの祝辞演説があり、中野もそこで演説している。特に、中野は『東方時論』の後継雑誌『我観』一九二五年三月号において「日露親交の真価値」を発表するが、ここで「吾人は実に輿論の先駆となりて、日露の親交を提唱せる者、是に顧みてデモクラシイの勝利、民衆外交の勝利を祝福せざるを得ない」と高らかに祝《ことほ》いでいる(51)。「輿論の先駆」として「日露の親交を提唱せる者」との自覚をもっていた中野は、自身の言論活動が日ソ基本条約への道筋をつけたと考えていた。中野にとって日ソ基本条約の締結は、輿論を背景とした「デモクラシイの勝利」であり、「民衆外交の勝利」、すなわち、パリ講和会議後に主張していた「国民外交」の実現と見ていた。ワシントン会議に赴く使節団に対して、中野は細目が不明である点を批判していたが、今回の日ソ基本条約については、「批准を待つまでもなく、正文の公表に接するまでもなく、細目協定を見るまでもなく、国民は会議の経過に見て、既に其の真意義を体得し、日露支三国の親交を機軸とする国際政局の転換を願望して居る」として、十分な情報公開により国民は外交交渉を背後から力強く支援できたと考えている（同）。

また、中野は日ソ基本条約締結後における東アジア政策は、「日露支の三国の親交」を基軸とするべきことを説く。ワシントン会議以降、日英同盟を廃棄したイギリスはアメリカと結託して、東アジアや太平洋における日本の活動に制約を課し、米国は排日移民法など人種不平等政策を具体化している。そうした国際環境において、日本の活路はソ連と中国にあるというのである。

さて、加藤内閣が成立してまもなく、直隷派の呉佩孚《ごはいふ》と奉天派の張作霖による第二次奉直戦争が勃発し、幣原外務大臣はこれに対応しなければならなかった。満洲権益を保護する必要があったものの、幣原は、中国内政不干渉主義の立場を取り、かつ直隷派の馮玉祥のクーデターの情報を摑《つか》んでいたため、張作霖への支援をあえて行わなかった。情報の通り、馮玉祥はクーデターを起こしたため、呉佩孚は張作霖に破れた。結果的に日本の満洲権益に大きな問題はなかった（熊本 2021：102f）。

中野は不干渉主義を主張する幣原に当初疑問をいだき、加藤首相を問い詰めるも、日本のみが中国の内乱に干渉しないというだけでなく、各国にも不干渉を要請していく積極的な不干渉主義であるとの説明を聞くと、それを肯定的に受け入れた。英米による東アジアへの容喙《ようかい》を阻み、むしろ英米を外交的に指導するという点で、中野にとって「東洋モンロー主義」というべきものと解釈できたのである（「日露問題を中心として」『日本警察新聞』一九二五年五月号)。なお、英米は中国への不干渉という日本側の主張を受け入れたが、中野はこれを「日露の提携」を英米が恐れたためだと判断する。そうであれば、日ソに中国を加えることで、東アジアの勢力はより強固となり、英米の勢力を一掃できるはずである。それゆえ、中野は日ソ関係を一歩進めて、中国を加えることが次の方針であると主張する。日中ソの三国関係を緊密にすることで、英米に対抗しうる勢力を東アジアに確立でき、英米の干渉を排除できる。

また、中野は日中ソ関係の緊密化は三国の経済環境を好転させるものと考えていた。ソ連と中国は、「原料に富むも資本と経験」とを欠き、「産業主義の片輪者」である一方で、日本は「多少の資本」と「多少の知識」をもっているが、「原料と市場」をもっていない「産業界の不遇児」である。そのため、この三国関係は補完的なものになると考えていた。

一九二五年の夏、日ソ基本条約が締結され、普通選挙法が交付された後、中野は玄洋社の進藤喜平太の四男・一馬を伴ってシベリア、満洲、中国支部の視察旅行に三ヶ月ほど出立した。ウラジオストクに上陸し、ハバロフスクへと赴いた。中野はシベリア出兵に反対し、ソ連承認論を早くから説いていた政治家として、ソ連で知られており、大きな歓待を受けつつ、社会施設の視察のための便宜を受けた。この時の視察旅行は「最近の露西亜を視察して」(『現代』一九二六年三月号)においてまとめられている。ロシア承認論を唱え、ロシア革命を肯定的に眺めていた中野であったが、革命後のソヴィエト政権による統治をも好意的に見ていたかといえばそうではない。むしろ批判的に見ていた。

「現在のロシアは共産主義の狂信《ファナティシズム》(ママ)信を維持する為に、極端な訓練《ディシプリン》を行ひ、それで行けなければ恐怖主義《テロリズム》で行かうと云ふやうな姿になつてゐるのではあるまいか。少数の人のみが実行し得る理想は、たとへ、善いものであつても、これを、了解し得ず、実践し得ない民衆に無理に強行せしむれば、甚だ面白くない結果を生まなければならない。全国をあげて兵営の如く訓練し、人を一定の準縄《じゅんじょう》にあてはむると云うては、畢竟個性の発動を禁ずるもので、社会進歩の原則にそはない。ロシアは、高遠なる理想を掲げながら、その理想の実行が困難の為に、実際問題の上から妥協しはじめてゐるのである」(14)。

その後、九月下旬に満洲のハルピンに、一〇月中旬に北京に到着した。北京では、憲法起草委員会の委員長となっていた友人・林長民や黄興が中野のための歓迎会を開催し、中野はそこで経済的観点からの日中友好論を唱えた。その後、馮玉祥《ふうぎょくしょう》との会談のため、包頭鎮に向かった。会談のはじめに馮玉祥は中野に、ソ連の印象を尋ねたところ、中野は革命後に実現した社会は決して革命家が期待したような社会ではなく、今日のソ連はむしろ「官僚政治の弊」(⑬:256)に悩みつつあると率直に説明した。これに対し、親ソ派である馮玉祥は「貴方のロシアに対する観察は当りません。抑《そもそ》も子供は教育で習性を改めることが出来るが、大人は革命で以て根性を叩き直すより外は矯正の途《みち》がありません」(同)と怒りを込めて反論し、くわえて「貴国では普通選挙など唱へて居ますが、あれはブルジョアが民衆を欺瞞する常套《じょうとう》手段に過ぎません」(同)などと日本批判にも及んだ。すると、中野も黙ってはおられず、「御説を伺つて居ると全く滑稽千万であります。革命露西亜と所謂革命支那と、よくもそれほど誇大妄想と自己欺瞞に陥つたかを思ふと、誠に愍然《びんぜん》に堪へません。(略)今貴国に於て露西亜の共産主義を学ばうとしたとて、一体どう云ふ風にするつもりですか。貴方は共産主義の標語見たやうなものをそこら中に貼りつけて之を宣伝し、共産主義の真似見たやうな事をやって居られるが、あれは主義にも何にもなつて居りません。（略）貴方はそれに尤もらしい新標語を結びつけ、旧式の山賊や土匪《どひ》のやつて居ることを真似て居るに過ぎません」と反駁した（⑬：257f）。この時通訳に当たっていたのは、のちの冀東《きとう》防共自治政府の首班となった殷汝耕《いんじょこう》である。殷汝耕は中野の言葉の激しさに狼狽《ろうばい》し、省略しつつ通訳したが、中国語を少し嗜《たしな》んでいた中野はこれに気づき、次のように言葉を重ねた。「殷汝耕君は言葉を飾つて穏かに言つて居るが、僕はそんな粉飾を用ひるのは嫌ひである、これから大に露骨に云ふが、それは殷汝耕君が云ふのでなくして僕が云ふのだ、しつかりと聞いて呉れ」（㉚：26）。中野と馮玉祥の声の大きさを怪しんだに兵隊が取り囲むまでになり、中野らは宿舎に帰らされた。通訳の殷汝耕は、馮玉祥が中野を殺しにくるかもしれないから今夜はとても寝られないと不安に怯えるほどであった。

陸軍機密費事件

さて、内閣総理大臣として日ソ基本条約を締結し、普通選挙法を成立させた加藤高明は、肺炎により一九二六年一月二八日に急死した。原敬が暗殺された際の前例に従い、憲政会副総裁で内務大臣を務めていた若槻礼次郎が、大臣らを留任させて加藤の後を引き継いだ。他方、求心力を失った高橋是清に代わって陸軍大将・田中義一を総裁に据えていた政友会は、多数派工作に邁進《まいしん》していた。

若槻が舵《かじ》を取った第五一議会は、政友会と憲政会との間で足の引っ張り合いとしか言いようのないスキャンダルの応酬にまみれたものであった。当然ながら、こうしたスキャンダル事件は院内にとどめておけるものではなく新聞を賑わせていた。一九二五年末から翌年一月にかけて実川時次郎《じつかわ》らによる怪文書がばらまかれ、いわゆる松島遊郭事件へと発展し、憲政会の箕浦勝人《みのうらかつんど》、政友会の岩崎勲、政友本党の高見之通らが追及された。三月一日付の『東京朝日新聞』はこれを「松島遊廓にからむ奇怪文書の内容」として大きく報道し、三月二日に政友会の浜田国松は、松島遊郭疑獄事件の調査委員会設置を提案し、この決議は可決された。

一方、与党・憲政会の中野正剛は、その二日後の三月四日に田中義一機密費事件に関する追及をしている。中野は、田中義一が政友会総裁就任にあたって、政友会にばらまいたと噂されていた多額の資金の出処が、シベリア出兵時の機密費や鹵獲《ろかく》した金塊を元手にして横領したものであるとして、元陸軍主計・三瓶俊治《さんぺいとしはる》の摘発書および陸軍中将・石光真臣《まおみ》の建白書を添えて攻撃したのである。この時、貴族院議員でもあった田中義一を査問委員会にかけることはできなかったため、動議「議員小川平吉君同小泉策太郎君同秋田清君同鳩山一郎君の行動に関する調査の件」を本会議に提出し、田中出廬《しゅつろ》に関わった政友会の小川平吉、小泉策太郎、秋田清、鳩山一郎への調査を提議した。

中野にとってシベリア出兵は当初から批判し続けてきた軍事行動であったが、それはロシアへの侵略戦争というだけでなく、巨額の機密費を貪《むさぼ》る陸軍が政党をも蝕《むしば》むものであった。それゆえ、中野にとって田中は因縁の相手であった。後に、中野が自身の論稿と「機密費事件の顛末」と題する付録をまとめた『中野正剛対露支論策集』(一九二六年)の「序」において「余が舌鋒筆刃の標的であつた出兵の頭目

公金四百萬圓に絡まる
田中大将在職中の怪聞
突如衆議院で發かれた
長州軍閥の醜狀眞相

怪聞を探つたは
陸軍通の支那浪人

政黨や大臣の間へ
賣り歩いた怪聞材料

三瓶元主計の
摘發書全文

突如摘發された
怪聞に絡まる三巨頭

事實

図 4-1　「公金四百万円に絡まる田中大将在職中の怪聞」（『東京朝日新聞』1926 年 3 月 5 日付）

田中義一大将は今や反対党政友会の総裁となつて、復々《またまた》正反対の理想と態度とを以て余等の面前に立ち塞がつた。余は不思議な因縁にも遂に西伯利出兵反対以来の総勘定を議会に暴露すべき立場に立つた」と、田中を標的にしたものであることを明確にしている（⑪：2）。

この演説は大きな波紋を呼び、翌日三月五日付の『東京朝日新聞』は、「公金四百万円に絡まる田中大将在職中の怪聞」としてかなり大きく報道している（図4-1）。このなかで「事こゝに至れる経緯は決して一朝一夕でなく、この裏面には軍閥の争闘、政党、官憲、官僚の陰謀策謀が交錯し合つて動いて来たものが、遂に時の勢ひに激発せられて表面に表はれ来つたものと観られる」と書いている。中野の演説は長州閥と政友会批判を主な目的としたものであるが、『東京朝日新聞』が「軍閥」の語を用いて結びつけたように、陸軍批判とも受け止められた。若槻内閣の陸軍大臣・宇垣一成《かずしげ》も速記録を見るまでは陸軍に対する攻撃とみていたが、後に「陸軍攻撃ではない」と判断している。

それでも、宇垣は与党であるはずの憲政会が陸軍に累を及ぼすような攻撃を加えたことを閣議において非難した。また、三月六日の第五一回帝国議会本会議において、政友会の秋田清が宇垣に対し「議員中野正剛君の言論に付軍紀粛正並政機運用の基本観念に関する緊急質問」を行った際には、宇垣は「陸軍の内部に於て、機密費を取扱ふべき所の人が、其一小部分たりと雖も、個人の懐中《かいちゅう》に入れるとか何とかと云ふやうなことは――入れて居ったと云ふやうなことは、毛頭認めないのであります」とし、石光の文書は「荒唐無稽《こうとうむけい》」と回答しており、中野の主張をはっきりと斥けている（速記録：656）。秋田は続けて若槻に対し、宇垣の回答と中野の演説について、内閣総理大臣および憲政会総裁としてどう責任をとるかを詰問すると、若槻は「私が現内閣の陸軍大臣としての答弁として相当であると申す以上は、総理大臣として陸軍大臣の答弁を是認して居るのであります、固より之に対して責任を負ふのである（略）併し一昨日中野君の此壇上で演説せられたる事は、私は憲政会の総裁でありますけれども、何等相談も受けて居なければ、曾てそれを知った事もない（拍手）（略）それでありますが故に、党議で決定したる事ならば私は責任を負ひますが、個々の党員の行動の総てに付て責任を負ふと云ふことは、私は出来ぬのであります」と閣内の宇垣の発言を重くみて、同党の中野の発言には責任がないと主張し、中野の意見を憲政会として支える意図がないことを明示した（速記録：657）。

一方、中野の演説は中野に対する攻撃を生んだ。政友会の志賀和多利《わたり》が、否決されたものの、秋田清の演説の直後に中野が一〇万円をソ連から受領し、赤化宣伝を行ったことへの査問委員会の設置を求める動議を提出した。また、三月一一日には、政友会の牧野良三は決議案「中野正剛君に反省処決を促す件」を提出した。この内容は、志賀のものと同様に中野が赤化宣伝を行ったとするものであるが、牧野の言及の激しさもあって、議場は騒然となり議会は中止を余儀なくされた。二日後の三月一三日に議題が継承され、政友本党の梅田寛一が政友会に寝返るよう山梨半造陸軍大将により買収されたとする事件への査問委員会において、中野とソ連との関係も併せて調査することが決まった。

中野に関する査問委員会（「議員梅田寛一君の行動に関する調査の件」）は三月一八日、二〇日、二一日、二四日、二五日と計五回開催されたが、結局、牧野良三が提示した証拠があまりに杜撰であったため、「議員中野正剛君は露国より金銭を収受して赤化宣伝を為したりとの査問事項は之を認定すべき証拠なし」との決議が可決され、議会における中野追及はここで終わった。なお、中野に文書を提供した三瓶俊治は、一九二六年五月に『懺悔録』として自らの主張を撤回する書籍を公刊している。公刊の経緯は不明であるものの、一転した自説の撤回には不自然さが残る。

他方、中野正剛の演説は院外でも活発な動きを促すことになった。まずは、中野がやり玉に挙げた田中義一と陸軍機密費に関する出版物が多数公刊されており、田中義一批判として、川上親孝『政友会総裁田中義一大将に絡る陸軍機密費横領問題の真相』（一九二七年）、広田苓洲『田中総裁は国賊か否か』（一九二六年）、国政研究会編『田中大将機密費濫用？・大怪事件の真相』（一九二六年）、島崎英世『田中大将に絡る三百万円事件の真相と国民的判決』（一九二七年）などがある。この事件が注目を大いに集めていたことがわかる。

当然、中野や憲政会を批判するものもあった。国防協会は「中野正剛非国民事件に対する国民的疑団《ぎだん》は一層凝集して遂に消散す可らず。中野正剛たるもの日本国民としての良心あり且つ士人たる廉恥を解せは速に公職を抛《なげう》ち以て謹慎の意を表す可き也」との決議案を提起した（田中義一文書：57）。また、憂国同志会は中野を処分しない憲政会総裁の若槻をも次のように批判している。「若槻首相は既に陸相同様議会に於て其事の虚構なるを確認したるにも拘らず部下中野正剛並に材料を提供したる詐欺漢三瓶某を処罰せざるのみならず新聞紙の流布宣伝を敢而取り締まらざるは売国的陰謀を陰に陽に是を助長し上宸襟《しんきん》を悩まし奉り下国民を欺瞞する逆賊的行為に非ずして何ぞ」（同：5）。

では、中野は何ゆえにこのようなスキャンダル事件の暴露を行ったのか。三月二四日の査問委員会にかけられた中野は今回の事件を提起する理由について説明している。査問委員の山本芳治より、政府与党の憲政会所属議員であれば、三瓶俊治や石光真臣の真偽不明確な文書にのみ依拠するのではなく、まず陸軍当局に調査を依頼するべきではなかったのかとの問いかけに対し、中野は「僕があの問題を提げて立ったのは、天下国家を憂慮する為に立ったのであります、憲政会内に於ける僕の一立場など考慮する暇はない（略）私は天下の為に立ったのであります」（速記録：20）とこたえている。その上で、中野の今回の演説を遂行する上での背景となったのは、「天下の疑い」であるという。同じ査問委員会にて中野は次のようにもいう。「疑と云ふものは疑ふべき事実のある時に広く疑が拡がって居る、我輩のことに付ては政友会百六十人が掛かって私に対するが、天下少しも疑はぬ、然るに私個人の演説に対しては満天下之を疑ふに至る、其事情があり其条件と云ふものがなければ、世間には非難と云ふものはない、左様な議論を為さっても田中一派の臭いと云ふことは天下公知の事実である」（速記録：27）。これを追及した政友会の秦豊助《はたとよすけ》は、次のように中野が真偽不明な「噂」によって陸軍や機密費を議会で問題化したことを痛烈に批判している。

「私は貴方は苟も斯う云ふ重大なる決議案を議会に出される以上は、相当信憑すべき事実に基くものであると考へて居った、然るに只今御話に依ると、唯噂である、又西伯利出兵其ものに向っては反対をして居るから、之を非難するのである、非難をするのは御勝手であるが、もう出兵をしたのである、出来てしまったのである、西伯利出兵は既に終ったことである、それに付て何か不正なることがあると云ふならば、其事柄自身を非難するよりも、其不正なる事実は斯う云ふ所に在ると云ふことを言はなければならぬ、然るにそれを言はずして、今の御答弁に依《よ》りますれば、単に噂に依て斯の如きことを言はれた、而も其数字に於ては非常な誤りがある、而も田中陸軍大臣の時に余り沢山使って居ないで、其前に於て七八両年度に於て使はれて居ると云ふことは、陸軍大臣が明に答弁をして居る、さう云ふことを信じないで、唯《ただ》噂に依て人を傷つけんとすると云ふやうな言動をなされるから、疑が中野君に掛かったのである」（速記録：26f）。

中野は「天下の疑い」「天下のために」という曖昧な言葉で自らの暴露を正当化している。当然ながら、「天下の疑い」の内実は明らかにされることはない。中野は事実を検証するよりも、曖昧な噂を元に政敵への攻撃を優先した。中野の応答も明確ではない。ただ、中野の議会での追及はマス・メディアとしての実態を備えつつある新聞にも大きく報道され、田中義一攻撃を補強した。中野が憲政会という大政党に所属して手掛けた最初の大仕事が機密費事件であったことは、実に示唆的である。「我輩のことに付ては政友会百六十人が掛かって私に対するが、天下少しも疑はぬ」と中野は言うが、もちろんそのようなことはない。先に挙げたような批判は出てきており、また、会期終了後ではあるものの、三月二六日には十数名の壮士が中野邸に押しかけ、四月四日の信州での演説会では聴衆二〇数名により襲われた。

結局、田中の機密費事件については司直の手に委ねられるものの、検察部長の事故死により、真偽は明らかにされないままとなった。

2　立憲民政党の成立

立憲民政党の成立

第五一議会閉会後、朴烈《ぼくれつ》事件や継続する松島遊廓事件もあってスキャンダル機運は継続した。松島遊廓事件により三月に政友会の岩崎勲元幹事長、四月に憲政会の箕浦勝人顧問が逮捕されたが、憲政会の事件処理の進め方に納得の行かなかった箕浦は若槻首相を偽証罪で告発した。大逆事件で逮捕された朴烈と妻・金子文子の獄中の写真がばらまかれた朴烈事件では、九月一日に政府が声明を発表するものの、沈静化することはなく、政友会は政府攻撃を強めていた。憲政会は困難な状況に陥っていた。

ただ、一九二六年の後半は、中野にとっても苦難の時期であった。中野は郷里福岡に議会報告のため滞在中に九州帝国大学の医師・住田正雄の診察を受け、中学時代に負った左足の手術をして治療をすることを決めた。だが、この手術は失敗し、左足は壊疽《えそ》し切断せざるをえなくなった。当初、三週間で済むはずの入院が、切断手術の期間も含めて約半年に及ぶこととなった。この間、中野は痛苦に苛まれ、一時、議員を辞めて、文筆生活に戻ることも考えたようである。一九二六年一〇月にようやく退院し、回復のため湯河原温泉へ湯治に出かけた。中野は一九二六年後半を不必要な手術と治療に費やしてしまった。若槻内閣が大きく動揺している時期に、遊説部長であった中野は何もできなかったのである。一九二六年末には体力も回復し、政治への意欲も取り戻しており、一二月二四日に始まった五二議会にも参加した。

その翌日にこれまで療養中であった大正天皇が崩御した。諒闇《りょうあん》のため、また大喪の日程を考慮する必要があるため、解散総選挙は慎むべきとの意見も出た。ところが、若槻首相は表向き解散も行いうるという強気の姿勢を崩さなかった。それゆえ、逓信大臣・安達謙蔵を中心に、憲政会は解散準備を進めており、即座に解散総選挙に持ち込めば勝利の可能性が高いことを見込んでいた。だが、若槻はその見込みを共有しておらず、逆に総選挙になれば敗北するものと想定していた。そのため、政友会と政友本党との妥協による議会運営を優先した。他方、政友会の田中義一も政友本党の床次竹二郎も、解散は自党に不利との立場から、解散を避ける道を探っていたため、若槻の方針は渡りに船であった。

一九二七年一月二〇日に政友会と政友本党により内閣不信任案が提出されると、憲政会内からは即時解散の声も出ていたが、若槻は三党首会談を開いて政争の中止を求めた。その際、重要法案への協力を求める代償に、若槻首相の辞意を示唆する「深甚《しんじん》の考慮」をなすという言質《げんち》を与えてしまった。妥協による解散総選挙の回避にくわえて「深甚の考慮」という言質を与えたことは、憲政会内から強い批判を浴びることになった。後に東條内閣打倒に際して、中野正剛と共同戦線をはる三木武吉《ぶきち》は大蔵参与官の役についていたが、辞表を出した上で、党の幹部会の場において、政友会および政友本党と妥協を図るよりも、解散総選挙によって国民に信を問うべきだと若槻総裁を厳しく問責した（御手洗 1958：162）。なお、中野は三木の後任として三月四日に大蔵参与官に就任した。

他方、政友本党は若槻内閣が継続すると判断した以上、これまで進めていた政友会との連携よりも憲政会との連携を進めることを優先し、憲政会の安達謙蔵とともに憲本提携に動き出した。二月二五日に憲本連盟覚書が手交され、憲本提携が成立した。三月一二日、中野正剛はこの憲本連携に際して、各党一〇名の連合政務調査委員会の一員となり、四月一六日には第一回の会合にも参加している。

さて、この間、憲政会内閣を揺さぶる大きな事件が起きる。第一次世界大戦後の日本経済は慢性的な輸入超過が続く戦後不況に陥っていた。さらに、一九二三年九月の関東大震災からの復興支援が不可避となり、震災手形の発行をするなどして当座をしのいだものの、銀行は多くの不良債権を抱えることとなっていた。震災手形の返済を即座に求めることは、さらなる恐慌を招くとの判断から、それを救済する震災手形前後処理法が提案されたが、その法案の審議の過程で台湾銀行が鈴木商店の莫大な額の不良債権を所持していた事実が明るみになった。また、片岡直温《なおはる》大蔵大臣が三月一四日の予算委員会の中で

「今日正午頃に於て渡邊銀行が到頭破綻を致しました」と不用意に発言したことで、取り付け騒ぎが起き、渡邊銀行も含め銀行の閉業が急増した。鈴木商店も四月に倒産し、台湾銀行は一事休業に追い込まれた。台湾の貨幣発行券を持つ台湾銀行については救済しなければならないとの判断から、若槻内閣は日本銀行による貸付を緊急勅令によって実施しようとした。だが、かねてから若槻内閣、特に幣原外交に反感を持っていた枢密院がこれを否決した。これが決め手となって若槻は四月一七日総辞職を決意し、四月二〇日、政友会総裁の田中義一に組閣の大命が下り、田中義一内閣が成立した。

もともと非選出勢力を批判していた中野は、この枢密院の否決を激しく批判し、第五三議会が終わる直前の五月七日、決議案「枢密院の奉答に関する件」を提出した。この決議が可決されることで、なにかが変わったわけではなかったが、中野はさらに論稿「枢密院弾劾の政治的意義」を民政党の機関誌『民政』一九二七年六月号に執筆した。ここではこれまでのように、「輿論の幕を透さざる所に於て策動」し、「国家の大難」を招いてきたことや「現代国家の原則」として権力のある所に必ず責任があるべきが、「枢密院が責任なき地位に在て責任ある政府を是非」し、「政治の内容」に干渉するのは、「到底立憲政治の健全なる運用」を期することはできないことを批判している（21）。第五三議会における決議案は、議会中心主義を掲げる立憲民政党が今まさに生まれ出でようとしている時期のことである。その綱領作成に一貫して携わる中野からすると、新党のアイデンティティに関わるものであっただろう。

さて、五月八日に議会が閉会すると、憲本提携は一層加速した。五月一〇日には新党創立準備委員総会が開催され、両党の最高幹部をほぼ網羅する新党創立常務委員や創立趣意書宣言、政綱、党則の起草委員が選出された。中野は、宣言や政綱をまとめる起草委員の一員に岩切重雄、中村啓次郎、永井柳太郎、江木翼とともに選出された。五月一三日に新党創立準備委員会が開催され、趣意書の大要について江木が説明し、中野が朗読した。党名の候補として「立憲民政党」と「新政会」が有力であったようだが、この段階では正式には決まらず、五月一四日の新党準備連合会において「立憲民政党」と決まった。党名については緒方竹虎『人間中野正剛』では中野案としているが、『永井柳太郎』(一九五九年)では永井の発案としている。党名の発案者を確定するのは難しいが、新たに出立する立憲民政党を創設する上で、中野が大きく関与したことは間違いない。五月二一、二二日の連日に会議を開いて党則、宣言および政綱について審議して成案を得て、二四日に決定された。

政綱は下記のものであり、宣言はこれを文章化したものである。

一、国民の総意を帝国議会に反映し　天皇統治の下議会中心政治を徹底せしむべし。
一、国家の整調に由りて生産を旺盛にし、分配を公正にし、社会不安の禍根を芟除《さんじょ》すべし。
一、国際正義を国交の上に貫徹し、人種平等、資源公開の原則を拡充すべし。
一、品性を陶冶《とうや》し独創自発の個性を啓き、学習の機会を均等にし、進んで教育の実際化を期すべし。
一、立法、行政及び地方自治に侵潤《ママ》せる時代錯誤の陋習を打破し、以て新興の機運に順応すべき改造の実現を期すべし。

確かに、「議会中心政治」や「国際正義」と「人種平等、資源公開の原則」に基づく外交方針、「立法、行政及び地方自治」への「改造の実現」などには特に中野のこれまでの見解が入り込んでいる。「国家の整調に由りて生産を旺盛にし…」の条項は、国家による経済統制へと道を開く宣言であるが、後に中野は「我党の高調する国家整調主義」(『民政』一九二八年二月号)などで、積極的に主張していくことになる。以後、経済統制論は、外交論を得意としていた中野のもう一つの言論の軸になる。

一九二七年六月一日に立憲民政党は結党式を挙げた。これにより政友会と民政党という基本政策を異にする二つの大政党が誕生し、二大政党制の時代が本格化することとなった。総裁には浜口雄幸、顧問には若槻礼次郎、床次竹二郎、山本達雄、武富時敏が、幹事長に桜内幸雄が就任した。中野正剛は遊説部長を務めた。

さて、初代総裁・浜口雄幸も、その就任演説において宣言と政綱を「私は之を一読して病余の身も覚えず満腔に熱血の漲《みなぎ》るを感ずるのであります(略)我立憲民政党の如く率直に大胆に進歩的色彩を表明したる大政党は未だ我国に類例を見ないと思ひます」と自賛している(立憲民政党遊説部：4f)。

その後、民政党は遊説部の計画と実行の下、全国大遊説を開始し、政綱の宣伝に努めた。東京で開催された第一回演説会は、市村座と青山会館の二箇所で行われた。中野は市村座において、若槻礼次郎、松田源治、中林友信、工藤鉄男、加藤鯛一《ちょういち》、中原徳太郎、岩切重雄、西村丹治郎、山道襄一《やまじじょういち》とともに演説した。なお、立憲民政党の「宣言及政綱」、浜口雄幸の就任演説、政綱とその詳細な説明、前憲政会総裁・若槻礼次郎と前政友本党総裁・床次竹二郎の演説がまとめられたパンフレット『立憲民政党の本領』が立憲民政党遊説部により作成されている。これはもちろん中野が大きく関わっており、中野は政綱とそれを説明する部分を自身の著書『国民に訴ふ』(一九二九)にも再録している。

なお、政綱第一の議会中心主義を説明した箇所は、レーニンとムッソリーニを引き合いに出しつつ、独裁政治の本質が「民衆を無視し民衆を蹂躪」したものではなく、「偉大なる人物の天才的直感によりて、国民の総意を象徴する政治」であり、立憲政治が「一定の法規と整然たる組織とにより、国民の総意を反映する政治」と記している。特に普通選挙が実現した現代日本では、「普通選挙法の善用により、国民の総意を帝国議会に反映し、議会を中心として責任政治を徹底せしめん」とすることが必要になるという。独裁政治を批判しつつも、そこに民意の集中を見出し、日本では議会を通じて民意の集中を実現すべきというまさに中野の一貫した思想がここで展開されている（立憲民政党遊説部：10f）。

『九州日報』と第一回普通選挙

一九二七年四月に成立した田中内閣には、対処すべき二つの事案があった。まずは、若槻内閣瓦解の発端となった金融恐慌の沈静化である。これは高橋是清を大蔵大臣に据え、引き出し停止を求めるモラトリアム施行や半面白紙の紙幣を大量発行するなどして対応した。次に、対中政策である。若槻内閣の外相・幣原喜重郎は、不干渉主義を方針としていたが、一九二七年三月二四日の南京事件や四月三日の漢口事件では、それにうまく対応できず、強い批判を招いていた。台湾銀行救済のための勅令が枢密院を通過しなかったのも、若槻内閣の外交方針への不信感が一因としてあった。外務大臣を兼任していた田中義一は、第一次山東出兵により日本人権益を保護し、九月八日撤兵を完了した。

とはいえ、議会の構成では与党政友会は絶対多数を得ておらず、安定した議会運営のためには、解散総選挙は不可避であった。また、一九二七年末から一九二八年にかけて開催される第五四議会において、民政党も政府不信任案を提出しようとしていた。これに対し、田中首相は、第五四議会劈頭で自らの施政方針演説と外交演説を行い、一九二七年六月に就任した三土忠造蔵相の演説が終わると、野党の不信任の説明演説を待たずに議会を解散した。総選挙は一九二八年二月二〇日に開催されることに決まった。公的な発言の機会を封じるこの措置に、民政党は強く批判しつつも、各党とも選挙準備に取り掛かった。

さて、選挙運動にはいる直前、中野は地元福岡県における二大紙の一角『九州日報』の経営権を入手することになる。『九州日報』の前身は一八八七年八月一一日に創刊された『福陵新報』である。福陵新報社は、頭山満を社長として玄洋社社員が中心となり組織された。『福陵新報』は第一回総選挙時から『福岡日日新聞』と熾烈《しれつ》な言論戦を行っていたが、一八九八年頃には経営難に陥った。そのため、炭鉱業で成功した玄洋社社長・平岡浩太郎が経営を引き受けることとなり、一八九八年五月一〇日、『九州日報』と改題した。以後、福本日南や杉山茂丸、大原義剛らが社長となった。

おりからの金融恐慌のあおりをうけて、経営不安に陥っていた九州日報社の社長・大原義剛と中野は一九二七年九月に一度、会談の場をもち、一九二八年一月六日に中野が社長に就任した。第一六回総選挙の投票日が二月二〇日であり、それに間に合わせるためのものであったろう。

中野社長就任時の陣容は次のように決まった。顧問が頭山満、大原義剛、安達謙蔵。専務取締役が王丸大吉。専務が坂田卯三郎、西尾守太郎、河野二郎、藤村源路。監査役に喜多島淳、樋口昌弘。理事に長谷川了、伊豆富人、内田吉之輔。相談役に吉田磯吉、河波荒次郎、柴田文城、入江八郎である。玄洋社関係者、民政党関係者を中心に構成されており、強い党派性をもっていたことがわかる。また、主筆には『我観』で健筆を振るっていた当時二九歳の清水芳太郎を就任させた。中野は清水の就任に際して、一九二八年二月号の『我観』と一九二八年一月一七日付『九州日報』に「大地に刻せよ経世の文字」という激励の一文を寄せている。なお、中野自身は一九二九年六月に逓信政務次官に就任したため社長を退任するものの、以後も『九州日報』へ影響力は持ち続けた。時事新報社に在籍し、後に満洲弘報協会会長を務める森田久の社長就任や主筆であった清水芳太郎の社長就任は中野の尽力による。

対立する『福岡日日新聞』は、政友会系としての党派色をもちつつも、報道新聞としての色彩を濃くしていた。発行部数も『九州日報』より多く、経営面も安定していた。一方、『九州日報』は中野が経営権を得た段階ですでに販売上劣勢に置かれていた。これを挽回するためには、『九州日報』も対抗して報道新聞としての道や種々のメディア・イベントを仕掛ける大衆化路線を選択すべきであったかもしれない。だが、新聞を政論メディアとして把握していた中野に、そのような企業化や大衆化路線の選択肢はなかっただろう。むしろ中野は『九州日報』を自らの選挙運動のために存分に利用していく。社長に就任した中野は「南洲論」を一九二八年一月二三日から二月五日まで連載する。もとよりこれは、西郷隆盛五〇年祭典時の演説を文字起こししたものであるが、長期にわたって連載することで、自らの名前を選挙前に継続的に掲載することができた。また、主筆の清水芳太郎は選挙運動期間中の二月五日より「国家整調主義」というタイトルで論説を連載した。これは民政党の政綱第二「国家の整調に由りて生産を旺盛にし、分配を公正にし、社会不安の禍根を芟除すべし」を基にしたものであり、選挙後、中野も論稿「立憲民政党の国家整調主義」（『経済往来』一九二八年二月号）を執筆しているように、中野の経済政策にとっても重要なものとなる。こうした連載は中野の選挙運動の側面援護となったであろう。

　普通選挙法下による最初の衆議院議員総選挙となる第一六回総選挙において『九州日報』は、中野正剛の活動を中心に選挙運動や選挙情勢を大きく取り上げていく。今回の選挙から小選挙区制から中選挙区制へと変わり、中野は福岡県第一区から出馬した。第一区は四名の当選者が割り当てられているところ、民政党から中野正剛、河波荒次郎、政友会から山口恒太郎、多田勇雄、労働農民党から松本治一郎、日本農民党から佐伯仙之助、実業同志会の高岩勘次郎、中立から民政党系の久世庸夫《つねお》、政友会系の宮川一貫、日本農民党系の高崎正戸の計一〇名が立候補した。政友会公認の山口恒太郎は『国民新聞』記者を経て、『福岡日日新聞』主筆を務め、その後、松永安左エ門傘下の博多電燈株式会社に入社して実業家として活躍し、市会議員となる。メディア経験をもった実業家である。松本治一郎は全国水平社中央委員会議長であり、第二次大戦後に部落解放同盟の初代委員長に就任する。第一六回は普通選挙の施行もあって、こうした労働者党からの立候補者が出てきた選挙である。なお、民政党は、中野と河波の二名を公認し、久世を非公認として出馬を押し止めようとしたが、久世の説得に失敗し、中立での立候補を認めることとなった。

図4-2　中野正剛選挙事務所の看板（『九州日報』1928年2月8日付）

　民政党遊説部長として中野は、全国での遊説を終えて二月三日に自身の選挙戦場である福岡に到着した。中野は、到着早々、一月末に民政党が発行した機密費

図 4-3　東郷町における中野正剛の演説会の様子と演説の様子（『九州日報』1928 年 2 月 7 日付）

図 4-4　盛会に終わる中野正剛の演説会（右上は開会前の行列）（『九州日報』1928 年 2 月 20 日付）

事件に関するパンフレットが警視庁に押収された件について、「田中首相の権力濫用横暴は張作霖のクーデターと好一対で両人は正に東洋の二大英雄?である、かく言論を圧迫して更に文書による輿論を封じる等八千万国民の激怒は何処かに爆発せずに置かぬであらう」とコメントを残し、田中義一を言論の自由を抑圧する横暴な権力者として早くも攻撃している（「東洋に於ける二大英雄?」『九州日報』一九二八年二月四日付）。

中野の演説会は二月六日の宗像郡東郷町天理教会から開始され、前日五日には民政党による普選擁護大演説会が開催された。二月五日付の『九州日報』は「愈よ言論戦に入る」とこれを大きく報道し、かつ、二月七日付の『九州日報』は二月六日の中野の演説会を写真付きで報道している（図4-3）。写真付きの中野の演説会報道は、これで終わらず、二月八日の福岡市中洲九州劇場での政権発表演説会もその盛観さや開始前の行列の写真とともに大きく報道された。この日の演説会場に入りきらなかった聴衆は三〇〇〇名と二月九日付の『九州日報』は報道しており、「日本切つての政界の新人であるその前人気は素晴らしいもので七日の夜あたりから『金は何ぼでも出す座席を都合して貰へぬか』と座席の予約を申込んで来る向きもあつた程である」との記事や「中野さんの演説会は、あゝなる事は分かりきつた事だ、せめて会場を二ケ所にして欲しかつた」との入場できなかった聴衆の声を掲載し、中野人気の大きさを取り上げている。

また、遊説部長の中野は自身の演説会だけでなく、近隣の民政党員の応援弁士として赴く必要もあったが、『九州日報』はそうした応援演説もまた中野の活躍として報道した。「民政党の論鋒頗る鋭し　中野正剛氏の同志応援　感激的美はしの情景」（『九州日報』一九二八年二月一五日付）や「突如、中止を喰はして言論の自由を封ず　昨夜甘木に河波候補の応援中　中野正剛氏に対して」（『九州日報』一九二八年二月一〇日付）などは応援に行った中野を主体とする記事となっている。

今回の選挙結果は、表の通りとなり、中野はトップ当選を果たしたが、残り三枠は政友会が占有し、民政党系議員が軒並み落選した。これについて一九二八年二月二四日付の「政戦の跡を顧みて」(『福岡日日新聞』)では、「河波氏は次点となつてしまつた。コレは中野氏が協定地盤を無視し各方面にあまりに荒し廻つた結果だ」としているが、もともと中野が糸島、早良、福岡市、宗像を根拠とし、河波が筑紫、朝倉、粕屋と福岡市の一部を根拠とするという地盤協定があり(「激戦地第一区—定員四名に七名」『九州日報』一九二八年二月七日付)、中野と河波の選挙行動はそれには準じたものであった。

中野正剛	一八七六一票	民政
山口恒太郎	一六六三九票	政友
宮川一貫	一三五四八票	政友
多田勇雄	一二九一八票	政友
河波荒次郎	一一九九四票	民政
久世庸夫	八七三九票	民政
松本治一郎	五九九二票	労農
高崎正戸	一九二九票	日農
高岩勘次郎	九三四票	実同
佐伯仙之助	七七八票	日農

表 第一六回総選挙福岡県第一区選挙結果(『衆議院議員総選挙一覧 第一六回』一九二八年より筆者作成)

ただ、福岡市のみでみると、中野は八五五一票を取り、続いて宮川一貫が四三四五票、山口恒太郎が三九二八票、久世庸夫が二三八七票、河波荒次郎が一二九六票と、二番目に福岡市の票を取った宮川の二倍近い差をつけており、圧倒的な力を見せつけている。メディアの影響は都市部でこそ見られると考えると、中野中心の選挙報道を展開した『九州日報』を選挙直前に傘下に置くことができたことの意味は特に大きかった。その意味で、中野が福岡市で票を獲得できる環境は整ったがゆえに、票を取りすぎたという側面はたしかにあった。

全国的な総選挙の結果としては、政友会が二一七議席、民政党が二一六議席といずれも過半数を獲得できず、残りの三三議席をどのように引き込むかが鍵となる情勢となった。

3　先鋭化する田中内閣批判

張作霖爆殺事件の追及

野党民政党は、総選挙直後から与党政友会との対決姿勢を整えていた。

まずは、選挙期間中の鈴木喜三郎内務大臣による過激な選挙干渉と投票日直前になされた民政党政綱への批判声明を問題とした。この民政党政綱への声明は、民政党が掲げる議会中心主義を攻撃するものであるが、議会政治家の存在意義へ疑義を投げかけるものですらあった。民政党を中心とする野党はこれらを問題化し、内閣不信任案決議を提出して、倒閣運動につなげることを目指していた。

選挙の総括としても民政党は、露骨な選挙干渉があったにもかかわらず、与党は過半数を取ることができなかったため、与党政友会の敗北だとする認識を提示している。総選挙直後の民政党機関誌『民政』の一九二八年三月号の社説「現内閣は速《すみやか》に辞職せよ」において、それが端的に表明されている。

「政府は言論を圧迫し、干渉を事とし、以て唯勝たんことに汲々たるものがあつた。然れども覚醒したる国民は彼等の圧迫を恐れなかつた、干渉に屈しなかつた。而してその結果は明かに現内閣に対する国民の不信任の表意が多数たることを示したのである」(3)。

遊説部長の中野もさまざまな場でそれを表明していた。一九二八年二月二四日、第一九回朝日民衆講座として、朝日新聞社は社講堂において第一回普通選挙についての演説会を開催した。登壇者は政友会の鳩山一郎、日本労農党の麻生久、社会民衆党の片山哲、実業同志会の千葉三郎、労働農民党の藤森成《せい》吉《きち》、革新党の清瀬一郎、中立の鶴見祐輔、民政党の中野正剛、日本農民党の高橋亀吉である。ここでの中野の演説の内容は「普選に大勝したる我党の真面目」(『民政』一九二八年三月号)に採録されている。立党宣言や政綱を公開し、地方遊説に努めて、「国民の良心」に「真面目」に訴えたのが民政党で、選挙干渉や利権や権力により「民衆の良心」を押さえつけたのが政友会だと位置づけている。こうした議会内外における内務大臣・鈴木喜三郎への野党の攻撃は継続し、四月二四日「政治国難に関する決議案」として議会に提出するまでに至ると五月一日ついに鈴木は辞職の意向を示した。

民政党による与党政友会追及の焦点は、田中外交とりわけ対中政策に舞台を移してさらに続く。第五五議会終了間際の五月三日に勃発した済南事件について、中村啓次郎が予算委員会にて緊急質問を行った。また、議会終了後も民政党は倒閣運動の手を緩めることはなく、何度も演説会を開催した。

済南事件に続いて六月四日に勃発したのが張作霖爆殺事件、いわゆる満洲某重大事件である。張作霖爆殺事件については、民政党総裁の浜口雄幸もいち早くこの情報を入手し、「党派の関係を越える重大事」だとして、すぐには問題としないよう党内統制を強めた。他方、陸軍でも調査を実施し、一〇月末には報告書も提出され、陸軍関与の真相は明白となった。一二月二一日に閣議の議題となり、一二月二四日に田中義一首相が参内《さんだい》して、天皇に事実であれば厳然たる処分を行うべく調査していることを報告した。一二月二九日には張作霖の息子にして後を継いだ張学良は、満洲全土に国民政府の青天白日旗を掲げる指令を出し、以後、排日運動は一層激化した。民政党は、こうした中国との関係悪化は田中外

大阪朝日新聞
夕刊
某重大事件に對し「調査中」で答へず
首相一本槍で頑ばりとほす
戰ひは衆議院豫算總會へ
主力を豫算總會に暴露戰術で
某重大事件と雙方の策戦
對支策で一問一答

図 4-5　張作霖爆殺事件で一問一答する田中義一と中野正剛（『大阪朝日新聞』1929 年 1 月 26 日付）

交の帰結であるとし、張作霖爆殺事件を通して田中内閣の責任を追及することに決定した。その追及の担い手となったのが中野正剛である。

中野は一九二九年一月二五、二六、二九日の予算委員会にて、これを取り上げた。とはいえ、倒閣材料としても重要な問題であったが、国家としても大きな損害になることも見込まれたため、政争の道具としすぎることなく、あくまで「国家本位」に立脚した慎重な批判が必要であった。その上で、一問一答の質問形式をとって政府側に多くの答弁をさせる方針をとった。中野はこれにうまく対応した質問演説を展開した。張作霖爆殺事件の真相究明を求めて不用意な暴露などはせず、田中外交が追求してきた満洲権益や治安維持の矛盾点や直前に行われた守備隊の配置転換の責任を追及することで、内閣の不手際を明らかにしようとしたのである。中野の質問に対し責任を認めるとの言質は、辞職に直結するものでもあったため、田中は「調査中」を盾にしつづけた。

こうした中野の質問演説は、痛快な政府追及劇として見られ、

「中野君舌鋒鋭く行政権放棄を追撃」「中野氏の巨弾に政府傷手《いたで》を負ふ」(『東京朝日新聞』一九二九年一月二七日付)や「出兵と満洲事件を提げ政府に処決を迫る　中野君ひと先づ止めを刺す」(『東京朝日新聞』一九二九年一月三〇日付)など連日、報道された。「調査中」としか答弁できない田中に対し、次々と繰り出される中野の追及は、読者に中野の活躍を印象づけることになった。三度目の質問演説後には、老壮会時代からの盟友・北一輝も民政党の重鎮・安達謙蔵に面会して、中野の質問を止めさせるよう求めており、安達も同様に考えていた。安達がそれを伝えたところ、中野もそれを承諾し、中野の質問は二九日で最後となった。ただ、民政党はその後、山道襄一にも同様の質問をさせるなどして、政府攻撃の手を緩めなかった。中野自身も議会終了後、「田中外交の責任解除」(『我観』一九二九年三月号)、「国民が承認せぬ田中内閣」(『改造』一九二九年四月号)、「田中外交の全部的失敗」(『改造』一九二九年五月号)などを発表して田中内閣攻撃を継続していく。

ただ、田中内閣倒閣の決定打となったのは昭和天皇の叱責であった。事件勃発直後においては張作霖爆殺事件の関係者を厳罰に処すると上奏《じょうそう》していたにもかかわらず、六月二七日に際しては日本人の関係する証拠は見出せず、守備隊の責任を問うて処分するとの結論を上奏した。この矛盾に怒った天皇は、翌日の拝謁も認めなかった。天皇からの信任を失ったと考えた田中は、西園寺公望のもとを訪れ、内閣総辞職の意向を伝え、西園寺もそれを認めた。田中内閣は七月二日に総辞職した。なお、田中義一は九月二九日に急死するが、田中が総裁では政権は回ってこないと判断した政友会は急死前から総裁交代運動を始めており、すでに引退を表明していた犬養毅を政友会総裁に据えることになった。

浜口内閣の成立と「鋭角的対立」

田中内閣の瓦解直後の一九二九年七月二日、浜口雄幸に大命が下り、浜口は同日に内閣を組織した。外務大臣に幣原喜重郎、内務大臣に安達謙蔵、陸軍大臣に宇垣一成、大蔵大臣に元日本銀行総裁の井上準之助を就任させた。中野は逓信政務次官に就任したが、上司となる逓信大臣には小泉又次郎が就いた。「政治の公明」「国民精神作興」「綱紀の粛正」「対支外交刷新」「軍備縮小の完成」「財政の整理緊縮」「国債総額の逓減」「金解禁の断行」「社会政策の確立」「其他の政策」を十大政綱に掲げた浜口内閣は成立するとまもなく、前政権田中義一内閣の疑獄事件を追及していった。五私鉄疑獄事件や朝鮮総督・山梨半造の疑惑の暴露である。浜口内閣はスキャンダルの摘発による政友会攻撃をつづけ、前政権との違いを強調しようとした。だが、越後私鉄疑獄事件から浜口内閣の文部大臣・小橋一太や内務大臣・安達謙蔵にも飛び火してしまい、その沈静化を図らざるをえなかった。

とはいえ、この組閣において、着目すべきは大蔵大臣に元日本銀行総裁の井上準之助を据えたことである。民政党は金解禁という大きな政策転換を主要政策の一つとして掲げており、浜口は井上にその舵取りを任せた。金解禁とは、第一次世界大戦以来、許可制になっていた金の輸出を自由化することで、貨幣を金の価値と連動させる金本位制に戻すことである。これにより、変動が激しかった為替相場の安定が見込まれた。また、主要国も金本位制に戻しており、金輸出を解禁することは主要各国との足並みを揃える国際協調路線を採ることでもあった。田中内閣時の大蔵大臣・三土忠造も、金解禁自体はいずれ避けられないと判断して調査を進めていた。

ただ、それを具体的に、いつ、どのように、どの程度の価値で設定するかにより、経済的影響は大きく変わってくる。そのため、最適な時期での最適な手段での実行は容易ではなかった。たとえば、第一次世界大戦の金輸出禁止直前の価値（旧平価）は金二分を一円として一ドル＝二・〇〇五円とされていた。だが、金輸出解禁実施前の為替相場（新平価）では一ドル＝二・三〇〇円ほどであり、新平価の通貨価値がより低く、いわゆる円安になる。実体経済に合致するのは新平価であったが、新平価に設定するためには、法改正が必要であった。経済評論家の石橋湛山《たんざん》や三土忠造も新平価による金解禁を支持していた。だが、少数与党として成立した浜口政権は、今後の安定した政権運営のためにも国会で多数派を握る必要があったため、早期解散を目指しており、解散総選挙で勢いを得るためにも、大きな実績が必要であった。金解禁の断行はそれであった。そのため、法改正が必要で時間のかかる新平価ではなく、旧平価が選択された（長 2001：67f）。

民政党は金解禁の必要性を積極的にPRした。宣伝パンフレット『繁栄日本への途―緊縮政策と金解禁』を発行し、ちょうど前年に全国中継放送網を完成させたラジオ放送を用いて浜口雄幸は「経済難局の打開について」と題する演説を行った。金解禁により見込まれる未来は次のようなものであった。「緊縮節約、金解禁に依る不景気は底をついたる不景気であります。安定したる不景気であります。前途に晃々たる光明を望んでの一時的の不景気であります」（浜口雄幸・井上準之助共述 1929：14）。

政友会は金解禁を引き伸ばし「放漫財政」を続けてきたとし、一方で民政党は「緊縮財政」を採用し金解禁を断行し、景気回復を目指すとして、政友会との違いを強調した。くわえて、西條八十作詞、中山晋平作曲の「時世時節ぢや、手をとつて　ハ、緊縮しよや、緊縮しよや」と歌う『緊縮小唄』を制作した。緊縮財政にせよ、旧平価による金解禁断行にせよ、総選挙という政治上の配慮を優先させた選択であった。さらに、浜口内閣は一九二九年一一月に翌年一月一一日に旧平価による金解禁を実施することをあえて予告した。当然ながら、これも金解禁による期待感をもたせたまま、総選挙を戦うことを優先させた判断であった。予告の直前、一九二九年一〇月二四日にはウォール街では株価は大暴落しており、世界恐慌の影響は深刻化しつつあった。民政党の経済政策は、政府支出を抑制し、円高を目指すものであったため、基本的にデフレを誘発するものであり、景気の悪化は当然のごとく見込まれた。だが、民政党はそれを一時の痛みであるとし、その後は力強い景気回復が訪れることを主張していた。そうした宣伝は軌道に乗っており、民政党と金解禁への期待感は高まっていた。

解散の直前、富田幸次郎、勝正憲、中野正剛の三人が演説会を開催し、その記録をまとめたパンフレット『再び政友会内閣出現せば日本は何《ど》うなる』（一九三〇年）を選挙期間中に公刊した。そこで中野正剛の演題に付されたタイトルが「鋭角的対立」である。二大政党が成立して、政策の差異を過大に強調して対立図式が明確になったが、中野はまさにそれに拍車をかけた担い手であった。この「鋭角的対立」のなかでも「民政党と政友会とには経済財政々策に根本的相異あるばかりでなく、外交にも黒白の相異がある」(26)とし、外交においては「暴圧と陰謀」の田中政友会内閣と「善意と公明」の浜口民政党内閣と善悪二元論的な「鋭角的対立」があったとする。近年の研究では、田中外交も対英米協調を目標としており、幣原外交とも大きな差異はなかったとされている（服部 2001：191f　熊本 2021：131f）。

金解禁についても政友会もまた不可避のものとみていたため、経済政策においても極端な違いがあったわけではない。だが、二大政党制が実現した今、こうした対立図式の強調こそが必要とされていた。それを大衆化を進めるメディアが後押しした。親しみやすく、わかりやすい政治報道が受け手からもメディアからも求められ、その枠組みで政治を把握する。客観的な政治情報の伝達よりわかりやすさを重視する「政治のメディア化」が進んだ。二項対立を強調し金解禁を断行した勢いのまま、浜口内閣は一九三〇年一月二一日に議会を解散し、総選挙に向かった。

第一七回総選挙

攻勢をかけたい民政党は、約三〇〇名を公認立候補とし、過半数の二四〇議席以上の当選を勝敗のラインと定めた。福岡県第一区では、民政党は中野正剛、簡牛凡夫《かんぎゅうつねお》、河波荒次郎の三名を公認候補とした。とはいえ、かつてないほどの候補者を擁する必要のあった民政党は、候補者の選定と調整に時間がかかった。『我観』の発行人にして中野の盟友・岡野龍一も福岡県からの立候補の意志を示しており、河波荒次郎とどちらを公認とするかを福岡県民政党支部では決めきれなかった。そのため、逓信省政務次官として民政党幹部の一員となっていた中野自らが、地元選挙区の候補者調整にのりだすことになった。中野は第一区の公認候補の調整がつくまで、自身の選挙運動は行わないことを帰福する前に伝達した。二月六日に福岡に到着すると、翌七日に調整を行って河波に第一区での公認を岡野が譲り、岡野は第三区で立候補することで落着した。また、民政党は議席数を増やすことを優先しなければならなかったため、前回票を取りすぎた中野は地盤を福岡市のみに限定して、他の地域を簡牛と河波に譲ることで、民政党公認候補三名の全員当選を目指した。

中野の本格的な選挙前哨戦として、中野は解散直前に演説した内容「鋭角的対立」を「解散の直前に」と改題して一月二四日より三〇日まで『九州日報』の一面に連載している。さらに、『九州日報』主筆の清水芳太郎が「中野正剛氏の政治道徳観評」を二月二日から連載した。

中野の選挙活動は二月八日の九州劇場にて公に始まった。第一七回総選挙における最初の中野の演説会では、最新技術であったトーキーを利用して浜口雄幸、安達謙蔵、井上準之助による演説が上映された。また、前回と同様に『九州日報』による中野の選挙戦の側面援護は積極的になされている。特にそれは写真つきの報道の多さに顕著に現れている。二月七日の中野の帰福や演説会に関する大々的な報道だけでなく、事務所や看板の写真付き記事もあった。二月一五日付の「飛ぶ散弾約一億 郵便局泣かせの各候補推薦状」では文書戦の画像のなかで中野正剛のものを中心かつ多数配置している。くわえて、中野の政見を伝えるよりも中野の人気を高めるためのものと考えられる二月一四日付の「中野正剛を総理大臣に」や同じ日付の「民政党ならでは　中野氏ならではの熱賛ぶり　女学生にまでこれ程嫌われる政友会」、二月一五日付の内田良平による談話記事「中野簡牛は是非出したい」などがある。

こうした側面援護だけではなく、中野の演説会を報道する記事は、その熱狂ぶりを報じている。二月九日付の「舌端焔《ぜったん》を吐く中野候補の大獅子吼」では、満員となった演説会場や多くの聴衆が行列に並ぶ写真が掲載されている。中野は逓信政務次官の肩書で他の選挙区にも応援演説に出かけていたため、自身の演説会のみではなく、応援演説会についても報道された。

演説会は選挙活動の中で一つのイベントとして機能しており、メディアとしても報道しやすいコンテンツであった。特に、中野の演説は、大久保周八編『現代名演説集』（一九二八年）や弘田勝太郎編『帝国議会雄弁史』（一九二五年）のような演説集でも取り上げられており、その評価は一定程度定まったものだといえた。それゆえ、行列をいとわずにあつまり、熱狂のうちに終わる中野の演説会記事は、必ずしもメディアによって創作されたものではない。これは中野の演説家としての傑出した能力に裏打ちされたものであった。くわえて、中野は精力的に演説会をこなすことで、自らが経営する『九州日報』への記事制作を促した。本来、演説会は会場において自己の政見を伝達する場であるが、中野の卓越した演説能力により展開される演説会は、その「絵になりやすい」性格から新聞報道を促し、会場に来ることのできなかった新聞読者にも、中野の政見や演説会の熱狂をメディアを通じて伝達した。あえて言えば、政見を伝達する「政治の論理」に準拠した演説会は、中野の卓越した演説能力とそれを期待して集まる数多くの観衆により、報道しやすいイベントとして扱われることで、「メディアの論理」に準拠した拡散されるメディアコンテンツにもなったのである。また、中野は自身の文筆により、著作を多く公刊してきた。書籍広告もまた、政見を伝達するだけでなく、広告という形式により自らの名前を拡散させた。

中野陣営は選挙戦最終盤に中野危機を訴える広告を出していたが、一六八三二票を福岡市のみで獲得しており、安泰であった。二月二〇日付の『福岡日日新聞』でも「最高点は中野氏か」との観測記事を出しており、対立陣営にも中野の当選は当然のものと見られていた。

二月二〇日に投票が行われ、福岡第一区の結果は河波荒次郎が二〇二〇八票で最高点、中野が一九三八〇票、簡牛凡夫が一五八〇九票で民政党が三議席を獲得した。もう一つの議席には政友会の宮川一貫が二〇〇一七票で当選した。全国的には、民政党が二七三議席、政友会が一七四議席を獲得するという民政党の大勝利に終わった。

「国家統制の経済的進出」

金解禁への期待により民政党ムードの中で戦われた第一七回総選挙は、民政党の圧倒的勝利に終わったが、経済は総選挙の半年後には惨憺《さんたん》たる状況になっていた。こうした状況へ対応していく必要を感じていた中野は、一九三〇年六月二八日に有志代議士会を開いた。逓信政務次官・中野正剛の他に、風見章や田中養達《ようたつ》、杉浦武雄ら計二四名が集まり、直ちに「経済並に失業対策」を講ずることを申し合わせた。浜口内閣は緊縮財政を主張していたが、ここでの集まりでは「国家の権力と信用とに依り、一大決心を以て国家的見地に立ちたる産業の統制刷新、振興を行ふことを必要とする。これがため必要なる資金は国家の補償に依り調達する途を講ずること」と、国家資本の投下を積極的に主張している。より具体的には、失業対策として「全国一斉に産業道路其他の事業を起すこと」や小売業の救済策も議論しており、この申し合わせはこれまでの緊縮一辺倒の民政党の経済政策とは一線を画す提案である（「時局に善処せよ」『民政』一九三〇年八月号：111）。

これを展開させたのが七月に公刊されたパンフレット『国家統制の経済的進出』（一九三〇年）である。この内容を日比谷公会堂にて演説した時、聴衆はともに演題に立った井上準之助を批判するものとして理解するほどであったという。また、民政党議員の一部からも「党の本領に背く異端者」として見られた（⑮：78）。このパンフレットの中で中野は、金解禁後を「世界的経済変革の暴風雨」の時代であると位置づけ、この困難な状況を克服するためには、「政府がデザインを書き、国家権力の保障と奨励とによりて、国家産業政策を強行せねばならぬ。これによりて資本を誘導し、之によりて資本を鞭撻し、其の適当なる新分布を完成することによりて労働を喚《よ》び起し、失業を救済し、国富を増進せねばならぬ」（⑭：14f）とした。中野にとって緊縮財政と選別した上での国家資本の投下は、長期的な不景気克服のためには不可分の政策であった。中野は、製鋼鉄業、硫安工業、自動車製造業、工業、造船業を国家統制の下に置く五大基礎産業とし、これらを育成、奨励することにより他の事業にも波及して、失業者を吸収できるとする。さらには「失業救済の手段として道路の建設」などの公共事業も直接的な失業対策になりうる。なお、中野は「民政党の国家統制主義、若しくば国家整調主義」と並列して用いており、国家整調主義と国家統制主義を同義のものとしている。

さて、逓信省政務次官としての中野は、金解禁により生じた不況を克服するよう政策を練った。その一つが電話建設事業の民営案である。電信電話事業には大拡張計画があったが、政変の度に計画は変更されて、建設事業に当たる企業や材料品を供給する工場もその影響を被り、持続的な資本投下ができなかった。これを改善するために、電信電話の運営を官営のままとしつつも、建設事業や保守事業については官民合同にすることで、年度予算に縛られない長期的な計画と実行が可能になると中野は考えた。このように民間資本を国家事業にも誘引していくことで、「国家の目的」と「大衆の福利」と「事業の収益」を合致させることができる。これこそが「民政党の国家統制主義」であった。

特に、電話は需要の強さに比して供給が全く追いついていない状況であった。電話が架設されることで、コミュニケーションの速度と精度は高まり、企業活動を促進させるインフラとなる。中野はこうした発想を「実行的社会主義」であるとし、一方で「何もかも国有国営を主張するは共産主義」であり、それは「未熟なる宣伝時代の社会思想」だとして批判している。中野は「統制」は必要だとするものの、それは「自由」との均衡の上での「統制」であった。「総ての事業を政府の手に収め、一切を官僚主義で料理すると、頭重荷《トップヘビー》となつて面白くない」とまで記している（「党本部に帰るまで」『我観』一九三一年二月号：25）。

中野が提起した電話民営案には膨大な調査と作業が必要であった。そのため、中野は逓信省管下の全逓信局を総動員して調査に着手させた。必要な調査資料はトラックで運び込むほどとなり、立案の中心となった役人は夜の十二時以前に帰ることができない生活が十ヶ月ほど続いたという。こうした戦場のような繁忙を重ねてようやく政策案はでき上がり、閣議に提出するに至った。

ただ、この間、浜口内閣への不満は高まっていた。金解禁後の不況の深刻化にくわえて、一九三〇年四月二二日に調印されたロンドン海軍軍縮条約について、対英米七割堅守を主張していた海軍が批判していた。緊縮財政を標榜していた浜口内閣としては、軍事費削減のための軍縮条約は成功させねばならない政策課題でもあった。だが、七割を若干切る水準で条約を締結したことが、天皇が総覧する統帥権干犯《かんぱん》だとして海軍や右翼勢力からの批判を集めた。とはいえ、条約締結を終えて帰国した全権団は歓声をもって迎えられており、海軍軍縮条約への批判は一部に限られていた。だが、主要新聞社幹部が米国大使キャッスルにより買収されたとする陰謀論が喧伝《けんでん》され、緒方竹虎や伊藤正徳らとともに逓信政務次官として中野正剛もやり玉に挙げられた。反浜口内閣の気運は高まっていた。そうした中で一九三〇年一一月一四日、東京駅にて首相・浜口雄幸は佐郷屋《さごうや》留雄により拳銃で狙撃され、重傷を負った。浜口は一命をとりとめたものの、入院を余儀なくされたため、幣原喜重郎が臨時の首相代理を務めることになった。

中野が主導して作り上げた電話民営案は、浜口不在の閣議で議論されることとなった。そこで、首相代理の幣原が浜口総裁の決裁を得ていない事項は決定を見合わせたいとして、電話民営案の予算化は翌年度以降の持ち越しとした。中野としては金解禁後の不況の中で、電話民営案のような大きな事業を政府が予算をつけて公にすることで、景気高揚への期待感を高める意味もあったのだが、それに失敗したのである。実際、電話民営案が実行されることはなかった。その責任をとって中野は逓信省政務次官を辞職する。逓信省事務官らとの惜別の宴席において、若い事務官に「先生感激なくして、あれほどの……逓信省始まつて以来の、あの大調査は出来ませんでした」と語られた中野も、その意気に応える情熱を強くして民政党に戻っていった（同：28）。

第五章

ポスト政党内閣期における民意

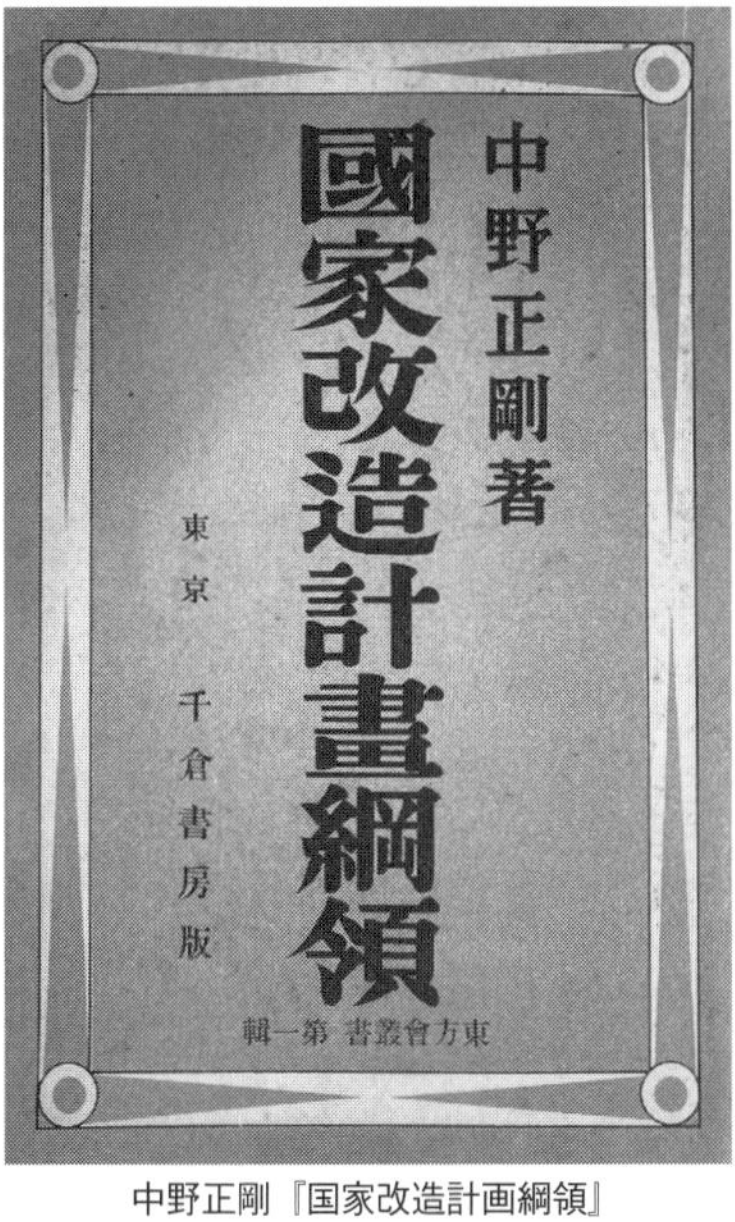

中野正剛『国家改造計画綱領』

「議会主義、すなわち討論による政治に対する信念は、自由主義の思想圏に属し、民主主義に属するものではない。近代の大衆民主主義という異質の要素から合成された体制を明らかにするためには、この両者、すなわち自由主義と民主主義とは相互に区別されなければならない。」（カール・シュミット（稲葉素之訳）『現代議会主義の精神史的地位』みすず書房・一九七二年）

1　危機のなかの模索

民政党綱領と井上財政と幣原外交

深刻化する不況の打開策として提起した中野正剛渾身の電話民営案は、浜口総裁不在のなかで葬られた。民政党内にも金解禁を断行後に低迷する日本経済へのカンフル剤的経済政策が必要だとの声もあったが、井上準之助はそれを打ち出すことはできなかった。また、中野が提出した電話民営案など重要政策の採用を決断できなかったのは幣原喜重郎である。民政党の二大方針となった幣原外交と井上財政をになった二人は、民政党に党籍をもたない党外人であった。幣原外交にもともと不満をいだいていた中野は、井上財政にも不満を持ち始めていた。このことについて中野は病床にあった浜口雄幸に不満をぶつける書簡を一九三一年一月八日付で送付している。

「小生一身としては城を預り居る時は、城を守りて討死し、砦を預り居る時は、砦にて討死するを以て、予ての覚悟と致居候間、夙に申上置候通り、電話案が骨抜となりしと共に、責を引きし次第に有之候。唯逓信省一同の者共が、前例なき苦心勉励にて成し遂げし一年間の大調査が、格別の討議も経ずして水泡に帰し、可惜浩瀚《こうかん》なる書類一切を挙げて、之が実行を後継内閣に譲るに至らんとすること、誠に腑甲斐なき結末にて遺憾《いかん》千万に存申候。

畢竟内閣の方針が総裁の御遭難後、一切事なかれ主義に堕し、朝日新聞の所謂政治的休業の犠牲となりしかと思へば、今更ながら残念至極に有之候」（⑯：56f）。

中野は幣原が首相代理として十分な力を振るうことのできないのは、選挙の洗礼を経ていない党外人であることにみていた。しかも、幣原は「党員に非ず、且党人たることを恥づと明言する人」であるにもかかわらず、民政党内閣を代表しているのである。これこそ大きな問題であり、政党内閣が本格化した時にあっては「時代錯誤」ですらあった（⑯：58f）。こうした井上や幣原のような党外人が力を持つ状況は、「議会中心主義」を掲げる民政党の宣言政綱を起草した中野の政治信念に反していた。

さらに、「幣原外交」「井上財政」もまた、宣言政綱「国家の整調によりて、生産を旺盛にし、分配を公正にし、社会不安の禍根を芟除《さんじょ》すべし」と「国際正義を国交の上に貫徹し、人種平等、資源公開の原則を拡充すべし」からかけ離れたものだと中野はみなしていた。国家整調主義は、緊縮財政の中で支出すべき分野を限定して、そこに積極的な資本投下をなすものであり、一律に予算を削減することではなかった。また、中野は幣原外交を国際協調主義により平和を達成するものとみていたが、民政党綱領に準拠するならば、その平和の根底となる「国際正義」を「人種平等と資源公開の原則」を軸にして平和外交を追求すべきであったとする。「国際正義」のためならば、軍事力の行使も厭《いと》うべきではない。南京事件に際してそれができなかった幣原外交は「感傷的の平和論」であった（⑯：4）。

民政党綱領作成に大きく寄与していた中野にとって、幣原外交と井上財政こそが「異端」であり、自らこそが民政党の「精髄」であった。だが、民政党は「幣原外交」と「井上財政」を基軸にし、かつ党人ですらなく、民政党結成の悪戦苦闘を体験することもなかった「外来人」により「委任統治」されてしまった。これをもたらした原因を中野は政党政治家にも求める。それは政党政治家が「一個独自の政治的見識を養ふに暇なき」ことと民政党内に澎湃《ほうはい》していた「官尊民卑の陋習」にあったとする（⑯：12f）。大正期以降、政党の政策立案能力を高めるために「官僚の政党化」が進められており、大臣や次官には官僚出身の政党政治家が配置されることが多くなった（清水 2007：279）。当然ながら、行政実務や業界に関する専門的知識は官僚がより豊富に保持しており、政治家が対抗するためには相応の勉強が必要であった。しかしながら、そのための時間は十分にはない。こうして官僚組織を運営する上での高度な専門的知識の差が埋められることはなく、政党政治家が官僚に依存する「官尊民卑の陋習」が醸成されたのである。こうした不満の蓄積が、中野に満洲事変勃発後、民政党脱党を決断させることになった。

なお、民政党内の不穏な動きと政友会から登壇を要求された浜口は無理を承知で登院したが、病状回復は期待できなかったため、首相と民政党総裁の辞任の意向を示した。そのため、浜口辞任後の民政党総裁について、民政党幹部会では顧問の地位にあった若槻礼次郎を推戴することを提起した。一方、中野正剛、山道襄一、杉浦武雄、風見章らは安達謙蔵内務大臣を推すべきことを強固に主張した。中野は民政党で同世代の永井柳太郎とも図って安達推戴の運動をつづけるものの、結局は若槻礼次郎が再度推薦されることに決まり、四月一三日の浜口による辞任後、翌一四日、第二次若槻内閣が成立した。その後、浜口は療養に専念したものの満洲事変勃発直前の八月二六日に死去した。

二つの事変と協力内閣運動

一九三一年九月一八日に柳条湖事件が勃発した頃、中野は福岡で行われていた県会議員選挙のための応援に出向いており、その最中デング熱に冒《おか》されていた。病床から東京の同志に対して自らの所信を電報で送付していたが、「この国家重大の時機に、田舎の県会議員選挙に行つて居るとは貴様はなんだ、馬鹿野郎」と叱責されて、九月二二日、病身福岡から東京へ向かった。

東京到着後、中野は軍部や外務省の主要人物と安達謙蔵を歴訪して、情報収集に努めた。中野がそこでわかったのは、幣原喜重郎の外交方針と軍部の積極方針の衝突であった。満洲事変の一報を聞いた内閣が開催した臨時閣議では、圧倒的な軍事力の差がある満洲に追加派兵をするか否かが議論となった。幣原を中心に関東軍独断の軍事行動を厳しく批判する論調が中心を占めたが、内務大臣の安達が「現に満洲軍が重要地点を占拠して居るといふのだ。良いとか悪いとか言つても今や日本の軍隊は動き出して土俵の上で四つに組んで居るのだ。(略) 心配なのは二十数万の支那兵の中に僅か一万余の日本兵で居留民と鉄道とを保護して居るといふことである」(「協力内閣説をめぐる政変の内幕を語る」『サラリーマン』一九三二年二月号:85) と言って関東軍の行動に寛容な態度を示したという。こうしたことから「ものになるのは安達だけだ」と陸軍に判断され、期待を集めることになった。中野もまた強硬外交を支持し、外交方針の転換を支持していた。他方、一九三一年九月二一日、イギリスも金輸出を禁止して、金本位制から離脱した。これにより投機的ドル買いが進行し、多額の正貨が流出した。この「二大事変」の進展は幣原外交と井上財政の挫折を示しており、中野は若槻首相と面会した際にこの方針の転換を進言した。

ただ、南次郎陸相も参謀本部も関東軍による暴走を止めようと尽力しており、「軍部」は一枚岩ではなかった。満洲での関東軍の軍事行動も、幣原や陸軍大臣南次郎や金谷範三参謀総長の連携により、一時抑制の可能性を見出せていた。だが、橋本欣五郎による十月事件の計画の摘発と幣原による軍機漏洩と統帥権干犯として大きな問題となったスティムソン談話事件が起こると、幣原らの政治的求心力が弱体化し、関東軍の独走を抑止できなくなっていた（小林 2010：第三章）。

経済的危機と外交の危機が到来している段階において、現体制では十分な対応を取れるだけの政治力はない。そう判断した民政党の安達は、若槻礼次郎に打診していた政友会と民政党による協力内閣運動に関する声明を一一月二一日に発表し、大々的に運動を開始した。この運動を積極的に推進したのは、富田幸次郎、頼母木《たのもぎ》桂吉《けいきち》、松田源治、中村啓次郎、永井柳太郎、中野正剛、山道襄一、風見章らである。須田禎一『風見章とその時代』（一九六五年）によれば、この声明は風見の手によるものだという。一二月九日には民政党の富田幸次郎と政友会の久原《くはら》房之助が協力内閣に関する覚書を手交するほどまで事態は進んでいた。だが、協力内閣論に一時は傾いていた若槻は政友会と連携することにより不可避となる経済政策の転換へ抵抗を示したため、一方、政友会の犬養は単独内閣成立の可能性を見出したため、これに反対した。肝心の両党首が反対に回っては、連携など望むべくもなかった。立つ瀬のなくなった安達は若槻の翻意への批判も込めて、臨時閣議への出席を拒み、第二次若槻内閣に閣内不一致による総辞職を余儀なくさせた。その後、犬養毅に大命がくだり、一九三一年一二月一三日、犬養毅政友会内閣が成立した。犬養は大蔵大臣に高橋是清を就任させ、金輸出再禁止を断行した。

他方、協力内閣運動を推進した安達と中野らは民政党を動揺させ、内閣を総辞職に導くことになった責任を問われ、彼らの除名問題まで生じていた。結局、政友会単独内閣実現が濃厚になったところで、安達、富田、中野は一二月一三日、民政党に対し離党届を提出した。他に杉浦武雄、田中養達、風見章、三浦虎雄、由谷《ゆたに》義治、簡牛凡夫、岡野龍一らも安達や中野らと進退をともにして離党届を提出した。

犬養政友会単独内閣が成立したものの、少数与党であったため、早期の解散が見込まれた。中野はまず、新年は福岡に向かい、民政党福岡支部において脱党の経緯を伝え、来るべき総選挙での支持を中野の地盤関係者に求めた。集まった約一〇〇名は全会一致で中野への支持を表明した。この後、一月六日には、簡牛凡夫と岡野龍一とともに九州劇場において脱党の真相と満洲事変後の動向に関する演説会を開催した。この演説会もまた福岡市の市民に向けての中野の民政党脱党に関する支持調達の機会となっており、収容しきれないほど多数の聴衆が集まり、中野の行動への支持を確認することになった。

さらに、脱党を共にした同志のためにも、中野と富田幸次郎は協力内閣運動の経緯を明白にする遊説に各地へ出かけた。なお、中野は他にも日本青年館にて一月一五日に「政局の真相と我徒《わがと》の動向」と題する演説を行い、同名のパンフレットが日本講演会館から出版されている。また、同様の内容は「協力内閣説をめぐる政変の内幕を語る」『サラリーマン』一九三二年二月号にも掲載し、さらに、『転換日本の動向』でもまとめ一九三二年一月に公刊している。他方、安達謙蔵と一貫して行動をともにしていた伊豆富人も一九三一年一二月に『安達さんの心境を語る』を出版して、協力内閣運動の経過についてまとめている。安達は「君子交を絶つて悪声を放たず」と言って、この間の推移を公にすることを嫌っていたようだが、中野は「公人の立場を明白しなければならぬ」「事実を明白にせぬと天下衆人の前に立つて働くことは出来ぬ」として積極的に公言した（㉗：230f）。協力内閣運動は、結果として第二次若槻内閣の瓦解と民政党の分裂を招いたので、疑惑が深い状態で総選挙に臨むことは圧倒的な不利となったのである。その真相についての公的説明は不可欠であった。

さて、中野とその同志達は無所属議員として選挙戦を戦わなければならなかった。脱党は意図しておらず、本意ではなかったとしても、脱党後の展望を公にしておく必要があった。そこで、総選挙直前の『改造』一九三二年二月号において、中野によって書かれたのが「ソシヤル・ナシヨナリズムの色彩にて」である。脱党後について中野は次のように率直に語っている。「自分等は一定の主張に則り、民政党を基礎として、時難を救済せんとした者であつて、脱党は予定の計画ではなかつた。それ故に脱党後の準備は出来て居ない」（77）。その上で検討は不十分ながらもあえて中野らの思想や行動の一貫した主義として位置づけようとするならば、それは「ソシアル・ナシヨナリズム」であり、政党を結成するならばその名称は「社会国民党」となるはずだという。

「社会国民主義（ソシアル・ナシヨナリズム）」を説明するにあたり、中野は、まず、「社会」を「人類の生息する所」、「交通通信の接続する所」であり、「畢竟人類社会全体」を指すとする。この社会は「不合理」に満ち、「陰惨の空気」が満たされているため、それを「救済」して、「世界を整調すること」が「社会国民主義の任務」であるとする。この時重要なのが、中野は「世界を整調」する政策の領域を

「社会」として国家に限定していないことである。

こうした論点を中野があえて提示しているのは、一九三〇年代以降に顕在化したブロック経済にあった。中野はそれを各国の「ナショナリズムの対立」と見ている。各国の関税障壁が高くなったため、これまでと同様の自由貿易を継続することが困難になっていた。ただ、ブロック経済を進める諸外国を批判しつつも、現実的には日本もその土俵に乗って対抗しなくてはならない。そのためにも中野がこれまで主張してきた統制経済を実行していく必要があった。次のように中野は書く。「外に人類社会を、内に国民社会を、合理化し、組織化し、統制せんとするものである。国民を覚醒し、同時に世界人類に呼びかけるのである。我等は人種平等、資源公開の原則を確立することが、広く人類社会を合理化し、協調せしむる所以なることを確信する」(78)。

「社会」というワードを用いて「国家」の枠を越えようとしているのは、その念頭に満蒙があったためである。「此の蕞爾《さいじ》たる一島国に居り、此の箱庭の社会経済生活を、ソシアリズムで統制しても、日本の前途は開拓せられず、世界人類の幸福は増進せられない」(78)。日本は日本一国では各国のブロック経済に対抗できない。少なくとも満蒙を日本の影響圏下に収めることが不可避となる。「広く之を人類社会に適用して、憚る所なく、疾《や》む所なく、憂ふる所なき原則の下に、満蒙在住の日、満、鮮、支人を融合し、混和し、統制し、組織せんことを要求する。而して世界列強が各々経済ブロックを形成して、ナショナリズムの色彩を濃厚にする今日、我等は少くとも日本と満蒙とを、一統制経済の範疇の中に収容せんことを要求する。(略)今は満蒙に対する要求を合理化して、日本ブロックを形成し、之を基礎として、広く隣人を益することが焦眉の急務である」（78）。中野の社会国民主義は日満ブロック経済を正当化しようとするものであった。こうした中野の社会国民主義は、後に生まれる新体制運動の東亜協同体論の起源ということのできるものである（源川 2009：131f）。

なお、中野にとって「ソシアル・ナショナリズム」の「ナショナリズム」は、「国家」ではなく「国民」であった。社会国民主義は国家社会主義とは異なるとして、覚醒し主導するのは「国家」ではなく「国民」であった。

また、「社会」を将来的に党名に入れようとしていたことと、ちょうど赤松克麿《かつまろ》らが社会民主党を脱退して日本国家社会党を結成した頃であったため、無産政党との連携も噂されていた。だが、この段階ではそうした動きはなかった。

とはいえ、中野の社会国民主義の提起は、「ファシズム」として把握された。佐々弘雄『ファッシズム研究』（一九三二年）においては、黒竜会や猶興会、国粋会や赤化防止団などの国家主義団体、社会主義から転向した国家主義団体を「ファシズム団体」と位置づけつつ、佐々がこの書物を執筆しているさなかに活動を始めていた中野らのグループもまたファッショ的傾向を強めていく団体として注目すべきだとしている。他にも、岡見斉『国家主義運動大観』（一九三二年）や座間勝平『日本ファッショ運動の展望』（一九三二年）、伊達龍城『ファッショの嵐』（一九三二年）なども中野と後に結成される国民同盟をこの時期に多数叢生した「ファシズム運動」の一つとして把握している。

社会国民主義は中野のブレーン役の杉森孝次郎により命名されたものであるが、杉森もまた、社会国民主義が本来的な意義での「ファシズム」であるかはともかく、巷間《こうかん》で「ファシズム」として認知されていることは認めている（杉森孝次郎「フワシズムの指導目標」『国本』一九三二年三月）。また、一九三三年一二月に日本講演社により翻訳出版された『ヒトラーの獅子吼』の序文を中野が執筆しており、「ファシズム」に接近していた。

第一八回総選挙

さて、少数与党であった犬養内閣は第六〇議会の休会明けの一九三二年一月二一日、施政方針演説を終えた後、衆議院を解散した。中野は自分の選挙区にすぐには戻らず、まずは脱党を共にした風見章、杉浦武雄、田中養達、由谷義治らの選挙区を回り、同志の応援に努めた。

福岡県第一区では中野の他、陸軍軍人出身の原口初太郎、宮川一貫、福岡毎日新聞社社長の吉田鞆明《ともあき》らの三名が政友会から、河波荒次郎が民政党から、中野とともに民政党を脱退した簡牛凡夫が出馬した。

中野は二月七日にようやく福岡に戻り、選挙戦を開始した。前回同様今回も中野の福岡到着を『九州日報』は写真付きで大々的に報道している（図5-1）。また、中野の演説会も、溢れんばかりの聴衆で埋め尽くされた会場と獅子吼に盛り上がったイベントとしてやはり大きく扱われる（図5-2）。

ただ、中野が選挙直前に提起した社会国民主義は、選挙民に十分浸透したとはいえない。「中野イズムの興廃を賭けて　悲憤、興奮、熱狂の渦　緊張する中野事務所」（『九州日報』一九三二年二月一四日付）では、中野事務所を来訪した有権者らの会話として次のようなものが紹介されている。

図 5-1　歓声で迎えられる中野正剛（『九州日報』1932 年 2 月 8 日付）

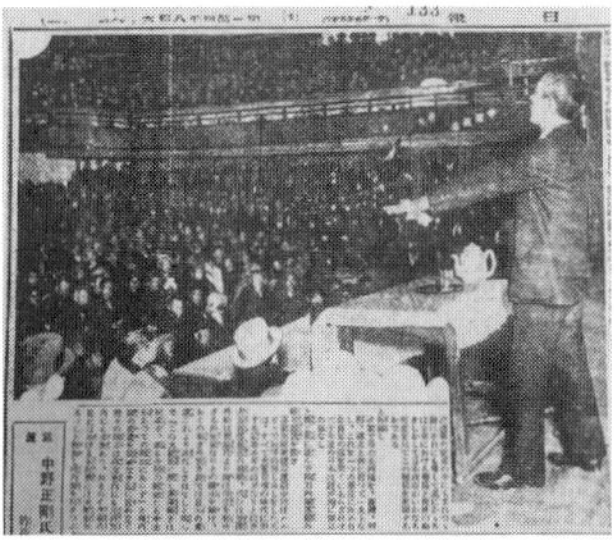

図 5-2　中野正剛の演説会の様子（『九州日報』1932 年 2 月 11 日付）

「『社会国民主義ちうと一体どげんことかいな』『それがその中々一口にや云へんがなあ、まあわかりやすう云ふてみりやあ今迄のごと金持ばのさばらせんで資本家の資本力とプロレタリヤの労働力とを仲よういつしよにしておいて満洲から蒙古にどし〳〵日本人が乗り込んで行くちうことぢやげな』『へえ、中々都合のよかことごとあるがちいと理解がむつかしかな』『それがそのあたきも実はまだようわかつとらんとたい、がまあ、あんた達はこれ位知つとんならよからう』」。

このような状況もあってか、二月一六日付の『九州日報』では、中野と思想的に近い関係にあった杉森孝次郎は「社会国民主義は東京では大人気だよ」との見出しの記事において「中野君は今ぢや一党一派の中野君ぢやない、新しい日本の建設の為めに是非もり立てねばならぬ人物だ、中野君の主義政策に共鳴して中央における同君の人気は大したものだ、中野君を落すやうなことがあつちやあ福岡市民の恥だよ」と中野の主義や政策が社会国民主義を中心に中央から評価を得ていることを語っている。ただし、ここでも社会国民主義の内実については説明していない。

第一八回総選挙は、これまでと比較しても東京からの知名人が中野の応援に多く駆けつけた選挙であった。早稲田大学教授・杉森孝次郎、拓殖大学教授・満川亀太郎、元駐独大使・本多熊太郎、東洋史学者・清水泰次、陸軍中将・坂西利八郎らが来福しており、また黒龍会の内田良平も二月九日に中野と簡牛のための応援演説会を開催している。他にも、英文学者の矢口達《たつ》が、社会国民主義に共鳴した北昤吉の依頼を受けて中野の応援にやってきていた。これについて二月一五日付の『九州日報』は「『中野落す可らず』思想的に共鳴して来援の矢口教授」との記事で次のように記している。「畑違ひの僕［矢口達：筆者注］がどうして来たかつて？僕、中野さん最近の主張に共鳴してるし、中野さんとは先輩後輩の関係もあるし、殊に、中野さんの友人であり私の先輩である例の北昤吉氏等迄が、思想的には日頃中野さんと相容れないものがあつたにも拘らず、中野さんの社会国民主義と北氏の主張が相通ずに至つた為『国家の為中野を助けろ』と私に迄云つて来た為他からの依頼を跳切つて、第一番に中野さんの応援を誓つた訳です」とした上で、「中野さんの社会国民主義はもう中野さん一人の主張じやなくなつたのです」と社会国民主義への評価の高さを語っている。とはいえ、ここでも社会国民主義に関する内実は深く解説されることなく、中央での中野や社会国民主義の評価の高さが強調されている。

今回もまた中野自身の演説会はもちろん他候補の応援演説会も多く取り上げられた。さらに、中野の「のどの手入れ」のような中野の演説能力の卓越性も取り上げる記事もあった（「転戦、また転戦」『九州日報』一九三二年二月一七日付）。そうした記事は中野の人気を高めるためのものであったろう。前回と同様に『九州日報』は、中野の政見や政策を伝達する「政治の論理」に準拠するだけでなく、中野の存在感や中野が提起した「社会国民主義」というシンボルを流通させていく「メディアの論理」に準拠するものとして機能した。

福岡県第一区の結果は、原口初太郎が一九九八二票、中野正剛が一九三五七票、宮川一貫が一九二七八票、吉田鞆明が一三二六〇票を獲得し、政友会三名と無所属の中野が当選した。中野が後援していた簡牛凡夫と民政党の河波荒次郎は落選した。全国的な総選挙の結果は、「選挙の神様」との異名を持った安達謙蔵を欠いたことと、この選挙期間中に民政党の選挙活動の資金源となっていた井上準之助が二月九日に血盟団の小沼正により暗殺されたこともあって、政友会が三〇一議席、民政党が一四六議席と民政党は獲得議席を大きく落とした。単独過半数を占めた犬養政友会内閣は、政権運営の議会内の基礎をまずは盤石にした。

国民同盟創設の前後

総選挙を終えて、中野らは新党結成に向けて動き始めた。総選挙前に提起した社会国民主義において、「資本主義を修正し統制経済による経済政策」、「国際的進出増大に対応するための従来の国際条約による領土観念の是正」を掲げていたことから、新党はファシズム的主張と傾向を包含するものとみなされていた。安達謙蔵が民政党の復党を断念して新党樹立へ本腰を上げたのは六月二〇日になってようやくであった。ここにおいて民政党の分裂は決定的になり、民政党の弱体化がさらに進んだ一方、新党結成の動きは一層加速した。中野らは、新党樹立の前に政策方針を決定するため、国策研究クラブを結成した。八月九日に立党準備会を成立させ、党名は国民同盟と定められた。九月一二日に国民同盟総会が開催され、そこで宣言綱領、政策、党組織が決定された。綱領は「一、立国の精神を拡充し、国際正義の再建を期す。一、統制経済を確立し、大衆生活の保障を期す。一、政界の積弊を打破し、国民政治の徹底を期す」の三点に定められた。こうした綱領を下に、強力政治を推進するための国務院創設を求める「国民政治の徹底」、「統制経済の確立」、「財政方針の確立」、極東「モンロー」主義の宣揚や日満経済ブロック建設も重視した「国際正義の再建」を追求する政策を提起した(協調会労働課編 1933：11f)。

一九三二年一二月二一日、ナチスドイツの制服に似せた国民同盟の黒色の制服が届けられた。翌二二日に国民同盟は結党式を開催し、中野はもちろんそれを着用した(図5-3)。だが、党首の安達はそれを着ずに和服で通した。このユニフォームは国民同盟のファッショ的性格を象徴したものだが、国民同盟が一枚岩でなかったことを示すものでもある。いずれにせよ、山道襄一、富田幸次郎、風見章ら衆議院議員三二名からなる国民同盟が活動を開始した。

革新的な政策を打ち出していた国民同盟とその牽引者である中野の存在感は増していた。民政党付き政治部記者であった森岩吉は『国民同盟陣営展望』を一九三四年一月に公刊し、革新倶楽部、憲政会、民政党と渡り歩き、常に所属した政党綱領作成に携わった人物として、中野を「思想総裁」と評した。中野への期待は大いに高まっていることを次のように記す。「変革期にある非常時日本は確に中野氏の持つ熱と力とに多大の期待をかけてゐる。事実最近氏の叫ぶ処、歩く処には、必ず強き何ものかを残し、到る処嵐のやうな大衆的人気を湧かしてゐる。不安、動揺、焦燥の間に迷つて進むべき方向さへはつきりしない今の日本としては、氏のやうな力強き存在に頼らうとするのも無理はない」（54）。

国民同盟は中野の主導により生み出されたが、中野は資金面でもバックアップした（「政治資金は如何にして生み出されるか政治家の金穴をのぞく No.5」『解剖時代』一九三三年二月号）。この資金は国民同盟の所属議員を奮い立たせ、「いますぐ選挙が来ても大丈夫」との思いを抱かせるほどであった。この時の資金の出処は三井財閥の池田成彬《しげあき》だと言われており、二・二六事件の調書でも中野との関係を尋ねられた池田は「政治家中に於ても特に革新的な考を持て居る新進政治家」とみて政治資金を援助していたと供述している（林 1971：191）。なお、三井財閥の総帥で一九三二年三月の血盟団事件により暗殺された団琢磨も同じ修猷館出身の中野を援助している。団は中野の行く末を気にかけており、安達謙蔵は「安達さん、中野は頼みます、彼は何を為すか頗る危険です。あなたにクッツケて置けば安全と思います。くれぐれもよろしく頼みます」と言われたと回顧している（安達 1960：332）。ただ、その安達も悍馬・中野正剛の手綱を握り切ることはできなかった。

図 5-3　国民同盟ユニフォーム（中野家所蔵）

さて、満蒙領有を一時見込んでいた関東軍も、独立国家論へ傾き、一九三二年三月、民族協和の理念を掲げる満洲国が建国された。満洲を包含した上でのブロック経済化を進めるべきだと考えていた中野は、当然のごとくこれに賛成し、即時承認を求めた。中野における満洲事変と満洲国建国の正当化の論理は、一九三二年二月一五日号の『外交時報』に掲載された「満蒙建立の精神」において次のように語られる。

「世界大帝国対立の間に処し、隣邦支那は蔣介石政府成立以来、彼等の立場を忘れ、まだ〳〵経済産業的に、その段階に達して居ないのに拘らず、これまた他の帝国主義的諸列国のやうな態度を露骨にして来たことが、極東に事変を惹起した根本の原因なのである。彼等は不平等条約の撤廃を高調し、帝国主義打倒を絶叫したが、何ぞ図らん其等の言葉の裏面には、経済的優勢を以て、日本を脅かし、帝国主義打倒どころか、彼等自らの帝国主義を、満蒙まで拡大せんと企てゝ居たことが明瞭である。然もその手段は、革命ロシアに学びて、一切を直接行動に訴へ、その政策は支那一流の、夷《い》を以て夷を制する遣り口を踏襲して来たのである」(92f)。

同様の主張を中野はメディアを変えて繰り返し論じていた。『東京朝日新聞』に連載「満洲をどうする」の中の一部として一九三一年一二月一五日から一二月二〇日まで連日寄稿していた。中野が執筆した初回の副題は「満蒙侵略者は支那　日本は譲歩するな」である。これによれば、日本は「自由主義外交の定石」に則り、「隣邦支那」に対し「共存共栄の途」を発見しようとしてきた。中国が求める関税自主権の確立や治外法権撤廃に対し、日本は「同情と好意」とを表現して譲歩してきた。だが、中国はこうした日本の譲歩を「奇貨《きか》」として、中国による「排他的政治経済ブロック」の構築を進めた。特に、蔣介石政権が「聯露容共の政策」を取り、「革命ロシアの外交的指導原理」、すなわち革命外交を取り入れると「その手段は傍若無人を極め」、「歴史」と「条約を否定し」、「直接行動によりて万事を解決し得べし」としてきた。日本はそれに対し「無抵抗主義」を示したが、中国はそれに乗じて満蒙にも矛先を向けてきた。革命外交の目的は、「関東州及び満鉄付属地の行政権」、「満蒙の諸鉄道」、「鉱山採掘権及び土地商租権」、「日本人の諸企業経営権」、「朝鮮人の農業経営権」であり、これらは既存の条約において保護された権利であるにもかかわらず、中国は「公々然」として「旅大回収、満鉄奪還を揚言《ようげん》」するのである。しかも、これらの権益は、すでに実質的に回収されつつある。満鉄並行線の架設がそれである。それゆえ、「満蒙において侵略を受けたるものは日本であつて支那でない。侵略せるものは支那であつて日本でない」（⑯：83f）。なお、この連載は『転換日本の動向』にも採録されている。

また、中国側からの侵略、すなわち過激な排日運動を招く要因は、ワシントン会議からの日本の外交政策にあったと中野は考える。少し後の論稿であるが、『外交時報』一九三三年四月号に掲載された「恐怖無き孤立」において、中野は次のように語る。「今日の世界には、白人強大列国にのみ都合よき幾多の国際平和條約がある。曰く国際聯盟規約、曰く九箇国條約、曰く不戦條約、これ等はその最も有力なるものであつて、一昨年九月十八日以来、列国は総掛りでこれ等の諸條約を、日本に対する攻《せめ》道具として使用してゐる。しかし、これ等の諸條約は如何に体裁を作り如何に偽善的文句で粉飾して見ても、要するに先進強大諸国の暴力先取特権を保障するものであつて、国際平和の真の基調たるべき国際正義に準拠せるものでなく、目に余る不公平を包蔵してゐる」（41）。

「門戸開放、機会均等、領土権の尊重」という一見すると「公明なる大方針」を掲げる九カ国条約は、アメリカとイギリスのモンロー主義を認める一方で、「満蒙に於ける日本の優越権」、すなわち、日本のモンロー主義を圧迫しているという。だが、この原則がメキシコや南米や中央アメリカ、インドやエジプトには適用されていない。「暴力先取特権者流の不公平」がここにあった（41f）。

くわえて、九カ国条約を締結する舞台であるワシントン会議は、中野によれば、「英米提携、日英同盟の破棄、山東の還附、軍縮の強要」を基調としており、英米が日本を圧迫する構図が明白な会議であった。その結果、ワシントン会議は「支那は英米を重んじて日本を軽んじ、遂に暴慢止まる処を知らざる排日を行ふの原因を作つたのである」とする（42）。

他方、枢密院のような非選出勢力や長州閥を中心とした軍閥による政治への影響を批判しつづけてきた中野が、満洲事変という関東軍の独断専行を評価したことの説明は必要であろう。端的に言えば、それは政党が国民の意志を反映できなくなってきた一方で、軍部が国民大衆の動向を反映する回路を持っていたことを「発見」したためである。

中野は次のように言う。「政党者流は軍部に対して外道《げどう》の逆恨みをかくる必要はない堅実なる軍部は兵営を基礎とし、兵営の基礎は国民大衆にある。乃ち国民大衆を把握するものは、陛下の赤子を提げて軍部の動向を制し得るものである。軍部は其の筒先を国民大衆の動向と並行せしむる時に於てのみ、政治上に圧加《ママ》を力《ママ》へ得べきである。満洲事変後に於ける軍部の進出はそれである」（「時論」『我観』一九三四年一〇月号：17）。さらに、「軍隊の選挙区は地方農村である。農村子弟と兵営に於て親炙《しんしゃ》する者は、下士であり青年将校である」とも位置づける（「時論」『我観』一九三四年一一月号：9）。選挙を通じて

「国民大衆」の民意の後援を受ける政党は軍部の台頭を批判するが、軍部もまた「国民大衆」から構成される兵営を基礎とするものであり、「国民大衆」の民意を汲み出す回路をもっていると中野は考えた。

特に、満洲事変を遂行した関東軍を構成する者を、「貧農の子弟に非ざれば労働者の兄弟、失業者の家族、皆是れ我々の同胞であります。殊に派遣軍には東北地方より出征せる多数の兵士を含んで居ります。その東北には昨年末来金融機関は全く閉塞して、民生の生活は暗闇になつて居る処があります」(㉗：211）とみなしていた。経済恐慌の打撃を受けた地域と階層の出身者が関東軍を構成していたからこそ、日本の行く末に切迫した危機意識を抱いていた。中野が関東軍の行動を肯定するのは、こうした要素を関東軍が保持していたと考えたためである。

他方、この時期、政権を担っていた犬養毅は、若い頃から孫文らとの親交を結び、独自の中国人ネットワークを築いていたこともあり、日中関係の改善に並々ならぬ意欲を抱いた。その犬養は満洲国承認には反対であった。満洲国建国に尽力してきた内閣書記官長・森恪《つとむ》が閣議において対中強硬論を主張すると、犬養は「シナの問題はおれの方が知っている」とたしなめており、独立国家建設、さらには満洲国承認には容易に傾かなかった（小山 2017：331)。国際関係の観点からも、独立国家建設は中国の領土保全を定めた九カ国条約に違反すると犬養はみていた。むしろ中華民国の主権を認めた上での地域政権の成立を考え、独自に萱野長知に密命を与えて蔣介石一派との和平交渉を行わせていた。これは森恪や陸軍大臣・荒木貞夫らには秘して行われたものであり、そのためこの交渉が森に知られると、憤激した森はこの一件を軍部に暴露し、萱野を通じた日中交渉は頓挫した。犬養も三月、ついに独立国家建設の方針を了承する。他方、陸軍の統制をとるために、過激な将校の免官処分までも漏らす犬養と軍部との対立は深まっていた。

こうした中で、五月一五日、海軍急進派青年将校が中心になり五・一五事件が引き起こされた。これは既成政党、財閥、官憲などの特権階級打倒をめざすもので、犬養暗殺はあくまでその象徴であった。テロにより内閣が瓦解した際、これまでは政策の継承を考えて、同一政党から首相が選ばれていたため、「憲政の常道」を敷衍《ふえん》するならば政友会総裁に就任した鈴木喜三郎に大命が下るはずであった。だが、鈴木の右翼的傾向を嫌った天皇と宮中側近の意向により、後継内閣首班として海軍大将・斎藤実に大命が下り、五月二六日に斎藤実内閣が、政友会と民政党から大臣を迎える挙国一致内閣として成立した（小山 2012：333f）。これ以後、政党内閣は第二次世界大戦が終結するまで復活することはなかった。

なお、私淑していた犬養毅の死について、一九三二年五月一六日付の『九州日報』の号外に中野は談話を残しているが、青年期の情熱的な賛美からは遠く離れたものである。「犬養総理大臣は自分は学生時代から知遇を辱《かたじけ》なふした先輩」であり、「政治上の理想に関する芽生えを生ぜしめた恩人」であるとし、「国会開設以前より藩閥打破を叫び、憲政擁護を唱え、普通選挙を説き、わが憲政のために努力せられたことは多大のものがある」としつつ、しかし、「三百余名の大政党をささげて内閣を組織せられたるに及び、その憲政の基礎たる議会政治に疑念をさしはさむまでに時代の激変したことを思えば、感慨無量である」と言う。この談話は若干意味を取りにくいが、中野と歩調を共にすることのできた普通選挙運動までは評価しえても、やはり政革合同以降は評価できないことを吐露したものと言ってよいだろう。ともかく、犬養は三〇〇議席以上を議会にて保有する政党の総裁であったにもかかわらず、テロ行為により命を落とすことになった。この意味は大きい。つまり、政党が必ずしも国民の意思を反映しているとは限らないことを示したのである。それゆえ、中野はこうしたテロを防ぐには、以後、議会や普通選挙だけでなく「民意に徹底する建実なるナツシヨナル・ムーヴメント」、つまり国民運動を通じて、国民の意思を反映させていくことが必要になるとの展望を示す。

犬養没後の議会においても、満洲国承認問題は継続しており、一九三二年六月一日から始まった第六二議会に提出された決議案「満洲国承認に関する件」には、中野も賛成票を投じている。同年七月に、早稲田大学時代の学友であり、満洲国交通大臣となった丁鑑修が来日し、中野は歓迎会を開いた。続く八月には満洲国国務院総務庁長官の駒井徳三が日本政府に満洲国承認を求めて来日しており、中野は駒井の歓迎会を八月二日、東京会館にて開き、その場で「満洲国即時承認」を求める演説を行った。演説の内容は満洲国承認の必然性を経済ブロック構築に求めるものであったが、次の一節は後に官僚機構が肥大化する満洲国を暗示するものであり、興味深い。「新興満洲国は日本の大蔵省とか外務省とかの老朽官僚の姥捨山《うばすてやま》であつてはなりません。更に注意すべきことは、現代日本に所謂貫禄ある老功の大政治家など、求めても決して居ないことであります。居ないからこそ関東軍少壮軍部の間に鬱勃《うつぼつ》たりし愛国的本能が昨秋九月十八日の事変となつて激発したのであります」（「満洲国即時承認を高調す」『我観』一九三二年九月号：36）。さらに、中野は八月二六日における衆議院本会議でも即時承認の推移について質問演説を行っている。この時の演説は「国民同盟は何を主張する？」として『日本講演通信』に採録されて出版された。こうした気運醸成もあり、斎藤内閣は「国を焦土にしても権益を譲らない」と発言する焦土演説を行った外相・内田康哉のもとで、九月一五日、日満議定書の調印を終えて日本政府は満洲国を正式に承認することになった。

なおこの頃、一九三一年七月長男・克明が北アルプスにて遭難死した。この時の父としての思いを記したのが「シッカリシロチチ」(『中央公論』一九三二年九月号)である。不幸は続き、一九三四年六月に妻・多美子、一九三五年七月に次男・雄志が病により死去した。

2　目的は民主、手段は独裁

国際正義のための大アジアモンロー主義

一九三二年九月に日本政府は満洲国を承認することになるが、この間、同年二月にリットン調査団が派遣され、一〇月に報告書を提出した。リットン報告書は日本の利益にも一定程度配慮していた。一九三三年二月二四日の国際連盟総会において報告書が付議され、投票の結果、報告書への同意は賛成四二票、反対一票、棄権一票であったが、松岡洋右《ようすけ》は全権代表としてこれを不服とし、その場で退場した。その後、三月二七日に日本政府は国際連盟脱退を正式に通知した。

中野は国際連盟脱退を支持していた。二月二一日、日比谷公会堂における国民大会に床次竹二郎、本多熊太郎、国士舘館長・柴田徳次郎、森山慶三郎中将、小泉六中将、副島義一、徳富蘇峰らとともに登壇し、国際連盟脱退を促す演説を行っていた。この演説内容は「聯盟脱退に直面して」と題して『日本講演通信』に採録され、さらに『九州日報』（一九三三年二月二八日付から三月六日付）にも連載されている。日比谷公会堂の演説会と同日に靖国神社で在郷軍人会による同様の国民大会が開催され、連盟脱退機運を高めていた。なお、この演説は加筆修正されて「恐怖なき孤立」として『外交時報』（一九三三年四月号）に掲載された。

「恐怖無き孤立」で展開されている中野の連盟脱退を推進するロジックは、たとえば次のように、「絶海孤島経営論」以来の矜持を強調するもので、かなり感情的である。「世界列国総会議の席上で、満洲国の建設には反対する。日満議定書は否定する。貴様は国際聯盟及び不戦條約の違反者である。国際平和の犯罪人であると判決を下され、しかも刑罰執行の交渉委員会まで設定せられ、此の上も無き侮辱を蒙《こうむ》りながら、まだ感情を害しないやうになどゝ泣言を並べるのは、断じてそれは日本の伝統的栄誉を維持する所以でない。殴られながらお世辞を並べ、唾《つば》を吐きかけられながら体面を繕《つくろ》ふなどは、我が日本男児の恥辱である。自分は全国民の輿論を代表して当局者に要望する。帝国は須らく即時聯盟脱退を完了すべし、お世辞も並べず、悪口も吐かず、平然自若として聯盟を脱退すべし」（47f）。連盟脱退の理由は「日本の伝統」や「侮辱」「恥辱」が許さないためである。これを主張する中野は「全国民の輿論」を代表すると信じていた。また、中野は自己の利益と名誉を強すぎるほどに強調してこそ、敬意ある関係を築けると考えていた。連盟脱退もそれに則すと、脱退という結論になる。

中野はリットン報告書を「傍若無人」と捉えていたが、そうした報告書が作成されてしまったのは、「霞が関当局」がリットン調査団に対し下手《したて》に出た哀訴嘆願で接したことが原因だと考える。むしろ「日本の孤立脱退には英国も、ロシヤも、アメリカも、脅威を感ずる」し、「真に孤立を覚悟し真に孤立を怖れざるものこそ、世界中から好意の秋波を送らるゝであらう」とする(53)。また、「経済界の巨頭連」は経済封鎖を恐れるが、中野はそれも起こらないという。日本の経済的孤立を目論むならば、朝鮮、満洲、中国との連絡も断たねばならないが、それには膨大《ぼうだい》な海上軍事力の展開が必要となるため、現実的ではない。逆に、アメリカやイギリスは綿花輸出市場としての日本を失うこととなり、経済的打撃はかなり大きいはずであるため、日本の経済封鎖には至らないとの結論を出す。日本が最も憂慮していた石油については、「大いに内地其他の油田を開発することも不可能でない。その他北樺太、沿海州にも豊富なる油田がある。勿論それは露領であるが、露領でも、英領でも、存亡の境に立つとき手の届く処は流れ込ませて頂くの外はない」としている(55)。これらはいずれも中野の願望があまりに先行したものである。その意味でこれは都合の良いレトリックでしかなかった。だが、このような中野の言論は日本の針路と一致していた。

日本が日満経済ブロックの一歩を踏み出したと考えた中野は、その次の目指すべき段階を「大亜細亜モンロー主義」として精力的に言論活動を展開した。「大亜細亜モンロー主義の提唱」(『新国民』一九三二年一〇月号から翌年三月号までの連載)、談話「国民の覚悟　我国の極東モンロー主義確立への新気運は来る」(『九州日報』一九三三年七月七日付)、「極東モンロー主義と強力政治の必要」(『東邦時論』

一九三四年一月号)、「大亜細亜モンロー主義の提唱」(『雄弁』一九三四年一月号)などを執筆している。モンロー主義はアメリカの孤立政策を示すことがあるが、中野はここで用いるモンロー主義をアメリカがラテン・アメリカや中米、メキシコから欧州の干渉を排除して、解放し、その地域の盟主となることを主張したものだとする。中野は次のように言う。「私共の指導原理は、まだ堕落しない前の本来のモンロー主義を以て、印度を解放し、埃及《エジプト》を解放し、安南を、暹羅《シャム》を解放すべしといふにあります。満洲は既に之を英米の侵略より解放して自由の国とした。既に日本に併合された朝鮮人の政治及文化生活ももう少し向上せしめて、本当に兄弟になれるやうに誘導せねばならぬ」(「大亜細亜モンロー主義の提唱」『雄弁』一九三四年一月号：47)。中野にとってアジアにおける「白人専制」の植民地統治は、民政党結党時に掲げていた「国際正義」に反するものであり、植民地からのアジア解放こそが国際正義の実現であった。パリ講和会議へ向かう途上で目撃した人種差別への怒りは、いまだ消えていなかった。これを解消するためには「力」が必要であった。同時期に書かれた「強力政治論」では「正義は強力なくして遂行することは出来ぬ」し、「日本は外に向つて国際正義の再建を期すべく、強力なる外交の必要に迫られて居る」と記している(「強力政治論」『改造』一九三三年二月号：94、102)。

この論稿に着目したのが満洲事変を導いた石原莞爾《いしわらかんじ》であった。

東方会の再編成

満洲事変の立役者の一人である石原莞爾は、中野の「強力政治論」に共鳴しており、たびたび会合を重ねていた。その中で、石原は中野との提携を望み、石原は中野に国民同盟を脱党して、自らと行動を共にすることを促すほどであった。中野はその誘いに乗らなかったが、東方時論社時代の東方会を一九三三年一〇月に再組織することでそれに応えた（「中野正剛石原莞爾の提携」『解剖時代』一九三三年一一月号：8）。

東方会復活に際し、中野は『国家改造計画綱領』を一気呵成《かせい》に書き上げて、東方会叢書第一輯として千倉書房より一九三三年一〇月に公刊した。この凡例に、東方会再組織の経緯が記されている。東方会は、『東方時論』を出版していた際に生まれた親睦団体であったが、今は活動を停止していた。ただ、そこで培《つちか》った人脈は営々と続いていた。中野は満洲事変後の情報を収集するに当たり、当時、後に陸軍大臣に就任する荒木貞夫と頻繁に接触していた。こうしたこれまでの人脈と、石原のような新たな人脈とを重ねることで、再活性化が見込めるものと中野は考えた。なお、この段階では、中野は東方会は「何処までも文化団体であつて、政治及び社会運動其他に関与しない。文武官民中の志を有する者、相会して正義廉恥の交《まじわり》をなすものである」と一応は強調していた。ただ、その次の節において「東方会の研究は四方に発散して、順次に天下の共鳴を得ば、或《あるい》は東方会と別個に国民運動の指標たるべき東方改造同盟を組織するかも知れぬ」と記し、さらに最後の一節では「若し天下の要望により、亜洲を聯《つら》ねて東方改造同盟起らば、本篇は実に其の飛檄《ひげき》である」とまで記していることから、文化団体で留まることを予期していたとは思えない（⑲：2f）。

さて、『国家改造計画綱領』は「緒言」「第一、非常時宣言」「第二、政治機構の改革」「第三、統制経済機構の確立」「第四、金融の国家統制」「第五、商工業の国家統制」「第六、農業の国家統制」「第七、財政政策の改革」「第八、労働の国家統制」「第九、日満統制経済の確立」にて構成されている。中野はこれを発刊する背景に「日本を繞《めぐ》る東亜の状勢」の「険悪なる形相」があることを指摘し、こうした「難局の試練」を積極的に活用して、「内部的一大改革を断行」できるとする。この断行のためには、「国民的陣容」を整備して、国民運動を展開する必要があるが、本書はそのための「標識」となるものだと位置づける。

「険悪な形相」を克服し、「内部的一大改革」を成し遂げるには、強力な政治的意志決定機関が必要である。それゆえ、具体論の最初の説である「第二、政治機構の改革」は次のように始まる。「一、一切の既成政党政治と絶縁して、強力内閣を組織し、合法的手段により、独裁的に非常時国策を断行すべし」。その「説明」には、「吾等は原則として民主主義の原理を否定するものでない。しかし、現下の非常時

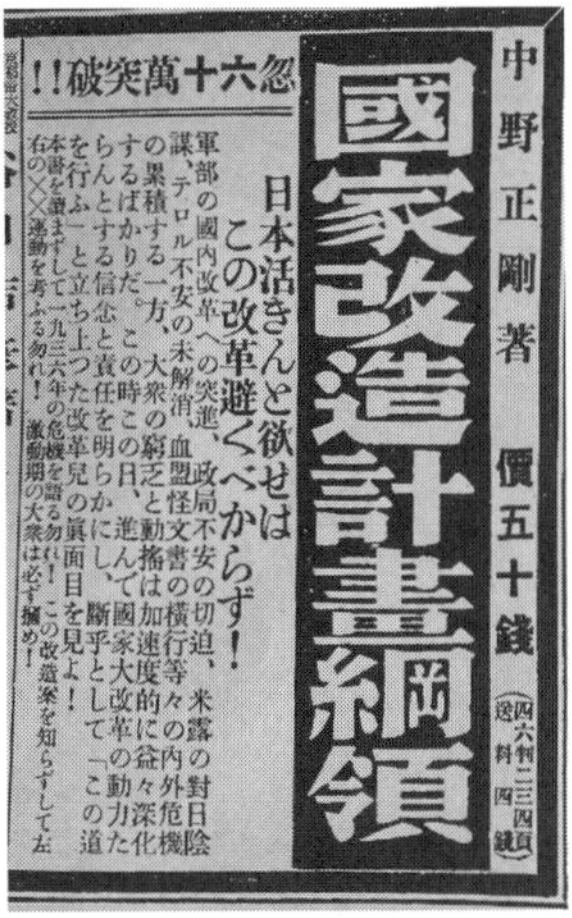

図 5-4 『国家改造計画綱領』の広告（『読売新聞』1933 年 11 月 11 日付）

局は恰《あたか》も戦時状態に於けると同じく、確乎たる所信を以て、変革的政策を断行するの必要を痛感せしむる（略）周知の如く現下の政党政治は全く腐朽《ふきゅう》せる資本主義の傀儡となり、共に公正なる国民的利益の振興を断ずることは出来ぬ。（略）是に於てか已むを得ず、暫く議会の多数に拘束されざる強力なる国民内閣を組織し、或る程度迄独裁的手段を用ひて、非常時国策を確立遂行せねばな

らぬ。所謂『目的は民主にあり、手段は独裁』なるもの。応急処置としては、断じてこれ以外に求むることは出来ぬ」（⑲：15f）。

続く説においては「二、一定年限を限り、議会より非常時国策の遂行に必要なる独裁的権限を内閣に委任せしむべし」と記し、「国民内閣の要求は必ずしも議会政治の否定ではない。併し議会は時局の重大なるに鑑み、政府に対し必要なる一定の独裁的権限を委任することが必要である」（⑲：16）と解説する。ここで中野が強力政治の有り様として提案しているのは、内閣制を廃止して、各省大臣を省長官とし、定員七名の国務大臣により構成される国務院である。国務院を設けて、ここで重要国策の決定をなす。『国家改造計画綱領』には「強力政治論」のタイトルを変えた「強力政治の檄」が収録されており、強力政治がこの時期の中野にとって重要な問題であったことがわかる。

また、「農業の国家統制」「労働の国家統制」を掲げており、こうした無産階級への支持を広げていこうとしていたことがわかる。その一段階として、中野は逓信省政務次官に就いていた経験から逓友同志会に請われて統令に就任し、同じく国民同盟の杉浦武雄も法律顧問に就任した。これは国民同盟が労働運動の戦線に乗り出す一歩と見られた。国民同盟の中では風見章がこれまで農村問題を研究し、農民運動にも従事していたことから、風見に農村問題を委ねた。

なお、『国家改造計画綱領』は「手段としての独裁」を求めるが、天皇への言及はほとんどなく、少なくとも天皇が実権を握るようなことは全く想定されていない。「国務も国民を基礎とし、国軍も国民を基礎とする」。それゆえ、「国務院は国民を通じて国務と軍務を一元化すべきである」とされる（⑲：

213)。あくまでも、政治の基盤は国民にあった。こうした考えから、中野は後に生じる国体明徴運動や天皇機関説事件にはほとんど関与しなかった。中野は天皇機関説事件を次のように解釈していた。

「今や右翼行動派は天皇機関説の自由主義上層構成に対し、天皇主権説の砲列を布き、其の運動を激化して内閣打倒に及ぼし、余勢を以て君側《くんそく》の自由主義者を一掃しやうと計画して居る。此陣争に取りて不利なるは、其の攻撃の目標たる天皇機関説が、嘗ては藩閥官僚政府を攻撃する当年の進歩主義者の旗印となり、今日に於て相当年配をなす進歩主義者は、多く此の機関説の学徒たる点にある。乃ち天皇機関説の否定は忽ち穂積学説を聯想せしめ、当年の藩閥、官僚を聯想せしめ保守頑冥《がんめい》を聯想せしめ、社会に清新の印象を与へざる憾《うら》みがある。然るに機関説排撃の右翼行動派は、決して極端なる法治主義の拘束の下に、憲法の注釈に齷齪《あくせく》たる形式法律学者ではない。(略)彼等は憲法学説を争ふのでなくして、自由主義的現状維持派に対して、其の立場を崩壊せしめんとするものである」(「時論」『我観』一九三五年五月号：6f)。

いわゆる大正デモクラシー期の護憲運動の中で台頭した中野からすると、天皇主権説はかつて中野らが批判してきた藩閥官僚たちの学説であり、保守的色彩が濃かった。中野は、天皇機関説事件を「憲法の解釈論」ではなく、「自由主義的現状維持派」に対する攻撃であり、「時代に渦巻く改造気分の漏洩」(同：7)という政治的な問題として見た。中野は天皇機関説がもたらす「改造気分」の高調についてはその必要性は認めるものの、天皇を持ち上げる意図はなかった。

東方会は『国家改造計画綱領』を出版するにとどまらず、一九三三年一一月二日、東方会主催の演説会を日比谷公会堂で開催した。その演説の内容は「国家改造の指標」として『中野正剛氏大演説集(一九三六年)』に収録されている。とはいえ、この段階では東方会の活動はこの程度でとどまった。一方で、中野正剛への期待は高まっていた。協力内閣運動から国民同盟設立を牽引した中野は、危機の時代における改革の旗手としてみなされるようになっていた。『国家改造計画綱領』の発行部数も一一月には六〇万部を突破した。一九三三年一一月一一日付の『読売新聞』の広告では、「この時この日、進んで国家大改革の動力たらんとする信念と責任を明らかにし、断乎として「この道を行ふ」と立ち上つた改革児の真面目を見よ! 本書を読まずして一九三六年の危機を語る勿れ! この改造案を知らずして左右の××運動を考ふる勿れ! 激動期の大衆は必ず摑め!」との文が付けられている(図5-4)。現前の危機と将来の危機から改革の期待を高め、改革を実効しうる人物として中野が待望された。この時期に数々の中野正剛論が書かれているが、それらは革新政治家にして情熱的行動力を備えた中野正剛を待望するものであった。大澤聡によれば、普通選挙法の施行により、一般大衆が有権者となり、政治に関与する層が増大すると、大衆化したメディアはこうした層に理解できるような様式での政治情報を還流させた。それが人物評論であったという。大澤はさらに量産される人物評論には、当該人物の「取柄」、すなわち「個性」が強調され、「描写のテンプレート化」が進むとする(大澤 2015:156f, 178f)。中野正剛論もそうした人物評論の一つであり、中野の「個性」は、性急さ、猪突猛進の突破力、悍馬、情熱、闘争性として定型化された。

序章で紹介した資料であるが、まさにこの時期に政治家評論を多く手掛けた伊与部輝は「中野正剛の生命」(『日本国民』一九三二年九月号)において、「彼は一面性急だ。問題に対して急ぐ。右か左かの態度を定め、説き伏せ運動を開始する。俊敏でもあるが、悍馬の如くでもある。悍馬が目立つ如く、彼はいかなる問題にも登場する。問題を傍観することはない。真正面から嚙《か》みつく如く、突進的に走り出す。そのため或る時は仲間さへ置いてきぼりにする。周囲の誤解、迷惑さへも顧みない時がある。思ふ通りに自身の発展路を驀進する。邪魔する者を弾劾し、粉砕する」と中野を「悍馬の如き突進力」を持つ人物と批評している(336)。その「悍馬の如き突進力」のため、中野は「目立つ」のである。

また、満洲で発行されていた雑誌『新天地』(一九三二年一月号)に掲載された「先駆列車中野正剛」では、「彼は先き走りの男だ、所謂時代の『先駆列車』なのだ」とし「今東京で政界を動かす中心人物はなんと云つても中野正剛あたりであると信ずる」と評価されている(86)。「先駆列車」であることもやはり目立つといってよい。中野が意図してパフォーマンス重視で振る舞ったかはともかく、脱党を繰り返す性急な行動や攻撃性、革新性はメディアとしても取り上げやすい性質であったろう。自らが良いと思えば、対立を恐れず、急進的な言動を厭わない。こうした振る舞いは、かって「木堂先生に与ふる書」において犬養に求めた「狂狷」が顕在化したものであった。

さらに、中野の雄弁性は高く評価されたが、それは同世代で早稲田大学出身の永井柳太郎との対比で批評されることが多かった。その上で、中野は演説の情熱性と行動力により評価されていた。民政党時代から政治家批評をなしてきた森岩吉は『国民同盟陣営展望』(一九三四年)において中野の演説を次のように表現する。

「まことに中野氏の舌端は、三尺の秋水となり灼熱の焔となつて聴衆に何ものかを感銘せずには置かない。氏の演説は思想であり情熱であつて言葉ではない、肉塊を千切《ちぎ》つて聴衆にブツつけるやうだ。氏は民政党に在る頃、永井柳太郎氏と共に二大雄弁家と称されてゐたが『永井の演説には魅力がある。彼は大衆の愛人だ。中野の演説には迫力がある。彼は大衆の味方だ』と評したものがあつたが、まことに穿《うが》つた観方である。

だが中野氏は演説遣《つか》ひではない、行動の人である。氏の演説には必ず行動が伴つてゐる。氏が演壇に起つて叫ぶ時、その背後には行動が遥かに前進してゐる」(47)。

満洲事変の勃発から満洲国建国を後押しして国際連盟脱退に至る激変期にあり、かつ、「一九三五、六年の危機」が声高に唱えられた時期である。そうした「不安、動揺、焦燥」が蔓延する「非常時日本」において、中野の持つ「情熱」と「突進力」と「行動」が期待を集めることとなった。危機や「非常時」を脱却するには行動力をもった「力強き存在」が待望されていた。そうであるがゆえに、中野正剛論はメディアに氾濫した。「国家改造」や「強力政治」の実現を主張し、猪突猛進的に行動する中野正剛への期待感はますます増していった。

さて、一九三四年一月二五日、第六五回帝国議会本会議において中野は、「一九三五、六年の危機」はないとする斎藤実首相に対しその危機意識のありようや、大東亜モンロー主義政策について、斎藤実首相、広田弘毅外相、中島久万吉《くまきち》商工大臣、後藤文夫農林大臣、林銑十郎陸軍大臣に向かって、経済、軍事、外交にわたる長大な質問演説を行った。

この時、質問を受けた広田外相は、中野と同じ修猷館出身で玄洋社にも名前を連ねる人物である。広田は中野の演説に対し、「只今中野君の御質問、実は私は中野君の演説を生れて初て聴いた」とまずはじめに応えた。「真面目にやらぬか」「言葉を慎め」との野次も飛んだが、広田は「私は実に其熱誠に感じたのであります、中野君の演説を拝聴致しまして、私は自分の血が沸くやうな感じが致したのでありますす」と発言し、かつ演説の趣旨は互いに「大分近いやうな点がある」ように感じたとする。とはいえ、大東亜モンロー主義には広田は批判的である。「唯私の性質と致しまして、ものを極端に言ふことは甚だ嫌ひで、又殊に今日の重大国際時機に際しまして外交事件を処理するのには、出来るだけ落付いて、出来るだけ中正の途を執りたいと思ふのであります」と中野の急進的な意見には賛成できないとした（速記録：84）。

議会終了後、国民同盟は「老衰無能ひ政百出」の斎藤内閣の打倒を決意し（「老衰内閣打倒が我等の使命」『東京朝日新聞』一九三四年三月二八日付）、四月には地方遊説を開始した。同年七月に帝人事件の余波により斎藤内閣は総辞職し、岡田啓介内閣が成立した。岡田内閣は民政党を基盤とし、民政党から町田忠治と松田源治の二名の閣員をえた。政友会の入閣も求めたが、政友会総裁の鈴木喜三郎により拒否された。挙国一致を掲げた岡田内閣は、その実質化のため、一九三四年末から国策審議の内閣審議会の構想を提起し、一九三五年三月六日、その設置について閣議決定した。政友会の協力も得ようとしたが、政友会はこれも拒否した。

一方、国民同盟の安達謙蔵にも内閣審議会入りの声がかかっていた。ただ、斎藤内閣も岡田内閣も

「元老重臣ブロック」により作られた現状維持的な官僚内閣だと批判する中野は、安達の参加に反対の意を示していた。だが、総選挙を控え、実績を求めた安達は、国民同盟の山道襄一らの後押しもあり、これに参加することとした。この間、党勢を拡張するため民政党も脱党した国民同盟の一派の取り込みを画策した。国民同盟の幹事長も務めた加藤鯛一がまず民政党に復党し、内部分裂を引き起こした。こうした国民同盟の求心力低下について中野は次のように辛辣に述べている。

「安達総裁が内閣審議会委員となり、従つて内閣を援助し、元老重臣閥との立場を緩和し、民政党との間に何等異つた主張が見られなくなれば、国民同盟は精神的に其の結束が稀薄となり従つて同盟の存在意義もなくなるは当然である。国民同盟の中で民政党復帰運動が擡頭《たいとう》し始めたのも当然である。（略）国民同盟の分解、民政党へ接近と云ふ事が有りとすれば、夫《それ》は安達総裁自ら俑を作つたと云ふものである」（「政局新分野の動向」『月刊維新』一九三五年七月号：78）。

この頃の国民同盟の内紛に中野は愛想をつかしていた。一九三五年七月二二日付の『大阪時事新報』は、「〃政治は休業〃と乗馬に専念　苦悩する中野正剛氏」と題して中野が「サツパリ本部に顔出しもせず「俺は政治は中止だ」とばかり毎早朝の乗馬に僅かに気を晴らしてゐる」と談話記事を載せている。中野は自ら筆を執った国民同盟の政綱は、当時最も革新的であったと自賛するが、国民同盟の山道一派はこれを受け入れず、選挙を前提とした多数派に走っていった。こうした選挙を念頭に置いた離合集散は、中野の嫌悪するものであった。

中野は即座に脱党への決断には至らなかったものの、一二月九日、離党届を提出した。中野派とみられた風見章、鷲沢與四二、由谷義治らもまたこれに引き続いた。中野は東方会を拠点とした政治活動を行うこととし、脱党直後の二四日から、杉森孝次郎、鷲沢與四二、由谷義治、小島精一、杉浦武雄、岡野龍一らとともに満洲および中国への視察旅行に赴いた。これに先んじて、国民同盟脱退と視察旅行についての声明書を発表した。

「現今の日本には政治は休止状態である、いはゆる政治家は最重要なる外交軍事産業については全然発言権を失つてゐる、非常時日本が求めてゐるのは政権の移動を思惑とする選挙運動ではなくして国民各部の理解を進め全能力を動員して国家経営体を組織することである、自分が政界の立場を新にしたのは非常時日本の要求する処を認識し本質的政治に踏み込みたいからである」（「中野正剛氏ら渡支〝アジアの一書生として南北支一巡の武者修行〟声明書を発表・二十四日出発」『大阪朝日新聞』一九三五年一二月一七日付）。

この視察旅行では、蔣介石との会談の場も設け、東アジア状勢について意見交換をなした。帰国してまもなく、中野は『日本国民に檄す――北支風雲の煙幕を透して』を一二月に我観社から公刊し、さらに、一九三六年一月から総選挙のための活動に移る。この選挙は粛清選挙をスローガンとして掲げるもので、言論戦を中心に実施するものとして展開された。公正を求めた選挙戦であったためか、『九州日報』の報道傾向は、これまでの中野偏重から大いに変わっており、中野の記事は、演説会報道も含めてかなり少なくなっている。国民同盟を脱退した中野は、福岡における中野の後援団体、猶興会の支援は受けるものの、無所属として出馬した。猶興会は他にも支援者は抱えていたものの、今回の選挙では政友会、民政党からの挟撃が見込まれたため、福岡県第一区の候補者は中野に限定した。第一九回総選挙は、粛清選挙を掲げて言論戦の重視を唱えたが、演説会への出足は悪く、数十人ほどしか集まらない演説会も多かった。その中で、中野の演説会は三〇〇〇名を超える聴衆を集めており、その盛会さは衰えることがなかった。

結果は、中野正剛が二一六八六票と最高点で当選し、他に政友会の藤勝栄、実業家の前田幸作、部落解放運動を進めた松本治一郎が当選している。全国的には、主なところで、民政党が二〇五名、政友会が一七一名、政友会から離脱した昭和会が二二名、社会大衆党が一八名、国民同盟が一五名という結果であり、民政党が躍進した。政友会では総裁の鈴木喜三郎が落選し、民政党を基盤とする岡田内閣は安定した政権運営が可能になると見込まれた。

だが、その六日後の二月二六日、皇道派の陸軍青年将校が蜂起し、大蔵大臣・高橋是清や内大臣にして前首相の斎藤実を殺害した。首相・岡田啓介も命を狙われたが辛くも免れた。反乱部隊の思想的指導者として、民間右翼思想家の北一輝が鎮圧後に逮捕された。

中野と北は、思想家の満川亀太郎が老壮会を結成した際に接点を持ち、それ以降、親愛の情を深めてきた。松本健一は『評伝・北一輝』（二〇〇四年）において、北一輝の「同志」の第一は大川周明であっただろうが、「友人」の第一は中野正剛であっただろうと評している。北は豊多摩刑務所に下獄中、中野に次のような手紙を残している。

「一筆書き残し此の世の中御暇《おいとま》申上候。逢ひたしと思ふこと幾十回、さて逢ふて何かせん、今も逢ひたし而も亦逢ふて何かせんや。今後君の枕頭に立ち君の夢に入り物語り可申候《もうすべく》」（松本 2004：129）。「友人」というよりも「恋人」に送る手紙のような表現であるが、二人の深い親密さが伝わるものである。中野は北を経済的にも援助しており、北は二・二六事件の取り調べで資金源について問われ、「中野正剛から金を借りて返さないことがあります」と供述している（林 1971：282）。思想的にも相通じるものがあった。中野の『国家改造計画綱領』と北の『日本改造法案大綱（国家改造法案）』の形式的類似性については、中野泰雄『政治家／中野正剛』上巻が指摘している（747）。さらに、北は、『日本改造法案大綱』の原稿を完成させた際、満川亀太郎を通して、パリ講和会議からの帰国の途にあった永井柳太郎と中野正剛にこれを渡している（北 1926：191）。中野と永井の二人は帰国後に改造同盟を結成するが、北は彼らに期待をかけていた。

一方、二・二六事件の実行犯に中野も同情を抱いていた。国民同盟、東方会と歩みを中野と共にし、後に石原莞爾の東亜連盟に身を寄せる木村武雄は、二・二六事件直後に中野とともに決起隊の本部と聞いた山王下の『幸楽』へ赴いた。だが、すでに決起隊は引き揚げた後であった。中野はそこで「決起の首謀者は全てが大尉、中尉という下級将校だ。彼等の接触する兵士の大部分は貧農出身、彼等とても農村の出身者に違いない。たびかさなる飢饉の窮状――しかも政府は一向に目を向けて救おうともしない――彼等がそれを黙過できようか！　彼等のテロリズムを非難する前に、我々政治家が先ず反省しなければならない……」となったという（木村 1968：69）。この姿を見て心を打たれた木村は、東方会に入ることを決心した。

なお、後年、北昤吉が議会演説した際に、「逆賊の弟引つこめ」との野次が飛んできた。議席に戻ってきた北昤吉に対し、中野はなぜ「我輩は逆賊の弟であります」と開き直らなかったかとたしなめた(北 1951：127)。これは北一輝への共感とともに反逆の論理や心情を理解しようとしない安易な野次への批判でもあったろう。

『我観』から『東大陸』へ

国民同盟を脱退し、東方会を政治的拠点としていくことにした中野は、これまで岳父・三宅雪嶺の個人雑誌としてきた『我観』を政治運動のための機関誌とすることとし、一九三六年六月号より『我観』から『東大陸』へと名称を変更した。中野はかつて田中義一批判を展開したパンフレットを我観社から発行した際、検閲を受けて我観社への損失となったことから、我観社と深く関わることを自制していたが、一九三四年一〇月号で『我観』が「更生飛躍号」を特集して以来、積極的に時論を掲載するようになっていた。さて、改題については、雪嶺が次のように記している。

「最近中外に起つた事変は、それのみに止まらず、階級と特権、資本と独占、国力と領土、民族と事業、等々の問題の解決を欲して得られないに出発し、有らゆる方面に厳密な精算を要求し、人類の向上に犠牲を払ふを辞しないのであつて、今後愈々活躍の舞台の拡まるを覚悟せねばならぬ。我等は我が静観するが儘《まま》に発表し、『我観』と称し来つたけれど、世界に捲き起りつゝある波瀾重畳《ちょうじょう》を目撃し、先づ我が同胞九千万人の立場を考へ、東大陸の人多くして却て西大陸の人少きに圧迫せられるを怪み、偏するを矯《た》めて適正に帰するの必要を認め、『東大陸』と改題し、東大陸幾億の民が立国すべきに立国し、地の利に応じて文明を発揚し、世界の進化を補ふを冀《こいねが》ふやうにと思立つた」。

これは三宅雪嶺の手による改題の理由を記した文章であるが、「東大陸の人多くして却て西大陸の人少きに圧迫せられるを怪み」や「東大陸幾億の民が立国すべきに立国し、地の利に応じて文明を発揚し」との表現は、中野が主張する大東亜モンロー主義に沿う宣言である。以後、『東大陸』は、三宅雪嶺の「同時代史」など雪嶺のスペースを確保し続ける一方で、東方会の機関誌として中野の時論と杉森孝次郎や小島精一のような中野の政見を補足する論稿を中心に掲載する政論雑誌となった。編集は中野の秘書であり、玄洋社の元社長進藤喜平太の長男である一馬が担った（図5-5）。

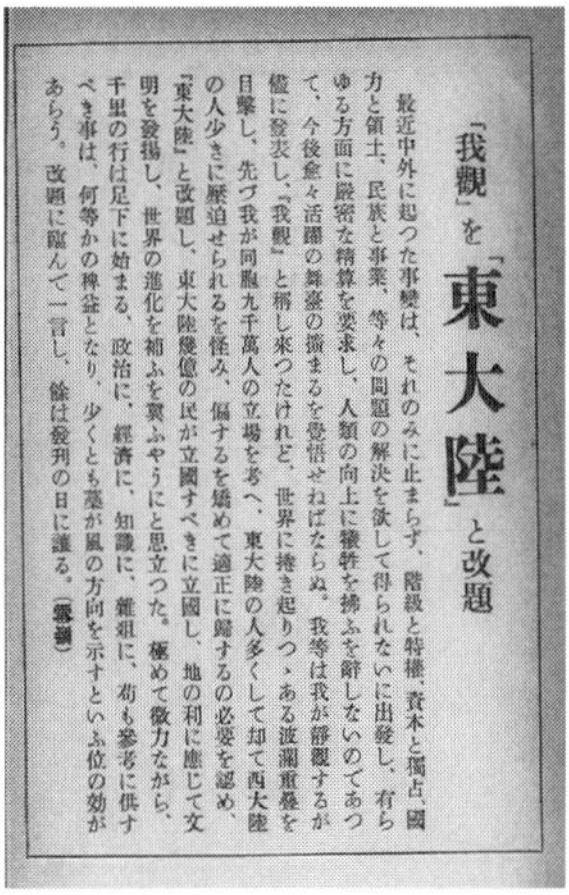
「我觀」を「東大陸」と改題

最近中外に起つた事變は、それのみに止まらず、階級と特權、資本と獨占、國力と領土、民族と事業、等々の問題の解決を欲して得られないに出發し、有らゆる方面に嚴密な精算を要求し、人類の向上に犧牲を拂ふを辭しないのであつて、今後愈々活躍の舞臺の擴まるを覺悟せねばならぬ。我等は我が靜觀するが儘に發表し、『我觀』と稱し來つたけれど、世界に捲き起りつゝある波瀾重疊を目擊し、先づ我が同胞九千萬人の立場を考へ、東大陸の人多くして却て西大陸の人少きに壓迫せられるを怪み、偏するを矯めて適正に歸するの必要を認め、『東大陸』と改題し、東大陸幾億の民が立國すべきに立國し、地の利に應じて文明を發揚し、世界の進化を補ふを冀ふやうにと思立つた。極めて微力ながら、千里の行は足下に始まる、政治に、經濟に、知識に、雜俎に、苟も參考に供すべき事は、何等かの裨益となり、少くとも藁が風の方向を示すといふ位の效があらう。改題に臨んで一言し、餘は發刊の日に讓る。（雪嶺）

図5-5　東大陸と改題（『東大陸』1936年6月号）

東方会は以後、中野の政治活動の重要な舞台となった。この動きは、国民同盟から次の活動を構想していた中野が示した展望と合致する。

「既成政党は駄目になつた。兵農一致を説いて満洲事変の如き難局を乗り切つて来た軍部の魅力は薄らいで来た。其の機に乗じて新官僚が跳梁跋扈《ちょうりょうばっこ》して居るが、官僚と民心とは決してしつくり合ふものではない。（略）其処で既成政党者流は、今に軍部も無力になる。新官僚も駄目になる。其の次には再び我々の天下になると考へるであらうが、歴史の進行に誤りなき限り既成政党者流の擡頭などあらうべき筈はない。

既成政党、軍部インテリ、新官僚と逐次に駄目なれば、其処に始めて、一君万民の大義を体得する純真なる民間勢力が擡頭する。今や民心より離れ、辛うじて其の役割を果して、浮き沈み、消去り行く既成勢力を見送るの秋である」(「政局新分野の動向」『月刊維新』一九三五年七月:79)。

政友会や民政党といった既成政党はもう駄目である。軍部への期待感も薄れてきた。一方で、斎藤内閣や岡田内閣とともに「新官僚」が台頭し始めているが、早晩これも駄目になるだろう。次は、民間勢力による国民運動である。東方会はまさにそのための準備であった。

3　国民運動への邁進

東方会運動の展開

二・二六事件で岡田啓介内閣が倒れ、岡田内閣時の外務大臣・広田弘毅に大命が下り、広田は一九三六年三月九日に組閣した。一方、中野は、三月一八日、新たな結社として東方会の運動を少しずつ開始した。その顔合わせ会には、国民同盟からの同志である馬場元治、渡邉泰邦、風見章、田中養達、大石大、木村武雄、由谷義治、三浦虎雄、杉浦武雄、鷲沢與四二、青木作雄、戸田由美《よしみ》、三田村武夫、小野謙一らや文芸評論家の池崎忠孝などが参加した。東方会活動の展開について、中野は次のように語る。

「日本は内外の非常時局を克服するが為に富国、強兵、安民の経綸を強行せねばならぬ、それには先づ政治的一大革新が急務である、政党閥、資本閥、官僚閥、権臣閥が為め国民大衆より遊離しながら、口先だけで強力を説いても、若し民意の暢展を慮《おもんぱか》らずして国民の元気を萎縮せしむるなら、それは強力政治に非ずして強権政治である、強力政治は積極的、進歩的のものであるが、強権政治は重圧的、反動的のものである」（「中野正剛氏等　愈々旗揚げ　東方会を中心に」『東京朝日新聞』一九三六年三月一七日付）。

中野は「閥」を打破して「国民大衆」の民意を政治につなげるための回路を求めていく。「強力政治」のためには「国民大衆」が「積極的」に政治に自発的に参加しなければならず、他律的に動員することは「重圧的」な「強権政治」にすぎない。そのための国民運動であった。

一九三六年一一月日独防共協定は広田弘毅内閣において締結されたが、後に日独伊三国同盟を熱心に推進する中野はこの段階ではあまり言及していない。また、時論は執筆しているものの、短命であったこともあり広田内閣の具体的な政策についてもさほど言及していない。ただ、広田が「一死報国の至誠に燃ゆる人」として閣僚を集めたとした点について、中野はこれを自由主義者が中心の「一時代古い方の型」であるという。それは斎藤内閣、岡田内閣から引き続く現状維持的なものであったとみなす（「時論」『我観』一九三六年四月号：2）。また、総辞職後であるが、中野は、広田内閣の「親英的状態」が中国側に日本への侮蔑心をもたせることになったという論理を「天下の輿論」に訴え続けたのが東方会であると強調し、内閣打倒の功績を主張する（「時論」『東大陸』一九三七年五月号：8）。

広田内閣は閣内不一致により総辞職すると、はじめ宇垣一成に組閣の大命が降下した。だが、かつて宇垣軍縮により大鉈《おおなた》をふるった宇垣は陸軍からの支持が得られず、特に中野の盟友である石原はこの策動に関与して、宇垣内閣を流産させた。そこで、一九三七年二月に陸軍の林銑十郎が引き継ぐことになった。与党としたのは昭和会と国民同盟という小政党であり、かつ、林は政務官の役職を撤廃するなど議会軽視の強硬姿勢をとったため、林内閣は民政党及び政友会と対立した。これにより議会運営に困難を感じた林は、一九三七年三月、急遽解散総選挙に打って出た。

東方会もこの選挙には対応する必要があり、選挙綱領と宣言を作成した。選挙綱領では「資源の開拓、国力の培養」「政治による広義国防国家の建設」「統制経済による生産力の拡充」「農民、労働者、中小商工業者の生活を保障」を掲げており、総選挙対策という点もあってか、経済方針に重点を置くものの、これまでの中野の議論からはさほど変化があるものではない。興味深いのは、階級の超克として「全体主義」を明確に掲げている「全体主義に則り階級特権と階級闘争を排除す」という節である。宣言では、「吾等は言論と文書により此の信念に基きて、日本革新の為めまつしぐらに闘ひつゞけるものである。然し乍ら必ずしも政友民政を破り多数を制しやうと云ふのではない。多数が今日の場合物を云はぬ事、現に世人の見る通りである」(「時論」『東大陸』一九三七年五月号：9)としている。これは、東方会を指導する中野が、全体主義を宣言しながらもやはり「言論と文書」を重視する政治観を有していたことを示すものである。

結果は、林の見込みとは逆に昭和会と国民同盟は議席を減らし、二大政党の政友会と民政党が伸長した。東方会に関係するものとしては、三田村武夫、小野謙一、青木作雄ら計一一名が当選し、由谷義治は落選した。解散総選挙の策が失敗に終わった林内閣は行き詰まり、五月三一日に総辞職を表明した。わずか四ヶ月の内閣であった。後継には、貴族院議長にして五摂家筆頭の近衛文麿が就任することになった。林が衆議院を軽視した一方で、近衛は政務官を復活させ、政友会からの協力を得ようとした。とはいえ、協力を求めたのは政友会の中島知久平らの派閥に偏っており、政友会の中でも自由主義的な鳩山一郎一派ではなかった。また、国民人気を重視した近衛はサプライズ人事として、内閣書記官長に中野の盟友・風見章を抜擢した。内閣書記官長は内閣の顔ともなる役職であり、新聞記者らとの接触も多い。近衛はここに朝日新聞社や信濃毎日新聞社といったメディア業界出身で革新陣営の風見章を据えたのである。この人事は当の風見にとってもサプライズであった。

風見は一九三六年六月一日付の日記において山崎達之助前農林大臣の私邸を訪問した際、そこに居合わせた議員から、「次は近衛内閣だそうだ、そして貴下は重要なる地位に就くとの噂が専らだ」と聞かされたが、そんな噂が飛び交っていることを初めて知り、「予自身は近衛内閣に参加すべしとは毫も期待して居ない」と記している（北河・望月・鬼嶋 2019：16f）。

一方、中野は国民人気が高く、革新的性向をもつ近衛に期待をかけていたところに、盟友の風見章が内閣書記官長に就任したことを喜んだ。風見も中野を新体制運動の中央本部総務など近衛に度々推薦している。

さて、東方会も総選挙後、本格的に活動を展開する。一九三七年五月一二日、赤坂区溜池の東方会本部にて全体会議を開き党役員、綱領を決定し、東方会会長に中野が就任した。幹事長に三浦虎雄、遊説部長に田中養達、副部長に三田村武夫、情報部長に杉浦武雄、政務調査会長に由谷義治が就任した。宣言は次のように始まる。「東方会は建国の精神を拡充して、外に正義国際を実現し、内に正義社会を建設するを以て目的とす」。ここでいう「正義」とは「国内革新」と「対外進展」を実現するものだという。綱領は、総選挙前に発表された選挙綱領の第一節が「正義国際の建設により国民生活の活路を開拓すべし」と「国際非常時の克服に傾注し、全国民均等の努力と犠牲とに愬《うった》ふべし」に分かれている他は同一である（「東方会全体会議」『東大陸』一九三七年六月号：117）。

全体会議における中野の演説では、第二〇回総選挙の東方会の結果は、得票数二五万票、当選議員数一一名、最高得点者五名と手応えのあるもので、「国民主義革新陣営の中堅」と自負すべき結果であった。一方、政友会は現状維持、民政党は議席数を伸ばしたが、いずれも得票数は激減しており、「早晩凋落《ちょうらく》萎縮し去るべき運命を物語つて居る」という。また、躍進した社会大衆党にも中野は言及している。社会大衆党は表面国家主義をカムフラージュしているが、本質は社会民主主義であり、「一部階級の利益」を訴えるものの、その「階級的利益」が「国家経済の大本」に依存していることを見逃しており、「国家経済の活路」が「正義国際の建設」により「発見」されることを認識していない（同：118）。

中野は、社会大衆党の社会民主主義を乗り越えねばならないイデオロギーだとする。中野ら東方会が目指す道はその先にある。すなわち、「既成政党凋落の後に、社会民主々義の擡頭を見、其の本質的の欠陥を暴露して後我等の躍進を促すべき順序である」（同：118）。ここで必要なのは「国民主義であり、全体主義であり綜合的公益統制経済を信條とし、殊に国際関係の整調と国内革新の断行とを不可分のものとして、同発一時の経綸を行はんとするものである」という。中野はここで「国民主義」と「全体主義」を並列にして用いている。これは階級的分断を超克して、「国民全体」を包括することを意図したものである。

また、盧溝橋事件直後の七月二二日にも東方会全体会議を開催している。さらに、八月二四日にも東方会として声明を出しており、そちらは立場を鮮明にしたより踏み込んだものである。

「一、若し今において不拡大方針を清算し切れざるにおいては益々複雑なる外交問題を惹起し、支那は極東のスペインとなりて第三国の註文にハマる様になるであらう

一、政府は支那に対する決意に於て一歩前進したが東方会は支那問題と纏綿《てんめん》せる列国関係に於ても此の際何等躊躇することなく急速に徹底的に行動するを以て紛糾を未発に処理する所以なりと確信する」（「東方会声明」『東京朝日新聞』一九三七年八月二五日）。

中野は別の箇所でも「日本は此の際、冷静に支那全局の動きを観察し、已むを得ずんば南京に対して強硬方針に訴ふるの英断を下さねばならぬ」としており（「時論」『東大陸』一九三七年八月号：3）、蔣介石の南京政府の動きを注視しつつも、やはり「強硬方針」を訴える。

ただ、中野の考えでは、日中戦争は単に蔣介石政権の打倒を目指すものではなかった。中野ははじめから日中戦争の目的を確信していた。「支那に於けるヴエルサイユ支配を根柢より叩き出すことである」（「現状打破勢力としての独伊」『文藝春秋』一九三八年四月号：50）。東アジアにおける「ヴェルサイユ体制」

の打破とはイギリスの影響力を払拭することを意味する。それゆえ、ヴェルサイユ体制を欧州において打ち壊そうとしているドイツとイタリアとの提携が重要になるのである。

なお、東方会の活動が全国的なものになり、一方で九州日報社の社業不振が顕著になるにつれ、九州日報社は中野の重荷となってきた。そこで、一九三七年に読売新聞社の正力松太郎に九州日報社の売却を相談し、一九四〇年に交渉はまとまった。ただ、新聞統合が進む一九四二年八月、福岡日日新聞社を母体にして両社は合併することとなり、西日本新聞社が創立した。

反ヴェルサイユ体制のために

締結一周年を迎えて、日独関係を一層緊密にするための民間運動が生じており、九月三日、日独防共協定強化を求める宣言文が民間団体を中心にまとめられ、これには中野も参加した。他の参加者として、頭山満、徳富蘇峰、小原直《おはらなおし》、緒方竹虎、田中都吉《ときち》、中村房次郎、野間清治、後藤文夫、小坂順造、小泉又次郎、光永星郎《ほしお》、上田碩三《せきぞう》らが集まった。これは共産主義を批判して、日独防共協定を強化することを訴えるものではあるが、この運動が日中戦争勃発後に顕在化したのは、宣言文のなかの「支那国民党政府の背後には実に這の共産主義を標榜するコミンテルンの存在することを看取し如何に我が日本帝国が共産主義団体と正面衝突をなしつゝあるかを痛感せざるものはあるまい」との言葉に現れるように、国民政府の背後に共産主義を看て取り、日本が中国を通して共産主義と戦っているという認識があったゆえである(「日独防共協定強化宣言　民間有志会合」『東京朝日新聞』一九三七年九月四日付)。それゆえ、日

図 5-6　(左)：帰朝演説会に並ぶ人々、(右)：独伊訪問を送る行進（中野正剛『真直ぐに行け！』育生社、1938 年）

独防共協定の強化は、日中戦争解決の緒になりうるものと中野は考えていた。

さて、日独防共協定にイタリアが参加することになると、中野は協定締結に感謝の意を表明し、日中戦争の日本側の見解を披瀝《ひれき》するため、民間有志代表の立場でドイツとイタリアを訪問し、そのトップであるアドルフ・ヒトラーとベニート・ムッソリーニと直接会うことを突如決めた（「編集後記」『東大陸』一九三七年一二月号）。日本出立の直前の一一月一一日には軍人会館にて壮行会を実施した。参加者は五〇〇〇名ほどで、会場から溢れるほどであったという。出立に当たっては徳富蘇峰、三宅雪嶺、頭山満らが見送った。中野は壮行会を終えたその足で東京駅に向かい、一四日に門司から欧州へ旅立った。

中野は欧州到着後、一二月二一日、ムッソリーニと会談し、二八日にはローマを出立して、その翌日にドイツに到着した。ドイツでは、目的のヒトラーにはなかなか会うことはできず、会談の日は一ヶ月以上経った一九三八年二月一日であった。中野は三月四日に帰国し、帰国報告演説会を三月一三日に日比谷公会堂で開催した（図5-6）。

中野はこの演説会において独伊の二人の指導者の風貌を紹介している。

ムッソリーニを「即問即答、言へば響きの如く応ずる」勝海舟のような人物、ヒトラーが「慎重に人の話を聴く、聴きながら頗る慎重に自分の話をする」「信念の人であり、至誠の人」であり、西郷隆盛のような人物であったという（「ヒットラーとムッソリーニ」『改造』一九三八年四月号：408）。青少年期から敬愛してきた西郷隆盛を重ね合わせているところから、ヒトラーへの敬愛は甚だ深かったことがわかる。また、ムッソリーニに日本の青年に伝える言葉がほしいと中野が伝えると、ムッソリーニは「真直ぐに行け」という言葉を与えた。この言葉は一九三八年に育生社から公刊された中野の書名『真直ぐに行け！』にそのまま使われている。

さて、中野は首相・近衛文麿からの私書を携え、二人に渡したが、独伊のトップと会談の場を持つことが出来たからといって、何かを決められたわけではなかった。ただ、雑誌『大日』一九三七年一一月号の編集後記において「中野正剛氏、民間使節と為つて、独、伊に渡りヒツトラー、ムツソリーニと、其の強心臓を競《くら》べんとするは壮快。だが、中野氏今回の行は、惚れた男が惚れた女の許に通うて、情意投合をやるやうなもの」と評しているところからわかるように、中野が渡欧し、二人の新進政治家と会談した事実は、中野をファシストとして、かつ行動力のある政治家として印象づける上で、会談の内容以上に大きな意義があった。たとえば、東方会の機関誌『東大陸』以外にも中野は、先の日比谷公会堂の講演内容の採録や会見報告を、『大阪毎日新聞』、『都新聞』、『日本評論』、『現代』、『日の出』、『改造』など様々な媒体において発表している。

これらはいずれも同内容であるにもかかわらず、多くの場で求められていた。こうしたメディアでの言及は、新興国家独伊のトップへの注目が集まっていたことに加え、二人との会談にこぎつけた中野の存在感を高めることになり、中野の急な渡欧が成功したことを意味している。

『全体主義政策綱領』と社会大衆党合同の試み

東方会は着々と活動していく。一九三八年三月二八日には東方会全体会議を開催し、全国大遊説計画をたてる。七月一一日には、日比谷公会堂において東方会主催で「対外強硬国策の提唱」と題した講演会を開催し、徳富蘇峰、中村良三、本多熊太郎とともに中野が演壇に立つが、この講演会には約五〇〇〇名の参加者が集まり、場外に溢れるほどであった。

さらに、東方会は全体主義を作り上げるための政策綱領を練り始めていく。小島精一「全体主義・戦時経済綱領に就て」が『東大陸』一九三八年七月号に、岩田潔「全体主義労働政策」が『東大陸』一九三八年八月号に掲載され、一九三八年一〇月号「全体主義政策特集」には、杉浦武雄「全体主義指導原理」、由谷義治「全体主義財政々策」、小島精一「全体主義・経済政策綱領」、稲村隆一「全体主義農民運動」、中野正剛「日本外構の指導原理」が掲載された。年が明けた一九三九年一月二〇日に東方会の第一回全国大会が開催され、二月二七日には東方会は全体主義の路線を明確にする次のよう

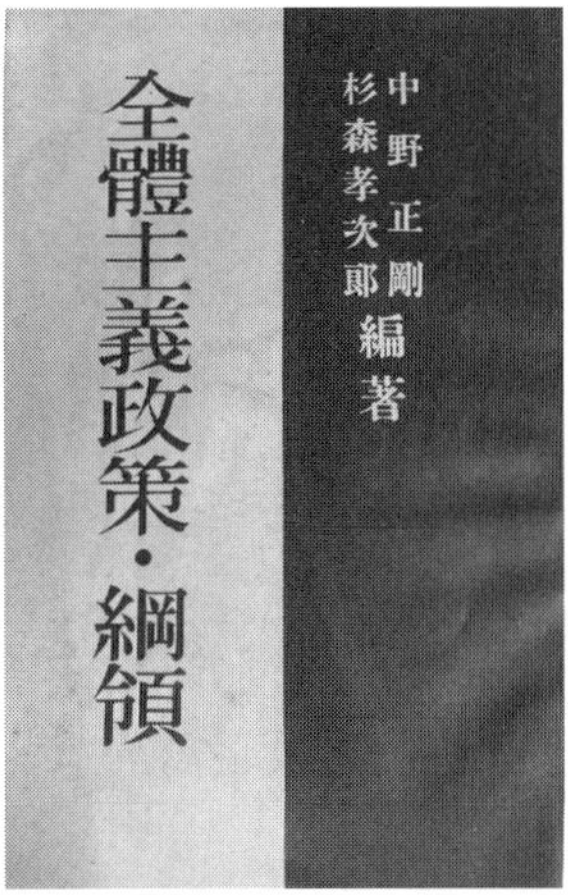

図 5-7『全体主義政策・綱領』表紙

な新綱領を発表する。

「建国の精神を顕現して君民一体の政治様式を完成せんことを期す」

「善隣諸民族を協和して東亜の新秩序を建設し進んで正義と進歩とを原則とする新国際体制の確立を期す」

「全体主義国家経済政策を整備し全日本国民に対して奉仕と勤労とを要求し名誉と生活とを約束する」


こうした東方会の全体主義的路線を固め、一九三九年二月に公刊したものが中野正剛・杉森孝次郎編著『全体主義政策・綱領』である。これは先の『東大陸』に掲載されてきたものを再編したものである。なお、中野において全体主義政策と自由民権は結びついていた。一九三八年一一月、東方会において地方遊説を行ったが、中野はこの時、自由民権運動の発祥の地、高知県を訪れている。そこで高知の人々との座談会を行った後、板垣退助の遺著『立国の大本』を贈られた。それを通覧して中野は考える。

「『自由民権』と云ふ言葉は御時世向きでないが、今や此語を再検討する必要がある。（略）国家永遠富強の策は、全体国家を形成する国民的細胞を強化することが前提でなければならぬ。全体国家のフユーラアと称する者も、決して魔術師の如く、国民大衆とかけ離れたる妙技を揮ひ得べきものでない。国家意思の確立には、国民の主張、国民の希望、その怒り、其の悩み、其の悲みを統合せねばならぬ。板垣伯は自由民権論者であるが、明治維新は雰囲気の中に発生せし巨木、さすがに其の芳の香りの中には皇道本位も、国家主義も、民本主義も、正しく調節されて居つて、そこ等の左翼のやうでもなく、且又官僚右翼や、職業右翼のやうでもない」（「南海行」『東大陸』一九三八年一二月号：11f）。

この時期、「民権」というと国権論者や右翼からの批判を招きやすかった。だが、それを初期に説き、実践した板垣退助の著作を紐解けば、民権と国権や「皇権」は対立的な言葉ではない。板垣は民権の中に国権も「皇権」もバランスよく含めていた。その上で、国民の主張や希望、感情を発露させつつ、国家意志にまで統合させていこうとした。「全体国家」を形成するためにも「国民的細胞」としての個人を強化していくための民権が必要になる。ドイツの総統ヒトラーもイタリアのファシスト党首ムッソリーニも国民の意思や感情を反映しており、無闇な官僚統制の強化による強権政治で政権を掌握したのではない。高知での遊説は、中野にこうした自省をもたらす機会となった。

他方、日中戦争の勃発以降、全体主義的国家主義的性格を強めていた社会大衆党は、日中戦争勃発の一周年に際して「全国民の組織化を目標とする真の一大革新政党の出現を待望」との新党結成運動を進める声明を発表していた（社会大衆党本部編 1939：39）。そうした中で、中野と同じ修猷館出身で社会大衆党に属していた三輪寿壮《じゅそう》が、郷土の福岡に戻る途上の列車の中で偶然中野と出会い、合同の話が生まれたという（三輪寿壮伝記刊行会 1966：332）。

その後、社会大衆党側は三輪寿壮、片山哲、東方会側は杉浦武雄、由谷義治らが窓口となり合同交渉を進めた。国民同盟を加える案も生まれたが、ひとまず東方会と社会大衆党との合同が急がれた。急テンポで進めた交渉にもかかわらず、一九三九年二月九日にはなんとか麻布龍土軒にて東方会と社会大衆党の合同懇親会を開催でき、三宅雪嶺「社大党の功罪」、徳富蘇峰「中野ファンの一人として」、麻生久「合同は日本現状の必然的成果」、中野正剛「議論よりも行動」と題した演説がそれぞれなされた。さらに、合同して新党を結成した上での「全体主義単一国民政党」を結成するための共同声明が発表された（「けふ結党に着手　社大・東方合同声明／声明書」『東京朝日新聞』一九三九年二月一〇日付）。

だが、急速な交渉のため合意形成が不十分であったことがまもなく露呈した。衆議院の議席では社会大衆党が三五席、東方会が一〇席であり、東方会が少数であったものの、中野は社会大衆党の中央委員長・安部磯雄を名誉総裁として自身を実質的なトップに据えたいと考えていた。結局、安部磯雄を総裁としたいと考えていた社会大衆党との案に中野は同意せず、二月二二日、早くも「機未だ熟せず」との共同声明を公表して、合同は土壇場で取り消しとなった。

この合同の失敗について事後処理を済ませないまま、中野は中国に視察旅行へ出発した。中野の中国視察旅行の強行は、合同問題に粉身した杉浦武雄や由谷義治らの不満を募らせることになり、杉浦武雄、由谷義治、大石大、田中養達は四名の連名で東方会解党を迫る書面を中野に突きつけた。当然、中野は之に反対する。さらに、議会会期途中で、それも「日本の政治は喪心状態の儘、時局に引摺《ず》られて居る」（「時論」『東大陸』一九三九年六月号：2）との捨てぜりふを残して中国視察に出立した中野への議会での批判は高まり、議員除名問題にまで拡大した。中国からの帰国後、中野は議員除名問題と社会大衆党合同失敗の責任をとって議員辞任する旨の声明を発表した。

中野は東方会事務所において新聞記者からのインタビューを受けて、次のように語っている。

「僕は決して現地に遊びに行つてゐたんではない（略）僕はあちらを出発する時から肚《はら》を決めてたよ。支那の総力は国民党と共産党だ。支那の人間一人々々の末梢神経にまでこの党の力が滲《し》み込んでゐるのだ、これに対して日本に何がある、かう思ふと今の日本に最も必要なのは生きた政治だ。僕はその生きた政治に真裸でとび込んで微力ながら尽したいと思つたのだ」（「〝倒れて後も已まず〟中野正剛氏代議士廃業の弁」『東京朝日新聞』一九三九年三月三〇日付）。

国民党や共産党は中国国民に根を下ろしているが故に強力である。それに対して、日本はどうであるか。日本には「生きた政治」、国民を覚醒させるための政治は未だ行われていない。国民運動が中野にとって次の課題となった。中野は議会行動よりも国民運動に注力することを表明した（「中野氏議員辞任本部で声明書を発表」『東京朝日新聞』一九三九年三月三〇日付）。

第六章 総力戦体制のなかの自由

両国国技館における東方会の演説会（中野泰雄『政治家／中野正剛』下巻、1971 年）

「結局において上からのファシズム的支配の確立のためにていよく利用された形となった民間右翼勢力は皮肉にも戦争末期には東条独裁に対する激しい批判者として現われた。最後の段階において最も東条を手こずらせたのは、こういう伝統的な右翼の勢力であった。（略）批判のないところ切磋琢磨なく、切磋琢磨なきところに進歩なし、というところなどまるで正統的自由主義者の口吻そのままであります。」（丸山眞男「日本ファシズムの思想と運動」『現代政治の思想と行動』未来社・一九六四年）

1　東亜新秩序とヴェルサイユ体制の打破

防共から排英へ

社会大衆党との合同に失敗し、総裁・中野正剛が議員辞職した東方会は、議会内の団体構成も解いた。これにより東方会に所属していた議員も無所属となり、東方会は実践的研究団体として再出発する。

他方、日中戦争がなおも継続する中で、近衛内閣は一九三八年一一月三日、第二次近衛声明、すなわち「東亜新秩序声明」を発表し、汪兆銘工作が進展したのを機に、一九三九年一月四日、総辞職した。近衛内閣を継いだ平沼騏一郎内閣の重要な課題が、日中戦争の行方を左右するとされた日独伊三国の同盟問題であった。東方会が次の重要な課題としたのも同じく日独伊防共協定の強化であった。

とはいえ、平沼内閣発足直後では、方針は統一されていなかった。一九三九年一月三〇日の第七四議会衆議院予算委員会において、政友会の原口初太郎からの質問に応えて、外務大臣・有田八郎は防共協定の強化を「飽くまでも防共協定の強化でありまして、「コミンテルン」の破壊工作に対して如何に之を防衛するかと云ふことが、即ち防共協定の強化であつて、それ以外の意味は何もございませぬと発言している」（速記録：4）。中野はこのような防共協定の限定を批判する。中野はこの発言を日独伊三国の関係が緊密化することへの英仏の危機感を緩和させる言辞として解釈した。そのうえで、「盟邦たる独伊両国が欧洲に於て英仏と鎬《しのぎ》を削りつつある際、殊更に防共協定の字義的解釈を試みて日本の英米仏に対する好意を押し売りせんとするが如きは甚だ見苦しき行為である」（「時論」『東大陸』一九三九年五月号：8f）と協定国との信義の問題から批判した。

また、中野は第二次近衛声明にある東亜新秩序の建設と日独伊三国同盟の締結を、旧秩序のヴェルサイユ体制へ挑戦する一九三〇年代の日本外交の流れの中に位置づける。

「東亜新秩序の建設は、世界新秩序の建設と、其の前進の線を同じうすべきものである。国際聯盟の離脱、軍縮条約の破棄、日独伊防共協定の成立、皆な同一の線に乗りたるものである。而して之を遂行するは日本不動の既定国策である。而して独伊がベルサイユ体制を破棄して、欧洲に新秩序を建設せんとする時、日本は東亜に於て彼等を《ママ》同一の方針の下に、彼等と同じく英仏ソと対立して居る。（略）弱国の外交は常に優柔不断なり。優柔不断は味方の友情を冷却し、敵をして其の弱点に乗ぜしむ」（「時論」『東大陸』一九三九年六月号：5）。

旧秩序から新秩序への移行はまさに進行しているのであり、「規定国策」ですらある。その路線へ進めないのは「優柔不断」か、さもなくば逆行である。日独伊防共協定は強化していかねばならない。東アジアにおける新秩序建設は、ヴェルサイユ体制の象徴となる英仏、とりわけイギリスの影響力の一掃により完遂される。東方会の活動は、日独伊三国の提携強化とその車の両輪としての排英運動において活発化する。

東方会は、一九三九年八月二三日の緊急評議会において「防共協定は本質に於て既に発展的解消を告げた、此の現実の後に来るものは日独伊三国の対英仏軍事同盟の促進世界と東亜とに併行する新秩序の建設である」と三国同盟による対英連携強化を決議し、この決議文を首相、陸相、海相、外相に手交した（『特高月報』一九三九年八月号：41）。ちょうどこの頃、外務省でも日独伊防共協定の強化を求める動きが現れ、七月には首相、外相、陸相、海相、蔵相による五相会議において「日独伊防共協定強化に関する件」が議論されていた（日本国際政治学会太平洋戦争原因研究部 1963：67）。また、東方会は九月九日に本部において青年部会を開催し、各地に青年部を確立して、地方での活動を活性化させることを決定し、地方遊説活動を頻繁に実施した（『特高月報』一九三九年九月号：37）。

こうした排英運動を展開したのは東方会のみではなかった。内閣参議の末次信正や松井石根《いわね》、国民同盟の安達謙蔵、大日本青年党の橋本欣五郎、建川美次《たてかわよしつぐ》、石原広一郎、大竹貫一、徳富蘇峰、下中弥三郎、武藤貞一などが集まり、排英方針の強化と日独伊三国同盟を目指す東亜建設国民連盟結成のための準備委員会が一九三九年一二月七日に組織された。

中野と東方会はさらに日独伊三国軍事同盟締結を強調する。七月三一日に日比谷公会堂にて「撃英東亜民族大会」を開催し、次のように主張する。

「私は三国軍事同盟の締結は余りにも事務的末節に拘泥《こうでい》せず、大局からさつぱり片づけたいと思つて居る。第一、三国の関係は精神的の繋がりである。それに余り細かなことで押問答して居ればその精神の根底さへも傷つけることゝなる。（略）三国が同盟を結べばアメリカでも向ふに廻るから困ると言つてゐた。私は逆に、三国がしつかり結びさへすればアメリカは踏み込んで中立を守ると観てゐたのである」（「反英運動と軍事同盟」『東大陸』一九三九年九月号：113）。

「三国同盟と排英とは、新秩序の建設と旧秩序の破壊とであつて、ものの表と裏である」(同：115)が、日独伊の三国が提携を結ぶことで強力な勢力が生まれ、アメリカは戦争を踏みとどまり、平和を達成するものと中野は考えた。勢力均衡的な思考ともいえる。これは中野独自のものではなく、外務省の少壮革新派の考えとも近い(戸部 2010：174)。

演説会を積極的に実施していた中野は演説の手応えを感じており、「猛烈なる排英運動」の展開は「日本の大衆」の熱気を背景にしているとの実感をもった(「大日本不動の大方針」『東大陸』一九三九年一〇月号：7)。こうした民間運動だけではなく、一九三九年一月に成立した平沼騏一郎内閣もまた、外務大臣・有田八郎の下で日独伊防共協定の強化を目指していた。

一方、この間、天津租界事件を解決するための有田・クレーギー会談など日英関係を改善させようとする交渉もみられた。中野はそれを英国側による「日独伊三国の離間策」としてみた(同：11)。だが、有田とクレーギーとの間で協定が締結される見込みとなったところ、イギリスの対日宥和傾向を不安視したアメリカが、一九三九年七月二六日に突如、日米通商航海条約の廃棄を通告した。もとより、東アジア情勢に米国を関与させようとしていたイギリスは、アメリカの通商条約廃棄を喜び、日本へ強硬姿勢をとることができるようになった。同年八月、イギリスは、有田・クレーギー協定を廃案に持ち込んだ。

他方、ドイツはソ連と独ソ不可侵条約を同年八月に締結した。平沼は、ドイツが日本と防共協定を締結し、かつ、日本がソ連とノモンハン戦争を戦っているさなかに、独ソ不可侵条約を結んだことについて、「今回締結せられたる独蘇《ドクツ》不可侵条約に依り、欧洲の天地は複雑怪奇なる新情勢を生じたので、我が方は之に鑑み従来準備し来つた政策は之を打切り、更に別途の政策樹立を必要とする」として八月二八日総辞職した（「重責に顧み恐懼《きょうく》」『東京朝日新聞』一九三九年八月二九日付）。

この直後、ドイツは九月一日に、ソ連は九月一七日にポーランドに侵攻し、九月三日、イギリスとフランスはドイツへ宣戦布告し、第二次世界大戦が勃発した。中野と東方会は、自分たちが予期したかのごとく進展する国際情勢の推移に意気軒昂《けんこう》となった。

「我等は欧洲に第二次大戦が勃発せざる以前から、英仏対独伊の戦争を必至のものなりとなし、日本に敵性ある英仏を制する為、独伊との締盟を固くして、速やかに東亜に於ける我が地歩を確立すべしと主張した。而して三国防共協定の目標は最初蘇聯《ソれん》であつたが、日本に対しても、独伊に対しても、蘇聯よりは英仏こそは当面の敵たること漸次に明白なる情勢となつて来た。それ故に我等は撃蘇を後廻しとして、目標を排英に集注し、切々として当局の英断を要望したことは、読者の記憶に新なる所である。即ち日独伊三国同盟に次ぐに、日蘇、独蘇、両様の不可侵条約を以てし、蘇聯を誘ひて南進西進せしむることは、我が対外国策の定石でなければならなかつたのである」（「時論」『東大陸』一九四〇年一月号：4）。

中野は日独伊三国同盟を速やかに締結するとともに、日ソ提携も進めるべきだという。事態はたしかにそのように進んでいく。

さて、平沼内閣退陣後に、予備役の陸軍大将・阿部信行が総理大臣として組閣した。阿部内閣が成立してまもなくヨーロッパで勃発した第二次世界大戦に、阿部は不干渉との方針を示し、日中戦争の解決に尽力するとした。だが、支持基盤があまりに弱体であったため、約半年後の一九四〇年一月一四日に陸海軍の支持を失い総辞職した。後を引き継いだのが予備役の海軍大将・米内《よない》光政であったが、中野はイギリスやアメリカとの外交関係を重視する阿部内閣を「国民的感情」と「没交渉」な存在であり（「時論」『東大陸』一九四〇年一月：8f）、くわえて、米内光政内閣とその外交を担った外務大臣・有田八郎を「前内閣の媚態外交」を踏襲するものと批判する（「時論」『東大陸』一九四〇年三月：4f）。

一方、政府が日英関係や日米関係を重視する外交的態度を示す中で、それを揺るがす事件が起きた。それが一九四〇年一月二一日に起きた浅間丸事件である。これは房総半島沖の公海上にて、日本郵船の浅間丸が、イギリス軍艦の臨検にあい、乗船していたドイツ人船客の身柄を拘束し、連行した事件である。この事件は、東方会や大日本生産党など東亜建設国民連盟の中核的団体に「異常の衝撃」を与え（『特高月報』一九四〇年一月号：33）、一時沈静化していた排英運動は再び活性化した。

たとえば、東亜建設国民連盟は「国辱浅間丸事件　帝都の目前横浜の鼻先で英艦の暴行　それでも未だ排英媚態か　断乎交戦権を発動せよ」とのポスターを二万部作成し、大日本生産党栃木支部は「相次ぐ暴虐老獪《ろうかい》英国を討て」、元兵庫県愛国青年連盟は「討て英国を浅間丸事件は英国侮日の表現だ、日本の面目は丸潰れだ」とのポスターを作成して貼付していた。他にも抗議書の送付や声明を発表するなどし、さらには演説会も活発に開催された（『特高月報』一九四〇年一月号、二月号）。東方会もこの事件の報道直後に幹部会を招集し、検討の結果、茨城、千葉、長野、静岡、神奈川、山梨各県の東方会青年隊を招集し、二四日午前九時から英国大使館前で抗議デモを実施することとした。急な動員にもかかわらず一八〇〇名以上が集まった。大規模なデモ活動を実行した東方会には激励の電報が多く寄せられた。さらに、東方会は一月二八日に排英演説会を淀橋公会堂にて主催している。

中野にとって浅間丸事件は、平沼内閣の有田外相から阿部内閣、そして米内内閣と続いた英米への「媚態外交」の結果であり、イギリス、アメリカが日本を「見縊つた」が故に、あえてなされた「暴虐行為」であった（「時論」『東大陸』一九四〇年三月号：4）。それは日本政府が発表する国際法の解釈の相違から発生したものではなく、日本国民の矜持の問題であった。さらに、中野は駐日英国大使ロバート・クレーギーと一月二五日に面会し、直接抗議している。くわえて、『東大陸』でも浅間丸事件を取り上げ、中野は一九四〇年三月号の「時論」の中で言及し、東方会会員の永田正義も同号において「浅間丸事件の意義」を、一九四〇年四月号では宮崎吉政が「「斎藤問題」と「浅間丸事件」」を執筆している。このように日本社会において排英論が蔓延する一方で、すでに欧洲で第二次世界大戦を戦っているイギリスはこの問題を穏便に解決したいと考えていた。英米との協調を図る米内内閣も同様であり、二月六日には交換公文を発表することで、この事件は解決している。

だが、浅間丸事件の余波は、平沼内閣期から日独伊三国同盟に反対していた米内内閣に波及する。東方会は三国同盟締結を主張しつつ、米内内閣批判を継続した。東方会は排英運動や三国同盟締結運動を全国的に展開した。東方会の会員数も着実に伸び、一九三九年には二万五〇〇〇であった会員数は一九四〇年には三万一〇〇〇を超えた（永井 1979：102）。これは機関誌『東大陸』の増刷にもつながり、一九三九年一一月号の編集後記では「前月号は註文が殺到し、社にあるストックは皆なくなつてしまひ、それでもなほ後から後から註文がくるので、我々はすつかり慌てゝしまひました」と書くほどであり、間に合わなかったものの「今月号から発行部数を倍加」すると記している。

米内内閣倒閣の動きは国際情勢により一層促進した。ヨーロッパで膠着《こうちゃく》していた戦線が動き出す。一九四〇年四月九日に、ドイツ軍はデンマーク、ノルウェーを攻撃し、五月一〇日にはオランダ、ベルギー、ルクセンブルクに侵入した。さらに、六月一四日にドイツ軍はパリを陥落させ、二二日に独仏間での休戦協定を調印させた。このドイツの圧倒的勝利により、日独伊三国同盟を推進していた勢力が力を増した。また、フランスとオランダが統治していた東南アジアが「無主の地」となったため、南進ムードが高まった。陸軍は武力行使も辞さない南方資源の確保を求めたが、米内はあくまで交渉を前提に資源確保に動こうとしていた。こうした国際情勢に米内では対応できないとして、陸軍大臣・畑俊六は七月一六日に辞表を提出し、軍部大臣現役武官制をもちいて、米内内閣を退陣へと追い込んだ。

日独伊三国同盟と南進論

米内内閣に代わって政権を担ったのは、二度目の登板となる近衛文麿であった。近衛は枢密院議長に就いていたが、近衛待望論が高まったところで、枢密院議長を六月二四日に辞任し、同時に「強力なる挙国政治体制」、すなわち既成政党の離合集散や眼前の政権獲得を目的としない「新体制」の確立のために尽力する意向を表明した。総辞職した米内内閣を引き継いで、七月一七日、近衛に大命が降下した。第二次近衛内閣は外務大臣に松岡洋右、陸軍大臣に東條英機、海軍大臣に吉田善吾を就任させた布陣であった。また、第一次近衛内閣時に内閣書記官長であった風見章を司法大臣に据えた。近衛は内閣を成立させた翌日にラジオ放送を通して「大命を拝して」と題する演説を行った。

ここで確認しておくべき近衛の認識と方針は、「旧来の世界秩序は欧洲から先づ崩壊」して他の地域にまで及んでいるため、日本は「国内体制の一新」による新体制を実現し、政党の弊害を取り除くこと、外交では「飽くまで帝国独自の立場」に立って、「自ら世界的変化を指導」し、「世界の新秩序」を作りあげる覚悟を持つこと、経済においては「一日も早く外国依存の体形《ママ》より脱却」し、日満支の経済提携と南洋方面への発展が必要になることである（報知新聞社政治部編 1940：339f）。近衛内閣は、さらに、八月一日に「大東亜の新秩序」の建設を謳う「基本国策要綱」を発表した。

近衛のこれらの方針は性急に作成されたものではなく、新党運動として大命降下前から始動していた。既成政党を解消しての新党結成や新秩序建設のための日独伊三国同盟、自給自足圏確保のための南進論は、中野や東方会の方針と合致していた。それゆえ、近衛の新党運動に東方会は即座に協力し参加する旨を伝えた。政友会と民政党も第二次近衛内閣成立後に解党し、新体制、すなわち大政翼賛会に合流する。

東方会は、近衛内閣発足前から積極的に南進論を主張していた。それは、イギリスからの蔣介石の国民政府への支援、すなわち援蔣ルートを遮断することで日中戦争の早期解決に資し、かつ、日満支では確保しえない石油などの重要資源が獲得可能になり、自給自足圏を構築できると考えていたためである。近衛内閣発足前の『東大陸』一九四〇年五月号の「時論」において、中野は次のように主張する。

「英米列国が不介入方針を堅持する日本に対し、露骨にも敵性を強化し来つて彼等が有するあらゆる勢力範囲において、経済的迫害を敢てするに於ては、我国としては斯くの如き息詰る雰囲気のもと、南洋資源の優先的利用に対し一歩前進して確保する地歩を占有することが、自衛のため当然の必要となつて来るではないか」(8)。

そのためには、従来フランスやオランダに植民地統治されていた地域に対して、「本質的に蘭領南洋の英米化を防止して、該地域の亜細亜性を確立し、東亜経済ブロックの補強工作に寄与せしむるを必要とするのである」(9)としている。この主張は、日本人はインドネシア住民と同じアジア民族であるという共通性から、欧米の植民地統治に抵抗する機運を作り上げ、「寛大なる保護関係」の下で「東亜経済ブロック」に編入させることを目的とするものであった。

さらには、「今日の日本に於て、天王山は何処にあるのであるか。内外情勢の切迫せる今日、我が日本の天王山は南方に在り。行動の重点主義は蘭印を目標として速かに処理せられねばならぬ」(「時論」『東大陸』一九四〇年一〇月:4)と蘭印、オランダ領東インドの重要性を位置づける。これにより、「日満支の経済ブロック」では完成しなかった「自給自足圏」が確立できるのである。中野にとって蘭印は「大日本存立の絶対条件」であった。

そうした南進政策を進める上で、東南アジアに権益を持つイギリスとアメリカを牽制する日独伊三国同盟の締結は、中野には前提であった。実際、一九四〇年七月にはドイツによるイギリス本土攻撃が開始されており、イギリスにとって日本の南進政策を阻止しうる選択肢は限られていた。

後世から見れば、対英米軍事同盟としての性格も組み込まれた日独伊三国同盟による対米関係の悪化は明白であった。だが、陸海軍は三国同盟締結と南進政策が対英米戦、特に対米開戦につながることは見込んでいなかった。むしろ、三国同盟締結により日本の国際的な政治力が増大することで、アメリカは対日開戦を躊躇するとみなしていた（波多野 1991：72f）。一方、松岡外相は三国同盟による戦争抑止効果を見込んでいたが、南進政策による対米関係悪化は懸念していた。（服部 2012：5）

中野もまた三国同盟締結と蘭印進出に対して、対米関係の悪化も見込みつつ、軍部と同様の観測をもっていた。

「米国はあらゆる手段を用ひて日本を威嚇し、日本の疲弊を待ちてこれを処分せんと計画してゐるが、今日の場合、日本が南洋に対し何事をもしないならば彼から挑戦し来る気遣ひはない。畢竟、米国は日本を余り甚しく刺戟して最後の決意をなさしめざる程度において徐々に圧迫を加へ、欧洲大戦の結末がついた頃、世界的抗日意識を集結し来つて日本を料理せんとするものである。それ故に、日本が従来の対米関係に安んずるなら、今のところ日米間に戦争が初まる危険はない。たゞ万一、米国が挑戦し来るかもしれぬといふ場合を想像すれば、それは日本が蘭印を把握するの行動を開始したる際である。日本が蘭印を把握せんか、米国の抗日ゼエスチユアは益々激化して、開戦の危機を孕《はら》むに至るであらう」（「時論」『東大陸』一九四〇年一一月号：5）。

とはいえ、「若しアメリカが好んで挑戦し来るに及んでは、比律賓《フィリピン》にも、濠州にも、ニユージーランドにも日本の威力を加へねばならず、アメリカはこの尨大《ぼうだい》なる財産を背負ひながら、どうして日本に対抗しようとするのであるか、冷静に考慮すれば、米国は蘭領南洋における日本の実力確保を承認して、この現実の地歩の上に平和を保持することが賢明の策となつて来るのではないか。更に大胆率直に情勢を判断すれば、日本は蘭印の資源を獲得しても、そこに三国同盟の威力を用ふれば、米国を牽制して、その挑戦を封じこむことが出来るのでないか」（同：6）と三国同盟の効力とアメリカが太平洋に所持する権益を「冷静に考慮」できるのであれば、対米開戦には至らないとの理解を中野は示す。それゆえ、日本は蘭印を獲得し、「大東亜地域」の大勢を決していく必要がある。その意味で中野の判断によれば、三国同盟は大東亜共栄圏の確保に関する限り、「英米をして断じて我が最後の一線を犯さしめざる戦闘体形の整備」であり、その威力により「日本圧迫を断念」させ、結果として「平和の為の同盟」となるはずのものであった（「時論」『東大陸』一九四〇年一二月：3）。

それゆえ、中野は一九四〇年九月二七日に締結された日独伊三国同盟を高らかに寿ぐ。

「日独伊三国軍事同盟は遂に締結せられた。天下に先んじて之を提唱し、同志の政治的闘争題目として掲げられたこの課題が実現せられたことは吾等が無上の喜びであり、誇である」（「時論」『東大陸』一九四〇年一一月号：2）。

中野によれば、第一次近衛内閣において日独伊枢軸強化の方針は進んできたものの、それまでの平沼内閣、阿部内閣、米内内閣は「英米追従一色」であり、それに対し東方会は三国同盟のための「勇敢なる闘争」を継続してきた。これは「全国的国民感情の結晶」（同：3）であり、東方会こそが三国同盟締結の立役者であった。三国同盟締結は、東方会が「全国的国民感情」を的確に把握できていたことの証左であった。あえて言い換れば、東方会は輿論を指導し、輿論を背景にして、三国同盟締結まで導いたのである。

一九四〇年一〇月一〇日、日比谷公会堂にて東方会主催の三国軍事同盟記念大会が開催され、オットー駐独大使、インデルリ駐伊大使、白鳥敏夫、大島浩、徳富蘇峰、中野が登壇し、聴衆は三五〇〇席のところに六〇〇〇名ほどを集めた。三国同盟とそれを主導した東方会への期待感がいかに高まっていたかを示すものである。

新体制運動への寄与

さて、一九四〇年六月八日、近衛文麿と中野は会談し、新体制運動に東方会も参加する旨を伝えた。だが、これは中野の独断専行であり、東方会支部会員から不満が噴出した。それゆえ、「無条件便乗的態度は断じて採り得べきものにあらず」との旨の声明を東方会会員向けに通達し、一旦留保した（『特高月報』一九四〇年七月号）。とはいえ、この流れはとまらず、八月二二日に東方会本部にて幹部懇談会を開催し、二三日に中野が新体制準備委員に就任することを機に東方会を解消し、実践研究団体として再発足して、新体制運動に協力する方針を決めた。これを宣言したのが、一〇月二二日に明治神宮外苑の日本青年会館において開催された臨時全国大会である。これには約一八〇〇名が参加し、東方会全体として新体制運動に参加協力するため、東方会を解体して文化団体としての振東社を創設することを周知した。

他方、近衛新体制は少しずつ進められていた。八月二三日には新体制準備委員として、閣僚の他、中野正剛、橋本欣五郎、麻生久、末次信正、有馬頼寧《よりやす》、古野伊之助、永井柳太郎、後藤文夫、秋田清、白鳥敏夫、緒方竹虎、高石真五郎、正力松太郎など革新派やメディア関係者らも含めて選任された。八月二八日に第一回の新体制準備委員会が開催された。ここでの議論を基礎に幹事会が「新体制要綱」を作成し、九月三日に開催された第二回準備委員会にて配布され、議論の土台となった。「国家国民の総力」を集結する「国民組織運動」を指導する「政治組織体（中核体）」の性格をいかにすべきかが第一の論点となった。また、中野は地方支部の支部長を知事にするとの案を強く批判し、松岡洋右も中野の批判に賛意を示していた。準備委員会は九月一七日の第六回まで続けられた。

九月二七日の閣議において、運動の名称を「大政翼賛運動」、推進する機関を「大政翼賛会」とした。大政翼賛会の総裁は内閣総理大臣である近衛文麿が兼任し、役員として常任総務と常任顧問を置いた。常任総務には有馬頼寧、井田磐楠《いわくす》、大口喜六、大久保立《たつ》、後藤文夫、永井柳太郎、中野正剛、橋本欣五郎、八田嘉明、古野伊之助、前田米蔵が任命され、常任顧問に及川古志郎、風見章、東條英機、中島知久平、安井英二が任命された。九月二七日はちょうど日独伊三国同盟の調印日でもあり、日本の外交と内政の針路を定める象徴的な日付となった。三国同盟締結を祝福するラジオ放送演説が二七日に松岡外相により、翌二八日に近衛総理大臣によりなされた。

大政翼賛会の発会式は一〇月一二日に首相官邸大ホールにて挙行された。近衛総裁が挨拶をしたが、革新的な方針を採用しようとしていた大政翼賛会の綱領と宣言文は、あえて発表されなかった。というのも、復古派右翼や準備委員でもあった太田耕造や井田磐楠らが大政翼賛会の革新的イデオロギーを激越に批判し、意見をまとめられなかったためである。「高度な政治性」を持つ大政翼賛会への期待が大きかった中野や後藤隆之介ら革新派は、このことに大いに失望した。

　とはいえ、出発した大政翼賛会に対し、中野は一〇月三〇日に「経済革新基本要綱」を提出した。これは九項目から成っており、「高度国防国家の建設」を目標として、失業対策や全国民に最低生活を可能にすることを訴えるものである。ただ、重点は「国家は原則として統制すれども経営すべからず」というフレーズに込められており、「官僚経営的国策会社の濫設」や「一元合同化」する「一業一社主義」を求めず、「適正規模の企業」を並立させ、「各自の建設的競争心」を刺激して、「企業的勤労利潤は之を擁護」すべきとする。これは新体制に便乗しようとする「左翼全体主義の進出」や「社会民主々義的悪平等」を牽制したものだといえる（㊶：152f）。中野が提出した「経済基本要綱」は一二月一四日に決定された「大政翼賛会実践要綱」の一部に吸収されている。

　また、この頃、知事を地方支部長に据える案が大政翼賛会において提出されており、中野はそれに強く反対していた。中野の論理では、国民運動は行政に先行すべき政治の素地を作り上げ、その後、国策の決定に参加するものであった。一方、行政官は決定された国策の官僚的事務を掌《つかさど》るものであった。知事などの行政官が大政翼賛会に参加してしまうならば、大政翼賛会の本務たる「決定国策より一歩前進」する方針を示すことは、行政官の越権行為になってしまう。それゆえ、「服務紀律的秩序に拘束せらるゝことを甘受しながら翼賛運動に従事すれば、其の言動は已むなく官僚的事務に堕して、行政以上に高揚し来る全国民愛国の熱情と諧調を保つことは出来ぬ」(「時論」『東大陸』一九四一年四月号：4)。行政官では遠大な国策を見通すことはできないと中野は考えていた。中野の強い反対もあり、知事を地方支部長に任命することは避けられたが、地方各県知事が各県毎に一〇名の常務委員を選定するという「妥協案」(同：6)が決定された。中野はこの案にも反対であったが、「官僚陣総出の努力」(同：6)により押し戻すことは不可能であったという。

大政翼賛会に対する失望が増しつつあった中野であるが、最後の一押しをなしたのは大政翼賛会の改組であった。大政翼賛会の政治機関としての法的位置づけについて、憲法学者・佐々木惣一は違憲論を提起した。また、陸軍皇道派が中心になり、大政翼賛会に共産主義思想が流れていると批判した。さらに、旧政友会や旧民政党の議員も大政翼賛会の全体主義的な性格を攻撃し、大政翼賛会の名称変更や公事結社とすることなどの改組を求めるまでに至っていた。

こうした高まる批判から、一九四一年四月二日に政府は改組案を発表することになるが、この動きをうけて中野は三月七日、翼賛会常任総務を辞任した。辞任理由について説明する「大政翼賛会を去るの辞」を『東大陸』一九四一年四月号に掲載している。中野の政治的信念がよく表れたものである。

「大政翼賛会の高度政治性を後退せしめて、専ら官意民達の政府補助機関となすに決したることは、議会に於ける国務大臣の言説によりて明白となつた。抑々大政翼賛会の創立計画は近衛公在野当時の腹案を骨子とし、積極的国難打開の一途に猛進すべく、同志団体の結成を目標として出発したものである。然るに中途にして組閣の大命を拝したる近衛公は首相として現有勢力の均衡の上に立たざる可らざる境遇となり、最も謹慎なる心事の下に、所謂軍官民一致の大政翼賛会を統率するに至つたのである。其の結果大政翼賛会は認識と傾向とを異にせる構成員の間に、最大公約数を以て一致的主張を見出さざるを得ず、必然の結果公武合体的便宜主義に堕して政治的威力を喪失し、遂に議会勢力の一部を前衛とせる現状維持派の逆攻勢に乗ぜらるるに至つたのである」（「時論」『東大陸』一九四一年四月号：9）。

大政翼賛会は発足当初の性格を明確に変化させた。国民意識を喚起して全国民の政治力を動員することは、大政翼賛会にもう期待できないため、中野は東方会を政事結社として再度復活させた。三月一二日には東方会幹事会を開催して、国民運動に専念することを伝達し、そこで新たに次の東方会綱領を策定した㊴。

一、草莽の赤誠を上通し憲法の條章に則りて皇道政治の顕現に挺身す
二、純正日本精神を高揚し大東亜を振起して正義を世界に宣布す
三、万民奉仕経済体制を整備し全国民に対して勤労と犠牲とを要求し名誉と生活とを約束す

つづいて、三月一五日には東方会宣伝部長・三田村武夫が東方会本部講堂にて開かれた土曜講座において、「東方会は何を為すか」との題目で講演を行い、大政翼賛会脱退と東方会再建について演説している。さらに、三月二五日、日本青年会館において東方会主催の演説会を開催した。ここでの内容は「大政翼賛会を去るの辞」に基づいたものだが、それをさらに拡散するため『東方会の旗は進む』に再編し、一九四一年四月に公刊している。ただ、大政翼賛会を軽視する中野の動向に対し、皇道右翼から

の批判は高まっていた。日本主義青年会が五月一日に「中野正剛氏の問題に就いて」と題して批判演説と中傷的印刷物を配布した。また、中野が広島へ遊説に赴いた際、暴漢に襲撃され東方会会員の永田正義が身代わりになり負傷する事件が起きた。

中野は大政翼賛会から早々に離脱したが、その大政翼賛会が目指した新体制確立の構想はなおも抱いていた。六月には中野の腹心・三田村とともに『難局突破の指標』を公刊しており、ここには「新体制実践綱領」も含まれている。『難局突破の指標』の序文は三田村が執筆しているが、そこでは「大政翼賛会がどうならうとも、新体制の確立は絶対に必要である。なぜなら、強力なる国内新体制の確立は、難局突破の絶対的基本条件だからである」（㊶：ニ）としている。

2 東條英機と中野正剛

太平洋戦争勃発前後

中野ら東方会は、積極的な演説会の開催を進めていく。まず、東方会は三月の幹事会において「難局突破国民運動」を展開することを決定した。三月二五日の日本青年会館の演説会に続き、二六日に淀橋公会堂、二七日に本所公会堂、三〇日に浅草公会堂にて演説会を行っている。そうした演説会活動の頂点となったのが、五月一日に両国国技館にて開催された東方会全国大会「難局突破国民大会」である。

ここで「東方会宣言綱領及活動要綱」が配布されており、そのなかで綱領、宣言、「実践目標（使命）」と活動方針とその説明が掲載されている。

「実践目標（使命）」を「日独伊三国同盟を根幹とする世界政策の断行」「大東亜共栄圏を確立し、亜細亜解放の堅戦を完遂すべし」「戦時体制の確立即ち高度国防国家体制の整備」「万民翼賛政治体制の確立」「難局突破の全国民的政治力結成」としており、活動方針として「難局突破国民運動の展開」「現状維持反動陣営に対する闘争」「英、米第五列の撃滅運動」「国民生活及経済動態調査」「行政の監視と官僚独善の是正」を挙げている。その上で「難局突破国民大会宣言決議」として「大東亜共栄圏の確保は条約を締結し声明を繰返すことによつて、一歩も之を前進せしむること能はず。我等は三国軍事同盟及び日蘇中立条約の締結によつて保護せられたる外交的優位を活用し、不変の計画に基きて断乎たる民族的行動に出でんことを要望す」と公表している（東方会 1941 : 27）。東方会の発表によると、この大会は整理費三〇銭をとっていたにもかかわらず、十数万人の聴衆が殺到する「日本政治史上空前の大記録」を示し、両国国技館の入場口が壊れてしまうほどであったという（「国難打開の体当り」『東大陸』一九四一年六月号 : 2)。ただ、一九四一年五月号の『特高月報』では、会場の聴衆約一万二千名、「入場不能の者約千名に及ぶの盛況」と記されており、十数万人は誇大な数字であろう。とはいえ、かなりの数の聴衆が集まったことはまちがいないだろう。

さて、この歴史的な国民大会における中野の演説は次のように始まる。

「諸君、今日東方会全国大会を開きますと、北は樺太より南は沖縄に至るまで、同志代表の会する者一万余人、更に今晩の国民大会を開きますと、此の大国技館の鉄傘下に充満する諸君の姿、更に場外に溢れ、この会場を一廻りして、長く尾を引く熱烈なる国民大衆、実に銃後の精鋭数個軍団は茲に期せずして動員されて居るのであります」（「国難打開の体当り」『東大陸』一九四一年六月号：2f）。

中野も演壇に立ち、国技館に集った聴衆のあまりの多さに驚いたであろう。演説家として経験を蓄積してきた中野はここにやってきた聴衆の思いをよくわかっていた。

「諸君、諸君は唯私の演説を聴かんが為に集られたのではない。諸君は諸君の精神の飢ゑを慰せんが為に集られたのである。（拍手）諸君の飢ゆる所は政治である。諸君の悩む所は我が日本に政治なきにあると思ひます。（拍手）（略）諸君はその飢ゑを如何にして満さんとするか。諸君は私が何を言はんとするかに付ては、既に予感を持つて居らるゝであらう。諸君の胸の中にあるものは私の言はんとす欲する所のものである。（拍手）既に諸君と我々との間には、言葉を用ゐずして共通の信念が湧きつゝある。（拍手）諸君は満胸《まんきょう》の憂憤に点火して爆発せんが為に此の会場に押しかけて来たのである。（拍手）この非常時の重圧の下に、悩み、悶え、苦しみ、努力しながら、全国民の胸の底から湧き出んとする信念こそは、今日の政治を推進する力でなければならないのであります（拍手）」（同：3）。

こうしておよそ三時間の演説が始まる。確かに、ここで中野が言うようにこの演説会で、これまで中野が述べてきたものや書いてきたものと大きく異なることが主張されているわけではない。中野の演説会は、聴衆の政治上の鬱屈《うっくつ》を、中野正剛を媒介にして、表現する場となったのである。内容としては、日中戦争以降、政府は東亜新秩序の声明、三国同盟の締結、大東亜共栄圏確保の声明、大政翼賛会による新体制声明が出されるものの、声明ばかり出していて何も実現していないと中野は説く。また、東亜新秩序は旧秩序、つまりは英米の打破であったにもかかわらず、「媚態外交」が繰り返される。ただ、今回の演説で強調されるのは南進である。

資源を確保して自給自足体制を作り上げるためにも、蘭印（オランダ領東インド）、すなわちインドネシアを抑え、大東亜共栄圏を確立する必要があると説く。では、南進すると英米はどう動くか。英米による日本への非難はどういう意味を持つのか。中野は説く。

「これでもか、これでもかと余り日本をいぢめ過ぎたから、日本国内の穏健なるアメリカの友人達は国民の前に面目を失墜し、ファッショとか革新とか訳の分らん輩が之に刺戟せられて勢を得た。（略）しかしアメリカよ冷静なれ。こゝで刺戟するとフイリッピンに来るぞ。濠洲に来るぞ。来られても英米は今日実力を以てこれを防ぐことが出来ない。せめて蘭領だけにして、英領米領に手を伸ばさせないやうに日本と宥和せねばならんといふのがアメリカの輿論であつたのであります」（同：10）。

中野の観測によると「英米の輿論」では「蘭印は取られても仕方がない」というものであり、「東方会の主張通り」にしていれば蘭印も「手中」にできたという。そうすれば、石油もゴムも鉄鋼も食料にも不安はなかったはずであり、アメリカの経済封鎖も恐れる必要がなく、大東亜共栄圏での自給自足が可能になる。ましてや、蘭印への進出により、アメリカが日本との戦争に踏み込むことはないという。

というのも、現在のアメリカはイギリスの援助に国内工業力の大半を費やしており、これに重ねて東洋で戦端を開くことはできないと見込むためである。それゆえ、中野の認識は次のようなものになる。「諸君、アメリカは英国援助の為にドイツと戦争するかも知れぬ。併し早きに臨みて我が国が毅然たる態度を示せば、アメリカは戦争に出発し得ないであらうと私は信じ居《ママ》てります」（同：17）。中野は、南進がアメリカとの開戦の引き金になるとは考えていなかった。さらに、「媚態外交」により国際的に追い込まれてきたと考える中野にとって、「毅然たる態度」、すなわち強硬姿勢をとることが戦争回避になると考えていた。中野は、ノモンハン戦争を引き合いに出し、「どうせ日本がほんとに戦争する気がないならば怖いことはない。一番弱い所を叩いてやれ、と云ふのがノモンハンに於ける彼の悪戯《いたずら》であります。若し我が日本が場合に依りては本当にやるといふ態度であるならばどうして日ソ国境全線の機械化兵団を傾けてノモンハンに来られますか」（同：22）と日本が「戦争する気」を本気で見せなかったことが、戦端を開くきっかけになったとしている。

そのため、この段階の中野にとって強硬姿勢はパフォーマンスとしての側面も持っていた。国民一丸となって強硬なパフォーマンスをとることで、相手はひるみ、開戦に踏み出さないだろうとの見込みであった。南進による蘭印取得が解決手段となり、しかも戦争の不安はない。都合のよい話である。中野はこうした観測を卓越した弁舌能力で展開し、聴衆は「龍巻の如き拍手と雪崩《なだれ》の如き喝采」で応えた（同：2）。演説の速記録や中野の残した文章を読み直すと、あくまでこの段階において中野が主張しているのは、蘭印の獲得までである。だが、熱狂の渦中にある演説会の中で、そうした細かな理解が可能であったとは思えない。ここで印象に残るのは、中野の英米への強硬姿勢であろう。評論家の清沢洌も『暗黒日記』のなかで、対米開戦責任の「四天王」として徳富蘇峰、本多熊太郎、末次信正に中野正剛を挙げている（清沢 2002：279）。とはいえ、中野の本心がどこにあり、これがパフォーマンスにとどまるものであったかは確定するのは難しい。

その後の東方会の活動について、「異常なる発展を遂げつゝある」と社会運動にかつて従事し転向した徳田健児は『我が国最近に於ける思想運動の攻勢展望』（一九四一年）において指摘している（31）。毅然とした態度で解決策を雄弁に語る中野の人気は高まっていた。

六月二二日、独ソ戦勃発により、北部からの脅威が減少したことで、東方会は南進論をより積極的に主張するようになった。さらに、東方会は橋本欣五郎を代表とする大日本赤誠会や勤王まことむすびとも共同歩調を取り、八月一四日に八月会を結成した。とはいえ、黒竜会や大日本生産党などソ連との対決を優先する北進論を説く勢力も活性化しており、北進論と南進論の対立が顕在化した。

そうした中、対米交渉で強硬姿勢を示していた外務大臣・松岡洋右と対米交渉の具体化を目指した近衛との関係は悪化していた。もとより、松岡は南部仏印進駐、つまりはフランス領インドシナ南部への侵攻は対米開戦を招くものとして反対であった。三国同盟を背景に対米交渉で強硬姿勢をとっていたのもアメリカを威嚇することで、開戦を避けるためのものであった。松岡は、独ソ戦後に北進論を突然主張するようになったが、それも南進を回避するためのものであった（服部 2012：335f）。松岡もまた、強硬姿勢というパフォーマンスを利用して、対米開戦を避けようとしていた。だが、こうした投機的な外交交渉は結局行き詰まり、内閣改造の体裁をとって松岡は閣外放逐され、七月一八日、第三次近衛内閣が発足した。

その後の八月一四日、松岡更迭は三国同盟と南進に反対する平沼騏一郎が企図した陰謀だとの説が流れ、勤王まことむすびの会員・西山直により平沼が狙撃される事件が起きた。平沼は一命をとりとめたが、西山は事件の動機を、対米強硬派の松岡更迭が、三国同盟と南進に反対した平沼の陰謀であることを挙げた（萩原 2016：239）。だが、平沼は仏印進駐に同調しており、一方、松岡の本意は反南進にあったため、この狙撃事件は全くの誤解に基づくものであった。とはいえ、そもそも複雑な外交交渉を当事者以外が十全に把握できるものではないだろう。だからこそ、「旧秩序対新秩序」や一国を常に「敵」とみなす言説が求められるのである。むしろ、こうした誤解の蓄積の上に「世論」は作り上げられていくのかもしれない。

さて、第三次近衛内閣の外務大臣には予備役の海軍大将・豊田貞次郎が就任した。組閣一〇日後の七月二八日、東方会が求めてきた南部仏印への進駐が開始された。アメリカはこれに対し強硬な対抗措置をとる。在米日本資産の凍結を発表し、八月一日には石油の対日全面禁輸を発動した。イギリス政府と亡命オランダ政府もこれに引き続き、日本資産の凍結を発表し、さらに、イギリス政府は、日英、日印、日ビルマ間の通商条約の廃棄を通告した。カナダ政府、ニュージーランド政府もこれに相次いだ。

また、アメリカのルーズヴェルト大統領とイギリスのチャーチル首相は八月九日からカナダのニューファンドランド島で会談し、八月一四日、大西洋憲章を発表した。東方会はこれに対抗した。大西洋憲章発表の一ヶ月後の九月一三日、東方会主催により「ルーズヴェルト、チャーチルに答へて日本国民に告ぐ！」と題する演説会が、日比谷公会堂で開かれた。中野は大西洋憲章を「英米世界支配の宣言」とし、憲章発表後の対日交渉を大阪城の外堀を埋めるような「和平謀略」だとする。その上で、海軍大佐・平出《ひらいで》英夫の言葉として、日本が参戦すべきケースは二つあり、一つが三国同盟によるものであり、もう一つが「我が共栄圏の自衛権が脅かされたる場合」であるという（㊸：54）。さらに次のように説く。「諸君、起ち上ることは危険であるが、今日の場合危険でない途は我国の前に残されて居ない。由来布団の上に寝て居つて、東亜共栄圏は建設されるものでない。固より多少の危険は冒さねばならぬが、之を克服すべき自信は充分である」（同：54）。これもパフォーマンスであったろうか。パフォーマンスとしては踏み込んだ発言である。いずれにせよ、対米開戦への機運を盛り上げる言説にはなったであろう。なお、この演説の速記録は六〇頁ほどのパンフレットとして売り出され、数ヶ月で一〇〇刷を超えるほどの量が流通した。ただ、九月二四日付で「政治不信醸成」を理由に発売頒布が禁止され、一〇〇行ほどの検閲による削除の跡が残されての販売であった。

他方、日米外交交渉はこの間も継続していた。近衛は八月二八日に近衛書簡によりルーズヴェルトとの頂上会談で活路を見出そうとするが、交渉は進展せず、九月六日の御前会議において交渉の期限を一〇月下旬を目途と定める「帝国国策遂行要領」が決定された。だが、交渉は期限までにまとまる見込みがなく、一〇月一六日近衛内閣は総辞職し、一〇月一八日内務大臣と陸軍大臣を兼任する東條英機に大命が降下した。外務大臣に東郷茂徳を据え、一一月四日駐米大使・野村吉三郎に最終案を携えさせて交渉させるが、その回答は一一月二七日に、いわゆるハル・ノートとして手交された。交渉を断念した日本政府は、一二月一日に最後の御前会議を開き、開戦を決定した。

一二月八日、日本はハワイ、マレー半島、シンガポール、香港への攻撃を開始した。中野はこれを朝のラジオ放送により知った。そのすぐ後、朝日新聞社の緒方竹虎に電話をかけた。緒方の回想によると、「いよいよ始めたようだね、うまくいくかね？」と中野は尋ねてきた。緒方は自分は特別な情報を持たないことを伝えると、中野はガタンと直ちに電話を切った。緒方はその時の中野の声が「いかにも自信の乏しい、少くも戦争の結果に危惧を持っているとしか考えられぬ声であった」と記している（緒方 1988：18）。また、東方会で腹心の三田村武夫を自宅に呼び、沈痛な面持ちで、唯一言、「まづい事をした」ともらしたという（三田村 1946：16）。

中野が開戦の日の午前中に東方会本部へ赴くと、会員たちは中野の顔を見てバンザイを唱えた。中野もそれに応えた。東方会としては、即座に「対米英決戦と東方会国民運動」という声明を発した。公的には開戦へ冷水を浴びせるような態度を示しはしなかったものの、親しくしていた人物に本音は吐露したということであろう。中野は、対英米開戦勃発直前に公刊した時論「チャーチルのシュリーフェン計画に備へよ」では、日本が大東亜共栄圏確立のために確保すべき地域をあくまで「西南太平洋」としている。中野が懸念したのは、大東亜共栄圏の範囲を越えてアメリカへ直接攻撃を加えたことではなかったか。少し先のことになるが、中野はシンガポール陥落後に休戦に向けての動きを早々に開始している。一九四二年二月一七日、中野は予備役の海軍大将・中村良三と三田村を同席させた会談の場を用意し、そこで「戦争を止めるのは今だ」と休戦宣言を出すべきだとの提言を行い、具体的な対策を話し合った。中野はこれを近衛文麿と東久邇宮《ひがしくにのみや》に説き、中村は海軍首脳部へ説いたという（三田村 1950：20f）。これが実現することはなかったが、中野がアメリカとの開戦に不安を抱えていたことの傍証ではあろう。

こうした中野の戸惑いを反映してか、東方会は開戦前から予定していた一二月一七日の両国国技館にて「臨時全国党大会並総決起国民大会」を実施し、一万三千の聴衆を集めるものの、これを観察した『特高月報』一九四一年一二月号によれば「言論従来に比し相当穏和の感を与へたり」との評価であった（49）。続く一九四二年一月号においては東方会は「殆んど表顕的活動等なく」（26）、二月号においても「依然として表顕的活動に乏しく」と記されている（65）。

開戦直後の一二月一五日に召集された第七八回臨時議会において「言論、出版、集会、結社等臨時取締法」が一六日に提案された。これは出版物や集会、結社の組織を届出制から許可制とすることや「造言蜚語《ひご》」や「人心惑乱《わくらん》」を取締対象とすることを定めたものである。すでに左翼勢力は弱体化していたため、明白に東方会や赤誠会などの国家主義団体を対象としたものであった（古川 2001：149）。議席を持っていた三田村武夫からこの法案について聞かされた中野は、怒号するが如き口調で「この法案叩き潰してしまえ」と伝えたが、すでに法案を通過するための根回しは終わっており、ほぼ未審議のまま翌一七日に成立した（三田村 1950：39）。一二月一七日の演説会は、『特高月報』の執筆者には「相当穏和の感」だったようであるが、中野の東條英樹批判はこの段階で実はなされている。その演説の中でまず、「明治維新」が「日本の伝統的国難打開策の尊き模型」であると確認する。「関東には戦雲動き、東北には動乱の兆あり、京都は血腥《ちなまぐさ》き修羅《しゅら》の巷《ちまた》、而も外には英米露仏、交々日本の隙を窺ふ」という「内外多難の秋」にあって、明治天皇が発したのが「広く会議を興し万機公論に決すべし」「官武一途庶民に至るまで各々其の志を遂げ人心をして倦まざらしめんことを要す」という言論を喚起し、国民大衆を統制に服させるのではなく自由を与えようとする五箇条の誓文であったことを中野は強調する。それゆえ、同じ国難にあって、「さア国難ぢや、言論集会の取締は厳酷にせねばならんなどといふ姑息《こそく》な考へとは、天地霄壌《しょうじょう》の差あるどころではない」と「言論、出版、集会、結社等臨時取締法」を開戦とほぼ同時に成立させた東條政権を批判する（㊹：24）。むしろ必要なのは、「民意の暢展《ちょうてん》」による言論の自由であった。「五條《ママ》の御誓文と御宸翰《ごしんかん》とは、日本超非常時の政治綱領である。其の内容を通観すれば、一に民意の暢展であつて、断じて民意の仰圧《ママ》ではない。民意の暢展は即ち国民政治力の育成であつて、これなくして国難を打開し、歴史的大業を完成することは、絶対に不可能である」（「大東亜戦争下の東方会運動」『東大陸』一九四二年二月号：10）。

中野にとって戦争の国難に際して、明治維新は立ち返るべき原点であった。「此際明治維新の指導原理は、直《ママ》らに昭和維新の指導原理となし、之を展開して大東亜維新に適用すべきものである」（同：8）。以後も中野は「維新の精神」を高調し、それを原点として東條政権を批判する。

翼賛選挙

さて、第二次近衛内閣下で延長されていた衆議院議員の任期が一九四二年四月三〇日にて満了することをもって、第二一回総選挙が実施されることになった。戦時下で解散総選挙を実施することは珍しいが、あえて、それをしたのは国民総力を集結する絶好の機会であり、「清新なる議会」の成立を期待するためであった（古川 2001：155f）。議会体制をより確実なものとするため、翼賛政治体制協議会が推薦候補者を選別し、選挙資金や団体からの支援を与えた。

東方会はこの推薦を全面的に拒否した。中野は『東大陸』一九四二年四月号の「総選挙と東方会」において、明治天皇が五箇条の誓文によって立憲政治の前提を定めたとして、「我等は公選の精神を遵奉し、眼前の利害にまどひて、断じて東方会の性格を曖昧にするを許さない。我等は総選挙のために設けられたる特定の政事結社の推薦を頂戴するよりは、東方会精神に則り、全国民の信頼に副《そ》はんことを切望するものである」（5）と推薦選挙を暗に批判して東方会の選挙方針を宣言している。

一方、同号に掲載されている三田村武夫「翼賛議会と翼賛選挙」はよりストレートに批判している。「所謂翼賛議会なるものが、新聞の伝ふるが如き政府絶対支持の議員を以て構成することを意味するならば、それは憲法の実質的変更である。なぜなら、議会は実質的にも論理的にも政府の補助機関となり憲法に明記された天皇直属の憲法上の機関たる本質を失ふからである」（31）。東方会は四七名を非推薦で立候補させ、中野も議員として再出馬することを決めた。中野は同志の応援のために全国を遊説した。

四月三〇日の翼賛選挙の東方会としての結果は、全立候補者を非推薦としたにもかかわらず、総得票数では約三四万票を獲得し、善戦したとはいえた。だが、当選者は中野を含めてわずか七名にとどまり、戸叶武や杉浦武雄、田中養達などこれまで東方会で重責を担ってきた者も落選した。こうした結果は東方会内での不満を醸成し、中野の態度は「我国内外の客観的情勢よりして著しく反国策的なり」として会員の脱会が続出し、とりわけ、山口県第一区から立候補し落選した青木作雄は中野を非難する声明書を発表して、脱会した(『特高月報』一九四二年五月号:37)。当選という実利と党の信条という信念とを天秤にかけて、信念に殉じることができるもののみが中野の下に集ったわけではなかった。それも大勢は東方会側ではなく東條政権側にあったのである。

総選挙後の五月二〇日、翼賛議会を確立するために翼賛政治会が発足した。尾崎行雄などの若干の例外を除き、議会での発言権を得るため非推薦組もこの翼賛政治会に参加し、東方会も五月二三日、政事結社としての性格を思想結社と変更した。六月三〇日に東方会を東方同志会と改称し、中野は翼賛政治会合流への声明を発表した。これは東方会会員に大きな衝撃を与え、「本部は暫時にして各地より引きも切らざる電信、電話の為に忙殺さるゝに至つた。やがて熱烈なる党員は逐次に各地より馳せ参じて、詰責《きっせき》、痛嘆、慷慨、悲憤の声は事務局に溢るゝに至つた」という(「時論」『東大陸』一九四二年六月号:3)。徳富蘇峰や緒方竹虎の説得もあったようだが、確かに、一般会員からすれば総選挙前に翼賛政治体制協議会への賛意を示していれば、選挙結果も違っていたと考えたであろう。中野はこうした不満に対して、東方会と翼賛政治会の綱領がほぼ同一で、「時代の先駆者」として国民運動を展開してきた東方会の方針が「全日本の常識」となったと弁解している(同右:7)。その後の全国代表者会議において、改組の説明などがなされ、今後の運動方針として「大東亜戦争完遂の為め(略)国論不統一を招来する虞《おそれ》ある如き国策の批判は一応差控ふること」「思想結社なるが故に政治的主張を一切為さゞること」「運動の限度に明確なる線を引き、奔放なる言論其他活動を慎むこと」が強調注意された（『特高月報』一九四二年五月号：38f）。だが、中野と東方会が大人しくしているはずはなかった。

「天下一人を以て興る」

東方会は総選挙の敗北と内紛から一時息を潜めていたものの、九月には講演会や懇談会などの活動を活発化させており、地方遊説も始めている。地方遊説先の演説会は常に活気に溢れていた。四国遊説の第一声となる一九四二年一〇月二二日の高松市の県公会堂で開かれた演説会は、開場前にすでに超満員で、立錐の余地なく、高松市民ばかりでなく、徳島や香川からやってきた聴衆も多かったという。他の演説会も似たようなものであった。中野正剛の人生最後の地方遊説先となった八幡浜市の八幡浜劇場での演説会も、開場前から三二〇〇名が集まり、劇場関係者が「六代目さん（名優尾上菊五郎）以来の出来事です。中野正剛さんと東方会は凄いですなあ」と驚かれたと、中野の秘書・高橋勝三は回顧している（高橋 1990：13）。一方、中野が地方遊説に出かけていたのは、ミッドウェーの海戦に敗北し、ガダルカナル島での戦いが起こった頃であり、まさに、アジア太平洋戦争の転換点となる時期であった。この段階で中野はこれらの戦闘の帰趨《きすう》を知ることはなかったものの、中野は微細な報道の差異や政府当局者の表現から戦局がおもわしく進

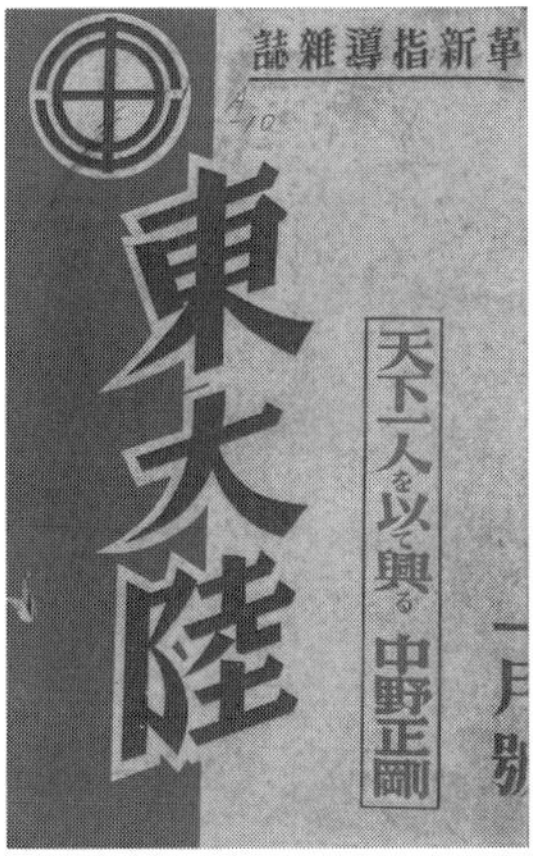

図6-1　『東大陸』表紙

んでいないことに勘づいていた。

地方遊説を終えた勢いで、中野は、盟友・杉森孝次郎に依頼され、一一月一〇日、母校の早稲田大学にて講演を行うこととなった。これは「天下一人を以て興る」と題され、『東大陸』一九四二年一二月号（上）と一九四三年一月号（下）とにその演説速記は掲載されている（図6-1）。

大学進学率が一桁の時代にあって、中野の目前にいる聴衆は、将来の日本を担う俊英であった。中野はかつて「我輩の言論は行動の一端である。同胞国民の精神に喚びかけて、日本の動向を決定せんと欲するものである」（㊻：i）と記しており、それは中野の言論活動に一貫していたが、今回の演説会はまさに俊英を覚醒させるための意気に溢れたものとなっていた。

まず、中野は「天下一人を以て興る」において当局者が口にするようになった「長期戦」について説明する。元々「長期戦」は日中戦争の過程で日満支ブロックの建設を実現する目的で使われ始めたものであり、日中戦争においては、中国を撃滅するのではなく説得することが目的となるため、長期戦はやむをえなかった。だが、英米とは消耗戦を戦う一方で、相手は生産力を拡充させているため、「相手が米英である場合には長期戦争は決して好ましいことでない」と明言する（上：5）。さらに、日本が用いた「飛行機の体当り戦術」を米国が恐れるとともに「原始野蛮人の蛮勇」として批判し、「科学を以てその蛮勇を挫いてやらう」との意気込みで来ているという。中野は「体当り戦術」を「崇高なる日本精神」によるものとは言うものの、それを明らかに肯定していない（上：8）。

また、開戦当初においては生産力が非常に高まってきたことを企画院総裁や商工大臣は言うが、一、三ヶ月ほどすると生産力への言及がめっきり減った代わりに「精神が必要である」というようになったことに注意を向ける。「物の司さたる企画院総裁とか商工大臣とかゞ、物のことを言はずして精神のことを言ふ」状況になったのである（上：9）。こうした精神主義の強調は、物資や生産力が切迫していることの表現である。少し先の箇所になるが、そこで端的に中野は言う。「わが打つ太刀と敵の太刀と切り結んだ際、此方が折れたらどうなりますか。魂だけでは勝てませぬ」（下：37）。さらに、「前線の将兵をしてその魂を発揮すれば必ず効果あらしむるが如く、これに対する給与を豊富にし、戦時中と雖日進月歩して已まざる新鋭武器を量に於て質に於てますく増大し、圧倒的に米英を凌駕《りょうが》せしめなければならぬ」（下：37）。中野が商工大臣や企画院総裁に求めたのはこうした物量的合理主義であった。それゆえ、「根本的療法を施さず、徒らに表面を彌縫《びほう》せんとすると世の中が暗くなつて来る。斯の如きは戦に負ける前兆である」（下：37）。よくもここまで言えたものであるが、中野は長期戦と精神主義の強調を「敗戦の前兆」とすら見ていた。

もちろん、あらゆる政策や法令、施設を整備し尽くしたのであれば、次は精神の段階であり、「国民をして自発的に奮起せしむる手段」としての政治の出番である。そうした精神と行動を結びつけたのが陽明学であると中野は説く。

中野は、陽明学の学風からは中江藤樹、大塩平八郎、熊沢蕃山、西郷隆盛らの「実行的豪傑」が何人も誕生しているとする。特に、西郷の「激派は国の宝なり」との発言を引用して、「行動にならざる理念、それがなんの役に立つと云ふのか」と激していう。中野が陽明学を説くのは、革新官僚のイデオロギーとしての統制経済と浅薄な自由主義批判を批判するためである。「今日の日本に於て吾々の敵とすべきものは人間性の神聖を冒瀆し、時勢に便乗し、権力と集団とを背景として破廉恥の行為を逞しうする輩である。挙世滔々たる中に毅然として自己の本領を維持し、自己の行動を良心の自律により自由に決定し得るが如き人物が、実に我等の同志なりと謂はねばならない」（下：21）。あえて言うまでもないかもしれないが、中野が「敵」としているのは、大勢に便乗する議員や官僚であり、民間の創意工夫を込めた経済活動を圧迫する統制経済である。中野はさらに高調する。「真の人間精神を自由に躍動せしめんとすることが自由主義ならば、我れはむしろ自由に与せんと言はざるを得ない。真に強き者は一人あるとき最も強し、これは個性の目醒《めざめ》である。而して善良なる個人は全体主義に発展し得るのである。個性の神聖を滅却して衆愚の中に溺れるのが所謂社会民主主義である。それは真の個性なき個人の撰ぶ所であつて、其の求むる所の自由は堕落の自由である。吾々の敵とすべきものはさう云ふ破廉恥なる個人を集積せる集団的堕落の傾向であつて之に敢然として反抗する者は決して挙国一致の敵ではない」（下：21）。中野は全体主義を肯定するが、その前提となるのは「真の個性」を備えた個人による自由主義である。中野にとって「個性」と「自由」こそが「神聖」なものであった。その自由は「死」すらも選択させる。「真の完成せる個人は自己に対し、国家の為に死を要求することが出来る（略）自己の自由意思によりて自発的に死に赴くことである」（下：22）。学徒出陣はまだ先の話であるが、すでに修業年限が短縮され、卒業後即座に徴兵検査を受けることになる学生には「祖国のために死ぬこと」は切迫したものであったろう。

また、中野はこうした自由主義は自由民権運動に連なるものであり、国家と対立するものではないという。「板垣の自由は今の所謂自由主義ではない。自律的に行かうといふ自由主義である。豪傑の士文王なしと雖も猶ほ興ると云ふ自由主義である。人間の価値が専制的重圧によりて窒息せしめられたる時に、自ら高貴なる精神を振ひ興し、目醒めたる自己の魂により己を律し社会を律し国家を革新せんとする自由主義である」（下：23）。西郷隆盛が「維新精神の衰耗」（下：25）を悲憤慷慨し、西南戦争に破れた後、その「維新精神」を引き継いだのが、自由民権論であったと中野はいう。

では、個性や自由をもたない全体主義はどうなるか。ここに中野の現政権批判が現れる。「最近日本の政治が自由主義を排撃すると言ひながら支配者のために従順なる家畜を養ふと云ふことになると、それは社会民主主義、若しくは自由主義時代の政党領袖と同一の弊《へい》に陥るものではないか。数さへまとめればよい。形式上の体裁を整へさへすれば、それに反逆するものは国賊なりと断定するやうになると、天下の正義は姿をひそめてしまふ」（下：30）。翼賛選挙により新人議員が多数当選したが、そこでは「高尚な精神の持主」や「強き性格の持主」は推薦されなかった。政府に追従する者の数がそろったばかりである。このような議員では民間の「鬱勃たる無限の力」（下：31）を汲み上げることは不可能である。戦争と難局は続く。しかし、これを克服するためには「革新的飛躍」（下：39）が必要である。だからこそ、中野は青年に期待するのである。

「諸君は由緒あり歴史ある早稲田の大学生である。便乗はよしなさい。役人、準役人にはなりなさるな。歴史の動向と取り組みなさい。「天下一人を以て興る」諸君みな一人を以て興らうではない

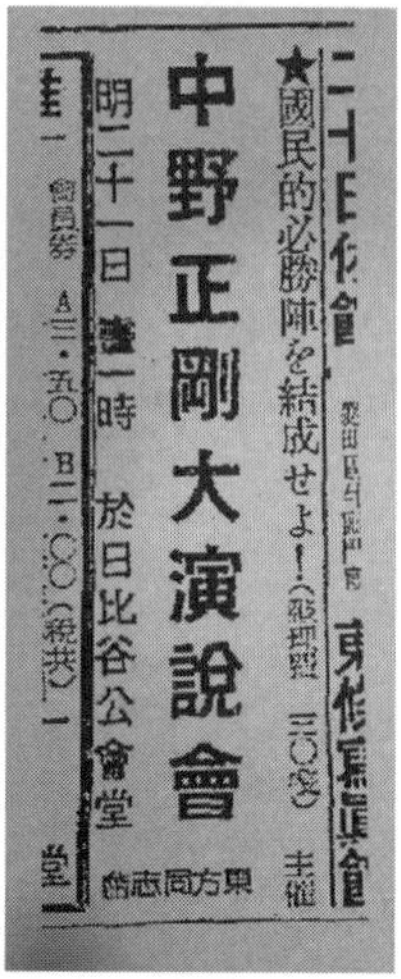

図 6-2　日比谷公会堂における中野正剛の演説会広告（『朝日新聞』1942 年 12 月 20 日付）

か。日本は革新せられなければならぬ。革新は現存秩序の是正を意味する。現存秩序の番人として衣食して居ては革新の選手となることは出来ぬ。（略）諸君は自己に醒めよ。天下一人を以て興れ。これが私の親愛なる同学諸君に切望する所である」（下：38f）。

演説が終わると、沸き起こるような拍手がひろがった。中野は挙国一致が求められる時勢のなかで自由と個性を高らかに宣明した。しかも、その自由と個性は「維新の精神」から継承されたものであり、最も尊重されるべきものであると高調した。母校の学生たちに大いなる期待を込めて「自己として起て」と主張したのである。この演説は学生のみに向けられたものではなく、中野自身を奮い立たせるものでもあったろう。後年、首相にまで上り詰める竹下登が、この演説に感激して政治家を志すようになったというエピソードはよく知られている。演説会の締めくくりには、校歌「都の西北」が合唱された。この演説会に聴衆の一人として参加した中野正剛の四男・泰雄も「弁士も聴衆も心が一つになるような数分間があった」とその感激を記している（中野 1971 下：686）。

ただ、この演説内容はあまりに過激であった。しかも、同様の演説は他の演説会でもなされていた。一九四二年九月号の『特高月報』では「中野会長の言動は甚だしく反官、反政府的」で「今後厳重取締を為す必要ありと認めらる」と記している（35）。特に、『特高月報』一九四二年一二月二一日に日比谷公会堂で開催された演説会に言及している。警視庁当局において事前に東方会幹部の三田村武夫を招致し、一二月四日に浅草公会堂で開催した演説内容の速記に「厳重事前警告」をし、かつ、中野の演説は途中で三回の注意をなしたにもかかわらず、「尚毫も反省するところなく益々極端なる反政府、反国策的言辞を敢てし、三千五百名の聴衆を前にして前後四時間に及ぶ独演を為したり」、そして「聖戦遂行途上一大障害を為すの虞あり、今後最も厳重なる取締を加ふべき必要あるものと思料す」と記されている（43f）。

中野と東方会の活動が活発化し、東条政権攻撃が苛烈なものになったことで、中野らは内務省により厳重取締対象となり、開戦直後に策定された「言論、出版、集会、結社等臨時取締法」を根拠として、中野の演説会は一二月二一日の日比谷公会堂で開かれたものを最後に許可が得られなくなった。東方会の機関誌『東大陸』へもまた検閲が強く入り、中野の文章にも伏せ字が多くなってくる。一九四三年一月号の『東大陸』における「編輯後記」では「編輯者は真剣だ。執筆者も真剣だ。読者も真剣だ。検閲官もシツカリ頼むぞ。文章の末節に囚はれず、已むに已まれぬ、憂国の至情を汲め！」とこれまでなかったトーンで検閲の存在を記している。

「戦時宰相論」と反東條運動

そうした中で、緒方竹虎は中野に『朝日新聞』一九四三年元旦号のための一文を依頼していた。中野は引き受けて三日間は構想が立たなかった。だが、四日目の朝、諸葛孔明の前出師表《ぜんすいしのひょう》を想起し、それに

図6-3 「戦時宰相論」（『朝日新聞』1943年1月1日付）

インスピレーションを受けて一気呵成に書き上げたのが「戦時宰相論」である。中野は、まず戦時宰相の資格は強きことにあるという。だが、それは個人の強さのみではない。戦時宰相は国民の愛国的情熱を背景としなければならない。クレマンソーは国民的支持を受けながら闘争心を失わなかったがゆえに、勝利した。一方で、ドイツの将軍ヒンデンブルクとルーデンドルフは、国民感情から遊離したことから敗北を招いた。東洋の戦時宰相の典型例は諸葛孔明であり、英雄であるが英雄を気取らず、誠忠にして謹慎、謹慎にして廉潔であった。さらに、青年記者・中野正剛がかつて批判した桂太郎も戦時宰相としては、「天下の人材」を活用し、心の奥底に誠忠と謹慎とを備えていたという点で名宰相であったと評価する。最後の一文は、「難局日本の名宰相は絶対に強くなければならぬ。強からんが為には、誠忠に謹慎に廉潔に、而して気宇広大でなければならぬ」で締められる（図6–3）。

この原稿は事前検閲を受け、一字一句の削除もなしに通過した。緒方は「一字の無駄もない荘重な名文章」であり（緒方 1988：46）、戦時下におけるあるべき指導者を論じたもので、東條英機を具体的に批判する箇所は見られないと判断していた。だが、「戦時宰相論」を読んだ東條は即座に情報局を呼び出して、この日の『朝日新聞』を発売禁止処分とした。とはいえ、すでに新聞は配達済みで、流通を押し止める効果はほとんどなかった。

同じ頃、『東大陸』の編輯と情報局との検閲交渉を担当していた長谷川峻は、中野の文章の修正を協議した際、頻回にわたるので抗議した所、検閲官は「文章の問題ではない、字句のことをとやかくいうのではない、中野という人間を抹殺しなければならぬのだ」と断言したという（長谷川 1960 : 107）。

中野の演説会は開戦直後に成立した「言論、出版、集会、結社等臨時取締法」により弾圧されたが、さらにそれが一九四三年二月に再開した第八一議会で提起された「戦時刑事特別法」の改正により強化されようとしていた。

この改正案は、国内の治安をより高度な手段で維持するため、「国政の変乱」を目的とする行為をも取り締まることを目的としていた。この法案を重視した中野は、三田村の就任を後押しし、これを審議する委員会に参加させた。この法案の主な批判点は、過酷な刑事罰を課す法案が求められているかという点、「国政の変乱」が不明確であること、政治運動は当然のごとく国政運営への批判を含むが「国政の変乱」として解釈されると内閣が刑事立法により保護されることになるという点、それゆえ言論の自由を拘束する点であった。三田村は原案反対の急先鋒であった。委員会の大勢は原案反対か修正であったが、浜野徹太郎委員長はこれをまとめず、三月六日の政務調査会に対し審議終了の報告をした。三月六日土曜の代議士会では、原案無修正のまま審議にかけられ、かつ、委員会では原案賛成が多数であったと浜野委員長が報告したため、委員の真崎勝次が委員会の報告と異なると批判し、代議士会は暴力沙汰の騒然とした雰囲気となった。三木武吉はここで会長席にいた小泉又次郎に席を替わらせ、「これより有志代議士会に切り換えます」との宣言を発し、原案反対の決議を行い、翼政会の首脳に要求することになった。翌七日は日曜であったが、臨時閣議が開かれ緊急対策が練られ、原案強行の方針が決定した。この日曜中に反対派議員の切り崩し工作が行われ、翌八日に代議士会と委員会とで、九日に衆議院本会議で可決された（中谷 1974：140f）。

戦時刑事特別法への反対運動は成功しなかったが、中野正剛、鳩山一郎、三木武吉の三者同盟による反東條運動は前進した。第八二回臨時議会が六月一六日から六月一八日に開催されることとなり、ここで企業整備資金措置法案と食料緊急増産対策要綱が議論されたが、三者でこの問題を通じて東條政権を攻撃することを決めた。鳩山は食料や産業の重要な問題を議論するのにあまりに会期が短いことを発言したが、小川郷太郎が一蹴したところ、中野が憤然として立ち上がり、「政府の要求どおり議会を運営するならば議会は有名無実となる。およそ権力の周囲に阿諛《あゆ》迎合のお茶坊主ばかり集まっていると、善意の権力者をして不逞の臣たらしめ、ついには国を亡ぼすにいたる。日本を誤まるものは政界の茶坊主どもだ！」と痛撃した（中谷 1974：165）。直後、議会は再び騒然としたが、三木が「茶坊主ども、鎮まれっ！」と大喝してその場を収めた（御手洗 1958：250）。その数日後、中野、鳩山らは翼政会を脱退した。

一方、この間、中野は東方会が大政翼賛会に合流した際に、東方会の付属組織として創設した振東塾において、頼山陽の『日本外史』を基にした歴史論を講義していた。その一つが「太閤秀吉」である。中野は豊臣秀吉を「天成の軍人」かつ「天成の政治家」であり、「殆ど唯一の世界的関聯を有する輪廓の大きな」「日本的英雄」であったと語る（㊼：60f）。歴史を通して時事問題に触れることはないとはしつつも、「心中玲瓏《れいろう》の玉を磨いて置けば、森羅万象、悉《ことごと》く之に映つて来るのは必然だ」という（㊼：15）。たとえば、進取の気風と海外発展への志向をもっていた秀吉の時代に、「雄健なる自主的日本人」の手による「大東亜貿易」が実現したという記述は、大東亜共栄圏を国是に掲げる現状を想起しない方が難しい（㊼：163）。秀吉の立身出世と海外展開の物語、さらにはその挫折を平易に説いたこの速記録は、後に『太閤秀吉』として一九四三年二月に公刊されると、瞬く間にベストセラーとなり、七万部を売り上げ、東方会の活動資金を潤《うるお》した。

重臣工作から一斉検挙へ

さて、中野はなおも東條政権打倒を目指すが、三木と鳩山は違っていた。二人は東條政権と戦局の行く末に見切りをつけ、戦後経営をお互いに構想し、その時まで生き延びることを約束し、三木は高松に、鳩山は軽井沢に戻る。中野は戦い続けることを選んだ。

この時、中野は三木の自宅に赴き、そこで三木と喧嘩別れをしている。『三木武吉太閤記』（一九五六年）にその時の状況が書かれているので、抽出して引用したい。

三木「いかにわれわれが生命を賭して戦って見たところでだ、この軍閥の、戦争推進をおさえることは不可能だ。したがってだ、当然日本は破れるが、その、国が破れたとき、この大事な生命を賭して、再建のために働かせるというのだ」

中野「しかし君、だからといって、みすみす国の破れるのを見ながら今は何もしないという法が

あるか！　おれは徹頭徹尾たたかって見せる！」（略）
三木「しかし中野君、われわれは政治家である事を忘れてはならぬぞ。意気壮なるだけが政治家ではない。ときには身を韜晦《とうかい》してだ、将来に備えることも考え給え。明治維新をかいこして見よ。おそらく君は、吉田松陰か頼三樹のような境遇におちてだ、本当に大切な再建のときに国のお役に立てぬという結果になるぞ。（略）せめて福岡の郷里にかえって、青年子弟の教育にでもあたったらどうか。ようく考えたまえ！」
中野「中野正剛、断じてそんななまぬるい、卑怯な態度はとらぬ。三木君、君は卑怯だぞ！」
三木「卑怯か卑怯でないかはだ、将来お目にかかって証明しようじゃないか。志はおなじであってもだ、中野君、君のようないのしし武者では、天下の大事は出来ないぞ」（40f）
これが二人の最後の別れとなった。三木と中野の政治家としての態度の差異が現れていて興味深いが、日本陽明学の「知行合一」を行動理念として掲げていた中野にとって、いかなる困難が目前に控えようと、また、周囲から思いとどまるよう説得されても、今なすべきことをなさないという選択肢はありえなかったであろう。「狂狷」を掲げた維新志士・吉田松陰の名前が奇しくも出されたが、まさに中野の「狂狷」が現れた場面である。
ただ、戦い続けるといっても、この時の中野ではその方法は限られていた。すでに中野が得意とした弁舌も文筆も著しく制約が課せられていた。それゆえ、中野はこれまで手掛けたことのない重臣へのはたらきかけを選択する。つまり、重臣への説得交渉を通じて、東條を政権から引きずり下ろす「裏工作」である。中野は勤王まことむすびの世話人・天野辰夫とともに近衛文麿、岡田啓介、広田弘毅、米内光政、若槻礼次郎らと軽井沢にて接触し、宇垣一成を首班とする内閣成立をめざし、東條政権の打倒を画策した。八月三〇日に非公式の重臣会議を開き、そこに東條を呼び、戦局が決定的に不利な状況にあるにもかかわらず、この事実を報道せずにいることを詰問して責任を取らせようとする手筈であった。いよいよ当日になり東條を詰問しようとしたが、岡田ら重臣たちは居直った東條の剣幕に圧倒され、反省を促すのみで終わってしまった。結局、これも失敗したのである。

こうした軽井沢での工作の一方で中野と三田村は反東條の機運を盛り上げるため、三田村に翼賛政治会脱退の理由と経緯を記す声明書「翼政の運営と国体憲法」を作成させ、東方会の総力を挙げて議員、有力新聞及び雑誌社、有識者に送付した。これへの反響は大きく、激励の連絡も東方会にもたらされたが、即日頒布禁止処分に付された。そして、これが東方会総検挙の一歩となる。

一九四三年四月に中野の岳父・三宅雪嶺が文化勲章を受賞していたが、九月六日、中野、天野辰夫、日下藤吾、松前重義、緒方竹虎、三田村、進藤一馬らが集まって三宅雪嶺の文化勲章受賞を祝う会を催した。その途中、物々しさを感じた三田村が室外に出ると私服警官が待ち受けており、三田村は脱退声明書の配布に関する取り調べを受けるため、連行され、留置所に入れられた。はじめ三田村の尋問は、脱退声明書に関する出版法違反についてであったが、本題は東條政権打倒の重臣工作に移っていった。だが、三田村は中野とこうした勾留も想定して打ち合わせを済ませており、近衛、岡田、宇垣などへ波及しないよう慎重に言葉を選んでいた。ただ、三田村と中野が作成した閣員名簿が発見され、押収された。内務省は、東方会と平沼騏一郎狙撃事件を引き起こした勤王まことむすびとの関係を危険視しており、東方会は直接行動を起こさないが、煽動的言論をなして「まことむすびの持つテロ性を利用せんとしつゝある」と間接的に動かすことを目論んだとして、戦時刑事特別法の「国政変乱の目的」をもつ対象として判断した（伊香俊哉編 1995 第五巻：146f）。

中野は一〇月二〇日夜、朝日新聞社時代の上司、弓削田精一の七回忌があり、緒方と主催して追悼会を帝国ホテルで開催し、頭山満、古島一雄、伊藤正徳、萱野長知、大西斉らが出席した。東方会とまこと結び関係者の全国一斉検挙は、翌二一日の早朝であった。

「断十二時」

一九四三年一〇月二一日早朝に中野は連行された。令状はなく、あくまで行政処分によるものであった。ただ、中野と三田村は現職議員であったため、二六日からの臨時議会時には解放しなければならなかった。逆に、東條政権は手続きにかかる時間も含めると、二五日正午までに罪状の証拠を挙げなければ、強制処分による勾留はできなかった。中野への尋問から証拠を得ようとするも、なかなか得られない。

焦慮する東條英機らは二四日夜に総理官邸に集まり、方針を確認した。東條は言う。「私は総理として国政に巨歩を進め一億民心を中心として十億民衆の結束を企画しつつあり。而して今日迄なるべく抱擁して来た。今後亦然り。然し乍ら、足並みをみだすものは断固処置することを必要とする。今迄は教へ導くことを主としたるも今日はそれ丈では駄目なり。敗戦の原因の一は国内の足並の乱れることなり。今回中野一派の行為は許すべからざるものありと信ず」。だが、検事総長・松阪広政は、期間が短く令状のない行政検束で拘束し続けることは「憲法上精神的には間違つて居る」と指摘し、国務大臣・大麻《おおあさ》唯男《ただお》もまた「皆［議員］は強制検束と思つて居る。行政検束で押へて居るとは思つて居らぬ。故に之を知れば不安となり、必ず議論とならん。一般の議員達は、中野等に対しては、好意を有しあらず。而して今日迄政府支持でて《ママ》来て居る。然るに議員の身分保障、不充分と知らば反対の心持にならざるやを恐る」と松阪に同意した。それに対し、東條は「私は法を枉《ま》げてやれとは云つておらぬ。法の解釈で合法的にやれぬかを伺つて居るのだ」と言い、内閣書記官長・星野直樹もまた「司法官としての良心を失つては勿論困る。かくなれば国民は不安となるべし。然し時局に対する考へ方はかへてくれ」と時局の都合も勘案して解釈はできないかと議論している（伊藤・廣橋・片島編 1990：277f）。

結局、強引な強制拘束はできず、正攻法で中野の自白を迫ることとなる。どのような過程であるかは不明であるが、二五日正午前に中野は罪を認めたという。これとは別に議会へ登院しないことを誓わせた。三田村は監視付きの釈放、中野は強制拘束との方針で手続きを進めていたが、午後一一時三〇分、予審判事は議会は会期中で議会の許諾なしには強制処分の手続きをとることはできないと判定した。中野は強制拘束を免れた。だが、その日は帰宅させられず、宿直室にて一晩を過ごした。本来ならばすぐにでも帰宅が許されるはずであり、自宅にも帰宅の連絡がいっていたが、結局到着したのは翌二六日の午後二時頃であった。

帰宅後、中野正剛は風呂に入り、白髪を染めた。書斎でしばらく過ごし、四男・泰雄に王之渙の「登鸛鵲楼《かんじゃくろうにのぼる》」の「欲窮千里目、更上一層楼」と色紙に書いて習字の手本にと渡した。この漢詩は中野の恩師・柴田文城により教えられたものである。その後、弟の秀人と妹のムラも訪れ、猶興居の学生とともに食卓を囲んだ。食後、中野は皆に早く寝るように伝えた。中野は書斎に置かれていた楠木正成像と『大西郷全伝』を私室に運んだ。楠木正成については逮捕直前まで振東塾にて『日本外史』をもとに講義していた。西郷隆盛は青少年期から一貫して敬愛してきた人物であった。二人はいずれも自決により最後を迎えた人物である。今、まさに中野も自決を選ぼうとしている。最後に、遺書の作成に取り掛かった。

頭山　三宅　徳富
盟友諸君
東方会　猶興居　感慨無窮
皇軍万万歳
魂魄躍動皇国を護る
父上　民子　克明　雄志　清イ心デ御目ニカカル
母上様へ合掌　達彦　泰雄　恩愛無量　戦争ト人生を戦ヒヌケ
達彦　泰雄　緒方叔父サン　進藤兄サン　泰介　秀人　永田夫妻
石田御両人様　よろしく

吉村の妹さち　秀人　敏行　末永く幸あれ
永田に頼む
愛馬は、遊佐閣下と阿部さんへ　御処分所然
運転手、馬丁、女中、不愍《ふびん》をかけよ、御世話ニナリマシタ
決意一瞬　言々無滞　欲得三日閑　陳述無茶　人ニ迷惑ナシ
忠孝父母　母不幸
之ダケ書クノハ大苦心ダツタ、此の最後の機を得た幸運を（家に帰つて皆に訣別、刀が一本残つて居た）
神様に謝し奉る

これを「護国頭山先生」と表書した封筒に収め、隣室の仏壇にいれた。

さらに、東大陸社原稿用紙にて、

「議員辞任スル手続頼む、多くの先輩同志に感謝す　ゴウ天井を住居に忌むと云ふ。作りかへよ　自分は昭和九年来、独身の仏壇守として生きたる也。刀の切先が丸くて切れさうにない、時計の側でネタ刃を合せたが駄目、そこで腹の方は軽くまねかたにして仕損じぬやうにやる、東向九拝、平静にして余裕綽々、自笑、俺は日本を見乍ら成仏する。悲しんで下さるな」と書いた。

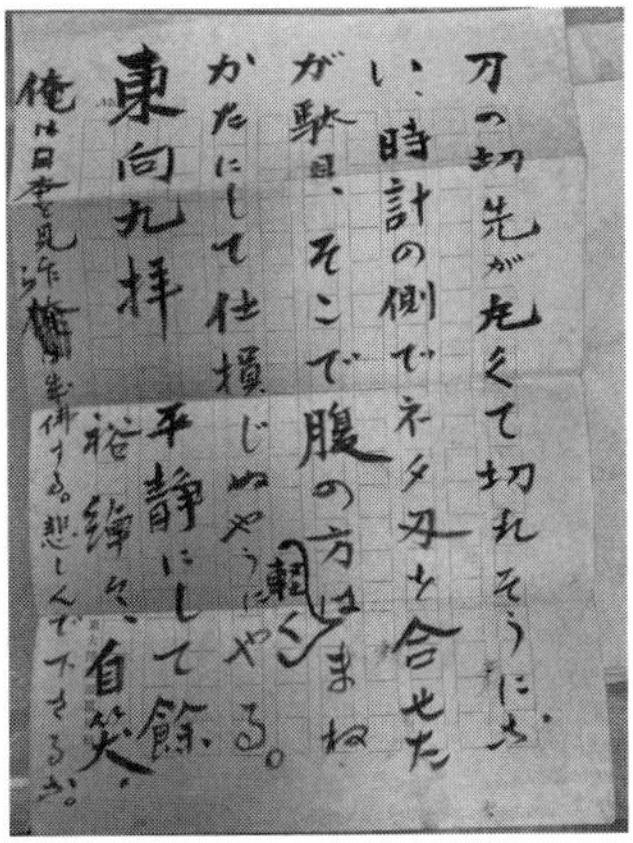

図 6-4　中野正剛の遺書の一部（中野家所蔵）

そして、自分の名刺の裏に「断十二時」と書いた。床の間にあった刀を用いて、午後一二時、腹に切り傷をつけ、頸動脈を一突きし自決した。五八年の生涯であった。

終章

中野正剛と公論の時代

中野正剛自決時の椅子（中野泰雄『父・中野正剛』1994 年）

「是れ世界の大勢なり、是れ社会の風潮なり、是れ全国多数の輿望なりとて理非邪正の如何を問はずに大勢又は風潮又は輿望と云ふ事実を第一の盾に取ることは新聞記者の常習なれども、是れ記者自ら其の本来の位置を忘れたるものなり、大勢風潮輿望の如きは道理を確むるの一具なれども、決して道理其の物にはあらざるなり、道理は道理なり、事実は事実なり（略）新聞記者は学者と共に自ら社会の上位に其の共位置を占む否な上位を占むと自信せざるべからず、政事家の器具と為らずして其の顧問たることを自信せざるべからず。輿論の幇間と為らずして其師友たることを自信せざるべからず。」（陸羯南「新聞記者（二）」『羯南文集』蟠竜堂・一九一〇年）

中野正剛の死後

一〇月二七日早朝、緒方竹虎は中野正剛の弟・秀人より電話を受け取った。前日夜には「兄が帰って来た」との連絡をもらっていたばかりであった。だが、日が変わっての電話は全く予期していないものであった。「兄は昨夜見事に割腹して死にました。はなはだ恐縮ですが、直ぐお出でを願えませんか」。緒方は愕然《がくぜん》としつつも「直ぐ行く」と答えて電話を切った（緒方 1988：48）。

中野急死の報に、緒方だけでなく、三宅雪嶺、頭山満、兵営にいた三男・達彦も駆けつけた。緒方が葬儀委員長の役を引き受けることになった。二八日に通夜、二九日に荼毘《だび》に付し、三一日に青山斎場で葬儀が行われた。この間、中野の死と葬儀にも政府からの統制の手が及んだ。伊藤正徳『新聞五十年史新版』（一九四七年）によれば、中野の死は一段見出しで報道することが命じられたという（246）。だが、中野自死というセンセーショナルな事件は、統制で抑えきれるものではなく、『朝日新聞』や『読売新聞』が写真付きで報道した（図E-1）。

中野正剛氏自殺
昨夜日本刀で割腹

図 E-1 「中野正剛氏自殺」（『朝日新聞』1943 年 10 月 27 日付）

葬儀では、徳富蘇峰と衆議院議長・岡田忠彦が弔詞を述べたが、実は他にも多数の弔詞が寄せられていた。だが、当局はそれを発表することを禁じた。蘇峰は東條と安藤紀三郎内務大臣のもとに秘書を遣わせて、説得した結果、弔詞を述べることができたのである。会葬者は頭山満夫妻、広田弘毅、鳩山一郎など諸名士をはじめ二万人もの来訪者があった。議会では、一〇月二八日に議員を代表して勝正憲が弔詞を読んだ。

中野検束前から勾留されていた三田村は一九四四年一月二〇日に出所した。他の東方会員も順次釈放されている。進藤一馬は二月一七日、永田正義は八月一九日に釈放された。東方同志会は、会員のほとんどが検挙され、事実上の活動停止状態にあったが、三月二三日、三田村武夫、進藤一馬の名義により解散届が提出され、会員に対しても三月二七日付で解散を通知した。発行していた『東大陸』も停刊していたが、一九四四年七月号をもって『我観』とかつての題号に戻し、三宅雪嶺を中心に、主幹・進藤一馬、相談役・中野泰介、編集部長・長谷川峻、営業部長・小笠原吉松の陣容で我観社を再創設した。

この間、中野正剛の一周忌を一九四四年一〇月二七日に開催することとなった。法要世話人は頭山満、緒方竹虎、風見章であった。翌日、碑文「留魂碑」の除幕式が中野家の墓地、多磨霊園にて開かれた。碑文については、緒方はかねてから中野とさきに死んだ方のために、どちらかが書くことを約束していた。緒方はその約束を忘れてはいなかったが、いまだ東條政権が続く中で、建碑は後廻しとなっていた。そうしたところ、一九四三年一一月末、徳富蘇峰より多磨霊園の中野の墓地を弔ったが、墓域がいかにも淋しい、友人らで何か企てることがあれば、自分も加えてほしいとの手紙が緒方のもとに送られてきた。緒方は蘇峰ならば中野が敬愛し、思想傾向も近かったことから、碑文を草することは信義に反するものではないと考え、碑文を草して欲しいとの依頼を即座に返書した。蘇峰の下には一二月七日付けで届けられた。蘇峰は即座に碑文を作成し、緒方に送付した。緒方も受領するとすぐに「御高情唯々感激に不堪候。朗々誦し来り、中野君が莞爾《かんじ》として髣髴《ほうふつ》し来るを覚え申候」との礼状を送付し、一二月一〇日付でこれは蘇峰の下に届いている。蘇峰は緒方の依頼から三日も経たずに碑文を草して送ったのである（高野 1988：202）。蘇峰の中野への哀悼の思いがいかに強かったかがわかる。

緒方はこの碑文を頭山にも見せて協力を求めた。頭山もこれに賛成した。こうして、徳富蘇峰選文、緒方竹虎書の碑文に、その碑文の上部にある雄渾な「魂」の字を頭山満が書して、中野正剛の「留魂碑」ができ上がった。徳富蘇峰の碑文は以下である。

「中野正剛君、昭和十八年十月廿七日暁東京都渋谷の邸に自裁す、人其の何故たるを知る者無し、但た君の遺骸の従容《しょうよう》として能く士道の規矩《きく》を遵守したるを見て偶然ならさるを悲むのみ

君は鎮西筑前の産、早稲田大学に学ふ、業成りて東京朝日新聞に入り文名江湖に鳴る、尋《たずね》て衆議院議員に選はれ一躍天下の名士と作《な》る、爾来君の出処言論等は掲けて家乗《かじょう》に存す、若し夫れ君か世界の大勢に著眼《ちゃくがん》し日独伊三国防共協定を必須とし之を一転して其の同盟結成に努力し天下に向て米英撃滅の急先鋒と為り遂に国論を喚起して大東亜戦を見るに至らしめたるもの敢て之を特筆せさるを得す、君筆を把《と》れは忽ち輿論を振作し、口を開けは直に大衆の心を攫《つか》む、容貌秀峭《しゅうしょう》、意気慷慨、其志常に君国に存す、而して天資俊逸不羈他の籬下《りか》に立つを屑《いさぎよし》とせす、卓然《たくぜん》独り同志間の主盟たり、而して其の家に在るや、孝子たり、良夫たり、慈父たり、兄弟に友、朋友に信、行履《あんり》端正声色を近けす、尤も乗馬を好む、病んで一脚を亡《うしな》ふも亦た善く騎す、而して最も悍馬を御するに妙なり、

蓋《けだ》し其気類《きるい》相投するもの有るか為め歟《か》、比ろ君の新旧君の志を悲み胥《つど》ひ議して碑を樹《たて》んと欲し文を予に徴す予敢て辞せす聊か其の知る所の梗概を誌す

銘に曰く

才該衆美　気吐長虹　矯々不群　国士之風

友人　蘇峰徳富正敬撰　時頽齢八十又二」

さて、『我観』は終戦まで粘り強く発行を続け、三宅雪嶺も「同時代観」の連載を続けた。『我観』は戦災により途中欠落はあるものの、終戦後に再刊し、雪嶺の「同時代観」を完結させている。ただ、完結とはいっても一九三七年から一九四五年までが一挙に掲載され、一九三七年と一九四四年分は一行も書かれていない。この完結編を終えてまもなくの一九四五年一一月二六日、岳父として中野を後援し続けた言論人・三宅雪嶺も死去した。

遺書の宛先

中野正剛の自決には謎が残る。中野が残した遺書にそれを説明する鍵があるのではと当時においても言われていた。だが、遺書に書かれていたのは、「俗事に関する遺志」にすぎず、その死の不可解さを解明してくれるような言葉はなかった。緒方は特別に報恩の意を示したい人々の名前を記した程度であり、「遺書らしい遺書」ではなかったとも表現している（緒方 1988：49）。

ただ、筆者は並べて書かれた三名の名前が気にかかるのである。頭山満、三宅雪嶺、徳富蘇峰である。

中野は後半生を政治家として生きたが、親族以外にあえて名前を記したのは政治家ではない三名である。政治家の仲間は、「盟友諸君」や「東方会」に含まれているのかもしれない。だが、とりたてて名前を記すほどではなかった。

いずれも著名人だが、あえて確認しておきたい。三宅雪嶺は一八六〇年に生まれ、一八八八年に政教社を設立し、雑誌『日本人』を創刊した。徳富蘇峰は一八六三年生まれで、雑誌『国民之友』を一八八七年に、一八九〇年に『国民新聞』を創刊した。頭山満は一八五五年に生まれ、明治一〇年代の自由民権運動に参画し、設立年については諸説あるが一八八〇年前後にアジア主義者の団体・玄洋社の設立に参画し、その中心人物となった。あまり知られていないが、頭山もまた、一八八七年に『福陵新報』を創刊し、社長に就任した。『福陵新報』は後に中野が社長に就任する『九州日報』の前身となる新聞である。

つまり、中野があえて記名して遺書を宛てた三人は、いずれも明治二〇年前後から言論界において活躍し始めた同世代の言論人である。頭山を言論人とするのは若干抵抗があるかもしれないが、民権運動に新聞と演説は不可欠であり、自らは文筆と口舌を駆使せずともその重要性を認めてはいただろう。だからこそ、『福陵新報』の社長を引き受けたのである。また、頭山も創設に参画した、アジア主義の総本山である玄洋社は「第一条　皇室を敬戴すべし」「第二条　本国を愛重すべし」「第三条　人民の権利を固守すべし」との憲則を掲げており、第一条と第二条ではいわゆる国権論を説くが、第三条では民権論を説く。『玄洋社社史』は、第三条が含まれた意義を、「宜しく御誓文を奉じ公議輿論を起し、以て民をして政に参するを許せ。これすなわち皇室を永遠に安固《あんこ》たらしむる所以」と記しており、公議輿論を通じた民権の伸張を目指していたことがわかる(157)。玄洋社も公議輿論の精神を建前としては重視していた。これは中野が有していた理想と共通しているといってよい。

雪嶺と蘇峰は生涯を通じて言論人として生き、特に明治二〇年代以降の日本を牽引してきたことは言うまでもないだろう。近代日本言論史を見通す上で、二人とも欠かすことの決してできない人物である。この三人は中野に並々ならぬ期待をかけてきたし、中野もまた三人への尊崇の念を忘れることはなかった。

あえてｉｆの話をしたい。犬養毅が生きていたら、浜口雄幸が生きていたら、経済的支援を行い続けた安川敬一郎や団琢磨が生きていたら、彼らに宛てた遺書はあっただろうか。筆者は中野の遺書の宛先にこの三名ほどふさわしい人物はいなかったように思う。

それは中野が政治家として生きながら、アジア主義を奉じる言論人としての矜持を強く持っていたからである。四男・泰雄が父親の職業を学校教師から書くよう言われた時、はじめ「政治家」と書いた所、教師は「政治家は職業ではない」として突き返されたため、泰雄は中野になんと書くべきかを相談すると「著述業でよい」と中野は指示した。中野は、政治家になる前から書き続け、政治家になってからも書き続け、膨大な著作を残した。記名された論稿だけでなく、政党の設立宣言や綱領、党首の演説の草稿など、名前は残らないが重要な文章も数多くある。言論活動と政治活動とを両立させたのが、中野正剛である。

雪嶺らが活躍し始めた時代は、多くの政論記者が活躍した言論の黎明期とも呼べる時代であり、かつ言論と政治が密接に結びついた時代であった。宗教家にして小説家の末兼八百吉は、『国民之友及日本人』（一八八八年）において、『国民之友』と『日本人』の隆盛により、「画策の時代」から「文章の時代」になったと表現した（96f）。雪嶺が属した政教社と蘇峰が属した民友社は「独立した政論」の時代を牽引し、言論が政治や社会を牽引すべきとの規範を浸透させた。中野も政治的言論を駆使する職業を理想とした。

だが、中野が早稲田大学を卒業後に東京朝日新聞社に入社する頃には、報道が重視される時代となっており、中野は卓越した政論記者として台頭していくものの、すでに政論記者の時代は過ぎ去っていた。雪嶺や蘇峰は言論に専念することで十分に政治に関わることのできた時代を青年期に生きた。だが、中野は違った。中野は新聞記者をわずか八年で辞めている。それゆえ、中野は早々に政論記者から政治家へと一歩踏み出した。こうして卓越した文筆家が現実政治家になったのである。

ただ、政論記者としての卓越性が、現実政治における交渉能力や政策立案能力に直結するわけではない。現実政治家に必要とされる「技芸」は、政論記者以上に多様で複雑であったろう。中野とともにパリ講和会議に赴き、帰国して改造同盟を結成した政治評論家・馬場恒吾は一九二六年四月一八日付の『東京朝日新聞』において「急進思想家の人生記録」と題して中野と彼の著作『対露支論策集』を次のように評価する。「中野正剛氏の対露支論策集は急進思想家が現実政治家になつたとき、如何にしてその思想を政策に翻訳すべきかを示すものとして、吾々に深き興味をもつて読ましめる」。急進的思想は現実政治へと直結しない。翻訳が必要な異質な能力であった。

頭山も雪嶺も蘇峰も言論家、思想家としての活動に専念し、表立った政治活動に寄与することは多くはなかったが、政治への関心は強く持ち続けた。一方で中野は、卓越した言論家であると同時に、現実政治家への道を歩む。雪嶺や蘇峰は、言論活動による世論形成が政治に直結するものとして考えたため、彼らは言論活動に専念したが、本来は言論活動と政治活動の両立こそ、彼らの理想であったのではないだろうか。彼らは言論と政治の両立という理想、あるいは課題を中野正剛に仮託したのではないか。

総力戦と五箇条の誓文

言論と政治の両立は、五箇条の誓文の「広く会議を興し万機公論に決すべし」に明確に表明されていると中野は考えた。中野は、明治維新と五箇条の誓文を、自らの革新志向と言論と政治の両立を図る上での原点にして規範とみなす。中野の戦時中の多くの批判は、明治維新と五箇条の誓文を起点にしていく。政論は広く国民に訴えかけ、支持者を集め、それを凝集することでより力強いものとなる。それゆえ、中野は政治的決定を密室の交渉や妥協によりなすことを強く批判する。特に、桂園時代の密室で交渉する「妥協政治」や議会の多数決により政治的決定を下すという政治観に中野は反対した。中野は公共的言論空間において政論を提示し、その同意と支持を求め、決すべしと考えた。

中野がそれを体感したのが、第一次世界大戦という総力戦とその後のパリ講和会議であった。特に、パリ講和会議での日本の特使らが「サイレント・パートナー」と揶揄されるような活躍しかできなかったのに対し、本国の国民の支持を調達したイギリスのロイド・ジョージやフランスのクレマンソーらの言論の強さに、中野は深い感銘を受けた。外交も国民の支持を得なければ、力を発揮することができない。言論を通じて広く国民に政論を訴えかけ、その支持を調達する必要がある。「広く会議を興し万機公論に決すべし」を軸とする明治維新の精神は、中野にとって総力戦後の時代状況の中で、より切実に必要とされるものであった。だからこそ、帰国後の改造同盟において普通選挙を求めた。

また、中野は第一次世界大戦をイギリスにて過ごす。そこで総力戦を戦うイギリスの言論環境を観察していた。中野は第一次世界大戦を総力戦として最もうまく戦ったのがイギリスであったと評価するが、その要因は言論の自由が守られ、政府批判を辞さない「民論横溢」にあったとする。すなわち、政府がいかに活動すべきかを自由に論じる批判があってこそ、政府は最善の道に近づくことができる。イギリスはそうした言論の自由とそこで発せられた批判を受容するだけの体制を整えていたがゆえに、「国民の元気」を刺激でき、有効な総力戦体制を作り上げることができたのである。

これは第二次世界大戦の東條政権においてはなしえなかったことである。当然ながら、陸軍統制派の軍人・東條英機が総力戦体制を目指さなかったわけではないし、国民の「人気」を軽視したわけではない。東條は『写真週報』において「力強い指導者」を演出し、ゴミ箱のぞきなどのメディア・パフォーマンスを通じて「人情宰相」イメージを作り上げた。さらに、映画上映のために議会演説の撮影を許可し、講演や演説をラジオ放送でも行うなどニュー・メディアの利用にも積極的であった。だが、東條が目指した総力戦は「国内の足並み」が揃い、結束した挙国一致体制であった（一ノ瀬 2020：218f）。

中野と東條の対立は、総力戦における言論の自由の価値づけにあったともいえる。中野は、政府批判をもすくい上げて昇華する総力戦体制こそが、民意を反映するがゆえに、国民の自発性を動員できる、より強力な体制になると考えていた。中野がこうした考えを抱くに至ったのは、やはり、中野が言論家としての矜持を強くもっていたメディア政治家であったがゆえである。

一方、公共空間の中野の言論の意義を考える上で、もう一点注意しておかねばならないことがある。公議輿論を重視してきた中野は、自らの言論や政治運動が「輿論」に沿うものだと考えていたはずである。少なくとも、憲政擁護運動や日ソ基本条約、日独伊三国同盟を推進した時はそうであった。また、「強力政治論」(一九三三年)においては「国民的要望」により強力政治が可能になると説いた。だが、輿論も「国民的要望」もいずれもあいまいである。終章エピグラフの陸羯南の言葉にあるように、「大勢風潮輿望の如き」は「道理を確かむるの一具」にすぎない(陸 1910:169f)。だが、羯南が重視する輿論に対する自省の精神を中野はどこまで抱いていたか。また、政治批評家の伊佐秀雄は、政治家評論集である『世紀の人々』(一九四一年)において中野の演説を次のように評価している。

「彼の街頭でやる演説は申分なく好評であるのに、議会で行ふ演説はいつもひどく不人気で、あまり問題にもされないことだ。(略)演説なれのしてゐる議会では聴衆の耳が肥えてゐるから、内容が訴へる力を持ち、調子や態度は重視されないが、これに反して街頭の聴衆はどちらかといへば内容などどうでもよく、元気がよくて、名調子でさへあれば感心するのだ。つまり、彼の一本調子と猪突性とは議会では評判の悪い原因になる代りに、街頭では絶賛を博する要素となるのである」

（29f）。

街頭において公論を喚起しようとする中野の演説会には、非常に多くの聴衆が集まり、中野は人気を博していた。だが、議会では別である。田中義一内閣での張作霖爆殺事件など議会で政敵を追及する中野は、確かに、大きな力を発揮したが、交渉や妥協というコミュニケーションにより政治的目標を実現した事例は少ない。だが、政治コミュニケーションには公共的な場での演説だけでなく、中野が評価していなかった密室での交渉や妥協もまた重要である。というよりは、現実政治としては、そちらが主であったといってすらよい。

中野正剛は、三宅雪嶺や徳富蘇峰のような政論家が高く評価された時代を理想とし、それを正当化する五箇条の誓文の「広く会議を興し万機公論に決すべし」をあまりに遵守しようとしたメディア政治家であった。代わりに、中野は多様な政治コミュニケーションの可能性を狭めてしまったように思える。中野は「公論」への理想を抱き続けて、自決に至った政治家であった。

あとがき

　この列伝シリーズの執筆者は誰もが思っていることであろう。自分が取り上げるメディア政治家こそが、その特性を顕著に発揮した存在であると。評伝を書く人物を一人挙げる研究会にて、私の頭に浮かんで離れなかったのが、中野正剛であった。華麗な文体と旺盛な執筆力に情熱的な演説。政治的信条を保持するために脱党を繰り返し、メディアを沸かせる。演説会には毎回溢れんばかりの聴衆が集まる。これほどメディア政治家としての特質を備えた人物は他にいない。言論と政治の関係を再考するのにも適切である。そう強く考えていた。ただ、先行研究は分厚く、名前もよく知られている。中野正剛が残した文章も膨大である。これが大きな不安となった。実際、その壁は高く、調べるほどにもう少しだけ熟慮してもっと書きやすい人物にすればよかったと後悔した。それは一度や二度のことではない。

　ただ、中野正剛について調べていくうちに妙な既視感をもった。かつて集めた資料、かつて読んだ論稿。そうしたものに何度も出会った。ああ、そうだ。ナショナリズムをテーマにしたいと考えていた学部三回生の頃、政教社を調べていたのだ。結局、『日本及日本人』のあまりの膨大さに挫折し、総力戦体制期の文化政策論で卒業論文を書いた。中野正剛をメディア史として扱うことは、筆者にとって挫折した卒業論文を書き直すような営みであった。その意味で、学部時代からの指導教員である佐藤卓己先生が責任編集をとる本シリーズで、この評伝を書くことができたのは嬉しい。

だが、本書の内容については、忸怩たる思いが溢れてやまない。本来なら関連付けるべき先行研究や資料など、やり残したことは数多くある。中野正剛が近代日本に残した足跡がそれだけ大きかったということだろう。とはいえ、ここで提示した筆責は自身で負い、今後の課題としていきたい。

なかなか執筆に踏み出せないなか、編集の山口泰生氏には、二〇二二年一〇月の中野正剛顕彰祭に同伴していただいた際、とにかく書け、なんでもいいから書いてくれとの叱咤激励をいただいた。ありがたかったが、それにもかかわらず、執筆は滞った。編集実務を担っていただいた山崎孝泰氏には筆者の経験不足もあり、多大な労苦をかけてしまった。一五冊のシリーズを担当されるが、三冊目からこれほどの負担をかけてしまい、最後まで心身を損なわずに完走いただけるのか今から心配になる。

また、今年から筑波大学の同僚になった長尾宗典氏には、未完成にもほどがあるだろうと悲嘆したくなる草稿に、驚くほどの速さで目を通していただき、貴重なコメントをくださった。修正に際して、常に手元に置き、指針とさせていただいた。感謝に耐えない。同じく同僚の嚴錫仁先生には、陽明学の理解について折に触れてご教示いただいた。専門的な助言や手助けを気軽にもらえる職場環境を、今回ほどありがたくおもったことはない。本企画の元となったメディア政治史研究会の方々にも、『近代日本のメディア議員』に引き続き様々な助言をいただいた。特に、片山慶隆氏にはすでに授業が始まっていた時期にもかかわらず、草稿を読んでいただき、大変丁寧なコメントをくださった。また、ポスドク時代の友人である新田龍希氏と早丸一真氏にも、自身の執筆や学会発表などで大変忙しくしている中で、草稿に目を通していただいた。簡単であるが記して感謝したい。

また、中野正剛の孫にあたる中野民夫さまにも深謝したい。お会いできたのは、ちょうど東京工業大学をご退職される年であった。ご遺族にこうした研究がどう受けとめられるのか不安で仕方がなかったが、中野家のさまざまなお話を快く語っていただき、出版についても強く背中をおしていただいた。大変心強かった。さらに、中野房子さま、真理・ヘーゼルウッドさまにもお話を伺うことができ、貴重な資料まで見せていただいた。ありがとうございます。

最後に、自身の学務や教育の時間があるにもかかわらず、筆者の執筆時間の確保に努めてくれた妻・智子にも感謝を捧げたい。

中野正剛自刃から八〇年目の秋に

白戸健一郎

＊本書は科学研究費若手研究「昭和戦前期におけるメディア議員と世論形成に関する歴史社会学的研究」（代表者・白戸健一郎、研究課題 19K13904）及び科学研究費基盤研究（B）「近代日本の政治エリート輩出における「メディア経験」の総合的研究」（代表者・佐藤卓己、研究課題 20H0482）の研究成果の一部である。

主要参考文献

＊本書で言及または引用した文献を中心に関連する文献を列挙した。ただし、本文で日付を明記した新聞記事と日付と議会名を記した議会議事録は省略している。

・麻田雅文『シベリア出兵』中央公論新社・二〇一六年
・麻田雅文『日露近代史』講談社・二〇一八年
・朝日新聞社社史編修室『東京朝日新聞編年史　明治四二年』二一巻・朝日新聞社・一九五三年
・朝日新聞社社史編修室『東京朝日新聞編年史　明治四三年』二二巻・朝日新聞社・一九五五年
・朝日新聞社社史編修室『東京朝日新聞編年史　明治四四年』二三巻・朝日新聞社・一九五六年
・朝日新聞社社史編修室『東京朝日新聞編年史　明治四五年・大正元年』二四巻・朝日新聞社・一九五七年
・朝日新聞社社史編修室『東京朝日新聞編年史　大正二年』二五巻・朝日新聞社・一九五八年
・朝日新聞百年史編修委員会『朝日新聞社史　明治編』朝日新聞社・一九九〇年
・東則正『葦の一穂』大山嵩・一九七三年
・安達謙蔵『安達謙蔵自叙伝』新樹社・一九六〇年
・有馬学「改造運動の対外観」『九州史学』九州史学研究会・一九七六年九月号
・有馬学「戦争期の東方会」『史淵』（一一八）・一九八一年三月号
・有馬学『「国際化」の中の帝国日本』中央公論新社・一九九九年
・有馬学『帝国の昭和』講談社・二〇〇二年
・有馬学「企業家の政治活動における〈国家〉と〈地方〉」有馬学編『近代日本の企業家と政治』吉川弘文館・二〇〇九年
・有馬学「「大正デモクラシー」の再検討と新たな射程」『岩波講座　東アジア近現代通史』第四巻・岩波書店・二〇一一年
・有山輝雄『近代日本ジャーナリズムの構造』東京出版・一九九五年

・伊香俊哉編『太平洋戦争期内務省治安対策情報』第五巻・日本図書センター・一九九五年
・伊佐秀雄『世紀の人々』育生社・一九四一年
・伊豆富人『吾が交友録』日本談義社・一九五二年
・伊藤隆『大政翼賛会への道』講談社・二〇一五年
・伊藤隆・廣橋眞光・片島紀男編『東條内閣総理大臣機密記録』東京大学出版会・一九九〇年
・伊藤正徳「パリ会議の特派員たち」『五十人の新聞人』電通・一九五五年
・伊藤之雄『政党政治と天皇』講談社・二〇〇二年
・伊藤之雄『原敬』下巻・講談社・二〇一四年
・一ノ瀬俊也『東條英機』文藝春秋・二〇二〇年
・井上敬介『立憲民政党と政党改良』北海道大学出版会・二〇一三年
・井上哲次郎『日本陽明学派之哲学』冨山房・一九〇〇年
・井上寿一『政友会と民政党』中央公論新社・二〇一二年
・井上寿一『広田弘毅』ミネルヴァ書房・二〇二一年
・井上義和「文学青年と雄弁青年」『ソシオロジ』四五（三）・二〇〇一年二月号
・猪俣敬太郎『中野正剛』吉川弘文館・一九六〇年
・猪俣敬太郎『中野正剛の生涯』黎明書房・一九六四年
・伊與部輝「中野正剛の生命」『日本国民』（五）・一九三二年
・梅沢慎六『今様方丈記』第三輯・梅沢慎六・一九六五年
・エイコ・マルコ・シナワ『悪党・ヤクザ・ナショナリスト』朝日選書・二〇二〇年
・大澤聡『批評メディア論』岩波書店・二〇一五年
・緒方竹虎「僕のいた頃の修猷館」『修猷館物語』修猷通信・一九六二年
・緒方竹虎『人間中野正剛』鱒書房・一九五一年（中公文庫・一九八八年）

・緒方竹虎伝記刊行会編『緒方竹虎』朝日新聞社・一九六三年
・岡見斉『国家主義運動大観』新光閣・一九三二年
・岡義武『近衛文麿』岩波書店・一九七二年
・荻生茂博『近代・アジア・陽明学』ぺりかん社・二〇〇八年
・小田晋「〝事務屋総理〟に葬られた〝非常の人〟」『宝石』一九八三年四月号
・風見章『近衛内閣』中央公論社・一九八二年
・賀茂道子『ウォー・ギルト・プログラム』法政大学出版局・二〇一八年
・河崎吉紀『制度化される新聞記者』柏書房・二〇〇六年
・川田稔『満州事変と政党政治』講談社・二〇一〇年
・紀旭峰「戦前期早稲田大学のアジア人留学生の軌跡」李成市・劉傑編『留学生の早稲田』早稲田大学出版部・二〇一五年
・木坂順一郎「中野正剛論―その思想と行動一」『龍谷法学』三（二）・一九七一年一月号
・木坂順一郎「中野正剛論―その思想と行動二」『龍谷法学』六（一）・一九七三年一一月号
・北一輝『日本改造法案大綱再版』西田税・一九二六年
・北昤吉「政界回顧二十年（五）」『日本及日本人』二（一〇）・一九五一年一〇月
・北河賢三・望月雅士・鬼嶋淳編『風見章日記・関係資料』みすず書房・二〇一九年
・木村武雄『政界独言』土屋書店・一九六八年
・木村直恵『〈青年〉の誕生』新曜社・一九九八年
・協調会労働課編『各党の綱領政策』協調会・一九三三年
・清沢洌著・橋川文三編『暗黒日記』一巻・筑摩書房・二〇〇二年
・陸羯南『羯南文集』蟠竜堂・一九一〇年
・熊本史雄『幣原喜重郎』中央公論新社・二〇二一年
・栗田直樹『緒方竹虎』吉川弘文館・一九九六年

・玄洋社社史編纂会『玄洋社社史　新活字復刻版』書肆心水・二〇一六年
・国府犀東『大塩平八郎』裳華書房・一八九六年
・古島一雄『一老政治家の回想』中央公論新社・二〇一五年
・小島毅『近代日本の陽明学』講談社・二〇〇六年
・小林道彦『政党内閣の崩壊と満州事変』ミネルヴァ書房・二〇一〇年
・小山俊樹『憲政常道と政党政治』思文閣出版・二〇一二年
・小山俊樹『評伝森恪』ウェッジ・二〇一七年
・小山俊樹『五・一五事件』中央公論新社・二〇二〇年
・嵯峨隆『頭山満』筑摩書房・二〇二一年
・佐々弘雄『フアッシズム研究』改造社・一九三二年
・佐藤卓己「キャッスル事件をめぐる「怪情報」ネットワーク」猪木武徳編『戦間期日本の社会集団とネットワーク』NTT出版・二〇〇八年
・佐藤卓己・河崎吉紀編『近代日本のメディア議員』創元社・二〇一八年
・座間勝平『日本フアッショ運動の展望』日東書院・一九三二年
・重森久治『三木武吉太閤記』春陽堂書店・一九五六年
・島田虔次『朱子学と陽明学』岩波書店・一九六七年
・清水唯一朗『政党と官僚の近代』藤原書店・二〇〇七年
・清水唯一朗『原敬』中央公論新社・二〇二一年
・社会大衆党本部編『社会大衆党活動報告書』社会大衆党出版部・一九三九年
・衆議院事務局編『衆議院議員総選挙一覧　第一六回』衆議院事務局・一九二八年
・修猷通信編『緒方竹虎』修猷通信・一九五六年
・白戸健一郎「昭和期の中野正剛における選挙とメディア」『メディア史研究』四七・メディア史研究会・二〇二〇年二月

・白戸健一郎「中野正剛における修養と個性」『京都メディア史研究年報』八・京都大学大学院教育学研究科メディア文化論研究室・二〇二二年四月
・白柳秀湖「既成政党の改造に対する疑義」『東方時論』四（一一）・一九一一年一一月号
・杉森孝次郎「フワスシズムの指導目標」『国本』一九三二年三月号
・末兼八百吉『国民之友及日本人』集成社・一八八八年
・鈴木文治『労働運動二十年』一元社・一九三一年
・須田禎一『風見章とその時代』みすず書房・一九六五年
・住友陽文「大正デモクラシー期「議会主義」の隘路」『日本史研究』日本史研究会・一九九七年一二月号
・青年国策研究会、時局解剖調査所編『我が国最近に於ける思想運動の攻勢展望』思想報国実践会・一九四一年
・善生永助『最近支那経済』丁未出版社・一九一七年
・大日本雄弁会『新人物立志伝：苦学力行』大日本雄弁会・一九二二年
・田岡嶺雲『数奇伝』玄黄社・一九一二年
・高橋勝三『中野正剛先生―自刃の真相とその遺訓』愛人書房・一九四七年
・高橋勝三「最後の地方遊説」『史』七三号・現代史懇話会・一九九〇年八月号
・高野静子『蘇峰とその時代』中央公論新社・一九八八年
・滝沢武編『知られたる秋田』滝沢武・一九〇九年
・竹内洋『立身出世主義』NHK出版・一九九七年
・田々宮英太郎『中野正剛』新人物往来社・一九七五年
・伊達龍城『ファッショの嵐』明治図書出版協会・一九三二年
・譚璐美『日中百年の群像』下巻・新潮社・二〇一二年
・長幸男『昭和恐慌』岩波書店・二〇〇一年
・筒井清忠「近代日本の教養主義と修養主義」『思想』八一二号・一九九二年二月号

・筒井清忠『近衛文麿』岩波書店・二〇〇九年
・筒井清忠『戦前日本のポピュリズム』中央公論新社・二〇一八年
・東方会『東方会宣言綱領及活動要綱』東方会・一九四一年
・時任英人『犬養毅―リベラリズムとナショナリズムの相剋』論創社・一九九一年
・徳富蘇峰・山路愛山『日本の名著40　徳富蘇峰・山路愛山』中央公論社・一九七一年
・戸部良一『外務省革新派』中央公論新社・二〇一〇年
・富田幸次郎他『再び政友会内閣出現せば日本は何うなる』民衆社・一九三〇年
・永井和「東方会の成立」『史林』六一（四）・史学研究会・一九七八年七月号
・永井和「東方会の展開」『史林』六二（一）・史学研究会・一九七九年一月号
・永井柳太郎伝記編纂委員会『永井柳太郎』勁草書房・一九五九年
・長島隆二『政界秘話』平凡社・一九二八年
・中谷武世『戦時議会史』民族と政治社・一九七四年
・中野正剛「同窓会雑誌の思い出」『修猷館物語』修猷通信・一九六二年
・中野目徹『明治の青年とナショナリズム』吉川弘文館・二〇一四年
・中野目徹「三宅雪嶺による『王陽明』の訂正増補」『近代史料研究』一八・日本近代史研究会・二〇一八年
・中野目徹『三宅雪嶺』吉川弘文館・二〇一九年
・中野目徹『徳富蘇峰』山川出版社・二〇二三年
・中野泰雄『政治家／中野正剛』上下巻・新光閣書店・一九七一年
・中野泰雄『アジア主義者中野正剛』亜紀書房・一九八八年
・中野泰雄『父・中野正剛』恒文社・一九九四年
・中村隆英『昭和経済史』岩波書店・二〇〇七年
・奈良岡聰智『加藤高明と政党政治』山川出版社・二〇〇六年

・奈良岡聰智『対華二十一ヵ条要求とは何だったのか』名古屋大学出版会・二〇一五年
・西川虎次郎『博多と菊池寂阿公』菊池神社社務所・一九三三年
・西日本新聞社『西日本新聞社史』西日本新聞社・一九五一年
・日本国際政治学会太平洋戦争原因研究部『太平洋戦争への道　五　三国同盟・日ソ中立条約』朝日新聞社・一九六三年
・萩原淳『平沼騏一郎と近代日本』京都大学学術出版会・二〇一六年
・長谷川峻『政治と人間』東京創元社・一九六〇年
・波多野澄雄『幕僚たちの真珠湾』朝日新聞出版・一九九一年
・服部聡『松岡外交』千倉書房・二〇一二年
・服部龍二『東アジア国際環境の変動と日本外交 1918-1931』有斐閣・二〇〇一年
・浜口雄幸・井上準之助共述『経済難局の打開と金解禁の話』財政経済時報社・一九二九年
・林茂『二・二六事件秘録(一)』小学館・一九七一年
・原奎一郎編『原敬日記』第四巻・乾元社・一九五一年
・福家崇洋『満川亀太郎』ミネルヴァ書房・二〇一六年
・藤島正之『灯火を掲げた人々』教育春秋社・一九六六年
・古川隆久『戦時議会』吉川弘文館・二〇〇一年
・報知新聞社政治部編『新体制とはどんなことか』内外書房・一九四〇年
・墨堤隠士『明治富豪致富時代』大学館・一九〇二年
・保坂正康「中野正剛はなぜ自殺に追いこまれたか?」『諸書!』一九八三年一〇月号
・木堂先生伝記刊行会『犬養木堂伝』中巻・東洋経済新報社・一九三九年
・牧原憲夫『民権と憲法』岩波書店・二〇〇六年
・正岡子規『子規随筆』正編・吉川弘文館・一九〇二年
・升味準之輔『新装版 日本政党史論』第三巻・東京大学出版会・一九六七＝二〇一一年

・升味準之輔『新装版 日本政党史論』第四巻・東京大学出版会・一九六八＝二〇一一年
・升味準之輔『新装版 日本政党史論』第五巻・東京大学出版会・一九七九＝二〇一一年
・升味準之輔『新装版 日本政党史論』第六巻・東京大学出版会・一九八〇＝二〇一一年
・升味準之輔『新装版 日本政党史論』第七巻・東京大学出版会・一九八〇＝二〇一一年
・松浦太郎「中野正剛論」『革新』一九三九年五月号
・松尾尊兊「第一次大戦後の普選運動」井上清編『大正期の政治と社会』岩波書店・一九六九年
・松崎天民『人間秘話』新作社・一九二四年
・松本健一『雲に立つ』文藝春秋・一九九六年
・松本健一『評伝北一輝 Ｖ 北一輝伝説』岩波書店・二〇〇四年
・真辺将之『大隈重信』中公叢書・二〇一七年
・丸山幹治「三宅雪嶺論」三宅雪嶺『近代日本思想体系 五 三宅雪嶺』筑摩書房・一九七五年
・三谷太一郎『増補 日本政党政治の形成』東京大学出版会・一九九五年
・三田村武夫「先師、中野正剛氏を憶ふ」『新生活』二（一）・一九四六年一月号
・三田村武夫『中野正剛は何故自刃したか！』武蔵野出版社・一九五〇年
・御手洗辰雄『三木武吉伝』四季社・一九五八年
・三井甲之「三宅雪嶺の個人主義思想の錯誤を指摘して祖国主義信仰を宣言す」『日本及日本人』一九二四年元旦号
・三井甲之「『我観』執筆者の思想的真価順位」『日本及日本人』一九二四年一月一五日号
・源川真希『近衛新体制の思想と政治』有志舎・二〇〇九年
・宮崎吉政「政治家が決断するとき―中野正剛の自刃」『月刊新自由クラブ』一九八三年一月号
・三好徹『評伝緒方竹虎』岩波書店・二〇〇六年
・三輪寿壮伝記刊行会『三輪寿壮の生涯』三輪寿壮伝記刊行会・一九六六年
・村井良太『政党内閣制の成立 一九一八～二七年』有斐閣・二〇〇五年

・村井良太『政党内閣制の展開と崩壊　一九二七〜三六年』有斐閣・二〇一四年
・村瀬信一「大正政変―第一次護憲運動」筒井清忠編『大正史講義』筑摩書房・二〇二一年
・室潔『東條討つべし』朝日新聞社・一九九九年
・室潔『評伝中野正剛』早稲田大学出版部・二〇二二年
・森岩吉『国民同盟陣営展望』政界評論社・一九三四年
・安川敬一郎『安川敬一郎日記』第三巻・北九州市立自然史・歴史博物館・二〇一一年
・安川敬一郎『安川敬一郎日記』第四巻・北九州市立自然史・歴史博物館・二〇一二年
・安川第五郎『思出之記』凡人社・一九四〇年
・山下龍二「王陽明研究の原型―三宅雄二郎『王陽明』をめぐって」『陽明学』一・二松学舎大学陽明学研究所・一九八九年
・山村奨『近代日本と変容する陽明学』法政大学出版局・二〇一九年
・有志代議士会「時局に善処せよ」『民政』四（八）・一九三〇年八月号
・翼賛運動史刊行会『翼賛国民運動史』翼賛運動史刊行会・一九五四年
・立憲民政党遊説部『立憲民政党の本領』立憲民政党遊説部・一九二七年
・連合軍最高司令部民間情報教育局編『真相箱』コズモ出版・一九四六年
・和崎光太郎『明治の〈青年〉』ミネルヴァ書房・二〇一七年

【無署名記事】

・「三宅雪嶺氏との絶縁顛末」『日本及日本人』三九号・一九二四年元旦号
・「絶縁顛末の響き」『日本及日本人』四〇号・一九二四年一月一五日号
・一記者「議政壇上の猛者 中野正剛氏を訪ねて」『雄弁』一八（七）・一九二七年七月号
・無署名「社会彙報」『正教時報』五（二二）・一九一六年一一月
・無署名「アントーノフ氏との会見記」『東方時論』七（九）・一九二二年九月号

・無署名「社説 現内閣は速に辞職せよ」『民政』二(三)・一九二八年三月号
・無署名「政治資金は如何にして生み出されるか政治家の金穴をのぞく No.5」『解剖時代』一九三三年二月号
・無署名「無題」『憲政』七(一〇)・一九二四年一〇月号
・無署名「中野正剛石原莞爾の提携」『解剖時代』一九三三年一一月号
・無署名「編集後記」『東大陸』一五(一二)・一九三七年一二月号
・編集部「東方会全体会議」『東大陸』一五(六)・一九三七年六月号
・無署名「編集後記」『大日』(一六二)・一九三七年一一月号
・無署名「編集後記」『東大陸』一五(一二)・一九三七年一二月号
・無署名「編集後記」『東大陸』一七(一一)・一九三九年一一月号
・無署名「編集後記」『東大陸』二一(一)・一九四三年一月号
・無署名「国家(農本)主義団体の状況」『特高月報』一九三九年八月号
・無署名「国家(農本)主義団体の状況」『特高月報』一九三九年九月号
・無署名「国家(農本)主義団体の状況」『特高月報』一九四〇年一月号
・無署名「国家(農本)主義団体の状況」『特高月報』一九四〇年二月号
・無署名「国家(農本)主義団体の状況」『特高月報』一九四〇年七月号
・無署名「国家(農本)主義団体の状況」『特高月報』一九四一年一二月号
・無署名「国家(農本)主義団体の状況」『特高月報』一九四二年五月号

【未公刊史料】

・国立国会図書館憲政資料室『田中義一関係文書』

中野正剛　著作年譜

＊松田義男「中野正剛著作目録」を大いに参照した。記載した論稿は中野正剛の単著に限定した。また、確認できなかったものを除いた。

一八八六（明治一九）年（0歳）
二月一二日、福岡市西湊町五八番地に、荒者商を営んでいた中野泰次郎と妻トラの長男として生まれる。幼名は甚太郎。

一八九一（明治二四）年（5歳）
西街小学校（のち当仁小学校）に入学する。

一八九五（明治二八）年（9歳）
福岡県立師範附属小学校高等科に入学、漢学に造詣が深い柴田文城に学ぶ。地元で開かれた賊軍側の西南戦争招魂祭に参加する。

一八九九（明治三二）年（13歳）
福岡県立中学修猷館に入学、柔道部に入部する。柔道の練習中に左足を痛め、手術のために休学する。学力はトップレベルを維持した。

一九〇三（明治三六）年（17歳）
漢文教員・増田祐之が監督して発刊された『同窓会雑誌』の第二号に「菊池寂阿公」を発表し、益田に文章を褒められ、文筆で生きることへの自信を付ける。正剛と自称する。玄洋社初代社長・平岡浩太郎からの援助で振武館を建設する。玄南会を組織し、緒方竹虎や安川第五郎らが入会する。愛読書は徳富蘇峰『静止余禄』や松村介石『立志之礎』であり、立身への発奮をかりたてる。
「菊池寂阿公」『同窓会雑誌』二号（㊾）／「修養論」『同窓会雑誌』三号（㊾）／「西郷南洲の片影」『同窓会雑誌』四号（㊾）。

一九〇四（明治三七）年（18歳）
「南柯の一夢」『同窓会雑誌』六号（㊾）／「遠地の友に」『同窓会雑誌』七号（㊾）／「世の苦学生に与ふる書に擬す」『同窓会雑誌』七号（㊾）

一九〇五（明治三八）年（19歳）
福岡県中学修猷館を卒業し、早稲田大学高等予科に入学する。修猷館の先輩である藤原茂とともに上京し、泉岳寺を参詣する。早稲田大学在学中に民報社を訪問する。在学中に風見章と親交を結ぶ。
「征露戦争に於て得たる偉大なる教訓と好時機」『同窓会雑誌』八号（㊾）／「遥に柔道部員及び新入生諸君に告ぐ」『同窓会

雑誌』九号（㊾）／「早稲田の里より」『同窓会雑誌』九号（㊾）／「西欧十九世紀の支配者」『同窓会雑誌』一〇号（㊾）。

一九〇六（明治三九）年（20歳）
早稲田大学政治経済学科に進む。浮田和民に学問的影響を受ける。緒方竹虎が上京し、緒方竹虎と上原三郎とともに茗荷谷にて自炊生活を送る。
「人材論」『同窓会雑誌』一一号（㊾）。

一九〇七（明治四〇）年（21歳）
一時帰郷して、父泰次郎の家業を整理し、実家を地行町四八番地に移転させる。
「帰郷雑記」『同窓会雑誌』一四号（㊾）／「活動進取の快」『同窓会雑誌』一四号（㊾）／「殉難の精神」『同窓会雑誌』一五号（㊾）／「西郷南洲手抄言志録を読む」『同窓会雑誌』一六号（㊾）。

一九〇八（明治四一）年（22歳）
丁鑑修とともに満洲を旅行し、大連にて金子雪斎を訪問する。東京商業学校を退学した緒方竹虎が早稲田大学に転入する。
「日南先生を懐ふ」『九州日報』二月一四日／「咳唾瓦礫」『同窓会雑誌』一七号（㊾）。

一九〇九（明治四二）年（23歳）
福岡の一族を上京させ、牛込区弁天町に借家する。「浩洞迂人」の筆名で『日本及日本人』へ寄稿を始める。柔道家・徳三宝との試合に勝利する。早稲田大学政治経済学科卒業後、東京日日新聞社に風見章とともに入社する。『東京日日新聞』に「東北遊覧記」連載。まもなく退社し、東京朝日新聞社に入社する。
「清国憲政問題今後の予想」『日本及日本人』四月一日号／「清国に於ける立憲政治の価値」『日本及日本人』四月一五日号／「土佐の民権婆さんと語る」『日本及日本人』五月一日号／「東北遊覧記」『東京日日新聞』七月三〇日・八月三・五～七・一〇～一三・一五・二二日／「進歩党両派の融和」『日本及日本人』一一月一日号。

一九一〇（明治四三）年（24歳）
朝日新聞社において社員として活動。

一九一一（明治四四）年（25歳）
五月、「戎蛮馬」の筆名で「朝野の政治家」を『東京朝日新聞』に連載し、一〇月に博文館より『八面峰―朝野の政治家』として出版。機構改革により大阪通信部に移り、緒方竹虎と大西斎を入社させる。辛亥革命が勃発したため、特派員として犬養毅や頭山満らとともに中国へ渡る。文芸欄問題で池辺らへの批判運動を展開する。

① **『八面鋒―朝野の政治家』博文館　一〇月二八日**

「大俗公と大通侯」『東京朝日新聞』五月一七～二〇日付（①）／「朝野の政治家」『東京朝日新聞』六月一～二一・二三～三〇日・七月一～九・一一～一九日（①）／「対岸の火災」『東京朝日新聞』一二月一八～二二日。

一九一二（明治四五・大正元）年（26歳）

辛亥革命の現地記事を精力的に掲載する。帰国後、「明治民権史論」を連載。憲政擁護運動に参加する。

「孫黄両氏の風采」『東京朝日新聞』一月七日（㉜）／「南京の白宮」『東京朝日新聞』一月一二日／「中華民国新内閣」『東京朝日新聞』一月一二・一三日／「元帥府夜話」『東京朝日新聞』一月一四日／「南京見聞余禄」『東京朝日新聞』一月一六・二一・二六日／「滬寗漫録」『東京朝日新聞』一月二二～二五日／「帰舟余禄」『東京朝日新聞』一月二八～三〇日・二月一・二日／「明治民権史論」『東京朝日新聞』一〇月二日～一七・一九～二五・二七～三一日・一一月一～九・一一・一三～一六・一八～二〇・二二・二三・二五～三〇日・一二月一～一〇・一二～一七・一九・二一～二九日・一九一三年一月一・三・五・七～二五日（②）／「戎蛮馬を葬るの辞」『新日本』一一月号／「尾崎行雄論」『新日本』一一月号。

一九一三（大正二）年（27歳）

「明治民権史論」完結後、「与ふる書」を連載する。五月、『七擒八縦』としてこれをまとめて出版する。憲政擁護運動に奔走するものの、社内で孤立する。七月、三宅雪嶺の長女・多美子と結婚し、八月京城特派員として朝鮮に赴任。

② **『明治民権史論』有倫堂　三月三〇日**

③ **『七擒八縦』東亜堂書房　五月一三日**

「原敬と犬養毅」『実業之世界』一月一日号／「岡崎邦輔と尾崎行雄」『実業之世界』一月一日号／「安達謙三論」『新日本』一月号／「与ふる書」『東京朝日新聞』一月二六日～三月四日（③）／「新首相桂太郎論」『新日本』二月号／「原敬君に与ふる書」『日本及日本人』三月一五日号（③）／「青年の奮起を促がす」『世界之日本』四月号／「権兵衛大臣を憐む」『中央公論』四月号／「政友倶楽部に与ふる書」『日本及日本人』四月一日号（③）／「憲政擁護根本論」『日本及日本人』四月一五日号（③）／「自覚に次で来るもの」『実業之世界』五月一日号／「人心の激する所以」『日本及日本人』五月一・一五日号／「遥に胡英君を懐ふ　日本の政治家同情家今奈何」『日本及日本人』六月一日号／「支那南北の形勢」『日本及日本人』六月一五日号／「天下国家的青年」『日本及日本人』七月一日号／「意気地なき政党」『日本及日本人』七月一五日号／「政界の前途」『日本及日本人』八月一日号／「亡命の客に対して犬死の説を告ぐ」『中央公論』八月号／「今昔の感」『東京朝日新聞』九月二・五・六日／「東

拓の暗雲」『東京朝日新聞』九月一六日／「満蒙は重要なれども田舎稼ぎ」『日本及日本人』一〇月一日号／「不知は罪悪の基」『日本及日本人』一〇月一五日号／「山師よりは高利貸を敵とす」『日本及日本人』一〇月三一日号／「満洲遊歴雑録」『東京朝日新聞』一一月九～一七・二〇～二二・二五～二九日・一二月一～三・五・六・一一～一八・二〇・二二・二三・二四日（④）／「大国大国民大人物」『日本及日本人』一一月一五日号（④）／「寺内伯動かんとす」『東京朝日新聞』一一月一八・一九日／「国家の発展と内訌」『日本及日本人』一二月一日号。

一九一四（大正三）年（28歳）

「総督政治論」の連載を始める。五月、長男・克明が誕生。満洲、朝鮮を遊歴。古島一雄を通じて郷土の実業家・安川敬一郎からの留学費用の援助を求める。一二月に帰京し欧州留学のための準備をする。

「憲政擁護一周年」『日本及日本人』一月一日号／「民党何ぞ振はざる」『日本及日本人』一月一五日号／「今後の東拓会社」『東京朝日新聞』一月二五～二九日・二月二・三日（④）／「一瞥せる朝鮮の地方」『中央公論』二月号（④）／「如何に大鉈を振ふ」『日本及日本人』二月一日号（④）／「対外硬、対内潔」『日本及日本人』二月一五日号／「国民は果して覚醒せるか」『日本及日本人』三月一日号／「我が憂ふる所」『日本及日本人』三月一五日号／「国民と陸海軍」『日本及日本人』四月一日号／「御大礼内閣とは何ぞ」『日本及日本人』四月一五日号／「総督政治論」『東京朝日新聞』四月一六～二五・二七～三〇日・五月一日（④）／「木堂屈する勿れ」『日本及日本人』五月一日号／「黒鳩公の満蒙論」『日本及日本人』五月一五日号／「大隈伯に望む」『日本及日本人』六月一日号／「金銭よりも人材」『日本及日本人』六月一五日号／「情実政治の不安」『日本及日本人』七月一日号／「新人材の活路」『日本及日本人』七月一五日号／「政党大臣官僚大臣」『日本及日本人』八月一日号／「大戦乱と国民の覚悟」『日本及日本人』九月一五日号／「日本帝国の使命」『日本及日本人』九月二〇日号／「対支外交刷新の秋」『中央公論』一〇月号／「挙国一致の成績」『日本及日本人』一〇月一日号／「此の無方針を奈何」『日本及日本人』一〇月一五日号／「挙国一致論」『日本及日本人』一一月一日号／「更に一歩を進めよ」『日本及日本人』一一月一五日号／「犬養毅氏を中心として大正三年の政党界を論ず［「大正三年論」］」『新日本』一二月号／「虚偽の政策を排す」『日本及日本人』一二月一日号／「帝国外交の危機」『日本及日本人』一二月一五日号。

一九一五（大正四）年（29歳）

三月、イギリスに向け出発。五月、イギリスに到着。杉森孝次郎と出会い、意気投合する。

④『我が観たる満鮮』政教社　六月一日

「殿様政治」『朝鮮公論』一月号／「総督政治の決潰期」『日本

及日本人』一月一五日号／「同化政策論」『日本及日本人』三月一五日号・四月一五日号（④）／「上海沖より」『東京朝日新聞』三月二九日／「支那大陸を右舷にて」『日本及日本人』五月一日号（⑤）／「安南沖に泛びつつ」『日本及日本人』五月一五日号（⑤）／「新嘉坡より」『日本及日本人』六月一日号（⑤）／「感慨多き印度洋」『日本及日本人』六月一五日号（⑤）／「対支外交と英国の不平」『東京朝日新聞』六月一七日／「英国の内治外交」『東京朝日新聞』六月二八～三〇日／「亡国の山河」『日本及日本人』七月一日号（⑤）／「マルセイユまで」『日本及日本人』七月一五日号（⑤）／「欧州初見参」『日本及日本人』八月一日号（⑤）／「工女の大示威行列」『東京朝日新聞』八月二〇・三一日／「遥かに日本男児に激す」『日本及日本人』九月一日号／「大国の頽廃を学ぶ勿れ」『日本及日本人』九月一五日号・一〇月一・一五日号／「露国の将来と日本の態度」『日本及日本人』一一月一五日号・一二月一・一五日号・一九一六年一月一五日号・二月一日号（⑤：「露国の将来と日本の自彊策」と改題）。

一九一六（大正五）年（30歳）

八月、欧州から帰国。帰国後、頭山満、三浦梧楼、犬養毅、古島一雄、安川敬一郎らに挨拶。九月、原敬を訪問。一二月、朝日新聞社を退社。

「英国牛津より」『朝鮮公論』二月号／「徴兵制度の決意」『東京朝日新聞』二月七日／「英国徴兵制度の半煮え」『日本及日本人』三月一日号（⑤）／「英国世界の人心を失す」『日本及日本人』四月一日号／「絶島孤立経営論」『日本及日本人』五月一五日号（⑤）／「対支政策と対列強策」『日本及日本人』六月一五日号（⑤）／「英国の両面観」『青年』九月号／「敢て対支同憂の士に質す」『日本及日本人』九月一日号〔『世界政策と極東政策』収録〕／「此国民の惰気を如何」『日本及日本人』九月一五日号／「独逸に於ける店員協会」『実業之世界』一〇月一日号／「野党何ぞ蹶起せざる」『日本及日本人』一〇月一日号／「悠長な英国人、気の早い日本人」『日本評論』一〇月号／「外患将に薄らんとす」『日本及日本人』一〇月一五日号／「政界の大晦日」『日本及日本人』一一月一日号／「寺内内閣を如何に観るか」『日本評論』一一月号／「自主的日米親交論」『日本及日本人』一一月一五日号・一二月一・一五日号・一九一七年一月一五日号（⑤：「日米親善か日米開戦か」と改題）。

一九一七（大正六）年（31歳）

一月、衆議院解散に際し、福岡市より立候補の準備。『東方時論』主幹に就任。四月二〇日の第一三回衆議院議員総選挙では、松永安左ヱ門、宮川一貫と議席を争い、落選。『東方時論』に論陣を張る。

⑤**『世界政策と極東政策』至誠堂書房　二月一三日**

「遊跡想痕漫録」『日本及日本人』一月一日号／「入社辞」『東

方時論』二月号／「議会解散内外多事」『東方時論』二月号／「米独の国交断絶と欧亜の新形勢」『東方時論』三月号／「寺内内閣存続の意義如何」『東方時論』四月号／「政界の現状と建設的輿論の必要」『東方時論』六月号／「露国の政変と列強勢力の消長」『東方時論』六月号／「独逸の田鼠政策」『東方時論』六月号〜九月号／「不徹底の外交調査会」『東方時論』七月号／「東亜危し国危し」『東方時論』八月号／「帝国産業の基礎脅やかさる」『東方時論』八月号／「東方時論」『東方時論』九月号／「大戦乱は何時まで続く乎」『東方時論』九月号／「時事評論」『東方時論』一〇月号／「日本帝国革新の秋」『東方時論』一〇月号／「時事評論」『東方時論』一一月号／「対外能力と責任政治」『東方時論』一一月号／「時事評論」『東方時論』一二月号／「至難の時局は剛健の民を要す」『東方時論』一二月号。

一九一八（大正七）年（32歳）

二月、次男・雄志誕生。四月、東方時論社本社を事業拡大のため移転。病気がちであった東則正が中野に東方時論社の経営権を移譲し、中野が名実ともに東方時論社のトップとなる。『東方時論』を拠点にロシア承認論とシベリア出兵論批判を展開する。一二月、特派員としてパリ講和会議に出発。

「時事評論」『東方時論』一月号／「彼等に国策なく憲政なし」『東方時論』一月号／「時事評論」『東方時論』二月号／「政府の施政方針と各党の宣言」『東方時論』二月号／「維新の先覚津田出翁を懐ふ」『東方時論』二月号／「現在の若手の働き者」『中央公論』三月号／「時論」『東方時論』三月号／「公開せる講和会議」『東方時論』三月号／「伯林より東京へ」『中央公論』四月号／「似而非愛国者」『中外新論』四月号／「時論」『東方時論』四月号／「片眼隻耳の外交を排す」『東方時論』四月号／「日支政客に誨ふ」『東方時論』五月号／「時論」『東方時論』六月号／「後藤新外相と外務の積弊」『東方時論』六月号／「支那の内争と日本」『大陸』七月号／「腑甲斐なし亜細亜の盟主」『東方時論』七月号／「所謂亜細亜的術策を排す」『中央公論』七月号／「浅慮外交屈辱出兵」『東方時論』八月号／「大塩中齋を憶ふ」『東方時論』九月号（㉜）／「外に自主的協調、内には国民と協調」『中央公論』一〇月号／「時論」『東方時論』一〇月号／「国難四辺より迫る」『東方時論』一〇月号／「時論」『東方時論』一一月号／「戦時外交より講和外交へ」『東方時論』一一月号／「講和を現実に観よ」『東方時論』一二月号。

一九一九（大正八）年（33歳）

一月、パリ到着。二月の講和会議総会を目撃し、日本外交団に失望し、終わりを見届けずに帰国の途につく。五月、各地にて講和会議に関する講演会を精力的に展開。八月、馬場恒吾、長嶋隆二、杉森孝次郎、永井柳太郎らと改造同盟を結成。普通選挙法の実現に向けた運動を開始する。

⑥『世界改造の巷より』東方時論社　四月一〇日
⑦『講和会議を目撃して』東方時論社　七月二三日
「渡欧の門出に」『東方時論』一月号／「裸踊りの外交戦」『東方時論』二月号／「奇怪なる米人の心理と新思潮難」『東方時論』三月号／「世界改造の巷より」『日米［The Japanese American News］』三月二三～三一日・四月一～一三日／「世界改造の巷より」『日布時事』四月七～一二・一六～一九・二一～二六・二八～三〇日・五月一日／「世界改造の巷より」『東方時論』五月号（⑧）／「旭日旗影薄し」『東方時論』五月号（⑧）／「講和会議を目撃して」『大阪朝日新聞』五月四～一五・一七～二七・二九～三一日・六月二～六・八～一四日（⑦）／「講和会議の真相」『大阪毎日新聞』五月五日／「講和会議の表裏」『大阪毎日新聞』五月六～一〇・一二・一三・一五～二〇・二二日／「講和会議と我特使」『信州』六月一日号／「我使臣の愚劣掩ふに言なし」『大観』六月号／「何ぞ困難に鑑みざる」『東方時論』六月号／「山東問題と日支両国の教訓」『実業之日本』六月一五日号／「講和の使節の内幕を国民に報ず」『寸鉄』七月号／「屋根裏の一青年―ヂヨルヂヤの志士ガムベシチ」『青年雄弁』七月号／「国民の解放は唯一の活路」『中央公論』七月号（⑦）／「新局面は独露より開く」『東方時論』七月号／「国民生活と国際生活」『東方時論』七月号（⑦）／「国民外交の旗揚」『東方時論』七月号／「講和会議の真相」『憲政』七月号／「誠意：：勇気：：」『帝国青年』八月号／「如何か世界の窮困を救ふ」『東方時論』八月号／「政治改革より純理改革へ」『東方時論』八月号／「青島問題と労働問題」『東方時論』八月号／「政党幹部の無能揃い」『潮』九月号／「講和惨敗の跡」『寸鉄』九月号／「改造同盟論」『東方時論』九月号／「誰か大勢を指導する」『東方時論』九月号／「西園寺侯を迎ふ」『東方時論』九月号／「講和会議後の時局と国民の覚悟」『信州』一〇月一日号・一一月一日号／「改造へ、改造へ」『中学世界』一〇月一日号／「人道的対露政策を提唱す」『東方時論』一〇月号／「挑戦的米国に誨へよ」『東方時論』一〇月号／「国民喜劇政治に厭く」『東方時論』一〇月号／「昔の儘の店は張るまい」『労働世界』一〇月号／「偶像と幻影と現実」『東方時論』一一月号（⑧）／「現代唯物外交観」『東方時論』一二月号／「労働運動の試煉」『東方時論』一二月号。

一九二〇（大正九）年（34歳）

二月、衆議院解散に際して総選挙の準備に取り掛かり始める。五月、第一四回総選挙において松永安左エ門との一騎打ちで勝利し、当選する。七月、第四三議会にて尼港問題特別委員会設置提案について演説する。一〇月、満洲・朝鮮視察。一二月帰国。同月、三男・龍彦が生まれる。

「新現象と新人物」『東方時論』一月号（⑧）／「失敗せる対支政策―青島居留地問題と外務省」『人間』一月号／「国際政策としての西伯利撤兵論」『東方時論』二月号／「四十二議会の

各政党」『東方時論』二月号／「全国政戦の巻」『国民新聞』三月付／「揺ぎ出せる政界の各勢力諸人物」『東方時論』三月号／「英米対日外交の転機」『東方時論』三月号／「議会解散政界総動員」『東方時論』三月号／「総選挙に臨む国民の責任」『東方時論』四月号／「独逸反革命の経過」『東方時論』四月号／「総選挙戦正に闌なり」『東方時論』五月号／「総選挙前後の政界」『東方時論』六月号／「西伯利政策失敗の責任と根本的対策」『東方時論』七月号／「議場で処女演説を試みて」『中央公論』八月号／「排日聯盟成立の徴」『東方時論』八月号／「帝国外交の危機　錆び刀にて剣舞するを止めよ」『国民新聞』八月一五日付／「波蘭の浮沈に鑑みよ」『東方時論』九月号／「新政治運動の新機軸」『東方時論』九月号／「錆刀を振り廻す日本」『新世界』九月一二・一三日／「英雄の環境を偲びて」『東方時論』一〇月号（⑧）／「亜米利加建国の精神に訴へよ」『国民新聞』一〇月三日／「建国の精神に訴へよ　米国民は斯の如き事を敢てするか　実に是不法極まる」『新世界』一〇月二九〜三一日・一一月一日／「汎米主義の六大展開と対日脅威」『東方時論』一一月号（⑧）／「満鮮の鏡に映して」『国民新聞』一二月一〜二九日・一九二一年一月三〜二〇・二二・二四・二五日（⑨）／「職業政治家の遊戯を排す」『東方時論』一二月号。

一九二一（大正一〇）年（35歳）

一月、無所属の議員が集まり、無所属倶楽部を結成する。二月、第四四議会で決議案「対露政策に関する件」と決議案「朝鮮統治に関し調査委員会設置の件」を提示している。四月、青年教育のための猶興居を自宅横に開く。

⑧『現実を直視して』善文社　二月一六日

⑨『満鮮の鏡に映して』東方時論社　三月一五日

「新興民族を創造するの使命」『東方時論』一月号／「時論」『東方時論』一月号／「米国建国の精神」『紐育新報』一月一日／「米国建国の精神を会得せよ　日本国民の一大覚悟」『日布時事』一月一日／「政友会、憲政会及び国民党」『東方時論』二月号／「時論」『東方時論』二月号／「任侠と卑劣」『雄弁』二月号／「海軍協定論と尾崎案」『東方時論』三月号／「時論」『東方時論』三月号／「国民唯一の活路」『東洋時報』三月二〇日号／「原内閣は精神的に斃れたる醜骸なり」『中外新論』四月号／「既成政党の破産」『東方時論』四月号／「時論」『東方時論』四月号／「政変如何にして来るか」『東方時論』五月号／「尾崎氏の遊説」『東方時論』五月号／「米国の大野心と満洲租借権」『東方時論』五月号／「ブルジョア当局の怠慢と労働問題」『東方時論』五月号／「有色人種絶滅策」『日華公論』五月号／「国際的紛糾を解くの秘鑰」『東方時論』六月号／「時論」『東方時論』六月号／「朝鮮問題と警察の民衆化」『日華公論』六月号／「人類再生の秋に際して」『廓清』六月一〇日号／「排日問題の考察と積極的対応策」『現代』七月号／「武装的文弱国の狂態」『東方時論』七月号／「如何にか政界を粛正せん」『東方時論』七月号／「日英同盟と無条件撤兵」『東方時論』七月号／「アタールとエロシエンコ」『東方時論』七月号／「卑劣思想の打破と日支親善」『日華公論』七月号／「根柢を把握せよ」『国民新聞』七月七〜一二・一四・一六・一八・一九・二二・二三日／「已むを得ずんば原敬か」『国民新聞』七月二〇日／「新国家建設の第一歩　先づ国民精神の建替建直し」『自由評論』八月号／「太平洋会議を活用せよ」『東方時論』八月号／「同盟廃棄より独立孤往へ」『東方時論』八月号／「已むを得ずんば原敬か」『東方時論』八月号／「日支親善と満洲に寄生する党類」『日華公論』八月号／「太平洋会議愈々進展す」『東方時論』九月号／「国際政局の根源に徹せよ」『東方時論』九月号／「四国干渉何物ぞ」『武侠世界』九月一日号／「難局を現実に見よ」『国民新聞』九月一七〜二七・二九・三〇日・一〇月一〜四・六〜九・一二・一五〜一七日／「屈従は危機を招く」『東方時論』一〇月号／「時論」『東方時論』一〇月号／「極東平和の基礎＝日露支鮮四民族の融洽親善を図れ」『日華公論』一〇月号／「太平洋会議は果して国難か」『新家庭』一一月号／「徳川使節の態度」『東方時論』一一月号／「原内閣得意の絶頂」『東方時論』一一月号／「感激・精進・躍動」『雄弁』一一月号／「現代の青年と政治運動」『寸鉄』一二月号／「外交果して至難」『東方時論』一二月号／「高橋内閣の環境」『東方時論』一二月号／「華盛頓会議と我当局の失体」『国民新聞』一二月二二〜二四日。

一九二二（大正一一）年（36歳）

一月、国民党と無所属倶楽部との合同問題が浮上する。二月、第四五回議会でワシントン会議の経過に関する決議案を提出する。六月、四男・泰雄誕生。七月、ロシア問題を解消するための又新社を発足。一一月、無所属倶楽部を解体し、国民党と合同して革新倶楽部を成立させる。

「ベルサイユ会議管見」『中央史壇』一月号／「国際日本の新活路」『東方時論』一月号／「華府会談と極東問題」『日華公論』一月号／「豪壮なりし大隈侯」『東方時論』二月号／「政界漸次に展開す」『東方時論』三月号／「議会の悪評は何の徴」『東方時論』四月号／「最高の人道と最良の政策」『労働立国』四月一日号／「独露提携と日本」『東方時論』五月号／「政界革新の魁」『東方時論』五月号／「政界腐敗の解説と救済の原理」『東方時論』六月号／「加藤内閣に要望」『東方時論』七月号／「批評圏外の加藤内閣」『東方時論』七月号／「西伯利撤兵の後図」『東方時論』八月号（⑪）／「対露非干渉運動」『東方時論』八月号／「独露破産同盟と日本」『東方時論』八月号（⑪）／「又新社と東方時論」『東方時論』九月号／「国際債権問題の両端を叩きて」『東方時論』九月号（⑪）／「生活安定の民衆運動を起せ」『東方時論』九月号／「対露交渉の要訣」『東方時論』九月号／「生活に立脚して政治を慮れ」『婦人公論』九月号／「婦人参政」『女性』一〇月一日号／「人間性と利己」『東方時論』一〇月号／「国民外交の屏息を如何」『東方時論』一〇月号／「対

露交渉の基調」『東方時論』一〇月号／「幼けなき思ひ出」『雄弁』一〇月号／「二重外交より国民外交へ」『東方時論』一一月号／「極東に立ちて近東を見よ」『東方時論』一一月号／「物価問題の両翼」『東方時論』一一月号／「政党政治の改造」『寸鉄』一二月号／「剛健なる抵抗力を要す」『東方時論』一二月号。

一九二三（大正一二）年（37歳）

一月、革新倶楽部を代表して総括質問演説。三月、第四六議会でロシア政府承認に関する決議案を提出し、五月、神田青年館における露国承認演説会に出演するなど日露関係の修復を試みる活動を展開する。九月、関東大震災により東方時論社屋が壊滅し、政教社の『日本及日本人』との合同を目指すが、頓挫。一〇月、『東方時論』を廃刊して、岳父・雪嶺とともに『我観』を創刊。

⑩**『露西亜承認論』東方時論社　五月二五日**

「新春の政界に面して」『東方時論』一月号／「今期議会と物価問題」『神戸又新日報』一月七日／「『華族の邸宅地開放』に対する批判」『解放』二月号／「気概と温情と打算」『東方時論』二月号／「緊縮より暢展へ」『東方時論』二月号／「孤立外交の光明」『東方時論』二月号／「枢密院と陰謀政治」『東方時論』三月号／「後藤子とヨッフェ氏」『東方時論』三月号⑪／「両個の羅馬法王」『東方時論』三月号／「地租国税の撤廃と地方長官の民選論　革新倶楽部本議会の提唱」『新世界』三月一～三日／「世界政策としての露西亜承認」『東方時論』四月号／「露国を承認せよ」『秋田魁新報』四月二日／「政変説と政界」『東方時論』五月号／「労農国承認の効果」『国論』五月一五日号／「露西亜を即刻無条件にて承認せよ」『改造』六月号／「日露国交の精神的要素」『東方時論』六月⑪／「日露交渉の暗礁」『東方時論』七月号⑪／「醜悪なる日露交渉」『東方時論』八月号⑪／「現状打破は徹底的に」『東方時論』八月号／「対支問題の要訣」『東方時論』八月号／「殺されたる主義者」『東方時論』八月号／「研究室臨検事件に就ての感想」『日本教育』八月号／「復興の経綸」『我観』一〇月号／「国民の期待する所　権兵衛伯と後藤子犬養氏」『我観』一〇月号／「新興勢力と普通選挙」『我観』一一月号／「普選と政治的勢力のプロダクション」『改造』一二月号。

一九二四（大正一三）年（38歳）

清浦奎吾内閣成立に伴う特権内閣批判を展開し、第二次護憲運動に参加。五月に行われた第一五回総選挙では、宮川一貫を相手に中野は大苦戦し、僅差でなんとか当選する。総選挙で革新倶楽部からの協力が得られなかったこともあり、総選挙後に革新倶楽部を脱退し、憲政会に入党する。

「国際経済政策としての対露問題」『我観』一月号／「普選と政治的 PRODUCTION」『工場世界』一月号／「特権内閣の本質的検討」『我観』二月号／「インテリゲンチャへの希望」『東京

朝日新聞』二月一五・一六日／「今や青年の責務重大なり」『青年大学』三月号／「日露両国民に愬ふ」『我観』四月号／「総選挙に直面して」『我観』五月号／「わが愛読の秋に関する古今東西の文章詩歌について」『随筆』一〇月号／「来る可き通常議会を予想して在野党の無気力を歎ず」『世紀』一〇月号／「支那時局と対支態度」『憲政』一〇月号／「不干渉主義の積極的発動」『我観』一二月号（⑪）。

一九二五（大正一四）年（39歳）

一月、日ソ基本条約が締結され、二月、日露国交回復記念会に参加。同月、第五〇回議会に提出された治安維持法に反対。他方、普通選挙法案成立のために尽力し、三月に可決される。八月より一一月にかけてシベリア・満洲・中国北部を視察し、早稲田大学時代の同窓生・林長民らとも再会。一二月帰国。

「政界座談　政党政治の将来」『平凡』一月号／「孫文氏の去来と亜細亜運動」『我観』一月号（⑪⑬）／「流動的弾力を失つた『改造』三月号／「日露親交の真価値」『我観』三月号／「来らんとする露支両国大使」『我観』三月号／「普選断行の主張」『我観』四月号／「普通選挙の論陣」『憲政公論』四月号／「日露条約の国際的価値」『新天地』五月号／「日露問題を中心として」『日本警察新聞』五月一・一〇・二〇日・六月一日／「進藤喜平太翁」『我観』七月号（㉜）／「対支同情の徹底を怕るゝ勿れ」『我観』八月号（⑪）／「日支露の国際的地位」『新天地』一二月号。

一九二六（昭和元）年（40歳）

一月、憲政会の初代遊説部長に就任する。三月、陸軍機密費事件を提起し、査問委員会にかけられる。中野家へ暴徒が押し寄せる。六月、左足の整形手術に失敗し、左足切断し、隻脚となる。一〇月に退院する。

⑪『**中野正剛対露支論策集**』**我観社　四月五日**

「日支融合の現実化」『我観』一月号（⑪）／「新春を迎へて極東の黎明を愬ふ」『立憲青年』一月号／「政党首領としての若槻氏」『改造』三月号／「若槻内閣を繞りて」『我観』三月号／「最近の露西亜を視察して」『現代』三月号／「対支外交と政友会」『立憲青年』三月号／「政友会の四幹部調査の件」『新使命』四月号。

一九二七（昭和二）年（41歳）

三月、三木武吉の後任として若槻憲政会内閣の大蔵参与官となる。四月、若槻憲政会内閣総辞職に伴い参与官辞任。五月、第五三議会で枢密院弾劾演説を行う。六月、立憲民政党の結党式が開かれ、民政党の党遊説部長となる。

「軍縮会議の成立を望む」『憲政公論』三月号／「枢密院弾劾の政治的意義」『民政』六月号／「不当極まる枢府の行動」『立憲青年』六月号／「揚子江は魔の淵」『我観』七月号／「既成政党は何を存在理由とするか　政綱中心に階級超越の糾合」『エコノミスト』一〇月号／「国際主義と人種平等」『現代』一〇

月号。

一九二八（昭和三）年（42歳）

一月、九州日報社長となる。二月、普通選挙法公布後、初めての衆議院議員総選挙において最高点当選。七月、父・泰次郎死去。

⑫『**田中外交の惨敗**』**平凡社　一二月一七日**

「危険なる対支政策」『布哇報知』一月一日／「大地に刻せよ『経世の文字』」『九州日報』一月一七日／「善行少女への褒賞」『九州日報』一月二一日／「南洲論」『九州日報』一月二三～三一日・二月一～五日／「大地に刻せよ経世の文字」『我観』二月号／「立憲民政党の国家整調主義」『経済往来』二月号／「我党の高調する国家整調主義」『民政』二月号／「普選に大勝したる我党の真面目」『民政』三月号／「単に臭い点では政友も同じ事殊にムッソリーニの嗅のする田中、鈴木、小川［談］」『九州日報』四月一四日／「円タク型のムッソリーニと幼稚な労農党」『中央公論』五月号／「内閣弾劾の前提として―民政党の賛成理由」『立憲青年』五月号／「さつま汁にせ田舎料理」『婦人倶楽部』六月号／「支那は混沌より混沌へ」『雄弁』七月号／「脱党の理由頗る薄弱　天下公人の首肯すべき理由なき行動は陰謀に過ぎぬ」『九州日報』八月二日／「対支政策の更新」『九州日報』八月一二～三一日・九月一～一〇日（⑬）／「白虎隊の墓を弔ひて」『九州日報』九月一一日（⑬㉜）／「田中総裁の魂胆」『改造』一〇月号／「芸妓問題と輿論」『廓清』一〇月号／「政機将に動かんとす」『九州日報』一〇月二三～三一日／「政機将に動かんとす」『我観』一一月号／「大典の京洛より　錦旗を草莽の間に建てよ」『九州日報』一一月一五日／「大典後の政界展望」『九州日報』一一月二二～二七日／「大典後の政界展望　政府与党の議員誘拐策」『我観』一二月号／「崩壊せる田中外交」『九州日報』一二月一五～二〇日。

一九二九（昭和四）年（43歳）

一月、第五六議会予算総会で満洲某重大事件（張作霖爆殺事件）に関し田中首相と一問一答で責任を追及する。田中内閣打倒運動に邁進。七月、田中内閣総辞職により浜口雄幸に大命が下り、民政党内閣が成立し、中野は逓信政務次官となる。

⑬『**国民に訴ふ　中野正剛大演説集**』**平凡社　四月五日**

「対支政策の惨敗」『我観』一月号（⑬）／「我党は斯く進まん」『九州日報』一月一日／「日支関係の悪化と満鉄回収問題」『改造』二月号／「田中強硬外交の死命を制する難題」『九州日報』二月一〇日／「田中外交の責任解除」『我観』三月号（⑬）／「暴露の正体」『中央公論』三月号／「日支漫言」『日支』三月号／「小選挙区制批判」『我観』四月号／「国民が承認せぬ田中内閣」『改造』四月号／「田中外交の全部的失敗」『改造』五月号／「所謂済南事件の解決」『九州日報』五月二九日／「吉会線問題とブラフ外交の破産」『九州日報』五月三〇日／「日本の退嬰と

米国の弗的支配」『九州日報』五月三一日／「所謂済南事件の解決、吉会線問題とブラフ外交の破産、日本の退嬰と米国の弗的支配、醜劣なる資本家の内争と労農露西亜、南京政府の試金石」『我観』六月号／「醜劣なる資本家の内争と労農露西亜」『九州日報』六月一・二日／「南京政府の試金石」『九州日報』六月三日／「不戦条約問題と枢密院の責任問題」『我観』七月号／「杉森孝次郎を評す」『読売新聞』七月一一日／「緊縮より努力へ」『全関西婦人連合会』九月号／「カフエーよりも坊さんを取締れ」『大阪毎日新聞』一二月六日。

一九三〇（昭和五）年（44歳）

二月、金解禁の勢いのまま第一七回総選挙に突入し、中野の福岡県第一区は四議席のうち三議席を民政党で占有する大勝利を果たす。金解禁により景気悪化が顕在化したため、その是正を目指す。七月『国家統制の経済的進出』を公刊。逓信省政務次官として電話民営案をまとめるが、閣議にて通過せず、責任をとって辞任する。

⑭『国家統制の経済的進出』平凡社　七月一五日

「解散の直前に」『九州日報』一月二四～三〇日／「この勢で行けば二百六十名を突破　福岡県一区こそ理想選挙の典型」『九州日報』二月二三日／「男子の本懐」『キング』六月号（㊾）／「二人の異なつた立場」『サンデー毎日』六月一五日号／「国家統制の経済的進出」『九州日報』七月一六～一八・二〇～二四日／「国家統制の経済的進出」『我観』八月号／「国家統制の経済的進出」『民政』八月号／「打開の一途」『国民新聞』一〇月一五～一七・一九・二一～二四日／「闘犬を語る」『サンデー毎日』一一月一六日号／「国運進展の大方策」『雄弁』一二月号／「経済産業の国家的統制」『保険評論』一二月三〇日・一九三一年一月三一日。

一九三一（昭和六）年（45歳）

一月、浜口総裁に手紙で民政党内事情について直言。三月に浜口は登院するものの、四月に辞表を提出。第二次若槻内閣が誕生する。七月、長男・克明が滑落事故により死去。九月、福岡県県会議員選挙応援のため遊説しているところ、デング熱に罹患して入院。その間、満洲事変が勃発。病を押して上京する。一一月、民政党・政友会の協力内閣運動推進。一二月、安達内相は連立政権論にて若槻首相と対立し、同月一一日、若槻内閣は総辞職する。同月、協力内閣の運動に失敗し、民政党を脱党。

⑮『沈滞日本の更生』千倉書房　八月一日

「政治家の決心」『九州日報』一月三～五日／「大戦後の世界財界の推移と我国の財政政策」『貿易』一月号／「党本部に帰るまで」『我観』二月号／「議会を顧みて」『東京朝日新聞』四月一～三・六日／「五十九議会を顧みて」『大阪朝日新聞』四月一・二・六・七日／「第五十九議会を顧て」『民政』五月号／「時代

に順応する若槻首相の弾力性」『九州日報』五月一五日／「現下時局に対する私の経綸」『講演集』五月三〇日号／「不況打開の概念と適用」『国民新聞』六月一九～二一・二三・二五～二八・三〇日・七月一～四・七・八日／「対支関係の再組織」『外交時報』七月一日号（⑮）／「対支関係の再組織と其の指導原理」『九州日報』七月一～五・七・八・一〇～一二日／「シッカリシロ・チチ」『九州日報』八月二一～三〇日／「シッカリシロ・チチ」『中央公論』九月号（㉜）／「青年日本の曙光」『キング』一〇月号／「国民外交を以てせよ！」『経済往来』一〇月号／「意志の強さ、情味の香り」『婦人倶楽部』一〇月号／「満蒙と我が特殊権益座談会」『文藝春秋』一〇月号／「支那に責任者なし須らく実質的に解決せよ」『エコノミスト』一〇月号／「現前の問題を先づ片づけよ」『大阪朝日新聞』一〇月二八日／「英米の拘束から離脱すべし」『東京朝日新聞』一〇月二九日／「満洲問題を中心として」『ダイヤモンド』一一月号（⑯：「満蒙を中心として」と改題）／「謡曲外交・幣原の失敗とジャズ外交・佛蘭西の成功」『サラリーマン』一二月一日号／「満洲問題を中心として」『九州日報』一一月一九～二八日／「満洲問題を中心として」『講演』一一月三〇日号／「満洲をどうする」『東京朝日新聞』一二月一五～二〇日（⑯：「満蒙を如何にすべきか」と改題）。

一九三二（昭和七）年（46歳）

一月、福岡に帰郷し、脱党理由を説明。二月の第一八回総選挙に当選。前回、共に当選した簡牛凡夫は落選。三月、満洲国が建国し、即時承認を求める運動を展開する。七月、早稲田大学時代の学友であり、満洲国交通部総長の丁鑑修が来日。八月、満洲国総務長官・駒井徳三の歓迎会を開く。国民同盟結成の準備をし、一二月、国民同盟結成式を開催。

⑯『転換日本の動向』千倉書房　一月三〇日

⑰『日本の動向』（『中央講演』第二輯）東京中央講演会　五月二五日

⑱『駒井長官を迎へて満洲国即時承認を高調す』東京講演会　八月一〇日

「国民は枯死する」『植民』一月号／「政変に直面して」『中央公論』一月号／「一時的景気の錯覚を指摘し全国民に告ぐ　政治家の発奮すべき絶好期」『新潟新聞』一月一日／「字典外交から脱却せよ」『北海タイムス』一月一日／「郷党の同志と充分に語りたい」『九州日報』一月四日／「内外風雲急　今度の政変は世界に相関連する」『九州日報』一月四日／「大国民の襟度」『国民新聞』一月六・七日／「政局の真相と吾徒の動向」『九州日報』一月一九～三一日／「政局の真相と吾徒の動向」『講演』一月二〇日号／「ソシアル・ナショナリズムの色彩にて」『改造』二月号（⑯：「仮想『社会国民党』」と改題）／「協力内閣説をめぐる政変の内幕を語る」『サラリーマン』二月号／「脱退哲学その総論」『東京日日新聞』二月一日／「満蒙建立の精神」『外

交時報』二月一五日号／「我が意気と新鋭機　一世を警醒せん九州日報の新使命　自祝の言」『九州日報』五月一五日／「テロを防ぐ途 たゞ国民運動」『九州日報』五月一六日／「哀れ時勢急激の犠牲、犬養首相」『九州日報』五月一七日／「中野正剛氏時局座談会」『九州日報』五月一七～二七日／「日本の国策を論ず」『経済往来』六月号／「日本の動向」『講演』七月一〇日号／「丁正使、林副使一行に捧ぐ」『九州日報』七月一五日／「時代革新の暁鐘」『現代』八月号／「立憲政治の危機を救ふものは何か」『実業之世界』八月号／「満洲の即時承認を高調す　駒井長官を迎へて」『九州日報』八月一〇～一二日／「新興日本の動向に就いて」『工場世界』八月号／「日本に使して国民大衆諸君に告ぐ」『講演』八月二〇日号／「現実を直視せよ」『ダイヤモンド』八月二一日号／「満洲国即時承認を高調す」『我観』九月号／「この非常時に政府の決心を問ふ［議会演説速記］『九州日報』九月一～八日／「新日本発展の大策」『雄弁』九月号／「国民同盟は何を主張する」『日本講演通信』九月七日号／「国際登録は甚だ容易」『九州日報』九月九日／「極東日本の重責更に大」『九州日報』九月一六日／「名士　問合せ」『実業之日本』一〇月一日号／「満洲国の独立と日本の根本大策」『新天地』一〇月号／「日本の対満蒙政策を論ず」『東邦時論』一〇月号／「統制経済と強力政党」『内外公論』一〇月号／「日満統制経済に特殊機関を設けよ」『九州日報』一〇月三日／「ハリマン協定以来の火事泥主義を暴露　許すべからざる英米の野心」『九州日報』一〇月四日／「旻天答へず亡き河本本社長を語る」『九州日報』一一月一三日。

一九三三（昭和八）年（47歳）

二月、国際連盟脱退を主張する運動を展開し、大アジアモンロー主義を提唱する。一〇月、逓信同志会統令となる。同月、東方会を再建し、『国家改造計画綱領』を出版する。一一月に、東方会主催の演説会を開催する。

⑲『国家改造計画綱領』千倉書房　一〇月二八日

「西郷隆盛を語る」『日の出』一月号／「日本経済革命論と清水君」『九州日報』一月六～八日／「国際正義の再建」『九州日報』一月九～一三日／「強力政治論」『九州日報』一月二四～二六・二九・三〇日／「強力政治論」『改造』二月号（⑲：「強力政治の檄」と改題）／「強力政治論」『日本講演通信』二月二四日号／「聯盟脱退に直面して」『日本講演通信』二月二四日号／「聯盟脱退に直面して」『九州日報』二月二八日・三月二～六日／「千倉豊吉君を送る」『九州日報』三月一四日／「恐怖無き孤立」『外交時報』四月一日号／「孤立日本の政治経済」『財政経済時報』四月号／「聯盟脱退と名誉の孤立」『政治経済時論』四月号／「名士川柳大会」『実業之日本』四月一五日号／「総辞職は決定的」『九州日報』四月一八日／「駒井氏を迎へて」『講演』四月三〇日号／「孤立日本の政治経済」『新東洋』五月号／「強力政治と新日本の建設」『政治経済時論』五月号／「王

道に基き亜細亜民族団結せよ」『講演の友』六月二二日号／「国民の覚悟　我国の極東モンロー主義確立への新気運は来る」『九州日報』七月七日／「東洋民族結成の大使命」『政治経済時論』八月号／「亜細亜民族団結せよ」『東邦時論』八月号／「国策協定策を検討す」『経済往来』一〇月一日号／「大亜細亜モンロー主義の提唱」『新国民』一〇月五日号・一一月五日号・一二月五日号・一九三四年一月五日号・二月五日号・三月五日号／「統制経済を急げ　救世の大獅子吼　国民全階級参加せよ」『九州日報』一〇月九日／「国策申合せを批判する」『九州日報』一〇月二二日／「現前の問題を先づ片づけよ　あとは気永にやるがよい」『大阪朝日新聞』一〇月二八日／「余の労働運動指導原理」『政治経済時論』一一月号／「私は何故逓友同志会に入つたか」『労働経済』一一月号／「国家改造の指標」『講演』一一月二〇日号／「余の国家改造計画の大綱」『政治経済時論』一二月一日号・一九三四年一月一日号・二月一日号／「文化事項の重大性」『新美術』一二月五日号／「労働運動に対する私の信念」『工場世界』一二月一〇日号。

一九三四（昭和九）年（48歳）

一月、斎藤内閣施政方針演説に対し質問演説をする。六月三〇日、妻・多美子死去。八月、逓信同志会統令を辞任。一〇月、『我観』を更生飛躍号として刊行し、『我観』での言論活動を活発にする。

⑳『帝国の非常時断じて解消せず』大阪毎日新聞社編、大阪毎日新聞社・東京日日新聞社刊　三月一三日

「日本改革論」『大阪毎日新聞』一月一・三〜九・一二〜一五日／「合法的国民運動あるのみ」『現代』一月号／「極東モンロー主義と強力政治の必要」『東邦時論』一月号／「国民よ、進め悲観を越えて」『新潟新聞』一月一日／「大亜細亜モンロー主義の提唱」『雄弁』一月号／「愛郷塾の弾圧も亜流の続出は何故ぞ　現経済機構は農村を崩壊する」『九州日報』一月二六日／「非常時の本質如何―斎藤内閣を難詰す」『日本講演通信』二月五日号／「統制経済の確立」『財政経済時報』三月号／「国民内閣出現への過渡期」『ダイヤモンド』三月号／「余が抱く理想内閣」『中央公論』四月号／「足ばかり十本描く」『週刊朝日』四月八日号／「非常時局の展望」『大倉高等商業学校東亜事情研究』七月一五日号／「亡き妻たみ子を偲ぶ」『婦人倶楽部』九月号／「時評」『我観』一二―一〇、一〇月一日／「市電争議を斬く見る」『政治経済時論』一〇月号／「時論」『我観』一一月号／「親露外交論」『改造』一一月一日号／「陸軍の政治干与」『経済往来』一一月号／「正々堂々たる主張」『中央公論』一一月号／「時論」『我観』一二月号／「伝統的官僚予算の最後のもの」『経済情報』一二月一日号。

一九三五（昭和一〇）年（49歳）

岡田内閣の内閣審議会に安達謙蔵が参加することを批判。

一二月の国民同盟脱退につながる。七月、次男・雄志死去。国民同盟脱退直後に中国を視察する。

㉑『現状崩壊の過程と積極健全政策の提唱』〔『我観』一三一別冊附録〕我観社　一月一日

㉒『日本国民に檄す―北支風雲の煙幕を透して』我観社　一二月二五日

「時論」『我観』一月号／「小国民教育の貧困とその救済精神」『講演の友』一月一日号／「日本の行くべき途」『九州日報』一月三日／「岡田内閣の財政政策に対する質問」『農政研究』二月号／「勢ひ成れば天下は動く」『時局』二月五日号／「時論」『我観』三月号／「阿部真言君を弔ふ」『新天地』三月号／「時論」『我観』四月号／「阿部真言君を悼む」『我観』四月号／「時論」『我観』五月号／「岡田内閣への挑戦」『経済往来』五月号／「自由主義の全盛」『中央公論』五月号／「六月の論壇」『東京朝日新聞』五月三一日・六月一〜六日／「時論」『我観』六月号／「時論」『我観』七月号／「政局新分野の動向」『月刊維新』七月号／「北支問題を中心に転廻する政治諸情勢」『ダイヤモンド』七月一日号／「時事所感―現下の日本の諸問題」『講演の友』七月二〇日号／「時論」『我観』八月号／「時論二題」『時局』八月号／「時事所感」『大倉高等商業学校東亜事情研究』八月一〇日号／「時論」『我観』九月号／「時論」『我観』一一月号／「地方選挙と新興勢力」『月刊維新』一一月号／「時論」『我観』一二月号／「危機に立つ日本の対支政策」『経済情報』一二月一日号／「学友会雑誌の思い出」『同窓会雑誌』修猷館中学創立五十周年記念号、一二月号（㊾）。

一九三六（昭和一一）年（50歳）

一月、南京で蔣介石と会談する。帰国後、総選挙のための準備に取り掛かる。二月、総選挙に福岡県第一区においてトップ当選。二・二六事件勃発により盟友北一輝が思想的指導者として逮捕され、刑死。五月、『我観』を東方会機関誌『東大陸』として六月号より改題。

㉓『日本拡大強化論』日本講演協会　三月二五日

㉔『昭和維新と官僚政府の役割』秀光書房　八月一八日

㉕『電力国営案に対し中野正剛氏所信を明かにす』電気連合通信社　八月二九日

㉖『支那をどうする　日支問題を如何に解決すべきか』今日の問題社　一〇月一八日

㉗『中野正剛氏大演説集』朝風社　一一月二一日

㉘『支那は極東のスペインか？　対支外交再検討の秋』東大陸社　一二月二九日

「革新政治の展開」『我観』一月号／「日本外交の反省」『改造』一月号／「暁春に騎る」『九州日報』一月一日／「日本拡大強化論　日本の危機？世界は迫る！」『講演の友』一月一日号／「渡支に際して」『時局』一月一日号／「如何にか環境を切り拓く」『時事新報』一月六・七日／「国民の全能力を国家経営に綜合せよ

支那問題解決の根本義」『大阪朝日新聞』一月七日／「我が自主的建艦方針　希望あつて恐怖なし」『大阪朝日新聞』一月八日／「友邦支那の現状に何をなすべきか」『東京朝日新聞』一月一二日／「国民の全能力綜合 これ政治の使命」『東京朝日新聞』一月一四日／「蔣介石氏と会談す」『大阪毎日新聞』一月一四〜一六日／「支那漸く我を解す　外相捨身で臨め　排日鎮静は不可能ならず」『大阪毎日新聞』一月一七日／「日支関係打開の方策を蔣介石と語る」『ダイヤモンド』二月一日号／「無風帯圏に足踏みするもの」『ダイヤモンド』三月一一日号／「動乱の後に来るもの 国家改造の強化へ」『早稲田大学新聞』三月一一日号／「時論」『我観』四月号／「非常時青年の修養」『済美』四月一五日号／「時論」『我観』五月号／「純情の朋満川君」『月刊維新』六月号／「時論」『東大陸』六月号／「男児の文学」『文芸懇話会』六月号／「時論」『東大陸』七月号／「時論」『東大陸』八月号／「現代日本の環境」『大倉高等商業学校東亜事情研究』九月一日号／「北支に於る川越大使の活躍とその効果」『経済情報』九月一日号／「現代日本の環境」『旬刊講演集』九月一〇日号／「時論」『東大陸』一〇月号（㉚：「日支関係悪化の再認識」を採録）／「支那をどうする?」『都新聞』一〇月一一〜一三日付／「積極日本主義こそ革新諸政策の基調」『東京朝日新聞』一〇月一五日付／「時論」『東大陸』一一月号（㉚：「竜頭蛇尾の対支交渉」を採録）／「東洋大変革の渦」『雄弁』一一月号／「時論」『東大陸』一二月号（㉚：「対支交渉の全面的崩壊」を採録）／「対支外交再検討の秋」『東京日日新聞』一二月一四〜一九日（㉚）／「対支外交再検討の秋」『大阪毎日新聞』一二月一四〜一九日。

一九三七（昭和一二）年（51歳）

三月、東方会事務所を赤坂溜池に移転する。四月、第二〇回総選挙に東方会公認で二〇名が立候補し、一一名が当選。五月一〇日から三日間、東方会全体会議を行い、宣言綱領を決定する。盧溝橋事件勃発。日独伊三国防共協定のための運動を展開し、一一月にドイツとイタリアを訪問する。一二月、ムッソリーニと会談。

㉙『積極拡大主義の危険性と合理性　中野正剛君議会演説』東大陸社　三月五日

㉚『日本は支那を如何する』育生社　一一月一五日

「大和民族への試錬」『九州日報』一月一日／「時論」『東大陸』一月号（㉚：「蔣介石の遭難と日支関係」を採録）／「革新勢力は前進する」『ダイヤモンド』二月一日号／「時論」『東大陸』二月号／「暫く放置せよ」『改造』二月号／「人の欲する所は恋と名なり—徳富蘇峰翁文章報国五十年記念祝賀会に於て」『雄弁』三月号／「時論」『東大陸』四月号／「革新の動向促進」『読売新聞』四月一三日／「時論」『東大陸』五月号／「時論」『東大陸』六月号（㉚：「空虚なる日英親善工作」を採録）／「内に革新常道樹立　外・日独提携の強化へ」『東京朝日新聞』六月

一三日／「日独提携の強化へ」『大阪朝日新聞』六月一三日／「時論」『東大陸』七月号／「国際的環境より観たる日支関係」『旬刊講演集』七月三〇日号／「時論」『東大陸』八月号（㉚：「強力外交の確立」を採録）／「国際環境より見たる日支問題」『大倉高等商業学校東亜事情研究』八月五日号／「大増税を断行支那軍閥を粉砕せよ」『やまと新聞』八月九日／「明朗東亜への道　欧米への支那の媚態　この迷夢打破が焦眉」『日本読書新聞』八月一五日／「時論」『東大陸』九月号（㉚）／「日支事変と国際正義」『時潮』九月号／「支那事変と国際情勢」『講演』九月三〇日号／「時論」『東大陸』一〇月（㉚）／「日本は支那をどうするか」『改造』一〇月号／「東亜政治の悲劇」『文藝春秋』一〇月一五日号（㉚）／「時論」『東大陸』一一月号／「私の崇拝する偉人　西郷隆盛先生」『小学五年生』一二月一日号／「出游に臨みて」『東大陸』一二月号／「媚英外交の清算と三国協定の強化」『講演』一二月一〇日号。

一九三八（昭和一三）年（52歳）

二月、ヒトラーと会談。三月、帰朝。AKより放送するなど、会談の成果を喧伝。七月、東方会主催による「対外強硬国策の提唱」と題する講演会を開催。一二月九日、東方会全体会議。国民再組織反対決議。

㉛『独・伊より帰りて日本国民に訴ふ』銀座書房　三月二五日

㉜『魂を吐く』金星堂　五月一〇日

㉝『真直ぐに行け』育生社　五月二〇日

「老英帝国を衝く―独伊訪問の途に上るに際して」『現代』一月号／「媚英外交清算の秋」『創造』一月号／「事変を徹底的に解決せよ」『内外公論』一月号／「客窓に響き渡る日本躍進の足音」『大阪毎日新聞』一月五日／「疑ふな！直進せよ」『大阪毎日新聞』一月六日／「ムッソリーニ首相と語る」『大阪毎日新聞』一月二七・二九・三一日／「盟邦〝独伊〟を訪れて」『都新聞』三月五～七日／「独伊より帰りて日本国民に檄す」『講演』三月二〇日号／「大道を驀らに！」『新愛知』三月二二・二四・二五・二七・二九・三〇日付／「ヒトラーとムッソリーニ」『改造』四月号／「新時代の弁論」『大日本青年』四月一・一五日号・五月一・一五日号／「国民よ起て、―独伊より帰りて」『東大陸』四月号／「わが報告書」『日本評論』四月一日号／「現状打破勢力としての独伊」『文藝春秋』四月一日号（㉝）／「独伊の印象」『ラヂオ講演講座』四月五日号／「ベルリンローマ東京枢軸に立脚して」『講演時報』四月一五日号／「日本の進み行く道　ヒットラー、ムッソリーニの両雄に防共の決意を叩く」『家の光』五月号／「独・伊両巨人との会見記」『現代』五月号／「日本青年よ真直に行け―独・伊を訪問して」『向上』五月一日号・六月一日号／「革新政治の第一目標　何よりも眼前の時艱を克服せよ」『中央公論』五月号／「時論」『東大陸』五月号／「支那の単独管理に進め」『日本評論』五月一日号／「ムッソリーニ首相とヒトラー総統を語る」『日の出』五月号／「祖国日本よ怖れず進め！—独・伊訪問より帰りて」『雄弁』五月号／「現下の独逸を語る」『龍門雑誌』五月二五日号・六月二五日号・七月二五日号／「民族の持ち味」『都新聞』五月三〇日／「時論」『東大陸』六月号／「伊太利・独逸より帰りて」『有終』六月号／「時論」『東大陸』七月号／「事変一年に際して中野正剛氏に戦時外交の今後を訊く」『ダイヤモンド』七月一一日号／「和平への唯一通路」『講演』七月二〇日号／「英国恐るゝに足らず」『講演時報』七月二五日号／「和平と西沙島問題　宇垣外相の媚英的態度を駁す」『時局月報』八月号／「和平の形式に就て一問一答」『時局月報』八月号／「対外国策を強化せよ」『東大陸』八月号／「大陸の長期経営」『日本評論』八月一日号／「事変解決の途と第三国」『文藝春秋』八月一日号／「外交強化と大東亜建設」『都市と農村』八月号／「事変下の国民精神」『ラヂオ講演講座』八月二五日号／「時論」『東大陸』九月号／「宇垣外相に与ふ」『日本評論』九月一日号／「対英媚態外交を戒む」『文藝春秋』九月一〇日号／「日本外交の指導原理」『東大陸』一〇月号／「英国の極東退陣を予約す　わが広東攻略論の勝利とその意義」『国策研究』一一月号／「時論」『東大陸』一一月号／「更に海南島へ」『時局月報』一一月五日号／「禍根・〝租界〟を絶て　新政支那当然の権利」『東京朝日新聞』一一月一六日／「東亜の禍根一掃　援蔣各国に差別待遇は必然」『大阪朝日新聞』一一月一六日／「世界新秩序の建設と勝利者日本の外交」『いのち』一二月号／「時論」『東大陸』一二月号／「近頃の新党運動」『時局月報』一二月二〇日号。

一九三九（昭和一四）年（53歳）

一月、東方会全国大会を開催。二月、社会大衆党との合同を試みるものの失敗。直後に中国視察旅行へ赴くが、合同失敗を受けて東方会は内紛。また、議会会期中の中国視察に対し、除名問題が起こり、衆議院議員辞任。五月、東方会全体会議を開催し、七月、「東亜民族大会」を主催し、日独伊三国同盟の締結と排英運動を東方会の主軸とする運動に位置づける。

㉞『対支国策の根幹を論ず』東方会西日本支部　七月一〇日

㉟『時局打開国民運動講演速記録』時局海上協議会事務局　七月三一日

「野より映画界へ」『映画朝日』一月一日号／「長期建設の指導原理—青年教師諸君に告ぐ」『教育研究』一月号／「誠意!!勇気!!」『青年』一月号／「時論」『東大陸』一月号／「ヒットラー総統を語る」『雄弁』一月号／「遠く想ひを戦線に馳す」『九州日報』一月二日／「時論」『東大陸』二月号／「事変解決の国民的指標」『講演』二月二〇日号／「満天下の同志諸君に告ぐ」『東大陸』三月号／「時論」『東大陸』三月号／「議論よりも行動」『東大陸』三月号／「国際情勢と日支事変」『教育研究』四月号／「東方会は邁進する」『東大陸』四月号／「対支国策の根幹を論ず」『改造』五月号／「時論」『東大陸』五月号／「時局雑感」『経済情

報　政経篇』五月一〇日号／「断乎わが動向を決せよ」『旬刊時事特輯』六月一日号／「時論」『東大陸』六月号／「日独伊軍事同盟論―支那事変の収拾策」『話』六月号／「新日本の進路」『大阪時事新報』六月一〇～一四日／「日本の動向を決定せよ」『旬刊講演集』六月一〇日号／「租界問題と対英外交批判」『ダイヤモンド』六月二一日号／「日本の動向を決定せよ」『講演』六月三〇日号／「日本外交の大道」『革新』七月号／「全支の租界を撤収すべし」『国策研究』七月号／「日本の動向を決定せよ」『事業之日本』七月号／「日本よまっすぐに」『実業之日本』七月一日号／「日独伊三国同盟と事変処理」『中央公論』七月号／「日本の動向を決定せよ」『東大陸』七月号／「事変二周年外交批判」『日本評論』七月号／「東京会談を監視せよ」『旬刊時事特輯』七月二一日号／「聖戦貫徹外交と三国軍事同盟」『革新』八月号／「時論」『東大陸』八月／「日本は断乎邁進すべし」『雄弁』八月号／「日英会談の真相を衝く」『講演』八月一〇日号／「亜細亜民族の蜂起　東京会談を嗤」『旬刊時事特輯』八月一一日号／「事変と国際情勢」『ラヂオ講演講座』八月二五日号／「事変解決の近道」『実業之日本』九月一日号／「反英運動と軍事同盟」『東大陸』九月号／「東亜干渉者退場せよ」『読売新聞』九月六日／「独ソ不可侵条約と日本」『文藝春秋』九月一〇日号／「ヨーロッパ戦局と日本の世界政策」『ダイヤモンド』九月一一日号／「日本の進路は変らず」『旬刊時事特輯』一〇月一日号／「時論」『東大陸』一〇月号／「日本に立ちて世界の風雲を見よ」『中央公論』一〇月一〇日号／「世界の雰囲気を制せよ」『公論』一一月一日号／「時論」『東大陸』一一月号／「禍根・〝租界〟を絶て　新生支那当然の権利」『東京朝日新聞』一一月一八日／「時論」『東大陸』一二月号。

一九四〇（昭和一五）年（54歳）

一月、東方会第二回全国大会を開催。同月、浅間丸事件が起き、排英運動が活性化。第二次近衛内閣への待望論が高まり、近衛は新体制運動を展開することを宣言する。六月、新体制運動協力のため政事結社としての東方会を解消し、文化団体となる。八月、『九州日報』を読売新聞社に譲渡。同月、新体制準備委員となる。一〇月、大政翼賛会常任総務となる。東方会を解体し、振東社として再編する。一〇月一二日、大政翼賛会発会式。中野は「経済革新基本要綱」を翼賛会に提示。

㊱**『難局打開の経綸』東大陸社　一月二〇日**
㊲**『敗戦主義を打倒せよ』東方会　四月五日**
㊳**『日独伊三国同盟と日本の動向』振東社　一二月五日**

「試すべき腕の力　日本興廃の岐路　紀元二千六百年」『九州日報』一月一日／「事変処理の根本策」『実業之世界』一月一日／「官僚外交の欠陥を衝く」『創造』一月号／「時論」『東大陸』一月号／「非常時昂進に直面して」『都新聞』一月五～七日／「対英米媚態成功の見込なし」『改造』二月号／「時論」『東大陸』

二月号／「世界の情勢と日本の進路」『雄弁』二月号／「敗戦主義を打破せよ」『講演』二月一〇日号／「時論」『東大陸』三月号／「事変解決と国内革新」『旬刊時事特輯』三月一一日号／「時論」『東大陸』四月号／「日本マンネリズムの悲哀　内外の形勢切迫と政治の貧困」『旬刊時事特輯』四月一一日号／「時論」『東大陸』五月号／「時論」『東大陸』六月号／「今！日本の開き直る時」『旬刊時事特輯』六月二一日号／「時論」『東大陸』七月号／「世界の大変局と日本の進路」『講演』七月二〇日号／「新体制と外交政策の指向」『国策研究』八月号／「時論」『東大陸』八月号／「時論」『東大陸』九月号／「新体制への私の注文」『旬刊時事特輯』九月二一日号／「新体制は先づ行動より—その行動を蘭印略取によつて示せ」『講演時報』九月二五日号／「三国同盟の世界史的性格　国民的感情の結晶　他力本願は厳に戒慎」『大阪毎日新聞』一〇月一日／「時論」『東大陸』一〇月号／「日独伊三国同盟と日本の動向」『講演』一〇月二〇日号／「日独伊同盟の意義」『独逸事情』一〇月二五日号／「時論」『東大陸』一一月号／「新体制下の経済再編成」『中外商業新報』一一月四日付／「経済革新の根本理念」『東洋経済新報』一一月九日号／「時論」『東大陸』一二月号／「三国同盟と新体制」『ラヂオ講演講座』一二月一日号／「経済革新基本要綱」『全ハガネ商聯盟会報』一二月号。

一九四一（昭和一六）年（55歳）

二月、翼賛会中国地方遊説に参加するが、遊説先の広島の旅館にて凶漢に襲われる。三月、大政翼賛会を脱退し、東方会を再建する。五月一日、両国国技館において「難局突破国民大会」を開催。九月一三日、日比谷公会堂において「ルーズヴェルト・チャーチルに答へ日本国民に告ぐ」講演会を開催。一二月八日、日米開戦。一二月一七日、両国国技館において国民大会を開催し、「言論、出版、集会、結社等臨時取締法」を批判。

㊴『東方会の旗は進む』東京講演会出版部　四月二五日

㊵『難局打開の体当り』東方会出版部　六月一〇日

㊶『難局突破の指標　新体制実践綱領』新東学社　六月二五日

㊷『新らしい政治の方向』東大陸社出版部　九月五日

㊸『ルーズヴェルト、チャーチルに答へ日本国民に告ぐ』東方会宣伝部　一〇月五日

「時局下に於ける国民の覚悟」『歯科公報』一月号／「時論」『東大陸』一月号／「歴史的な意義　世界新秩序建設に処する覚悟」『京都日出新聞』一月四日／「押せば開く難関　大政翼賛の歴史的意義」『北国毎日新聞』一月四日／「大政翼賛の歴史的意義」『九州日報』一月五日／「大政翼賛の歴史的意義」『九州日日新聞』一月五日／「大政翼賛の歴史的意義」『台湾日日新報』一月五日／「転換期日本の指標」『講演』一月一〇日号／「大島大使の行を壮して」『旬刊講演集』一月三〇日号／「時論」『東大陸』二月号／「高度政治は金銭によりて購はれず—我等の決意を遮

る嶮路なし」『経済市場』三月号／「時論」『東大陸』三月号／「三国同盟の威力を発揮せよ」『雄弁』三月号／「時論」『東大陸』四月号／「松岡外相を鞭撻す」『改造』四月号／「現下日本の政治経済の針路」『経済情報　政経篇』四月一〇日号／「嵐に立つ日本の政治戦略」『講演』四月二〇日号／「時論」『東大陸』五月号／「大東亜建設への道」『市町村雑誌』五月号／「若き精神力」『都新聞』五月一九日／「国難打開の体当り」『東大陸』六月号／「剣をも支配するもの」『時潮』六月一五日号／「質問に答へて所懐を陳ぶ」『新経済』六月一五日号／「欧州大戦の将来と日本の前途」『実業之世界』七月号／「日本の将来を論ず」『ダイヤモンド』七月一日号／「時論」『東大陸』七月号／「時論」『東大陸』八月号／「時論」『東大陸』九月号／「ルーズベルト、チヤーチルに答へて日本国民に告ぐ」『旬刊講演集』九月三〇日号／「三国同盟一周年を迎へて」『イタリヤ』一〇月一日号／「映画を観て感あり」『映画之友』一〇月号／「ルーズヴエルト、チヤーチルに答へて日本国民に告ぐ！」『東大陸』一〇月号／「読者に告ぐ」『旬刊時事特輯』一〇月一一日号／「質実剛健の青年こそ国運進展の推進力だ」『大日本青年』一〇月一五日号／「日本の正義」『公論』一一月号／「我国と緊迫せる国際情勢」『経済市場』一一月号／「重ねて告ぐ」『旬刊時事特輯』一一月号／「時論」『東大陸』一一月号／「東条内閣を鞭撻して迅速的確の行動を要望す」『改造』一一月二日号／「明朗不動の政治を確立せよ」『現地報告』一一月一〇日号（㊺）／「われら如何に処すべきか」『ダイヤモンド』一一月二一日号／「チヤーチルのシユリーフエン計画に備へよ」『東大陸』一二月号／「勝呂中尉追弔の辞」『東大陸』一二月号／「戦ふ国民の覚悟」『経済情報　政経篇』一二月号。

一九四二（昭和一七）年（56歳）

二月、翼賛政治体制協議会による第二一回総選挙の候補者推薦を拒否。四月、第二一回総選挙に非推薦候補者ながら最高点当選。東方会は四六名の公認候補を立てるものの、当選はわずか七名。五月、翼賛政治会に入会。政事結社としての東方会を解体し思想団体・東方同志会と改める。一〇月、三男・達彦入営。一〇月、帝都日日「長期戦完遂」演説会、岸信介らと登壇し、官僚統制経済批判を行う。一一月一〇日、早稲田大学大隈講堂にて「天下一人を以て興る」と題する講演を行う。一二月二一日、日比谷公会堂において「国民的必勝陣を結成せよ」講演会をするものの、以後、演説会を禁止され、これが最後の公的演説会となった。

㊹**『此一戦　国民は如何に戦ふべきか！』東方会　一月三〇日**

㊺**『戦争に勝つ政治』東方会　三月二五日**

㊻**『世界維新の嵐に立つ』鶴書房　四月二〇日**

「彼の戦略を粉砕せよ」『新若人』一月一日号／「大東亜建設精神基調」『東大陸』一月号／「一億火の玉と成つてぶつからう読者に告ぐ」『旬刊時事特輯』一月二一日号／「大東亜戦争下

の東方会運動」『東大陸』二月八日号・三月八日号（㊺）／「総選挙と東方会」『東大陸』四月号／「凝集せよ政治力」『東京朝日新聞』五月四日／「太閤秀吉」『東大陸』五月号／「時論」『東大陸』六月号／「本然の支那に還れ」『東京朝日新聞』六月二五・二六日／「時論」『東大陸』七月号／「時論」『東大陸』八月号／「時論」『東大陸』九月号／「時論」『東大陸』一〇月号／「草莽の赤誠を皇道政治に顕現して大東亜建設のために挺身せよ」『世界知識』一〇月号／「時論」『東大陸』一一月号／「天下一人を以て興る」『東大陸』一二月号・一九四三年一月号／「日・独・伊盟約一周年に寄す」『東京新聞』一二月一一日／「全銃後結束して長期戦に勝利せよ」『やまと新聞』一二月九日。

一九四三（昭和一八）年（57歳）

『朝日新聞』一月一日付に「戦時宰相論」を掲載するものの、発禁処分になる。二月、『太閤秀吉』を出版し大いに売り上げる。二月、東條打倒の重臣工作に着手する。三月、三木武吉、鳩山一郎、三田村武夫とともに戦時刑事特別法改正案に大いに反対するものの、奮戦虚しく通過する。六月、翼賛政治会代議士会で鳩山・三木とともに幹部を弾劾し、一九日同会を脱退。七月、義母・三宅龍子（花圃）死去。八月、重臣工作は失敗に終わる。九月六日、三田村武夫検挙。一〇月二一日、東方会と勤王まことむすびの一斉検挙により、中野も警視庁留置場に検束される。一〇月二五日、東京憲兵隊により取調べを受ける。一〇月二六日午後、釈放され、憲兵とともに帰宅。一〇月二七日午前零時、自決。一〇月二八日、開会中の第八三臨時議会衆議院において中野に対する弔詞を決議。一〇月三一日、青山斎場にて葬儀。葬儀委員長を緒方竹虎が務める。

㊼『**太閤秀吉**』**東方同志会出版局　二月一五日**

「戦時宰相論」『朝日新聞』一月一日／「時論」『東大陸』二月号／「ルーズヴエルトに応対す」『東京新聞』二月二五・二六日／「賤ヶ嶽の秀吉」『維新公論』三月号／「ルーズヴエルト大統領に応対す」『東大陸』三月号／「時論」『東大陸』四月号／「建武中興―後醍醐天皇諸篇」『東大陸』五月号／「時論」『東大陸』六月号／「難局日本と青年学徒の道」『東大陸』七月号／「時論」『東大陸』八月号／「時論」『東大陸』九月号／「時論」『東大陸』一〇月号。

一九四四（昭和一九）年以後

㊽『**遺稿　建武中興史論**』**正剛会　一九五三年一一月二〇日**

㊾『**玄南文集**』**中野達彦・泰雄　一九七五年一〇月二七日**

「建武中興（遺稿）」『我観』一九四四年九月五日・一〇月五日・一一月五日・一二月五日・一九四五年一月五日・三月五日。

白戸健一郎　SHIRATO Kenichiro

1981 年、北海道生まれ。京都大学大学院教育学研究科博士後期課程修了（博士（教育学））。筑波大学人文社会系准教授。メディア史、歴史社会学専攻。単著に『満洲電信電話株式会社』（創元社）、共著多数。「満洲電信電話株式会社の多言語放送政策」『マス・コミュニケーション研究』（82 号、2013 年）で日本マス・コミュニケーション学会優秀論文賞受賞。

近代《きんだい》日本《にほん》メディア議員列伝《ぎいんれつでん》　5 巻

中野正剛《なかのせいごう》の民権《みんけん》——狂狷《きょうけん》政治家《せいじか》の矜持《きょうじ》

2023 年 12 月 20 日　第 1 版第 1 刷発行

著　者　白戸健一郎
発行者　矢部敬一
発行所　株式会社創元社
https://www.sogensha.co.jp/
〔本　　社〕〒 541-0047 大阪市中央区淡路町 4-3-6
Tel. 06-6231-9010　Fax. 06-6233-3111
〔東京支店〕〒 101-0051 東京都千代田区神田神保町 1-2 田辺ビル
Tel. 03-6811-0662

装　丁　森裕昌

印刷所　モリモト印刷株式会社

ISBN978-4-422-30105-1　C0336

近代日本メディア議員列伝

全巻構成

四六判・上製　各巻平均 350 頁
各巻予価：2,970 円（本体 2,700 円）

1 巻◆片山慶隆『大石正巳の奮闘――自由民権から政党政治へ』
【第 13 回配本・2025 年 7 月刊行予定】

2 巻◆井上義和『降旗元太郎の理想――名望家政治から大衆政治へ』
【第 2 回配本・既刊】

3 巻◆河崎吉紀『関和知の出世――政論記者からメディア議員へ』
【第 5 回配本・2024 年 3 月刊行予定】

4 巻◆戸松幸一『古島一雄の布石――明治の侠客、昭和の黒幕』
【第 14 回配本・2025 年 9 月刊行予定】

5 巻◆白戸健一郎『中野正剛の民権――狂狷政治家の矜持』
【第 3 回配本・既刊】

6 巻◆佐藤卓己『池崎忠孝の明暗――教養主義者の大衆政治』
【第 1 回配本・既刊】

7 巻◆赤上裕幸『三木武吉の裏表――輿論指導か世論喚起か』
【第 4 回配本・2024 年 1 月刊行予定】

8 巻◆佐藤彰宣『石山賢吉の決算――ダイヤモンドの政治はあるか』
【第 9 回配本・2024 年 11 月刊行予定】

9 巻◆福間良明『西岡竹次郎の雄弁――苦学経験と「平等」の逆説』
【第 7 回配本・2024 年 7 月刊行予定】

10 巻◆石田あゆう『神近市子の猛進――婦人運動家の隘路』
【第 11 回配本・2025 年 3 月刊行予定】

11 巻◆松尾理也『橋本登美三郎の協同――保守が夢見た情報社会』
【第 6 回配本・2024 年 5 月刊行予定】

12 巻◆松永智子『米原昶の革命――不実な政治か貞淑なメディアか』
【第 10 回配本・2025 年 1 月刊行予定】

13 巻◆山口仁『田川誠一の挑戦――保守リベラル再生の道』
【第 8 回配本・2024 年 9 月刊行予定】

14 巻◆長﨑励朗『上田哲の歌声――Why not protest?』
【第 12 回配本・2025 年 5 月刊行予定】

15 巻◆河崎吉紀『近代日本メディア議員人名辞典・付総索引』
【第 15 回配本・2026 年 1 月刊行予定】